LEÇONS

DE

PHILOSOPHIE

PAR

ÉLIE RABIER

II

LOGIQUE

QUATRIÈME ÉDITION

PARIS

LIBRAIRIE HACHETTE ET Cⁱᵉ

79, BOULEVARD SAINT-GERMAIN, 79

LEÇONS

DE

PHILOSOPHIE

II
LOGIQUE

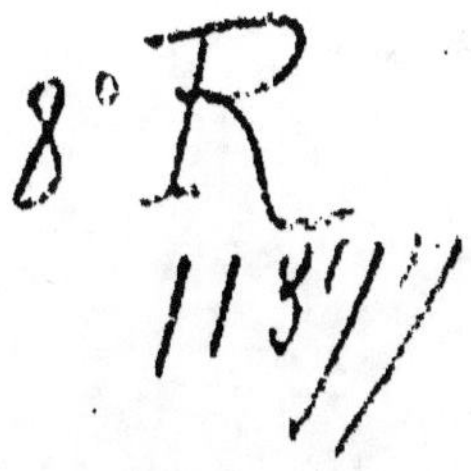

Les **Leçons de philosophie**, par M. E. RABIER, comprennent :

I. *Psychologie.* 1 vol. in-8 broché.   7 fr. 50

II. *Logique.* 1 vol. in-8 broché.   5 fr. »

Coulommiers. — Imp. PAUL BRODARD. — 358-99.

LEÇONS

DE

PHILOSOPHIE

PAR

ÉLIE RABIER

—

II

LOGIQUE

—

QUATRIÈME ÉDITION

—

PARIS

LIBRAIRIE HACHETTE ET Cie

79, BOULEVARD SAINT-GERMAIN, 79

—

1899

A

MM. EM. CHARLES, J. LACHELIER, P. JANET

MES EXCELLENTS MAITRES

Témoignage de respect et de reconnaissance

ÉLIE RABIER

LEÇONS
DE PHILOSOPHIE

LOGIQUE

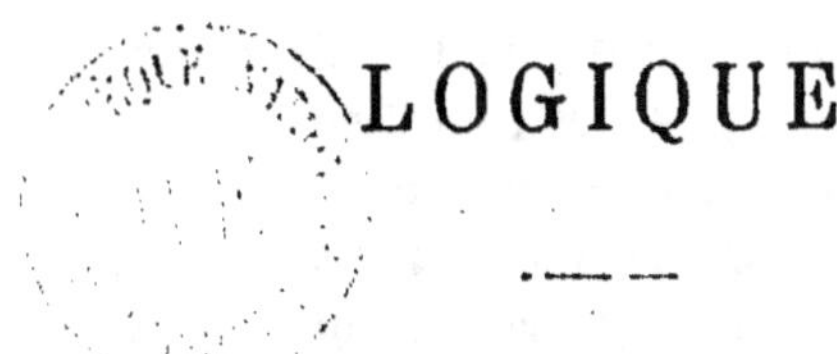

CHAPITRE PREMIER

INTRODUCTION

OBJET ET DIVISION DE LA LOGIQUE

§ 1

Méthode pour déterminer l'objet de la Logique. — Les logiciens sont loin d'être d'accord sur l'objet et le but de la Logique. Le plus sûr moyen de déterminer cet objet avec précision, c'est d'opposer la Logique aux autres sciences, dont l'objet propre est reconnu sans contestation.

Elle n'a pas pour objet une réalité, comme les autres sciences, mais ces sciences mêmes. — Or, tout d'abord, des sciences autres que la Logique s'étant partagé l'étude des réalités existantes, la Logique n'est la science d'aucune de ces réalités. Elle n'a pour objet ni l'étude du monde des corps, laquelle est l'objet de la Physique ; ni l'étude de l'âme et des faits (historiques, sociaux, etc.) qui la manifestent, laquelle est l'objet des Sciences psychologiques ; ni l'étude des causes premières, laquelle est l'objet de la Métaphysique.

D'autre part, tout le monde accorde que la Logique n'a pas pour objet les grandeurs abstraites, matière des Mathématiques ; ni le devoir ou le droit, matière des Sciences morales.

Les diverses sciences autres que la Logique semblent ainsi avoir épuisé la matière de la science possible. D'où cette conclusion, que la Logique n'aura point d'objet propre, à moins que ces sciences elles-mêmes ne puissent constituer à son usage un nouvel objet. C'est en effet ce qui a lieu.

Dans toute science il y a deux choses à distinguer : la matière, c'est-à-dire l'objet étudié; la forme, c'est-à-dire l'ensemble des opérations que l'esprit accomplit et des procédés qu'il met en œuvre pour faire la science de cet objet. La Logique sera la **Science de la science** (*ars artium*, Bacon); ou la Science de la forme de la science, c'est-à-dire la Science des opérations et des procédés par le moyen desquels est constituée la science.

Distinction de la Logique et de la Psychologie. — L'opposition de la Logique et des autres sciences, *en général*, permet donc une première détermination de l'objet de la Logique; l'opposition de la Logique et de la Psychologie, *en particulier*, aura pour effet une détermination plus précise de cet objet.

La Logique, avons-nous dit, est la science des opérations de l'esprit nécessaires pour faire la science ; mais la Psychologie, qui étudie l'âme humaine en général et l'intelligence en particulier, n'est-elle pas aussi la science de ces opérations? La Logique fait donc double emploi avec la Psychologie? — Il en sera ainsi, à moins que ces opérations ne puissent être étudiées à deux points de vue différents.

Étudier ces opérations *en elles-mêmes*, pour en connaître la *nature*, les caractères, de manière à pouvoir, au bout de cette étude, en donner la *définition* et les *lois*, voilà un premier point de vue : c'est le point de vue psychologique.

Étudier ces opérations *par rapport à la fin* à laquelle elles tendent, à savoir : la connaissance de la vérité, de manière à pouvoir, au bout de cette étude, assigner les *règles* qui en assurent la légitimité, la sûreté, l'efficacité, voilà un second point de vue : c'est le point de vue logique [1].

1. Les mots *lois nécesssaires de la pensée*, souvent employés pour désigner l'objet propre de la Logique, sont amphibologiques (cf. Bain, *Log.*, tr. fr., t. II, p. 45). Veut-on parler des lois *réelles* auxquelles, en fait, aucune pensée ne peut se soustraire, comme celles-ci : *il n'y a pas de jugement qui ne présuppose deux idées; tout jugement est accompagné de croyance*, etc.? Ces lois qui déterminent la nature de nos opérations, c'est à la Psychologie qu'il appartient de les constater. — Veut-on parler des lois *idéales* auxquelles notre pensée doit s'assujettir sous peine de s'égarer ? Fixer ces lois, tel est bien l'objet de la Logique. Mais dans ce cas le mot *règle* serait plus clair.

Le mot *nécessaire* aussi doit être bien compris. Puisqu'il s'agit de règles auxquelles la pensée ne *doit* pas se soustraire, mais auxquelles elle *peut* se soustraire, sauf à tomber dans l'erreur, l'absurdité, le mot nécessaire ne doit pas

La Psychologie nous apprend ce qu'*est* un jugement, un raisonnement, etc. La Logique nous apprend ce que *doivent être* un bon jugement, un bon raisonnement, etc.— L'une et l'autre ont pour fin première et essentielle une connaissance; mais la Psychologie a pour fin de connaître les formes *réelles* de nos opérations intellectuelles, et la Logique les formes *idéales* de ces mêmes opérations. — L'une et l'autre peuvent ensuite conduire à des résultats pratiques. D'une part, en effet, les lois découvertes par la Psychologie sont mises à profit par la Pédagogie, par la Politique, etc., comme les lois physiques découvertes par les sciences de la nature sont mises à profit par les arts industriels : de la nature spirituelle, en effet, il est vrai de dire, non moins que de la nature matérielle, qu'on ne lui commande qu'en se soumettant à ses lois : *naturæ non nisi parendo imperat* (Bacon). D'autre part, les lois posées par la Logique peuvent aussi être mises à profit, soit comme *criterium*, pour distinguer les jugements et les raisonnements valides de ceux qui ne le sont pas, soit comme *règles* directrices, pour produire soi-même des jugements et des raisonnements valides [1].

La Logique et la Psychologie sont donc, ou peuvent être, au même titre, utiles pratiquement. Mais la Logique seule, ayant pour but de déterminer l'action légitime, le bon usage de la pensée, est essentiellement, par sa définition même, et avant toute application qu'on peut faire de ses enseignements, une *science de l'action* (τοῦ πράττειν), une science pratique [2]. C'est pourquoi, dans la philosophie ancienne (Écoles d'Épicure, de Zénon, etc.), la Logique était

être pris absolument, mais conditionnellement, dans le sens de *nécessaire, si l'on veut faire un usage légitime de la pensée.*

Kant, au début de l'Introduction, d'ailleurs si remarquable, de sa *Logique*, donne en plein dans cette confusion. Les lois que la Logique doit établir sont assimilées par lui aux lois auxquelles « toute la nature animée et inanimée est soumise, et qui ne permettent *aucune irrégularité*.... Nous ne pouvons faire *aucun usage* de notre entendement qu'en nous conformant à ces lois. Seulement nous y obéissons d'abord sans en avoir conscience, et le rôle de la Logique est de les concevoir *in abstracto* » (tr. fr., p, 1-3). — S'il en est ainsi, on se demande 1° en quoi la Logique se distinguera de la Psychologie ; 2° quelle sera l'utilité de la Logique; — puisque toutes nos opérations se conforment spontanément et nécessairement à ces lois. Plus loin (p. 6), Kant reconnaît la distinction entre les lois psychologiques sans lesquelles aucun usage de l'entendement n'est *possible*, et les lois logiques sans lesquelles aucun usage de l'entendement n'est *légitime* et correct. Entre les deux passages, la contradiction est formelle.

1. « Quand on a, dit Bain, un moyen sûr de vérifier la proposition qui est soumise à votre approbation, on est naturellement conduit à rejeter l'erreur, et, par suite, à renouveler ses recherches, pour arriver enfin à la vérité. » *Log.*, tr. fr., II, 613.

2. On peut dire aussi, avec Aristote, qu'elle est une science de la production (τοῦ ποιεῖν), puisqu'elle détermine les conditions idéales d'une certaine *œuvre*, à savoir : un jugement, un raisonnement valides.

justement nommée la *Canonique*. — Telle est la vraie différence entre la Psychologie et la Logique.

Étendue de la Logique. — Cette manière de concevoir l'objet et le but de la Logique permet, comme conséquence, de déterminer l'étendue de cet objet. Les uns veulent que la Logique soit exclusivement la science ou l'art *du raisonnement ;* les autres trouvent cette définition trop étroite, et définissent la Logique l'*art de penser* (Port-Royal), entendant par ce mot *penser* toutes les opérations par lesquelles notre esprit parvient à la connaissance du vrai : généralisation, jugement, etc. — Il n'y a aucune raison valable de réduire au seul raisonnement le domaine de la Logique. Comme il y a de bons et de mauvais raisonnements, il y a de bons et de mauvais jugements [1], etc. Il y a donc là matière à un discernement, à des règles, à des procédés de vérification, à des moyens de preuves. Quelle science autre que la Logique traitera de cet objet ?

Toutes les opérations qui, pouvant aboutir au vrai, peuvent aussi, lorsqu'elles sont mal conduites, nous mener à l'erreur, donnent lieu à des règles plus ou moins précises, plus ou moins efficaces, et, comme telles, rentrent dans le champ de la Logique.

§ II

Division de la Logique. — Les règles en dehors desquelles il n'est pas d'usage légitime et efficace de l'entendement sont de deux sortes : les unes dérivent de la nature de l'objet à connaître et varient avec cet objet ; les autres dérivent de la loi suprême de l'entendement et demeurent les mêmes, quel que soit l'objet auquel il s'applique (Kant, *Log.*, tr. fr., p. 3). Par exemple, ce n'est point par les mêmes procédés que le physicien détermine les lois de la rosée, et le géomètre les propriétés du triangle ; mais le géomètre et le physicien doivent l'un et l'autre, sous peine d'absurdité, se conformer dans tous leurs raisonne-

---

1. Disons en outre, par avance, que les concepts et les jugements peuvent, comme les raisonnements, pécher par deux endroits, soit qu'ils contredisent la réalité extérieure, soit qu'ils enveloppent une contradiction intrinsèque. C'est pourquoi ce n'est pas seulement la Logique appliquée (voy. plus bas), ou science de l'accord de la pensée avec la réalité, c'est aussi la Logique formelle, ou science de l'accord de la pensée avec elle-même, qui doit traiter des concepts et des jugements, non moins que des raisonnements.

ments à cette règle essentielle à la pensée, que *le tout est plus grand que la partie*, etc. [1].

Logique formelle, Logique appliquée ou Méthodologie. — Par suite la Logique se divise naturellement en deux parties. La première se nomme **Logique générale ou formelle**; la seconde, **Logique spéciale ou appliquée** [2].

La Logique formelle fait abstraction des objets qui sont la matière de la connaissance, s'attache à la **forme** de la connaissance en général, c'est-à-dire aux opérations mêmes de la pensée, et détermine les lois qui, dérivant de l'essence même de la pensée, sont la condition première et préalable de toutes ces opérations.

La Logique spéciale considère au contraire l'application de l'esprit à des objets divers et détermine les lois particulières qu'impose à l'esprit la nature propre de l'objet qu'il cherche à connaître. Or ces lois se nomment des **méthodes**. La Logique appliquée a donc pour objet les méthodes, et peut se nommer **Méthodologie**.

Caractères de ces deux parties. — Les lois qu'établit la Logique formelle se déduisent d'une loi suprême, condition universelle de la légitimité de toutes nos opérations (principe de contradiction). Donc, pour les déterminer, il n'est nul besoin de recourir à l'expérience. Valables pour un esprit quelconque, elles ne présupposent aucune connaissance de l'esprit humain en particulier; valables pour des objets quelconques, elles ne supposent non plus aucune notion préalable des objets particuliers que l'on veut étudier. Ainsi, pour établir la théorie du syllogisme, Aristote n'a eu besoin d'aucune notion de Psychologie, d'aucune notion de Physique. La

---

1. Quand les règles du premier genre ne sont pas observées, la pensée se trouve en désaccord avec l'objet, comme dans ce concept : *une chimère;* ou dans ce jugement: *tous les cygnes sont blancs;* ou dans ce raisonnement : *ce médecin est matérialiste, donc tous les médecins sont matérialistes.* Quand les règles du second genre ne sont pas observées, la pensée est en désaccord avec elle-même, comme dans ce concept : *un corps inétendu;* ou dans ce jugement : *les rayons d'un cercle sont inégaux;* ou dans ce raisonnement : $A = B$, B *est plus grand que* C, *donc* $A = C$.

2. La division de la Logique en Logique spéculative ou théorique et Logique pratique est radicalement vicieuse. En effet les deux parties de la Logique sont également et avant tout théoriques : la théorie des méthodes est en soi une théorie non moins que la théorie du raisonnement. Et des deux parties de la Logique on peut également et au même titre faire un usage pratique : les règles du syllogisme peuvent être utilisées dans la pratique ni plus ni moins que les règles de l'expérimentation. — La division ordinaire de la Morale en Morale théorique et Morale pratique n'est pas moins incorrecte, comme on le verra plus loin.

Logique formelle est donc *absolument à priori* et *absolument universelle*.

Mais les lois particulières auxquelles l'esprit doit s'assujettir pour faire la science de tel ou tel objet résultent à la fois de la nature de cet objet et de la nature de nos facultés de connaître; elles se déduisent à la fois de la nature de l'objet et de la nature de l'esprit; elles présupposent donc quelque connaissance de l'une et de l'autre. Par exemple, c'est la confusion, constatée par l'expérience, des séries de phénomènes dans la nature et l'impossibilité, particulière peut-être à l'esprit humain, de découvrir par simple inspection les rapports de causalité, qui rendent nécessaires ces procédés indirects de recherche qu'on nomme méthodes d'accord, de différence, etc., procédés qui conduisent à la découverte de la cause par exclusion des antécédents qui ne sont pas cause (ch. VII). C'est la confusion encore plus complète soit des causes, soit des effets, réalisée dans les phénomènes mécaniques (composition des forces), qui nous oblige de recourir à la méthode déductive en mécanique, en astronomie, etc. (ch. IX). La Logique appliquée n'est donc que *relativement à priori* et n'est pas absolument universelle. Elle varie suivant la nature des objets, et pourrait aussi varier avec la nature de l'esprit [1].

La Logique formelle, science de la conséquence. — La loi supérieure à laquelle la pensée, prise en elle-même, doit se conformer sous peine d'absurdité, c'est la *loi de contradiction*. Pris en soi, indépendamment de l'objet à connaître, un jugement ou un raisonnement est légitime et correct dès qu'il n'implique aucune contradiction, et qu'au contraire, en le formulant, la pensée ne fait que demeurer d'accord avec elle-même. La Logique formelle est donc la **science de l'accord de la pensée avec elle-même** ou, en d'autres mots, la **science de la conséquence** [2].

Logique appliquée, science de la vérité. — La Logique appliquée considère les rapports de l'esprit et de ses objets; les lois

1. En fait, les méthodes sont ordinairement inventées par des hommes de génie et justifiées par le succès. Les logiciens viennent ensuite, qui considèrent ces méthodes abstraitement et en donnent la justification théorique. Cependant il est des savants chez lesquels la faculté d'analyse et de réflexion est égale à la puissance d'invention. Ceux-là sont à la fois inventeurs et théoriciens de méthodes. Ainsi Descartes et Leibniz.

2. Le mot conséquence n'est pas pris ici dans le sens de vérité dérivée d'une autre vérité, mais dans le sens plus large d'accord de la pensée avec elle-même ; en anglais, *consistency*. Au mot *conséquence* pris en ce sens s'opposent les mots : *inconséquence, désaccord avec soi-même, contradiction.* — Si par conséquence on entendait : vérité dérivée, inférence, alors cette définition : *la science*

qu'elle nous assigne sont les conditions par le moyen desquelles notre esprit peut se mettre en harmonie avec les choses. Elle est donc la **science de l'accord de la pensée avec ses objets**, ou, en d'autres mots, la **science de la vérité** [1].

Raisons de ne pas réduire la Logique à la Logique formelle. — Nombre de logiciens (Kant, Hamilton, etc.) veulent réduire toute la Logique à la Logique formelle. A coup sûr, la Logique formelle et la Logique appliquée sont bien distinctes ; mais pourtant, à notre avis, un lien indissoluble les relie, à savoir : l'idée du but dernier auquel tend toute opération de l'esprit, auquel tendent en définitive toutes les règles de la Logique, aussi bien celles de la Logique formelle que celles de la Logique appliquée : l'idée de la vérité.

Nous avons défini plus haut la Logique formelle : la science de la conséquence (accord de la pensée avec elle-même) ; mais, pour aller au fond des choses, il faut ajouter ces mots : *première condition de la vérité* [2]. Qu'importerait, en effet, la conséquence? qu'importerait l'accord de l'esprit avec lui-même? en quoi mériterait-il qu'on en fixât si laborieusement les conditions? en quoi vaudrait-il mieux

---

de la conséquence, s'appliquerait aussi bien à la Logique appliquée qu'à la Logique formelle. C'est ainsi que Stuart Mill définit la Logique en général (*Log.*, tr. fr., t. I, p. 9). La Logique est pour lui la science de l'inférence. A notre avis, cette définition est trop étroite ; elle ne désigne qu'un des objets de la Logique, et exclut la Logique des concepts et la Logique des jugements.

1. On disait dans l'École qu'un jugement ou un raisonnement est vrai *formellement*, lorsque, pris en soi, il n'enferme aucun vice intérieur, aucune contradiction intrinsèque. C'est pourquoi on définissait aussi la Logique théorique la *science de la vérité formelle* (Kant, *ibid.*, p. 70). La Logique appliquée devait se définir alors la *science de la vérité réelle* ou *matérielle*.

Stuart Mill définit la Logique : *la science de la preuve.* « La Logique montre quelle relation doit exister entre les *data* et la conclusion quelconque qui en peut être tirée ; entre la preuve et la chose à prouver. » (*Ibid.*, p. 10). Cette définition qui réduit aux seules inférences le domaine de la Logique est, nous l'avons dit, trop étroite, à notre avis. On pourra néanmoins retenir cette définition : *la Logique est la science de la preuve*, pourvu qu'on élargisse le sens du mot *preuve*, comme on a étendu plus haut le sens du mot *conséquence*. La Logique, on l'a vu, est la science des conditions de l'accord de la pensée avec elle-même (vérité formelle), et de l'accord de la pensée avec les objets (vérité matérielle), dans le concept, dans le jugement, dans le raisonnement. Or ces conditions, lorsqu'elles se trouvent remplies, deviennent naturellement des preuves de la validité formelle ou matérielle des concepts, des jugements, des raisonnements. Par exemple, les règles du syllogisme sont les *conditions* de la validité du syllogisme ; et la conformité à ces règles, la *preuve* de la validité d'un syllogisme. De même, en arithmétique, les conditions de la validité des opérations servent aussi de preuve de la validité de ces opérations.

2. En effet, un concept, un jugement, un raisonnement qui enferment une contradiction intrinsèque sont absurdes. Ce qu'ils expriment non seulement n'est pas réel, mais n'est même pas possible. Les conditions de la vérité formelle sont aussi les conditions préalables de la vérité matérielle, comme la possibilité d'une chose est la condition antécédente de sa réalité.

que l'inconséquence et le désaccord de l'esprit avec lui-même, si par ces deux voies différentes on pouvait également bien parvenir à la vérité? En elle-même, la conséquence, la logique n'a pas de valeur : on souhaiterait parfois qu'un fou, dans son intérêt ou dans celui des autres, fût un peu moins conséquent. Mais on fait cas de la conséquence, de la Logique, parce qu'elle est, en général, un moyen de conserver la vérité acquise et de parvenir à de nouvelles vérités. Et l'on considère l'inconséquence comme le vice irrémédiable de l'esprit, parce qu'un esprit inconséquent est, comme dit Port-Royal, un esprit qui peut sans doute rencontrer la vérité par hasard, mais « qui n'a pas de serres » pour retenir la vérité.

La Logique formelle ou Logique de la conséquence n'est donc, après tout, que la science des conditions supérieures du vrai. Elle n'est qu'une introduction, une propédeutique, et elle trouve son complément naturel et nécessaire dans la Logique appliquée, qui nous indique les moyens effectifs de nous mettre en possession de la vérité. Couper le lien qui rattache la Logique de la conséquence à la Logique de la vérité, c'est *désintéresser la première de la vérité* [1]; c'est considérer la conséquence comme une chose bonne absolument, et au même titre, soit qu'elle parte du vrai pour aboutir au vrai, soit qu'elle parte du faux pour aboutir au faux; c'est jeter sur la Logique un discrédit mérité, en rabaissant un art sérieux au niveau de l'art du sophiste et du rhéteur.—Contre cette manière d'entendre la Logique, on peut en appeler au jugement même de son fondateur, Aristote. Car à la théorie du syllogisme, c'est-à-dire de la pure conséquence, Aristote fait succéder la théorie de la démonstration, où, d'après lui, le syllogisme trouve son véritable usage : or la démonstration est un raisonnement qui, parti de principes vrais, aboutit à une conclusion vraie.

Conclusion. — Donc, en résumé, si l'on veut indiquer tout à la fois le but, l'objet et les divisions de la Logique, on peut dire : *la Logique est la science des conditions de l'accord de la pensée avec elle-même et des conditions de l'accord de la pensée avec ses objets, lesquelles réunies sont les conditions nécessaires et suffisantes de la vérité.*

1. Cf. Mill, *Phil. de Ham.*, 450-453.

LOGIQUE FORMELLE

CHAPITRE II

LOGIQUE FORMELLE DU CONCEPT

DE L'ACCORD DE LA PENSÉE AVEC ELLE-MÊME DANS LE CONCEPT

Domaine et division de la Logique formelle. — La Logique formelle est la science de la conséquence ou de l'accord de la pensée avec elle-même, conformément à la loi d'identité et de contradiction. Directement, elle n'a donc pas affaire aux objets; et, par suite, sont hors de son domaine toutes les opérations par lesquelles l'esprit se met en rapport immédiat avec les objets (observation des faits intérieurs ou extérieurs, expériences sur ces faits, vérifications expérimentales des hypothèses, des conclusions d'un raisonnement, d'un calcul, etc.). Les règles de ces diverses opérations, qu'on peut désigner du mot d'*expérience*, ressortissent à la Logique appliquée. La Logique formelle règle seulement le travail propre de l'esprit sur les données fournies par l'expérience.

Or l'esprit opère sur ces données de trois manières : 1° en ramenant à l'unité une pluralité d'intuitions de la conscience ou des sens, par le moyen d'un *concept;* 2° en liant deux concepts l'un à l'autre par le moyen d'un *jugement;* 3° en liant un jugement à un autre ou à plusieurs autres par le moyen d'un *raisonnement.* La Logique formelle traite donc : 1° du *concept,* 2° du *jugement,* 3° du *raisonnement.*

Son point de vue propre. — De plus, dans ces opérations elles-mêmes, ce qui intéresse la Logique formelle, ce n'est pas la manière dont elles s'accomplissent, chose qui regarde la Psychologie; ce n'est pas non plus le rapport de ces opérations avec les données de l'expérience (par exemple, la question de savoir si un concept est bien formé, exact, s'il n'enferme pas trop ou trop peu de caractères), chose qui regarde la Logique appliquée (théorie de la classification, de l'induction[1]), c'est uniquement la validité intrinsèque de ces opérations, laquelle résulte de l'absence de contradiction intrinsèque.

Or la contradiction ou la non-contradiction intrinsèques dans un concept, un jugement, un raisonnement, résultent du rapport des idées élémentaires entre elles dans le concept, des concepts entre eux dans le jugement, des jugements entre eux dans le raisonnement. C'est donc uniquement sur ces rapports que la Logique formelle, si on veut l'alléger de toutes les remarques et considérations psychologiques ou autres, pour la plupart d'ailleurs fort oiseuses, dont on l'a surchargée, doit concentrer son attention.

§ 1

Les concepts composés seuls peuvent être contradictoires. — Il y a peut-être des concepts parfaitement simples, c'est-à-dire ne renfermant comme matière qu'un élément unique de pensée : ce sont les concepts les plus étendus et les plus abstraits, termes extrêmes de la généralisation, tels que ceux de *l'être*, du *possible*. Par cela même qu'ils sont simples, ces concepts ne sauraient envelopper aucune contradiction. Mais, en général, un concept enferme une pluralité d'éléments. Exemple : le concept *homme* enferme, comme éléments, les caractères *animal*, *bipède*, *raisonnable*, etc. Le concept *vertueux* enferme, comme éléments, les caractères *bon*, *juste*, etc.

Au point de vue de la Logique formelle, de tels concepts, qu'ils répondent ou non, en fait, à quelque réalité, sont légitimes dès que les éléments qu'ils renferment ne sont pas contradictoires entre eux.

On appelle *contradictoires* deux idées qui se nient et s'excluent réciproquement de la conscience. Ainsi : A, non A; blanc, non blanc; parfait, non parfait. Un concept qui porte intérieurement une semblable contradiction, loge, comme dit Platon, l'ennemi avec soi; il se détruit lui-même, il ne peut effectivement se réaliser, ni comme objet réel de la nature, ni comme simple conception dans la pensée.

---

1. Par là on voit que la Logique appliquée a plus d'étendue que la Logique formelle, puisqu'elle considère, d'abord, à son point de vue spécial, les mêmes opérations que la Logique formelle, et, de plus, les opérations par lesquelles l'esprit se met en rapport direct avec les objets (règles de l'observation, de l'expérimentation, etc.).

Un concept contradictoire est un concept confus. — Par suite, un concept contradictoire étant de fait irréalisable dans la conscience, la question se pose de savoir comment de semblables concepts sont possibles. — Ils sont rendus possibles par la *confusion des idées*. Que faut-il entendre par là?

Distinction et confusion des idées. — Leibniz définit avec précision ce qu'il faut entendre par *distinction* et *confusion des idées*, et montre bien en quoi la distinction et la confusion diffèrent de la clarté et de l'obscurité des idées. Une idée est claire, dit-il, lorsqu'elle suffit pour faire reconnaître la chose; elle est obscure dans le cas contraire. Par exemple, si je cherche une chose et que, celle-ci m'étant présentée, je ne la reconnaisse pas, c'est que je ne sais pas *clairement* quelle chose je cherche. — Mais, bien qu'une idée suffise pour faire reconnaître ou *distinguer* son objet parmi plusieurs autres, elle n'est point nécessairement, par cela seul, une idée *distincte*. Elle peut être au contraire fort *confuse*. Par exemple, un pêcheur a une idée *claire* des différentes espèces de poissons, un jardinier des différentes espèces de plantes: mais les idées qu'ils ont n'en sont pas moins très *confuses*. Ces mêmes idées sont, au contraire, *distinctes* chez le naturaliste, qui connaît par le détail l'anatomie et la physiologie de ces plantes et de ces poissons. Par où l'on voit qu'une idée *distincte* est celle dont le contenu, les éléments sont reconnus et distingués par l'esprit (*Nouv*. *Ess.*, liv. II, ch. xxii. Cf. *Meditationes de cognitione veritate et ideis*).

Dans la distinction elle-même, Leibniz marque deux degrés : si l'analyse est inachevée, la notion reste *incomplète* et *inadéquate*. Elle est *accomplie* ou *adéquate* quand, l'analyse ayant épuisé le contenu de la notion, il ne reste rien en celle-ci qui ne soit distinctement représenté à l'esprit. Comme exemple d'idée distincte et même adéquate, on peut citer l'idée d'un nombre, car dans un nombre le tout et les parties sont parfaitement connus par l'esprit.

Par suite, on reconnaît aisément qu'entre l'idée *claire* et l'idée *distincte* il n'y a qu'une différence de degré. D'une part, l'idée *claire* est celle en laquelle il y a *quelque chose* d'assez *distinctement* connu pour permettre d'en reconnaître l'objet. D'autre part, l'*idée distincte* est celle dans laquelle *tout* est tiré au *clair*, et où rien ne demeure obscur et enveloppé.

On comprend maintenant comment la contradiction peut s'introduire dans nos idées. Elle y pénètre grâce à la confusion qui nous dérobe à nos propres yeux le contenu réel de nos idées. Nous pensons, les trois quarts du temps, au moyen d'idées confuses, sans réaliser expressément et pleinement nos idées. Le mot nous tient lieu d'idée, ou quelqu'un des éléments de l'idée nous tient lieu de l'idée entière. Un partie de l'idée est donc vide et demeure, pour ainsi dire, en blanc. « Il y a alors quelque chose de vide et de sourd dans la pensée qui n'est rempli que par le nom » (Leibniz, *ibid.*). Or, c'est justement dans cette partie de l'idée, demeurée sourde, que peut se glisser la contradiction. Et l'on ne s'en aperçoit pas, parce que, aucun effort n'étant fait pour réaliser cette partie de l'idée, on ne remarque pas qu'il serait impossible de la réaliser effectivement. Une idée *contradictoire* est donc une idée qui n'est pas réalisée et ne saurait l'être, mais qu'on croit pouvoir réaliser, sur la foi du nom ou d'un fragment de l'idée, que seul on réalise.

L'analyse des concepts remède à la contradiction intrinsèque. — Or, la cause du mal une fois connue, le remède est trouvé : si la contradiction ne subsiste que sous le couvert de la confusion, et si la confusion elle-même naît du défaut d'analyse et de pensée expresse, la règle à suivre pour chasser la contradiction de son esprit serait d'analyser à fond toutes ses pensées, d'en dégager explicitement tous les éléments implicites, d'amener à l'état de vive conscience toutes les sourdes idées qu'elles enveloppent. Toute idée qui n'est pas réduite à rien et qui ne s'évanouit pas dans ce travail d'analyse, mais qui résiste, au contraire, à cette analyse et en sort plus pleine et plus expresse, est une véritable idée, une idée légitime. On peut dire, en somme, qu'une idée contradictoire n'est qu'une pseudo-idée, c'est-à-dire une idée qui n'est pas pensée et qui n'est pas susceptible de l'être ; et qu'au contraire le criterium de la légitimité formelle d'un concept, c'est la possibilité même de le penser intégralement.

Point de règle précise à donner. — Malheureusement, au point de vue pratique, il est aussi difficile d'appliquer ce remède qu'il est facile de l'indiquer ; et la Logique, qui, en d'autres cas, aura des règles absolument précises, sûres, et en même temps aisément observables à nous donner, ne peut ici formuler que des préceptes aussi vagues que sensés. Analysez vos idées ; et pour cela réfléchissez, soyez attentifs. — Rien de mieux ; mais on le savait déjà. Ce qu'il nous faudrait, c'est la force d'attention et de réflexion nécessaire pour pousser l'analyse à fond, ou quelque procédé pour y suppléer, ou du moins quelque signe pour reconnaître à quel moment l'analyse est ou n'est pas suffisante. Or aucune Logique au monde ne peut ni nous donner cette force d'esprit, ni nous suggérer un tel procédé, ni même nous fournir ce criterium.

Exemples de concepts contradictoires. — Il ne nous reste donc qu'à éclaircir tout ce qui vient d'être dit par quelques exemples de ces contradictions intrinsèques que la confusion des idées dissimule et que l'analyse fait éclater.

Concept empirique de la cause. — Nombre de philosophes définissent la cause : la condition nécessaire et suffisante d'un phénomène ; mais excluent du concept de cause toute idée d'action, de détermination, d'efficacité. On se flatte par là de n'enfermer dans cette idée rien que de net, de déterminé, de précis : en réalité, on y introduit, au contraire, une contradiction pure et simple. En effet, analysons cette idée, il vient : la cause, c'est ce qui fait tout (condition nécessaire et suffisante), et qui pourtant ne fait rien (sans efficacité); ce qui est absolument nécessaire et pourtant inutile : une telle idée se détruit elle-même et n'a jamais pu être effectivement pensée (*Psych.*, ch. XXII, § 2).

Phénomènes psychologiques inconscients. — Les phénomènes psychologiques inconscients sont aujourd'hui le grand recours des psychologues dans l'embarras. Si le mot *inconscient* est pris à la rigueur, il faut dire que c'est l'idée même de tels phénomènes qui est radicalement inconsciente et sourde dans l'esprit de ceux qui en parlent. Car, si nous analysons cette idée, en prenant, si l'on veut, comme exemple, le phénomène psychologique de la douleur, il vient : un phénomène qu'on sent (puisqu'il est douloureux), et qu'on ne sent pas (puisqu'il est inconscient); qui fait souffrir, sans qu'on en souffre. Si quelqu'un est capable de réaliser effectivement cette idée dans son esprit, qu'il le dise : il fournira un cas intéressant à la tératologie psychologique (*Psych.*, ch. VI, § 4).

Idée commune des qualités sensibles. — Cet exemple nous conduit à un autre plus important. Pour le vulgaire, rien de plus légitime, en apparence, que l'idée de la couleur, du son, de la chaleur, etc., telles qu'il les conçoit, c'est-à-dire comme propriétés objectives des corps. Descartes, Port-Royal, Locke, Leibniz, etc., s'accordent, au contraire, à mettre ces idées au premier rang des idées confuses. — Ce n'est pas assez dire : dans leur confusion se cache une contradiction positive. En effet, la

couleur, par exemple, est une sensation, un phénomène psychologique, au même titre que la douleur. C'est pourquoi, comme il est
contradictoire de supposer une douleur sans conscience, il est
contradictoire, au même degré et au même titre, de supposer une
couleur sans conscience. Or, que fait-on autre chose, chaque fois
que l'on transforme la couleur en propriété objective des corps?
Admettre la douleur à titre de fait inconscient, c'est admettre
quelque chose qui fait souffrir sans que personne en souffre; admettre la couleur comme propriété des corps, c'est admettre une
représentation que personne ne se représente, une vision que personne ne voit. — Mais alors, dira-t-on, si cette idée est positive-
ment contradictoire, comment se fait-il qu'elle puisse se réaliser
dans l'esprit du vulgaire? — Mais nous nions qu'elle s'y réalise en
effet. Le vulgaire, dans sa conception de la couleur, lui conserve,
sans s'en apercevoir, le caractère de fait de conscience, alors même
qu'il en fait une propriété des corps : car cette propriété, il ne la
conçoit dans les corps qu'en s'en faisant par la pensée le spectateur imaginaire, c'est-à-dire en lui donnant toujours accès dans sa
conscience, en lui prêtant, pour la réaliser, sa conscience qui
seule la fait être, au moment même où il s'imagine qu'elle va subsister indépendamment de sa conscience.

**Rapport de la Logique formelle et de la Métaphy-
sique.** — On le voit par ces exemples, la Logique formelle, alors
même qu'elle est rigoureusement conçue comme la science de
l'accord de la pensée elle-même, n'est pas aussi étrangère qu'on
serait tenté de le supposer, aux problèmes psychologiques et métaphysiques : car ce qui est contradictoire est impossible dans la
pensée; et ce qui est impossible dans la pensée est impossible
aussi dans la nature. Du moins il nous est interdit de le concevoir
comme possible dans la nature.

**La non-contradiction condition de la possibilité
métaphysique.** — La science de l'accord de la pensée avec elle-
même est donc aussi la science du possible et de l'impossible : non
pas sans doute la science de la possibilité *physique*, c'est-à-dire de
cette possibilité qui tient à la présence de causes réelles, lesquelles
rendent une chose possible (par exemple la présence d'une cause motrice est la raison de la possibilité physique d'un mouvement); mais
du moins la science de la possibilité *essentielle* ou métaphysique,
possibilité antérieure et supérieure à la précédente, et qui tient à
l'absence de contradiction intrinsèque dans l'essence, la nature ou

l'idée même de la chose. (Ainsi le mouvement d'un corps est possible en soi ou métaphysiquement, avant même qu'il soit rendu physiquement possible par la présence d'une cause motrice suffisante. Il est métaphysiquement possible que chacun gagne à la loterie, et c'est pourquoi tout le monde prend des billets; physiquement le gain d'un seul est possible, et c'est pourquoi il y a tant de déceptions [1].)

Autres exemples. — Deux ou trois exemples d'idées au sujet desquelles la question n'est pas définitivement résolue de savoir si elles enveloppent ou n'enveloppent pas de contradiction, achèveront de mettre dans tout son jour cette vérité.

Idée du mouvement. — D'après Zénon, l'idée du mouvement est contradictoire, car, l'espace étant indéfiniment divisible, le mobile, pour franchir une distance quelconque, devrait traverser une infinité de points; or comment venir à bout d'une infinité ? L'idée du mouvement, c'est l'idée d'un infini qui se finit, ce qui paraît contradictoire. — Rien ne servirait de dire que, l'infinie divisibilité du temps étant parallèle à celle de l'espace, le mobile peut, dans un temps donné, trouver l'infinité d'instants qui lui est nécessaire pour traverser une infinité de points : car alors la difficulté passe de l'espace au temps. On n'obtient pas par cette réponse

1. La contradiction essentielle est un obstacle absolu, et en quelque sorte *a priori*, à l'existence, qu'aucune cause externe, aucune raison physique ne peut lever. Dieu lui-même ne peut réaliser un nombre infini, un bâton sans deux bouts, une douleur inconsciente, etc. Au contraire, l'absence de contradiction est la condition suffisante de la possibilité métaphysique pour les choses d'exister, ou, si l'on peut dire, de leur *aptitude à l'être*. Car, du moment qu'il n'y a pas dans la nature même de l'objet une répugnance invincible à l'existence, il pourra être effectivement appelé à l'existence, dès qu'une cause suffisante sera donnée. — De là il suit — puisque tout ce qui n'est pas contradictoire est possible, et puisque nous ne pensons distinctement, c'est-à-dire effectivement, que ce qui n'est pas contradictoire — que tout ce que nous pensons distinctement est possible. Tout ce qui se réalise dans notre conscience pourrait être réalisé dans la nature, au moins par une puissance infinie.

Nul n'a fait un plus grand usage de ce principe que Descartes. C'est en particulier sur cette vérité qu'est fondée sa preuve si originale, de la distinction de l'âme et du corps. « Je conçois, dit Descartes, sans contradiction, la pensée indépendamment de l'étendue, et l'étendue indépendamment de la pensée. Donc, si étroitement que ces deux choses puissent être, en fait, liées dans notre existence actuelle, elles sont métaphysiquement possibles l'une sans l'autre ; en d'autres termes, elles pourraient être réalisées, au moins par une puissance infinie, telles que je les conçois, c'est-à-dire l'une sans l'autre. » (Lors même que le corps serait actuellement pour la pensée une condition nécessaire, cette condition pourrait être remplacée par une autre équivalente, et tout au moins par la toute-puissance de Dieu.) Par conséquent la pensée et l'étendue, par cela seul qu'étant essentiellement distinctes elles peuvent être conçues séparément sans contradiction, peuvent aussi être réalisées séparément sans contradiction. Leur union actuelle n'est qu'une union de fait et non pas une union absolument nécessaire (comme l'est, par exemple, l'union des deux bouts dans le bâton).

une vraie solution, mais seulement un *déplacement d'ombre*, et l'on se trouve aussi embarrassé de comprendre comment le temps lui-même peut se réaliser, puisque entre midi et une heure, par exemple, il y a une infinité d'instants qui doivent successivement se réaliser. — Ce problème et d'autres du même genre ont mis dans l'embarras les plus grands penseurs, Aristote, Descartes, d'Alembert, etc.; tant il est important et difficile de savoir au juste s'il y a ou s'il n'y a pas une contradiction intrinsèque dans nos idées !

Idée du libre arbitre. — Au sujet de la liberté également, la vraie difficulté réside, au fond, dans la question de savoir si la liberté n'est pas une idée contradictoire. Il semble, en effet, qu'une action libre doive être, d'une part, *déterminée* par des raisons, puisqu'on n'appelle libres que des actes volontaires, c'est-à-dire réfléchis, raisonnés et raisonnables, — et, d'autre part, *indéterminée*, car si elle est déterminée par des raisons, ces raisons étant ce qu'elles sont, l'action, semble-t-il, ne pouvait être autre qu'elle n'est. Comment concilier l'indétermination, d'où résulte la possibilité des actions contraires, avec la détermination d'où résulte le caractère réfléchi et rationnel de l'action? Si cette difficulté pouvait être une fois résolue, toutes les autres ne seraient qu'un jeu.

Idée de Dieu. — Au sujet de l'existence de Dieu, Leibniz exigeait avec raison qu'on prouvât d'abord que Dieu est possible, c'est-à-dire que l'idée même de Dieu n'enveloppe aucune contradiction. Il est sûr que l'idée de Dieu, telle que nous pouvons nous la faire, est difficilement exempte de ce défaut radical. Car Dieu c'est le parfait, l'absolu ; or nous ne pouvons assigner une nature déterminée et concrète à cet absolu qu'au moyen des attributs de notre nature. Mais peut-être n'est-il aucun attribut de notre nature qui se prête à recevoir pleinement la forme de l'absolu. Le Dieu, non seulement du vulgaire, mais des philosophes, le Dieu de Socrate, le Dieu de Platon, d'Aristote, de Descartes, de Leibniz, c'est un Dieu qui est toujours imparfait par quelque côté. Le Dieu d'Aristote ignore le monde : il est donc imparfait en connaissance et en bonté. Le Dieu de Descartes est liberté absolue, il peut vouloir au hasard et sans motif : il est donc imparfait en sagesse et en raison, etc. Qu'on réussisse seulement à purifier une fois l'idée de Dieu de toute contradiction, la Métaphysique aura fait la plus grande partie de sa tâche. Que, selon le vœu de Leibniz, elle nous présente un Dieu possible, nous serons déjà plus qu'à moitié convaincus qu'il est réel.

On voit par là comment les plus hauts problèmes métaphysiques sont liés aux problèmes logiques : toute la Métaphysique du possible est impliquée dans la question de la validité logique des concepts.

CHAPITRE III

LOGIQUE FORMELLE DU JUGEMENT

DE L'ACCORD DE LA PENSÉE AVEC ELLE-MÊME DANS LE JUGEMENT

§ I

Variété des rapports affirmés par le jugement. — Avant de traiter du jugement au point de vue logique, il est indispensable de rappeler brièvement et de compléter sur quelques points la théorie psychologique du jugement.

Un jugement est l'affirmation d'un rapport entre deux choses. Quelle est la nature de ce rapport, *objet* propre du jugement? Quelle est la nature de ces choses, *termes* (ὅρος)[1] du jugement?

Les rapports perçus et affirmés peuvent être de nature très différente : ce sont, par exemple, des rapports de ressemblance, de différence, de coexistence, de succession, de causalité.

Le langage les réduit à l'unité. — Mais ici le langage, en traduisant le jugement dans une proposition, opère une simplification, qui n'a pas été assez remarquée, et qui est pourtant de très grande conséquence. Le langage réduit à l'unité tous les rapports saisis par le jugement. Dans le langage, en effet, tous les rapports deviennent des rapports de *qualification* ou d'*attribution*, c'est-à-dire des rapports d'inhérence d'un attribut à un sujet. En voici des exemples.

Dans le personnage de Socrate, je remarque l'attribut de la sagesse, et j'énonce cette proposition : *Socrate était sage*. Voilà un jugement attributif. Or, dans ce cas, la proposition traduit exactement l'opération réelle de la pensée. Les deux termes réels du jugement sont bien en effet, d'un côté *Socrate*, de l'autre *la*

---

1. Sur le vrai sens du mot *terme* en Logique, voy. chapitre .

sagesse; et le rapport saisi est bien le rapport d'inhérence précisément affirmé par le verbe *être.* — Mais voici d'autres cas : je compare les deux angles A et B; entre ces deux angles, je saisis un rapport d'inégalité. Les deux termes du jugement sont bien A et B. Or, énonçant ce jugement, je dirai : A est inégal à B. Le langage réunissant, dans la proposition, le rapport au second terme du jugement, fait des deux ensemble une espèce d'attribut (inégal à B); et cet attribut est, par le moyen du verbe *être,* affirmé comme inhérent au premier terme : ce qui rend, comme on voit, tout à fait méconnaissable l'opération réelle de la pensée. — Cette opération ne serait pas moins défigurée si, au lieu de dire : A est inégal à B, on disait, en faisant de l'inégalité (chose absurde au fond) un attribut commun aux deux termes : A et B sont inégaux. Car, évidemment, A et B ont été comparés l'un à l'autre, et non point A et B ensemble à l'idée de l'inégalité. — De même, si, ayant saisi entre les événements C, D, un rapport de succession, je dis : D succède (est succédant) à C, ou encore C et D sont des événements successifs, l'opération réelle de la pensée est fort inexactement traduite, puisque les deux termes réels de cette opération sont certainement C et D, entre lesquels un rapport de succession est perçu; et nullement l'événement D d'une part, et l'attribut *succédant* à C, de l'autre; non plus que les événements C et D pris ensemble, d'une part, et, de l'autre, l'attribut *successifs.*

C'est pourquoi, tandis que *dans la pensée* le second terme du jugement est tantôt une qualité ou un état (sage, chaud), tantôt une chose, un être, une substance (une ligne, une grandeur, une personne), *dans l'énoncé du jugement* le second terme est toujours un adjectif ou un participe (égal à B, succédant à B, causé par B, etc.).

Et tandis que *dans la pensée* les rapports saisis sont d'espèces très différentes (égalité, causalité, etc.), *dans le langage* le rapport énoncé est toujours un rapport d'attribution ou d'inhérence exprimé par le verbe *être* (sous-entendu dans tous les autres verbes). C'est pourquoi on appelle justement le verbe la copule : il n'a en effet qu'un rôle toujours le même, celui de lier, d'attacher le second terme au premier, comme un attribut à un sujet.

Avantage qui en résulte. — Le langage opère donc ici pour les jugements une simplification analogue à celle qu'on opère sur des fractions ordinaires par *la réduction au même dénominateur.* Et de même que cette réduction rend seule possibles les opérations à exécuter sur les fractions, de même cette réduction des jugements à l'unité de forme permet seule de manier commodément les propositions et d'exécuter les diverses opérations logiques.

Termes du jugement : idées ou choses ? — Quels sont maintenant les vrais termes du jugement? Des idées ou des choses réelles, faits, propriétés, lois, etc. ?

Les objets de l'esprit sont des idées. — On se trouve ici en présence de deux observations également exactes et qui semblent d'abord contradictoires. D'une part, nous sommes forcément enfermés dans nos idées, réduits à nos idées. Quant aux choses mêmes, nous ne les atteignons qu'à travers nos idées. Une chose quelconque, un encrier, un arbre, ne peut pas directement devenir objet de pensée, représentation, fait de conscience. Les choses ne deviennent objet de pensée que par un intermédiaire, par procuration, si l'on peut dire, à savoir : en suscitant dans la conscience une idée qui les représente. Dans ma conscience il n'entre point un arbre réel, mais seulement une idée d'arbre. Cela est déjà vrai pour les choses réelles et concrètes, comme celles dont on vient de parler, avec lesquelles nous sommes mis en rapport le plus direct, par nos facultés dites d'expérience ou de perception. *A fortiori*, cela est-il vrai pour les idées abstraites et générales, auxquelles aucune réalité existante et perceptible ne correspond. Nous pensons la blancheur, l'humanité, la vertu. Or il n'y a aucune réalité existant quelque part qui soit la blancheur abstraite, l'humanité abstraite, la vertu abstraite. Donc manifestement, dans les cas de ce dernier genre, nos jugements ont pour termes des idées. Or c'est justement de jugements de cet ordre qu'il est presque exclusivement question dans la Logique. Par conséquent, le logicien est bien en droit de dire : *En fait,* nous opérons toujours sur des idées, nos jugements n'ont et ne peuvent avoir d'autres termes que des idées. La pensée n'est pas un laboratoire de chimie : ce qu'on y manie, ce sont des idées, et non pas des corps.

La croyance porte sur les choses. — Mais d'autre part il n'est pas moins certain que notre intention, c'est toujours d'atteindre les choses à travers nos idées, de saisir et d'exprimer des rapports vrais des choses mêmes; il est certain que c'est sur les choses et nullement sur les idées que porte la *croyance,* élément essentiel de tout jugement réel. Quand j'affirme que l'eau rouille le fer, la chose à laquelle je crois et que j'affirme, Stuart Mill a cent fois raison de le soutenir, ce n'est point un rapport entre mes idées, c'est une loi objective des choses.

Conciliation : objectivation des idées. — Comment concilier ces deux observations opposées ? Les logiciens se sont en général tirés de peine en négligeant l'un des deux termes du problème. Les uns, avec Stuart Mill, soutiennent (Logique réaliste) que, puisque la croyance porte sur les réalités, les vrais termes du jugement ce sont les réalités elles-mêmes, — sans songer que dans la pensée il n'y a et ne peut y avoir d'autre réalité que des pensées. — Les logiciens de l'école opposée (Logique conceptualiste) s'en tiennent, au contraire, à cette dernière et incontestable observation, et font abstraction de la croyance, — sans se mettre en peine d'expliquer comment il se peut faire que, notre pensée ayant pour objet des idées, notre croyance ait pour objet des choses; sans remarquer la difficulté qu'il y a à comprendre comment on peut penser une chose et en croire une autre, c'est-à-dire penser autre chose que ce que l'on croit et croire autre chose que ce que l'on pense; ou, en d'autres mots, d'une part, penser sans croire, et, d'autre part, croire sans penser.

La solution de cette difficulté nous paraît résider dans la **loi d'objectivation** naturelle et nécessaire de nos idées, — tant qu'aucun obstacle ne s'y oppose (*Psych.*, ch. XXI, appendice). La pensée, avons-nous dit, est naturellement réaliste, objectiviste ou objectivante. Penser c'est s'imaginer qu'on voit, qu'on perçoit. *Cogito, ergo est aliquid cogitatum;* je pense, donc il y a un objet de pensée distinct de la pensée même. Rien de plus vrai que cet aphorisme, du moins *comme expression de l'apparence.* Tous les verbes qui expriment les opérations de la pensée en témoignent : voir, percevoir, apercevoir, comprendre, connaître, etc., sont des verbes actifs et supposent un objet comme terme de l'opération de la pensée.

Nos *sensations*, tout d'abord, s'objectivent et nous paraissent constituer des objets perçus : c'est pourquoi quand nos jugements portent sur des choses sensibles, bien qu'ils portent en réalité sur des idées, puisque, encore une fois, il n'y a en nous que des idées, nous croyons qu'ils portent sur les choses elles-mêmes. Quand je dis : Ce corps est chaud, tous les termes de ce jugement sont des sensations ou des souvenirs de sensations; mais c'est le psychologue seul qui le sait; et d'ordinaire celui qui prononce ce jugement ne s'en doute pas, et croit porter un jugement sur les choses mêmes. Pourquoi ? parce qu'il objective ses sensations. — Or ce qui est vrai de nos sensations est vrai aussi de nos *concepts.* Et d'ailleurs la difficulté n'est pas plus grande dans un cas que dans l'autre de concevoir comment l'objectivation est possible. Il est absurde, au fond, de supposer que la couleur soit un objet externe, puisque la couleur n'est qu'un fait de conscience, qui ne saurait exister que dans une conscience. Il ne l'est ni plus ni moins de considérer une loi, une classe, une espèce, une propriété générale, en un mot un concept, comme un objet externe. Aussi ne s'en fait-on pas faute : la preuve en est la tendance réaliste contre laquelle il faut toujours se défendre, et contre laquelle, non seulement le vulgaire, mais tant de grands philosophes se sont si mal défendus (réalisation des abstractions, réalisme au moyen âge). Quand je dis : *Les hommes sont mortels*, ni la classe des hommes, ni la classe des mortels, ou l'attribut de la mortalité, ne sont des choses réelles dans la nature : dans la nature, il n'y a pas de classes, il n'y a que des individus; il n'y a pas de propriétés abstraites, il n'y a que des choses concrètes possédant diverses propriétés. Mais il n'en est pas moins vrai que spontanément les concepts *homme* et *mortel* s'objectivent, et que celui qui énonce ce jugement croit énoncer un rapport objectif entre les choses, et ne se doute pas qu'il n'énonce qu'un rapport subjectif entre ses idées.

Résumé. — En résumé, parmi les logiciens, les uns n'ont tenu compte que de cette vérité : nos idées sont des idées, et ne sont pas des choses. Les autres n'ont tenu compte que de cette autre vérité : la croyance croit aux choses et non aux idées. On concilie ces deux observations également vraies, en tenant compte de cette troisième observation, qui ne l'est pas moins : l'objectivation spontanée de l'idée, d'où résultent l'apparence de chose réelle qu'elle prend, et l'explication du caractère de la croyance.

La Logique formelle considère seulement les rapports des idées. — Mais, cela reconnu, la Logique formelle, par cela même qu'elle étudie les opérations de la pensée en elles-mêmes et indépendamment de leur rapport avec les objets, a le droit de négliger et néglige ce fait de l'objectivation et celui de la croyance, qui l'accompagne, ou, pour mieux dire, qui ne fait qu'un avec lui (*Psych.*, *ibid.*, p. 272). Elle considère donc les concepts simplement à titre de concepts [1].

---

1. Remarque curieuse à faire : par cette abstraction volontaire de l'apparence illusoire qui objective les concepts, la Logique, qui, au premier abord, semble se donner pour matière quelque chose d'abstrait et de factice, restitue au contraire à nos concepts leur véritable caractère, puisque, après tout, nos concepts

Par suite, ce qui intéresse la Logique formelle, ce n'est point directement les rapports des choses, ce sont les rapports des concepts. Aux rapports de tout genre (coexistence, succession, causalité), qui peuvent exister entre les choses, la Logique substitue les rapports de *convenance* ou de *disconvenance*, c'est-à-dire d'*inclusion* ou d'*exclusion* qui peuvent exister *entre les concepts*.

Elle y est aidée par le langage.—Pour cela faire, la Logique est singulièrement aidée par les formes du langage qui, on l'a vu plus haut, réduisent à l'unité tous les jugements, font du premier terme de tout jugement un *sujet*, du second un *attribut* de ce sujet, et du verbe le signe uniforme d'un rapport uniforme d'*inhérence*. La forme que le jugement reçoit du langage favorisait ainsi éminemment l'étude logique du jugement et y conduisait tout droit, pour ainsi dire. De l'acte, déjà réalisé par le langage, d'envisager le jugement comme exprimant uniquement un rapport d'inhérence entre un sujet et un attribut, à l'acte de l'envisager au point de vue logique, c'est-à-dire comme exprimant un rapport d'inclusion entre deux idées, il n'y avait qu'un pas.—Étudions maintenant ces rapports.

§ II

Rapports des idées. — Compréhension, extension — Les rapports d'inclusion ou d'exclusion entre les idées résultent de la compréhension et de l'extension réciproques des idées.

La **compréhension** d'une idée est la *somme des caractères* qu'elle enferme. L'**extension** d'une idée est la *somme des êtres* dans lesquels cette somme de caractères se trouve réalisée. La compréhension d'une idée est donc l'ensemble des attributs dont elle est le sujet (ex. : L'homme est animal, bimane, raisonnable, etc.); l'extension d'une idée est l'ensemble des sujets dont elle est l'attribut (ex. : Les Européens, les Africains, les Océaniens, les Américains sont hommes).

La compréhension est la *matière* propre du concept; l'extension, c'est la *circonscription* ou la sphère d'application du concept. La compréhension est une quantité *intérieure* au concept. Par suite,

ne sont rien de plus que des concepts. C'est ici le sens commun, c'est la croyance spontanée qui, croyant dans les concepts saisir la réalité, prend les choses pour ce qu'elles ne sont pas; c'est la Logique qui, traitant le concept comme simple concept, prend les choses pour ce qu'elles sont. Le sens commun et la croyance spontanée sont dans l'illusion ; le logicien revient à la réalité psychologique.

les caractères qui forment la compréhension sont désignés *immé-diatement* par le concept; les objets qui, portant en eux ces carac-tères, en forment l'extension, sont désignés *indirectement* par le concept.

La compréhension d'un concept est indiquée par la *définition* dont l'objet est d'exprimer en son entier, quoique sous une forme abrégée, le contenu d'un concept (ex. : L'homme est animal et raisonnable). — L'extension d'un concept est indiquée par la *division* dont l'objet est de faire, sous une forme abrégée, le dénombrement complet de toutes les espèces de choses qui entrent dans la sphère du concept (ex. : Les plantes sont les acotylédones, les monocotylédones, les dicotylédones).

Rapport de l'extension et de la compréhension.— Les concepts ont plus ou moins d'extension, plus ou moins de compréhension. Mais ces deux quantités *varient en sens opposé*. Quand l'extension s'accroît, la compréhension diminue, et réciproquement. Si de l'idée de *chêne* on passe à l'idée d'*arbre*, l'extension augmente, car il y a plus d'arbres que de chênes; la compréhension diminue, car l'idée d'arbre n'enferme pas tous les caractères du chêne, mais seulement ceux de ces caractères qui sont communs au chêne et à tous les autres arbres. Une idée générale se forme, non pas en additionnant tous les caractères des espèces inférieures, qu'elle enveloppe, mais en éliminant tous ceux de ces caractères qui varient d'une espèce à l'autre. Toute idée générale est, non pas le total d'une addition, mais le reste d'une soustraction.

Ainsi plus on s'élève sur l'échelle de la généralisation, plus le contenu des idées va s'appauvrissant. Les idées les plus étendues sont les plus indéterminées et les plus vides. Dans les genres suprêmes comme l'être, le possible, l'extension est infinie, la compréhension aussi voisine que possible de zéro.

Au contraire, à mesure qu'on redescend l'échelle de la généralisation, chaque détermination nouvelle que reçoit l'idée enrichit sa compréhension, et par cela même restreint son étendue. L'idée d'*animal* enveloppe tous les animaux; déterminée par l'addition du caractère *vertébré*, elle n'en désigne plus qu'une partie. Dans l'idée absolument déterminée d'un individu, comme l'idée de *Socrate*, l'idée d'*Alexandre*, l'extension est égale à 1. La compréhension est illimitée: qui pourrait dire tous les caractères que possède un individu?

Par les idées les plus générales nous connaissons peu dans beaucoup. Par les idées les moins générales nous connaissons beaucoup dans peu.

Ces rapports de l'extension et de la compréhension sont ordinairement énoncés de la manière suivante : l'extension et la compréhension sont en raison inverse l'une de l'autre.

Notions supérieures et inférieures, genres, espèces. — On appelle *supérieures* (ex. : *vertu*) des notions qui contiennent sous elles (dans leur extension) d'autres notions qui, par rapport aux précédentes, sont appelées *inférieures* (ex. : *sagesse, courage*). Une seule et même notion peut être en même temps supérieure et inférieure, suivant qu'on l'envisage dans son rapport avec telle ou telle autre notion (*Européen* est une notion inférieure par rapport à *homme;* supérieure par rapport à *Français*). La notion supérieure s'appelle *genre,* par rapport à la notion qui lui est inférieure; la notion inférieure s'appelle *espèce* par rapport à la notion qui lui est supérieure. De même que les dénominations de supérieure et d'inférieure, les dénominations de genre et d'espèce n'ont rien d'absolu et sont tirées, non de la nature propre et du contenu des notions, mais seulement de leur rapport respectif (Kant, *Log.*, 143). Les noms d'*espèce* et de *genre* peuvent donc s'appliquer à tous les degrés de la généralisation [1].

Règle logique. — Le genre a pour compréhension les caractères communs aux espèces subordonnées. Donc *ce qui est vrai du genre est vrai d'une espèce quelconque de ce genre.* Le genre c'est, par définition, ce qui est vrai de toutes les espèces; ce qui est vrai de toutes les espèces est vrai de chaque espèce en particulier (*quidquid de omnibus valet, valet etiam de quibusdam et singulis*). Ce principe, qui sert de fondement au syllogisme, est connu en Logique sous le nom de *dictum de omni.*

Mais la réciproque n'est pas vraie : ce qui est vrai de l'espèce n'est pas nécessairement vrai du genre, car aucun des caractères propres à chaque espèce n'entre dans la compréhension du genre. Il est vrai du chêne, mais il n'est pas vrai de l'arbre en général, qu'il porte des glands.

De même que ce qui est vrai du genre est vrai de l'espèce, ce qui est faux du genre, c'est-à-dire incompatible avec les attributs du

---

1. Dans les sciences naturelles, ces noms désignent au contraire quelque chose de fixe et ne s'appliquent qu'à des groupes déterminés. Ainsi *félin* est un genre, *lion* est une espèce. Chacun des groupes supérieurs prend ici un nom spécial : ordre, classe, embranchement, etc.

genre, est faux de l'espèce. Car nécessairement le genre, étant réalisé dans une espèce, en exclut tous les caractères qu'il exclut.

Ces deux principes connus en Logique sous le nom de *dictum de omni*, *dictum de nullo*, sont, comme on le verra, les principes sous-entendus qui fondent la légitimité du syllogisme [1].

§ III

Rapport des termes dans le jugement : deux interprétations. — Ces définitions données, avec les règles qui s'en-suivent, revenons aux termes du jugement. Quels sont dans un jugement les rapports des termes au point de vue de l'extension et de la compréhension?

Soit ce jugement: *L'homme est mortel*. Au point de vue de l'ex-tension, il signifie que parmi les mortels se trouvent les hommes, que *homme* est une espèce du genre *mortel;* en d'autres termes, que le concept *mortel* enferme le concept *homme* dans son extension [2].

---

1. C'est Aristote qui a énoncé le *dictum de omni et nullo* (à la fin du 1er chapitre du livre I des *Anal. pr.*) sous forme de définition en ces termes : « Nous disons qu'une chose s'affirme universellement (ou de tout un genre) lorsqu'il est impos-sible de prendre aucune partie du sujet (aucune espèce ou individu de ce genre) dont ne s'affirme l'autre terme (l'attribut). Et il en est de même lorsque, au lieu d'affirmer, on nie. » En d'autres mots: affirmer ou nier un attribut d'un sujet pris universellement, c'est l'affirmer ou le nier de toute espèce et en fin de compte de tout individu renfermé dans ce sujet. D'où, comme conséquence, il est permis d'affirmer ou de nier d'une espèce ou d'un individu du genre ce qu'on a affirmé ou nié de tout le genre. — Mais, ainsi entendu, ce principe devient une insignifiante tautologie; et expliquer le syllogisme par ce principe, c'est justifier le reproche de stérile répétition qu'il a encouru. Il est trop clair que si affirmer une chose d'un genre c'est déjà affirmer cette chose de *tous les individus* de ce genre, on a ensuite le droit d'affirmer cette même chose de *tel ou tel de ces individus*. Mais où est l'intérêt d'une semblable opération ? — Nous enten-dons ce principe autrement. Pour nous, affirmer un attribut d'un genre, c'est af-firmer une liaison entre l'essence ou la *forme* constitutive du genre et cet attri-but. Et le syllogisme consiste alors à affirmer cet attribut de tel individu ou de telle espèce, parce que en lui ou en elle se trouve réalisé le genre. C'est pour-quoi la vraie forme d'une majeure universelle n'est pas par exemple : *Tous les hommes sont mortels*, mais bien, *Tout homme est mortel*. *Homme* désigne non pas un ensemble d'individus, mais, comme disaient les scolastiques, une nature, une essence ou une forme.

2. Remarquons que ce ne serait nullement se placer au point de vue des rapports d'extension que de traduire cette proposition, comme le fait Aristote: « L'attribut *mortel* appartient à tous les sujets qui sont dans l'extension du genre *homme* ». En effet, en tout état de cause, que l'on pense en extension ou que l'on pense en compréhension, il faudra toujours nécessairement tenir compte de l'extension du sujet, qui rend la proposition universelle ou particulière. Mais ce qui fait le sens de la proposition, c'est la *nature du rapport considéré* entre le premier terme et le second. Le premier terme est-il pensé à titre de sujet et le second à titre d'attribut ? alors c'est le rapport de compréhension que l'on considère. Le premier terme est-il conçu comme un groupe inclus en totalité ou en partie dans un autre groupe? alors on est placé au point de vue de

—Au point de vue de la compréhension, il signifie que la mortalité est un attribut de l'humanité, c'est-à-dire fait partie des caractères inclus dans l'idée d'homme ; en d'autres termes, que le concept *homme* enferme le concept *mortel* dans sa compréhension. Tout sujet est dans l'extension de l'attribut, tout attribut est dans la compréhension du sujet.—Envisagé au point de vue de l'extension, le jugement est une *classification*; on classe l'homme parmi les mortels. Au point de vue de la compréhension, le jugement est une *analyse* et un commencement de définition ou de description ; en disant : L'homme est mortel, on dégage l'un des attributs enfermés dans l'idée d'homme. — Il n'est pas de jugement qui ne puisse recevoir cette double interprétation.

Le jugement en compréhension est le cas ordinaire. — Mais une question se pose, psychologique, à vrai dire, par sa nature, mais de très grande conséquence pour la Logique. En fait, quand nous jugeons, à quoi pensons-nous ordinairement ? est-ce aux rapports d'extension, est-ce aux rapports de compréhension[1] ? Il n'est pas douteux que, dans l'immense majorité des cas, nous ne pensions exclusivement aux rapports de compréhension. (voy. S. Mill, *Phil. de Ham*, ch. XXII; *Logique*, t. I, ch. v, § 3; cf. Lachelier, *De Nat. Syll.*, 26). Sans doute, dans un livre d'histoire naturelle, cette proposition : *Les baleines sont des mammifères*, signifie que les baleines font partie de la classe des mammi-

l'extension. Or c'est toujours et exclusivement au premier point de vue qu'Aristote se place. Le second terme est toujours pour lui conçu à titre d'attribut et jamais à titre de classe. Les mots dont il se sert pour indiquer le rapport des deux termes, ὑπάρχειν, κατηγορεῖσθαι, etc., indiquent toujours le rapport d'inhérence d'attribut à sujet. Nous croyons donc pouvoir soutenir, malgré l'opinion contraire généralement répandue, qu'Aristote se place uniquement en Logique au point de vue de la compréhension. Si l'on veut s'en assurer, que l'on compare à la Logique d'Aristote la Logique d'Euler, celle-ci faite incontestablement au point de vue de l'extension. Les figures par lesquelles Euler désigne les rapports des termes ne peuvent convenir à la Logique d'Aristote. Par exemple Euler représente cette proposition : *Tout homme est mortel*, par deux cercles concentriques, le cercle qui représente *homme* étant inclus dans le cercle qui représente *mortel*. Ce symbole est inapplicable à la traduction d'Aristote, qui est celle-ci : l'attribut mortel appartient à tous les sujets du genre homme. Euler considère le premier terme comme inclus dans l'extension du second. Aristote considère le second terme comme entrant dans la compréhension de tous les sujets qui forment l'extension du premier.

1. Remarquons d'abord qu'on ne pense pas nécessairement à la fois aux uns et aux autres, puisqu'ils sont radicalement distincts. Il est même impossible d'y penser à la fois, car deux rapports sont deux rapports et non un seul et même rapport. Par exemple, il est impossible de penser un terme à la fois comme attribut et comme classe, car un attribut n'est pas une classe et une classe n'est pas un attribut. Mais le même terme peut être envisagé successivement soit comme attribut, soit comme classe.

fères. Mais, le plus ordinairement, nous n'avons pas tant besoin de savoir à quelle classe les choses peuvent être rapportées, que les propriétés qui leur appartiennent ; ce qui nous importe, ce n'est pas tant de savoir où sont les choses que de savoir ce qu'elles sont. Si je dis : Le platine est fusible, La neige est blanche, Socrate était sage, etc., comment douter que je pense aux propriétés qui appartiennent à ces sujets, et nullement aux classes des choses fusibles, des choses blanches, des êtres sages [1] ? — La chose est encore plus évidente si l'attribut du jugement est un attribut exclusivement propre au sujet, par exemple, si je dis : Le plomb est fusible à 335 degrés, Je ne puis penser ici à la classe des choses fusibles à 335 degrés, puisque cette classe n'existe pas. Je pense donc à une propriété particulière au plomb. Or il en est certainement de même lorsque, sans préciser, je dis : Le plomb est un métal fusible.

Il est présupposé par le jugement en extension. — Il y a plus : même lorsque le but de la pensée est de classer les choses, et lorsque, par suite, le jugement doit s'interpréter en extension, cette classification présuppose toujours une analyse [2], et ce jugement en extension un jugement en compréhension : par exemple, qu'est-ce qui me donne le droit de dire que la baleine est dans la classe des mammifères, sinon que j'ai préalablement reconnu qu'elle possède les caractères du mammifère ? Le jugement en extension n'est jamais qu'une conséquence du jugement en compréhension.

Objection. — A cette théorie on peut cependant opposer une objection tirée de ce fait, que le second terme du jugement est un nom général. Comment pouvez-vous, dira-t-on, appliquer le nom de *blanc* à la couleur de la neige, sinon parce que vous assimilez la

---

1. La preuve en est que le second terme des propositions a reçu le nom d'*attribut*; c'est-à-dire qu'il est pensé à titre de *qualité* inhérente à un sujet et non à titre de *classe* enveloppant un sujet.

« Res in classes describi posse nemini dubium est : nec, si quis eorum classium inter se convenientiam vel repugnantiam investigare voluerit, est cur ejus studium vituperemus. Illud autem ferri non potest, communem sermonem a rebus ad classes et logica commenta avocari : quis enim unquam, quum vicinum sibi irasci quereretur, classem, aliam vicinorum, aliam iracundorum, imo actu irascentium, esse cogitavit ? Ne tum quidem, quum hominem animal vocamus, cum unum ex animalibus, sed animatum vel anima præditum esse significamus : nec enim extra ipsum respicimus, nec quo loco nobis reponendus, sed quo modo a natura informatus sit, consideramus. Hæc autem ipsa rerum in classes descriptio non nisi formis, quas multis communes videmus continetur : ut necessario prius sit formam rei, quam rem classi, vel classem alteri classi inesse. » J. Lachelier, *De Nat. Syll.*, 26.

2. On verra dans la Logique appliquée que la classification est toujours le résultat d'une analyse.

couleur de la neige à celle des autres choses blanches que vous avez déjà vues [1] ?

Réponse. — On pourrait répondre d'abord que le nom, dans beaucoup de cas, est évoqué immédiatement, automatiquement, par l'impression particulière à laquelle il est associé, comme la vue d'une lettre éveille chez l'enfant le son qui la désigne. Bien que, dans ce cas, l'acte propre de la dénomination ne soit plus sans doute un acte de pensée, le jugement lui-même, dans son ensemble, n'en restera pas moins un acte de pensée : car il n'en sera pas moins vrai de dire que c'est la pensée seule qui peut saisir le rapport d'inhérence, ou de substance à phénomène, entre le sujet donné et l'attribut remarqué en lui.

Mais on peut faire une réponse plus décisive : accordons que, pour donner son nom général à une propriété remarquée dans un sujet, il faille penser cette propriété d'une manière abstraite et générale, il ne s'ensuit point que, en la pensant comme telle, on pense à la classe des choses qui possèdent cette propriété. L'attribut, comme toute idée générale, a une compréhension et une extension ; on peut penser à l'une sans penser à l'autre. Je puis, par exemple, penser à la blancheur en général sans penser aux différents objets qui possèdent la propriété de la blancheur ; rien ne m'empêche de dire : Ce papier est blanc, sans penser pour cela à la neige, au lis, au cygne, etc. De même rien ne m'empêche de reconnaître dans un animal les caractères qui constituent le type du vertébré, sans pour cela penser aux diverses sortes de vertébrés.

Conclusion. — Concluons donc : Règle générale, dans les jugements, la pensée vise exclusivement les rapports de compréhension et nullement les rapports d'extension ; et dans les cas exceptionnels où le jugement exprime des rapports d'extension, il présuppose encore un jugement latent sur les rapports de compréhension.

La compréhension vrai point de vue de la Logique. — S'il en est ainsi, il faut convenir que les logiciens, qui, dans la théorie du jugement et du raisonnement, se sont attachés presque uniquement aux rapports d'extension, ont fait de la Logique, non pas sans doute quelque chose de faux, puisque tout jugement en compréhension peut se traduire en un jugement équivalent en extension, mais du moins quelque chose de *factice*, en détournant

1. C'est un argument que fait valoir M. Brochard dans son étude sur la Logique de Stuart Mill. *Rev. phil.*, t. XII.

l'attention de ce qui constitue le vrai sens des propositions, en défigurant arbitrairement dans leurs spéculations l'opération réelle et vivante de la pensée. Ce sera donc rendre service à la Logique que de la ramener à sa source psychologique. — Ajoutons que, par une heureuse rencontre, ce sera la ramener aussi à ses origines historiques, puisque Aristote a construit la théorie de la proposition et du syllogisme en considérant les rapports de compréhension et non pas les rapports d'extension [1].

Deux espèces de jugements : analytiques, synthétiques. — Si donc nous nous attachons à ce point de vue, on peut, en considérant les rapports de compréhension dans le jugement, distinguer deux classes de jugements, suivant que l'attribut affirmé du sujet fait partie de la compréhension essentielle du sujet, ou se trouve seulement associé de fait à l'ensemble de ces attributs essentiels et constitutifs du sujet. Dans le premier cas le jugement est dit *analytique*. Dans le second cas, *synthétique*. Exemple d'une proposition *analytique* : Tout corps $(a + b)$ est étendu (b); exemple d'une proposition *synthétique* : Tel corps $(a + b)$ est blanc (c) [2].

Les analytiques relèvent seuls de la Logique formelle. — Les jugements synthétiques dérivent de l'expérience, car, du moment qu'un attribut ne fait pas partie essentielle d'un sujet, l'expérience seule peut décider si, oui ou non, il lui appartient. Par suite, ces jugements sont du ressort de la Logique appliquée, qui donne les règles de l'expérience valide. — Mais ils sont en dehors du domaine de la Logique formelle, car ces jugements n'ont pas pour règle l'accord de la pensée avec elle-même. Ils ne dérivent pas du principe d'identité et de contradiction : l'attribut n'étant pas donné dans le sujet, affirmer cet attribut ce n'est pas simplement maintenir telle qu'elle est posée la notion du sujet ; et inversement, nier cet attribut ce n'est pas nier le sujet posé et se contredire.

Au contraire, les jugements analytiques n'ont aucun besoin de l'expérience. Puisque l'attribut est donné dans le sujet, à quoi bon recourir à l'expérience pour savoir s'il lui appartient ? On le sait d'a-

1. Voy. la note 2 de la page 26.
2. Rappelons que cette distinction n'a rien d'absolu, que tel jugement qui est synthétique au moment où l'on découvre que telle propriété est de l'essence d'un certain sujet, devient analytique dans la suite, puisque cette propriété fait dès lors partie de la compréhension essentielle du sujet. Pour le professeur qui enseigne les propriétés d'un corps, les jugements qu'il énonce sont analytiques ; pour les élèves qui apprennent les propriétés de ce corps, ils sont synthétiques (*Psych.*, ch. XXI, § 7).

vance (à priori). Ces jugements relèvent donc du principe d'identité ; affirmer l'attribut c'est demeurer d'accord avec soi-même, nier l'attribut c'est supprimer le sujet posé et se contredire [1]. Comme tels, ces jugements sont l'objet propre et exclusif de la Logique formelle [2].

Règles concernant ces jugements. — Or maintenant qu'est-ce que la Logique formelle peut nous dire au sujet de ces jugements? Quelles règles peut-elle formuler? Les voici:

Au point de vue de la légitimité formelle des jugements: 1° est *légitime* en vertu du principe d'identité (*une chose est ce qu'elle est*), tout jugement qui énonce un attribut enfermé dans la notion de ce sujet. C'est cette règle que Descartes énonce ainsi dans son résumé des *Méditations* sous forme géométrique (déf. ix) : « Quand nous disons que quelque attribut est contenu dans la nature ou dans le concept d'une chose, c'est de même que si nous disions que cet attribut est vrai (formellement) de cette chose et qu'on peut assurer qu'il est en elle » (éd. Cousin, t. I, p. 454).

2° Est *illégitime* au point de vue de la Logique formelle, comme indépendant du principe d'identité, tout jugement énonçant un attribut qui n'était pas enfermé dans la notion même du sujet. Un tel jugement peut n'être pas absurde (si l'attribut n'est pas contradictoire au sujet); il peut même énoncer quelque chose de matériellement vrai (par exemple, si je dis d'un corps chaud : Ce corps est chaud); mais, par cela même qu'il est synthétique, il ne porte plus en soi la preuve de sa vérité, à savoir : l'accord de la pensée avec elle-même; il ne peut recevoir de garantie que de l'expérience, il échappe aux conditions de la vérité formelle.

3° Est *absurde* en vertu du principe de contradiction (*une chose ne peut, à la fois, être et n'être pas ce qu'elle est*) tout jugement qui énonce un attribut contradictoire à la notion du sujet (*contra-*

1. Il faut distinguer les jugements analytiques des propositions purement *tautologiques*. « Dans le premier cas, l'identité des notions n'est qu'*implicite*, elle est *explicite* dans le second. Les propositions tautologiques sont vaines ou sans conséquence, car elles sont sans utilité ni usage. Telle est, par exemple, la proposition suivante : L'homme est homme. Si je ne sais rien dire de l'homme, si ce n'est qu'il est homme, je n'en affirme rien. — Les propositions implicitement identiques, au contraire, ne sont point vaines ou sans conséquence, car elles développent par une explication le prédicat qui était implicitement compris dans la notion du sujet. » Kant, *Log.*, tr. fr., p. 166.

2. Nouvelle raison de donner en Logique le premier rôle aux rapports de compréhension. L'objet propre de la Logique formelle se définit par la distinction des jugements analytiques et des jugements synthétiques. La distinction de ces deux espèces de jugements se tire des rapports de compréhension et non pas d'extension. C'est donc, encore à cet égard, rester fidèle aux origines de la Logique et lui donner son véritable sens que de poser et de traiter les problèmes de Logique en termes de compréhension et non pas d'extension.

dictio in ad jeto); ex. : L'être parfait est exposé à la douleur;
— Le triangle a ses angles égaux à trois angles droits.

L'usage de ces règles présuppose l'analyse des concepts. — C'est quelque chose sans doute de savoir ces règles; mais l'important serait d'être en état de les appliquer, c'est-à-dire de savoir quels sont les caractères enfermés *dans la notion* d'un sujet quelconque, ceux qui sont *en dehors de la notion* de ce sujet, et ceux qui sont *contradictoires à la notion* de ce sujet. Par là, conformément aux règles posées, on saurait quels sont, de tous les jugements possibles sur un sujet, ceux qui sont légitimes, ceux qui ont besoin de preuve et ceux qui sont absurdes. La Logique peut-elle nous aider de quelque manière à déterminer ainsi la compréhension de nos concepts ?

En aucune façon, car la Logique formelle déduit toutes ses règles du principe d'identité; or le principe d'identité dit bien que, si une chose est telle chose, elle est cette chose et non pas une autre; mais ce principe ne dit point ce qu'une chose est ou n'est pas. Toutes les règles qu'on peut déduire du principe d'identité ont le même caractère. Par exemple, du principe d'identité et de contradiction, on déduit cette règle, que *de deux caractères contradictoires un seul convient à un concept donné, mais qu'il lui convient nécessairement* (principe d'alternative ou d'exclusion du milieu: Tout être est parfait ou imparfait, L'espace est fini ou infini, etc.). Mais encore ici, pour appliquer cette règle à un cas donné, il faudrait d'abord savoir ce que la chose dont il s'agit est ou n'est pas.

Par conséquent, lorsqu'il s'agit des règles concernant les jugements non moins que lorsqu'il s'agit des règles concernant les concepts, l'application de ces règles suppose toujours la détermination préalable, par l'analyse, du contenu de nos concepts. C'est, on l'a vu, par l'analyse du concept que nous pouvons savoir si le concept n'enferme pas quelque contradiction intrinsèque; c'est de même par l'analyse du concept que nous pouvons savoir si le caractère dont nous faisons l'attribut du concept dans un jugement est contenu dans ce concept, ou en dehors de ce concept, ou contradictoire à ce concept.

Leur peu d'utilité et leur intérêt. — Ainsi ces règles logiques ne servent pratiquement à rien, tant que l'analyse des concepts n'est pas faite; et d'autre part, cette analyse faite, il semble que, les conclusions que ces règles permettent de tirer touchant la validité des concepts et des jugements, chacun les tire naturellement assez bien sans connaître expressément ces règles.

Remarquons cependant qu'on la tire toujours *conformément* à ces règles. On obéit à ces règles spontanément et sans le savoir, mais on y obéit. Or, alors même qu'on ne devrait y obéir ni mieux ni plus mal en les connaissant, il n'en serait pas moins intéressant de les connaître. Avant comme après, on fait peut-être ce qu'il faut; mais après seulement on se rend compte de ce qu'on fait, du pourquoi de ce qu'on fait et du droit qu'on a de le faire. Pareillement, depuis que les axiomes de géométrie ont été formulés, ils n'ont pas été pour cela mieux observés qu'auparavant. On a trouvé bon pourtant, pour ces mêmes raisons, d'énoncer expressément ces conditions suprêmes du raisonnement géométrique.

Ce qui vient d'être dit touchant le peu d'usage de ces règles ne s'applique d'ailleurs qu'aux règles de Logique pure qui concernent les concepts et les jugements. Il en est tout autrement des règles concernant le raisonnement. Celles-ci sont loin d'être aussi simples; par suite, on y manque souvent sans s'en apercevoir; et c'est pourquoi il n'est pas seulement intéressant au point de vue théorique, mais il est utile, au point de vue pratique, de les dégager: car, ces règles une fois reconnues, dégagées et formulées, il devient bien plus difficile de croire qu'on raisonne selon les règles alors qu'on raisonne contre les règles, ce qui ne se fait jamais *plus gaiement*, comme dit Pascal, que lorsque, faute d'avertissement, on le fait en sûreté de conscience.

Exemple de l'application de ces règles, critique de la preuve ontologique. — Comme nous l'avons fait pour les concepts, nous montrerons, en terminant, par un exemple, l'application des règles de Logique qui concernent le jugement.

Parmi les preuves classiques de l'existence de Dieu, il en est une, nommée *preuve ontologique*, dont saint Anselme et Descartes sont les inventeurs, et qui a entre toutes ce caractère singulier de déduire analytiquement, en s'appuyant sur le principe d'identité, l'existence de Dieu, du concept même de Dieu. Voici en bref comment on raisonne: Dieu, c'est par définition l'être qui possède toutes les perfections; or l'existence est une perfection, donc Dieu possède l'existence. — Accordons les prémisses et considérons simplement la conclusion. Le sujet *Dieu* y est nécessairement identique à celui des prémisses; car il va de soi que le sujet sur lequel on raisonne est celui pour lequel on conclut. Or, dans les prémisses, le sujet *Dieu* est simplement un concept, une idée, puisqu'il s'agit justement de prouver l'existence de Dieu en partant de son idée. Donc, dans ll conclusion, le sujet *Dieu* est encore un concept ou une idée. Ceci posé, considérons l'attribut *existence;* en quel sens faut-il entendre ce mot? S'agit-il d'une existence simplement *conçue* ou idéale? S'agit-il d'une existence *réelle* ou objective en dehors de l'esprit? S'il s'agit d'une existence conçue ou idéale, nous accordons qu'en effet un semblable attribut peut être enfermé dans le sujet: le jugement est légitime, mais il ne nous apprend rien sur l'existence objective de Dieu, qui est en question. — S'il s'agit d'une existence réelle, comment un semblable attribut peut-il convenir à un sujet idéal? Si le sujet est dans mon esprit, comment l'attribut pourrait-il être hors de mon esprit? Un tel attribut n'est pas enfermé dans le concept, le jugement n'est pas analytique, et comme tel il est illogique. — Disons plus, un tel attribut est contradictoire à la nature même du sujet, car il est contradictoire que l'attribut ne soit pas de même ordre que le sujet; et le jugement est aussi absurde qu'un jugement puisse l'être.

CHAPITRE IV

LOGIQUE FORMELLE DU RAISONNEMENT

DÉDUCTION IMMÉDIATE : OPPOSITION, CONVERSION

Le raisonnement déductif relève seul de la Logique formelle. — Il y a deux sortes de raisonnements : le raisonnement inductif, qui procède du particulier au général, et le raisonnement déductif, qui procède du général au particulier (*Psych.*, ch. xxv).

Dans un raisonnement inductif, on érige en loi universelle des rapports constatés seulement en certains points de l'espace et du temps. De cette simple définition il résulte que la conclusion du raisonnement inductif dépasse infiniment les observations sur lesquelles il se fonde. Donc, en portant cette conclusion, l'esprit fait bien autre chose que rester d'accord avec lui-même, et la loi qui peut légitimer cette conclusion ne peut être la loi d'identité. Or la Logique formelle a précisément pour objet l'accord de l'esprit avec lui-même, suivant la loi d'identité. C'est pourquoi, avec juste raison, la plupart des logiciens ont exclu de la Logique formelle la Logique de l'induction.

§ I

Déduction immédiate et médiate. — On distingue deux sortes de déductions : les déductions immédiates et les déductions médiates. Les déductions immédiates tirent une conclusion d'un jugement donné, sans recours à un troisième terme et à un jugement intermédiaire. Les déductions médiates supposent au contraire un troisième terme et un jugement intermédiaire entre le premier jugement et la conclusion. — Deux procédés sont employés pour obtenir des conclusions immédiates : l'opposition et la conversion.

De l'opposition; ses espèces. — L'opposition consiste à conclure de la vérité ou de la fausseté d'une proposition la vérité ou la fausseté d'une proposition opposée. Il faut dire d'abord ce qu'on entend par *propositions opposées*.

Deux propositions sont dites *opposées* lorsque, étant composées des mêmes termes, elles diffèrent par la quantité ou la qualité des propositions, ou par les deux ensemble.

Rappelons d'abord que la **quantité** des propositions résulte de l'extension donnée au sujet. Si le sujet est pris dans toute son extension, la proposition est générale. Exemple : *Tous les hommes sont mortels.* — Si le sujet est pris dans une partie de son extension, la proposition est *particulière*. Exemple : *Quelques hommes sont sages.* Remarque : lorsque le sujet d'une proposition est un nom propre, ou un nom collectif, ou un terme complexe, c'est-à-dire un terme dont l'extension se trouve, par l'addition d'une détermination particulière, restreinte à un individu ou à un groupe d'individus, la proposition est dite *singulière.* Exemples : *Socrate était sage ; Le fils de Philippe conquit l'Asie; Les élèves de cette classe sont paresseux.* Les propositions singulières sont comptées comme universelles, puisque le sujet y est pris dans toute son extension [1].

La **qualité** des propositions résulte de l'affirmation qui met l'attribut dans la compréhension du sujet (*Socrate était sage*); ou de la négation qui met l'attribut en dehors de la compréhension du sujet (*Socrate n'était pas criminel*).

Toute proposition ayant à la fois une quantité et une qualité, on a donc quatre espèces de propositions :

Universelles affirmatives, A : *Tout homme est mortel;*

Universelles négatives, E: *Nul homme n'est parfait;*

Particulières affirmatives, I : *Quelques [2] hommes son sages;*

Particulières négatives, O : *Quelques hommes ne sont pas sages [3].*

---

1. On voit par là que la particularité et l'universalité ne sont pas la même chose au point de vue psychologique qu'au point de vue logique. Au point de vue psychologique, *Socrate* est une idée particulière ; au point de vue logique, dans une proposition, *Socrate* est un terme universel. Inversement, au point de vue psychologique, l'idée d'homme est toujours une idée générale ; au point de vue logique, dès qu'on cesse de considérer l'universalité des hommes, elle devient particulière.

2. Il doit être bien entendu que dans les propositions particulières *quelque* ne signifie pas *certains individus déterminés*, ni même *quelques-uns seulement* (par opposition à tous), mais un nombre absolument indéterminé.

3. Asserit A, negat E, verum generaliter ambo ;
Asserit I, negat O, sed particulariter ambo.

Revenons maintenant à l'opposition :

1° Deux propositions qui diffèrent à la fois par la quantité et la qualité (A, O, — ou E, I) sont dites **contradictoires** : *Tout homme est mortel; Quelque homme n'est pas mortel; — Nul homme n'est parfait; Quelque homme est parfait.*

2° Deux propositions qui diffèrent seulement par la quantité (A, I, — E, O) sont dites **subalternes** : *Tout homme est mortel; Quelque homme est mortel; — Nul homme n'est parfait; Quelque homme n'est pas parfait.*

3° et 4° Lorsque deux propositions diffèrent par la qualité, deux cas se présentent, suivant que ces propositions sont universelles ou particulières. Universelles, elles se nomment **contraires**, A, E : *Tout homme est morte.; Nul homme n'est mortel*[1]. Particulières, elles se nomment **sub-contraires**, I, O : *Quelques hommes sont médecins; Quelques hommes ne sont pas médecins.*

Conclusions possibles par opposition. — Quelles sont les conclusions immédiates possibles dans ces diverses sortes d'opposition?

Règle des contradictoires. — Pour l'opposition dite *contradictoire*, de la vérité de l'un des jugements se déduit immédiatement la fausseté de l'autre, et réciproquement, de la fausseté de l'un se déduit immédiatement la vérité de l'autre. Cette règle n'est autre chose au fond que le principe d'alternative ou d'exclusion du milieu : une chose est ou n'est pas: point de milieu. D'une part, l'affirmation, et, d'autre part, la négation pure et simple de cette affirmation, ce qui constitue précisément l'opposition contradictoire, se partagent toute l'étendue du possible. Il faut donc, sans autre alternative, que l'une ou l'autre soit vraie; d'où, si l'une est vraie, l'autre est fausse, et réciproquement. S'il est vrai que tout homme est mortel, il est faux que certains hommes ne le soient pas. Et, s'il est faux que tout homme soit sage, il est vrai que certains hommes ne le sont pas.

---

1. La différence entre les contradictoires et les contraires n'est pas seulement de forme, elle est de fond. Dans les contradictoires (ἀντιφατικῶς ἀντικείμεναι, Aristote), l'une des propositions est la négation pure et simple de ce que l'autre affirme ; soit cette proposition : *Tout homme est blanc ;* la négation pure et simple sera : *Tout homme n'est pas blanc,* c'est-à-dire quelque homme n'est pas blanc. Dans les contraires (ἐναντίως ἀντικείμεναι), la négative nie d'abord la proposition opposée et pose de son côté quelque chose de nouveau. Si je dis que nul homme n'est blanc, je nie d'abord que tout homme soit blanc, et de plus j'affirme qu'aucun ne l'est. De là résulte la loi différente que suivent, comme on va voir, les contradictoires et les contraires.

Des subalternes. — Si l'on examine les rapports des subalternes, A, I, ou E, O, quatre cas se présentent, qui donnent lieu à deux conclusions seulement [1] : 1° Si l'universelle est vraie, la particulière l'est aussi : *Tout homme est mortel*, donc *Quelque homme est mortel. Ab universali ad particulare valet consequentia.* — 2° Si l'universelle est fausse, pas de conclusion; car la particulière peut être vraie ou fausse. Il est faux que tout homme soit médecin et vrai que quelques hommes le sont. Il est faux que tout homme soit immortel et faux aussi que quelque homme le soit. — 3° En remontant maintenant de la particulière à l'universelle : si la particulière est vraie, pas de conclusion; car l'universelle peut alors être vraie ou fausse. Il est vrai que quelques hommes sont mortels, et vrai aussi que tous le sont; mais il est vrai aussi que quelques hommes sont sages et il est faux que tous le soient. — 4° Mais, si la particulière est fausse, l'universelle l'est aussi nécessairement : s'il est faux que quelques hommes soient parfaits, à plus forte raison l'est-il que tous le soient.

Des contraires. — Quant aux contraires, A, E, deux cas et une seule conclusion. Si l'une est vraie, l'autre est fausse [2] : s'il est vrai que tout homme soit mortel, il est faux que nul homme ne le soit. — Mais de la fausseté de l'une on ne peut conclure ni à la vérité ni à la fausseté de l'autre : il est faux que tout homme soit immortel et vrai que nul homme n'est immortel; mais il est faux que tout homme soit sage et faux aussi que nul homme ne le soit. Que deux contraires puissent être fausses en même temps, cela tient, comme on voit, à ce que l'une n'est pas la négation pure et simple de l'autre, comme dans le cas des contradictoires. Chacune dit plus que ce qu'il est nécessaire pour détruire l'affirmation de l'autre ; et c'est dans cet excédent que la proposition contraire d'une proposition

---

1. Il serait intéressant de savoir de quand date l'application du mot *opposition* aux rapports des subalternes. On conçoit bien que des contradictoires, des contraires et des sub-contraires soient dites *opposées*, car l'une des deux est fausse quand l'autre est vraie ou vraie quand elle est fausse ; mais il n'y a vraiment pas d'*opposition* entre deux propositions dont l'une implique l'autre, tellement que, si la première est vraie, la seconde est vraie, et que, si la seconde est fausse, la première est fausse aussi. Il serait plus logique de mettre d'un côté les trois rapports d'*opposition* dans lesquels la vérité d'une proposition entraîne la fausseté d'une autre, ou réciproquement, — et de l'autre, les trois rapports de *consécution immédiate* (subalternation, contraposition et conversion proprement dite) dans lesquels la vérité d'une proposition entraîne la vérité d'une autre. Mais ce serait peut-être trop s'écarter de l'usage. — Nous devons cette juste remarque à M. Lachelier.

2. On peut le démontrer par les règles ci-dessus : Si A est vrai, O est faux, par la règle des contradictoires; et, si O est faux, E est faux par la règle des subalternes.

fausse peut être fausse de son côté. S'il est faux que tout homme soit sage, la négation pure et simple : *Quelque homme ne l'est pas* (contradictoire), serait vraie ; mais si, non content de s'en tenir là, on ajoute : Aucun homme ne l'est, on peut retomber dans le faux [1].

Des sub-contraires. — Enfin pour les sub-contraires, I, O, deux cas également, et une seule conclusion. Si l'une est fausse, on peut en conclure la vérité de l'autre : s'il est faux, par exemple, que quelque homme soit parfait, il sera vrai de dire que nul homme ne l'est ; donc, *à fortiori*, il est vrai de dire que quelque homme ne l'est pas [2]. — Mais, si l'une est vraie, on ne peut en conclure ni la vérité ni la fausseté de l'autre. Il est vrai que quelque homme est médecin et vrai que quelque homme ne l'est pas. Mais il est vrai aussi que quelque homme est mortel et il est faux que quelque homme ne le soit pas [3].

Telles sont les conclusions immédiates possibles par opposition.

§ II

De la conversion. — La conversion consiste à tirer d'une proposition une proposition nouvelle en transposant les termes, c'est-à-dire en faisant de l'attribut le sujet et du sujet l'attribut, et cela sans changer la qualité de la proposition.

Règle générale. — A quelle condition la conversion est-elle possible ? A condition que la proposition, une fois convertie, n'affirme rien de plus qu'avant sa conversion ; car toute conclusion qui dépasse les prémisses n'est plus garantie par le principe d'identité. Or, pour ne pas manquer à cette règle, il est nécessaire de connaître quelle est exactement dans toute proposition l'extension des deux termes [4].

L'extension du sujet est toujours expressément indiquée. Quant

1. D'après les règles ci-dessus, si A est faux, on peut bien en conclure par la règle des contradictoires la vérité de O ; mais d'après la règle des subalternes la vérité de O n'entraîne pas nécessairement celle de E. Donc A et E peuvent être faux en même temps.

2. Si I est faux, E est vrai par la règle des contradictoires. Mais, si E est vrai, O est vrai par la règle des subalternes.

3. Si I est vrai, E est faux par la règle des contradictoires. Mais, de ce que E est faux, il ne s'ensuit pas que O soit faux aussi. Donc I et O peuvent être vrais en même temps.

4. Au fond, il est absurde de parler de l'extension ou de la quantité de l'attribut. Car, ni un attribut ou qualité n'est une classe ou une partie de classe ; ni une classe ou partie de classe n'est un attribut. Mais une même proposition peut recevoir deux interprétations : l'interprétation en compréhension, dans laquelle le second terme est considéré comme un attribut et n'a pas par consé-

à l'extension de l'attribut, elle dépend de la qualité de la proposition.

L'ancienne Logique admettait à cet égard deux axiomes, contestés depuis, mais à tort, comme on essayera plus bas de le démontrer.

Premier axiome : *Dans toute proposition affirmative, l'attribut est pris seulement dans une partie de son extension.* L'homme est mortel; — cela signifie en extension : L'homme est quelques-uns des mortels et non tous les mortels. L'or est brillant; — c'est-à-dire est quelques-unes des choses qui brillent; car tout ce qui brille n'est pas or.

Second axiome : *Dans les propositions négatives, l'attribut est pris dans toute son extension.* En effet, le sujet y est mis en dehors de l'extension de l'attribut; donc celle-ci ne reçoit aucune restriction et demeure entière. L'homme n'est pas un mollusque ; — cela signifie qu'il n'est aucune espèce de mollusque.

Ces axiomes posés, les règles de la conversion s'ensuivent tout naturellement. D'abord, la règle générale sera de ne donner à aucun terme, dans la proposition converse, plus d'extension qu'il n'en avait précédemment : car on ne peut pas, en vertu du principe d'identité et de l'accord de la pensée avec elle-même, passer par inférence de *quelque* à *tous*. De là résultent quatre règles particulières.

Règles particulières. — 1° Les universelles affirmatives, A, se convertissent en particulières affirmatives, I. *Tout homme est mortel; Quelque mortel est homme.* En effet, *mortel* était particulier comme attribut d'une affirmative; il doit rester particulier en devenant sujet, et par suite il rend la proposition particulière. C'est la conversion dite *imparfaite* ou par accident, qu'Aristote appelait plus justement conversion partielle, κατὰ μέρος.

2° Les particulières affirmatives, I, se convertissent sans changement, I : les deux termes étaient particuliers, ils demeurent particuliers : *Quelque homme est sage; Quelque sage est homme.* C'est la conversion simple ou *parfaite.*

3° Les universelles négatives, E, se convertissent aussi sans changement, E : le sujet était universel et ne fait que garder son uni-

quent de quantité; et l'interprétation en extension, dans laquelle le second terme est considéré comme une classe et a par conséquent une quantité. Or, lorsque par conversion l'attribut devient sujet, il devient par cela même un nom de classe; donc il est nécessaire de le considérer à ce point de vue dans la proposition à convertir, pour ne pas lui donner plus d'extension qu'il ne faut dans la proposition converse.

versalité 'en devenant attribut d'une négative; l'attribut était universel, et peut garder son universalité en devenant sujet d'une universelle*: *Nul homme n'est parfait; Nul parfait n'est homme.*

4° Les particulières négatives, O, ne peuvent pas régulièrement se convertir. En effet, l'attribut, qui est universel, pourrait sans inconvénient devenir sujet particulier. Mais le sujet, qui est particulier, ne peut pas recevoir, en devenant attribut d'une négative, une extension universelle : *Quelque homme n'est pas médecin ;* on n'en peut pas conclure que *Quelque médecin n'est pas homme,* c'est-à-dire n'est aucun des hommes.

Critique de ces règles par Hamilton. — Mais ces règles ont été contestées, comme les axiomes mêmes sur lesquels elles reposent. D'après Hamilton, qui a donné de grands développements à la théorie de la *quantification du prédicat*[1], il est faux que, dans les affirmatives, l'attribut soit toujours particulier (par exemple, dans les définitions, l'attribut est universel : Le triangle est un polygone à trois côtés, c'est-à-dire est *tout* polygone à trois côtés); et faux également que dans les négatives il soit toujours universel (par exemple, il est particulier dans cette proposition négative : Les hommes ne sont pas quelques mammifères). Dans les deux cas, . peut être soit universel, soit particulier; d'où, si l'on tient compte à la fois de la quantité du sujet et de l'attribut, la nécessité de distinguer, au point de vue de la quantité, quatre espèces de propositions : les toto-totales (Tout A est tout B), les toto-partielles (Tout A est quelque B), les parti-totales (Quelque A est tout B), les parti-partielles (Quelque A est quelque B). Et comme chacune de ces propositions peut être affirmative ou négative, en combinant la qualité et la quantité, on obtient ainsi huit espèces de propositions, au lieu de quatre reconnues jusqu'alors.

Que suit-il de là pour la théorie de la conversion? Deux conséquences principales :

1° Il est faux que les universelles affirmatives ne puissent se convertir que par accident, c'est-à-dire en particulières affirmatives.

___

1. Nous ne pouvons discuter ici dans son ensemble cette théorie de Hamilton sur la quantification du prédicat, et sur la division des jugements qui en résulte. Il suit de ce qu'on a dit plus haut (ch. III) que le grand tort de Hamilton c'est d'interpréter, d'une manière générale, les jugements en extension, et d'accorder à l'attribut une quantité. Mais, en passant condamnation sur ce fondement de sa théorie, on peut lui contester encore cette assertion, que, dans certaines propositions affirmatives, l'attribut soit universel et, dans certaines négatives, particulier: c'est ce que nous allons faire ici. — Pour la critique de la classification des jugements de Hamilton, voyez J. Lachelier, *De naturâ syllogismi.*

Chaque fois que, dans une universelle affirmative, l'attribut exprime l'essence du sujet, ou sa différence spécifique, ou quelqu'un de ses attributs propres, cet attribut convenant exclusivement au sujet n'est pas restreint dans son extension; et, par suite, la proposition peut se convertir purement et simplement : *L'homme est un animal raisonnable; Tout animal raisonnable est homme; — Le triangle est un polygone à trois côtés; Tout polygone à trois côtés est un triangle.*

2° Il est faux que les universelles négatives puissent toujours se convertir sans changement. Si l'attribut d'une universelle était particulier, elle devra se convertir en particulière : *Les hommes ne sont pas quelques animaux; Quelques animaux ne sont pas hommes.*

Critique de la théorie de Hamilton. — Ces prétendues corrections aux règles de l'ancienne Logique nous paraissent reposer uniquement sur des confusions d'idées.

1° Il confond deux propositions en une. — Il faut maintenir d'abord que, dans toute proposition affirmative, l'attribut est particulier [1]; ou, pour parler avec plus de précision, d'une proposition affirmative donnée, on n'a jamais le droit d'*inférer* l'extension universelle de l'attribut. Soit cette proposition qui énonce un attribut des étoiles : Les étoiles scintillent. Il s'ensuit logiquement que les étoiles sont au moins *quelques-uns* des astres qui scintillent; on n'a aucun droit de conclure qu'elles sont *tous* les astres de cette espèce. — Mais, dit-on, dans le cas où l'attribut appartient exclusivement au sujet, l'attribut n'est-il pas pris universellement? — A quoi de Morgan et Mill ont justement répondu : Oui, si dans la proposition dont il s'agit vous sous-entendez une autre proposition. Non, si vous ne faites dire à votre proposition *rien de plus que ce qu'elle dit en effet.* L'homme est un animal raisonnable : n'ajoutez rien à ce qui est ici directement et immédiatement affirmé, cela veut dire que l'homme enferme en soi les attributs *animalité* et *raison*, et par suite qu'il fait partie de la classe des animaux raisonnables; rien de plus. Maintenant, voulez-vous dire en outre que l'homme possède *seul* ces attributs, et qu'à lui seul il constitue toute la classe des animaux raisonnables? C'est une *autre affirmation* et par conséquent une *autre proposition*, complètement distincte de la première, et dont l'expression naturelle sera : Tous les animaux raisonnables sont hommes.

---

1. C'est ce que fait justement Bossuet dans sa *Logique* (II, IX), tout en signalant les prétendues exceptions à cette règle.

La preuve que ces deux affirmations sont distinctes, c'est qu'elles répondent à deux questions différentes : 1° L'homme est-il, ou non, un animal raisonnable? — 2° Y a-t-il, ou non, en dehors de l'homme, d'autres animaux raisonnables? — Et comme ces deux questions sont distinctes, il a fallu pour les résoudre deux sortes de recherches : la première question a été résolue par une analyse du sujet *homme* et par une comparaison des hommes entre eux. La seconde a été résolue par une revue de toutes les classes d'animaux autres que l'homme. — Par suite encore, la réponse à la première question a pu être fournie longtemps avant la réponse à la seconde; avant l'exploration complète du globe on ne pouvait pas dire avec certitude: L'homme est tout animal raisonnable. Aujourd'hui même, nous est-il permis de le dire? — puisque nous n'avons pas exploré tout l'univers.

Ainsi, assigner à une proposition affirmative quelconque un attribut universel, c'est faire indûment entrer dans une même proposition deux affirmations distinctes; c'est confondre deux thèses différentes, établies par des procédés différents, et dont l'une peut être vérité acquise alors que l'autre reste douteuse[1]. Qu'on écarte toute ambiguïté; qu'on s'en tienne à la thèse expressément énoncée, qu'on ne fasse dire à une proposition que ce qu'elle dit[2], l'axiome logique se maintiendra dans toute sa rigueur ; dans toute affirmative, en fait et en droit, l'attribut est toujours pris particulièrement.

2° Il confond deux sens du mot « quelque ». — L'ambiguïté des *propositions* a causé l'erreur de Hamilton au sujet des affirmatives. C'est l'ambiguïté des *termes* qui cause son erreur au sujet des négatives.

Soit cette proposition : *Les hommes ne sont pas quelques-uns des*

---

1. La difficulté soulevée par Hamilton avait été signalée et résolue comme il vient d'être fait, avec une netteté parfaite, dès le quatorzième siècle, par le philosophe juif Lévi Ben Gerson. Voyez Mill, *Phil. de Ham.*, p. 489, en note.

2. C'est là apparemment ce que voulait dire au fond l'ancienne Logique (voyez Bossuet, *loc. cit.*, et Kant, *Log.*, tr. fr., p. 176) en faisant observer que, lorsque les propositions universelles affirmatives peuvent se convertir simplement (les définitions par exemple), la conversion vient non de la *forme* de la proposition elle-même, mais de sa *matière* : cela signifie qu'elle vient, non de ce que la proposition exprime formellement et expressément, mais de ce qui se trouve vrai en réalité ou matériellement et pourrait être exprimé par une autre proposition. — « Un des grands avantages de la Logique formelle, remarque Stuart Mill, c'est de nous avertir des cas où une proposition qui prétend être simple consiste réellement en plusieurs propositions; ces propositions n'étant pas nécessairement impliquées l'une dans l'autre, doivent être séparées et considérées l'une après l'autre. » C'est ce que n'a pas fait Hamilton.

mammifères. D'après Hamilton, l'attribut est particulier. De Morgan soutient, au contraire, à juste titre, qu'il est universel. En effet, Hamilton joue ici sur le mot *quelque*. *Quelque*, dans le sens où, appliqué à un terme, il rend ce terme particulier, signifie proprement un nombre quelconque, indéterminé, mais au moins un; or donnons ce sens à *quelque* dans la proposition en question, il vient : Les hommes ne sont pas une partie quelconque des mammifères, pas même quelques-uns, pas même un seul (d'où l'on pourrait conclure, par la règle des subalternes, qu'ils ne sont aucun des mammifères). Dans la proposition ainsi interprétée, l'attribut serait, il est vrai, particulier; mais ce n'est point là le sens qu'on veut et qu'on peut donner à cette proposition. Le sens est celui-ci : Les hommes ne sont pas *certaines espèces déterminées* de mammifères, *tels et tels* mammifères. Or, en ce sens, le mot *quelque* n'est plus un terme particulier: il est un terme singulier, il désigne certaines espèces dans la totalité de leur extension; par conséquent, il rend universel le sujet auquel il s'applique. Par conséquent, la proposition pourra se convertir en universelle : L'homme n'est pas quelques espèces, c'est-à-dire les espèces A, B, C... des mammifères; Les mêmes espèces A, B, C... ne sont pas hommes.

Conclusion. — Maintenons donc comme règles absolues : 1° que dans toute affirmative l'attribut est particulier, et, par conséquent, que les affirmatives ne peuvent se convertir qu'en particulières; 2° que dans toute négative l'attribut est universel, et, par conséquent, que les négatives universelles peuvent toujours se convertir en universelles; tandis que les particulières négatives ne peuvent jamais se convertir (puisque le sujet particulier deviendrait nécessairement attribut universel).

§ III

Interprétation nouvelle de la conversion. — Rien, on le voit, de plus simple que ces règles. Mais ce qui n'est plus aussi facile, c'est de se faire une exacte idée du sens et de la portée de l'opération même appelée *conversion*. Quel est au juste le sens de la proposition obtenue par conversion? L'interprète-t-on en extension? ou l'interprète-t-on en compréhension? Par exemple: lorsque, de cette proposition : *Tout homme est mortel*, on tire par conversion celle-ci : *Quelque mortel est homme*, veut-on dire qu'une partie de la classe des mortels est toute la classe des hommes? ou veut-on dire que l'attribut de l'humanité peut se rencontrer parfois dans un sujet mortel?

L'inférence réelle consiste dans la quantification du prédicat. — Prenons la première hypothèse, elle donnera lieu à la remarque suivante: dans ce cas, la véritable inférence n'est pas dans la transposition des termes, une fois leur extension réciproque déterminée, mais bien dans la détermination même de leur extension réciproque.

En effet, par la détermination exacte de ces rapports d'extension, la proposition donnée, qui exprimait d'abord des rapports de compréhension, se trouve *convertie* en une proposition exprimant des rapports d'extension : c'est là qu'est proprement la conversion, *c'est là qu'est l'inférence.* Après quoi, la transposition des termes n'est plus qu'une *opération insignifiante* qui consiste à dire la même chose, avec les mêmes mots, en changeant seulement l'ordre des mots. Par exemple, soit cette proposition : *Tout homme est mortel.* Elle est d'abord pensée en compréhension. Traduisons-la en extension, il vient : Tous les hommes sont une partie de la classe des mortels. Voilà une inférence, voilà une affirmation nouvelle, un nouveau point de vue, un progrès de la pensée : voilà la vraie conversion. Mais, cela fait, si je dis ensuite : Donc une partie de la classe des mortels est toute la classe des hommes, il n'y a là qu'une répétition aussi stérile, aussi insignifiante que celle-ci : $A = B$, donc $B = A$.

Ou bien on n'a pas besoin de quantifier le prédicat. — Prenons maintenant la seconde hypothèse, qui nous semble d'ailleurs la plus naturelle [1] : la proposition obtenue par conversion est pensée en compréhension comme la proposition donnée. Dans ce cas, je dis que, si simples que soient les règles ordinaires de la conversion, on peut, et l'on doit y substituer des règles plus simples encore, règles dans lesquelles on n'aura nul besoin de tenir compte de l'extension de l'attribut, et par le moyen desquelles on pourra déduire immédiatement, de rapports de compréhension donnés, des rapports de compréhension nouveaux, *sans passer par la considération des rapports d'extension* [2]. Ajoutons que ces règles

1. Car lorsque je dis, après conversion : Quelques mortels sont hommes, j'entends évidemment: Quelques mortels possèdent les attributs de l'humanité, et non pas : Quelques mortels sont les hommes.
2. Remarque : si la proposition converse doit être pensée en compréhension, la conversion qui se fait en passant par les rapports d'extension est une vraie *déduction médiate.* On part d'une proposition donnée en compréhension, on en

et cette opération reçoivent du même coup un sens plus intéressant et une portée plus grande. Il vient alors :

Règles fondées sur les seuls rapports de compréhension. — 1° Dans les propositions universelles affirmatives, l'attribut est, à tort ou à raison, conçu comme lié au sujet par une loi nécessaire (c'est ce qui distingue les universelles des simples collectives). *Tout homme est mortel :* cela signifie que, dans tout sujet *homme*, la mortalité est conçue comme le conséquent nécessaire de l'humanité. Or, ceci posé, par hypothèse[1], on ne peut pas en conclure, il est vrai, que l'humanité soit le concomitant *nécessaire* de la mortalité, mais tout au moins qu'elle se rencontre parfois avec la mortalité, c'est-à-dire qu'elle en peut être le concomitant *accidentel*. C'est justement le sens de la proposition particulière : *Quelque mortel est homme.* Donc une universelle affirmative, c'est-à-dire une proposition énonçant des rapports de compréhension *nécessaires*, se convertit en une proposition particulière, c'est-à-dire énonçant des rapports de compréhension *contingents*.

2° La particulière affirmative : *Quelque homme est sage*, énonce un rapport contingent entre le sujet et l'attribut : dans l'homme, la sagesse se rencontre accidentellement. La réciproque suit immédiatement : dans un sujet sage, l'humanité pourra se rencontrer *accidentellement*.

3° L'universelle négative : *Nul homme n'est parfait*, énonce qu'un sujet donné est universellement, c'est-à-dire nécessairement séparé d'un certain attribut. La réciproque suit : ce second terme sera *universellement*, c'est-à-dire nécessairement séparé du premier.

4° Enfin, la particulière négative énonce qu'un sujet donné (*homme*) peut être séparé d'un certain attribut (*médecin*). Il ne s'ensuit pas que cet attribut, quand il est donné, puisse, de son côté, jamais exister ailleurs que dans ce sujet. La qualité d'homme

---

tire une proposition en extension, et de celle-ci une autre proposition en compréhension.

1. On peut se demander si ce n'est point sortir de la Logique formelle que de parler de *lois nécessaires* qui lient un attribut à un sujet. — Il est aisé de répondre que l'esprit est toujours libre de poser des lois nécessaires à *titre d'hypothèses*, et de chercher ensuite ce qui résulte logiquement de semblables suppositions. C'est ainsi qu'en mathématiques les définitions du cercle, du triangle peuvent être considérées comme de simples hypothèses d'où l'on dégage ensuite les conséquences. Et, à vrai dire, au point de vue purement logique, toutes les prémisses doivent être considérées comme des hypothèses, d'où l'on dégage les conséquences qui sont vraies *ex hypothesi*. Or, dans les propositions universelles affirmatives, l'hypothèse faite est celle d'une liaison nécessaire entre l'attribut et le sujet, c'est là ce que nous voulons dire en énonçant de semblables propositions.

n'implique pas celle de médecin; mais il ne s'ensuit pas que la qualité de médecin n'implique pas la qualité d'homme. Donc aucune conclusion n'est possible.

Résumé. — En résumé donc, si la proposition converse est entendue en extension, la véritable conversion consiste dans la quantification même de l'attribut, dans la traduction, qu'elle suppose, d'une proposition pensée en compréhension en une proposition pensée en extension, — et nullement dans l'insignifiante transposition de termes qui suit. — Si la proposition converse est entendue en compréhension, elle se dérive immédiatement des rapports de compréhension exprimés par la proposition donnée, sans qu'il soit besoin de passer par la considération des rapports d'extension et de donner une quantité à l'attribut.

On pourrait, en terminant, se demander quelle est l'utilité pratique de toutes ces règles concernant l'opposition et la conversion. Cette utilité n'est autre que celle que l'on reconnaît, en général, à tout avertissement formel d'un danger que, faute de cet avertissement, nous sommes toujours tentés de négliger : un homme averti, dit le proverbe, en vaut deux. Par exemple, Bain fait observer (*Logique*, tr. fr., t. I, p. 168) que l'une des sources les plus fécondes en sophismes, c'est la tendance de l'esprit à convertir les affirmatives universelles sans limitation. Lorsqu'on dit : Tous les esprits puissants ont de larges cerveaux, l'auditeur passe facilement à la proposition converse : Tous les larges cerveaux indiquent de puissants esprits. De même, si l'on dit : Toutes les choses belles sont agréables; Toutes les vertus conduisent au bonheur; Toute évidence historique supposé des témoignages contemporains, — on est tenté de convertir purement et simplement ces propositions. Il y a donc un grand intérêt à appliquer les formes logiques et à déterminer rigoureusement les rapports des termes, pour se mettre en garde contre ces sophismes et tous les autres du même genre.

CHAPITRE V

LOGIQUE FORMELLE DU RAISONNEMENT

DÉDUCTION MÉDIATE : SYLLOGISME

§ I

Définition du syllogisme. — La déduction immédiate procède par conversion ou opposition; la déduction médiate se nomme syllogisme.

Aristote est l'inventeur de la théorie du syllogisme [1]. Ceux qui, après lui, ont de nouveau élaboré cette théorie n'ont fait bien souvent que la compliquer d'inutiles superfétations ou la réduire à un ensemble de règles et de formules purement mécaniques et destituées de pensée. Il y aura profit, croyons-nous, à revenir à la source même (*Analyt. pr.*, liv. I, ch. I, II, IV à VII; livr. II, ch. I).

« Le syllogisme, dit Aristote, est un discours dans lequel, certaines choses étant posées, une autre chose en résulte nécessairement (ἐξ ἀνάγκης συμβαίνει), par cela seul que celles-là sont posées.... *Par cela seul qu'elles sont posées* signifie qu'on ne doit avoir besoin d'aucun autre terme pour que la conclusion soit nécessaire. »

Éléments du syllogisme. — Tout syllogisme implique donc deux prémisses (προτάσεις ou ὑποθέσεις) et une conclusion (συμπέρασμα) [2].

Ces prémisses sont composées de trois termes (ὅροι). Dans le langage courant, terme signifie un mot qui exprime une idée. Tel n'est pas le sens du mot terme en Logique.

---

1. Sur les origines du syllogisme avant Aristote, voyez les savants et ingénieux *Essais de Logique* de M. Ch. Waddington.

2. Les prémisses sont les choses qui, une fois posées ou supposées (τιθέντων ou κειμένων), entraînent la conclusion; on peut donc les nommer justement des *hypothèses* (ὑποθέσεις). La logique du syllogisme n'a pas à s'inquiéter de la vérité ou de la fausseté intrinsèque des prémisses ; elle s'inquiète seulement de la liaison de la conclusion avec les prémisses. Les prémisses ne sont donc posées qu'à titre hypothétique; et la conclusion est nécessaire, non absolument (ἀναγκαῖον ἁπλῶς), mais suivant l'hypothèse (ἀναγκαῖον ἐξ ὑποθέσεως). — Le nom donné à la conclusion (συμπέρασμα) vient de ce qu'elle unit les deux termes extrêmes (πέρατα).

Aristote définit les termes « les éléments dans lesquels se résout la proposition, savoir : l'attribut et le sujet ». — « Le mot ὅρος, que les latins ont traduit par le mot *terminus*, dit le savant commentateur d'Aristote Trendelenburg (*Elementa logices aristoteleæ*), signifie la notion en tant qu'elle *détermine* la proposition. De même que les lignes sont les limites du plan et constituent la nature de la figure, de même le sujet et l'attribut sont les limites, termes ou extrêmes, par lesquelles l'affirmation est comme circonscrite. Les mathématiciens et Aristote lui-même se servent de ce même mot, ὅρος, pour désigner les éléments d'une proportion. Or une proportion et un syllogisme ne sont pas sans analogie au moins dans la forme, leurs éléments ont donc pu recevoir le même nom. »

Parmi les termes, les deux qui se trouvent unis dans la conclusion se nomment les **extrêmes** (ἄκρα). L'un se nomme le majeur ou grand extrême (τὸ ἔσχατον, τὸ μεῖζον ἄκρον), l'autre se nomme le **mineur** ou petit extrême (τὸ πρῶτον, τὸ ἔλαττον ἄκρον).

Le majeur est l'attribut de la conclusion, le mineur en est le sujet. Or, si dans une proposition on considère les rapports d'extension des deux termes, le sujet est mis dans l'extension de l'attribut (L'homme est mortel, c'est-à-dire dans l'extension de mortel). Le terme qui est l'attribut de la conclusion a donc plus d'extension que le terme qui en est le sujet; de là le nom de plus grand ou *majeur* donné au premier, le nom de plus petit ou *mineur* donné au second.

Quant au **moyen**, il n'entre pas dans la conclusion, mais il sert à la produire; et, par suite, « il doit entrer dans chacune des deux prémisses ». D'où il suit qu'il est toujours un moyen en ce sens qu'il joue toujours le rôle d'*intermédiaire* pour unir (ou séparer) les deux extrêmes. Mais il n'est pas toujours d'une *extension moyenne* entre les deux extrêmes. Ceci n'est vrai que dans les syllogismes de la première figure (voyez plus bas), qui est à la vérité la principale, la seule parfaite d'après Aristote, et à laquelle il ramène les deux autres. Dans cette première figure, le moyen est enfermé dans l'extension du majeur et enferme le mineur dans la sienne; il a donc moins d'extension que le majeur et plus que le mineur. Mais dans la seconde figure, le moyen, comme on verra, a plus d'extension que les deux extrêmes, et dans la troisième il en a moins.

Syllogismes parfaits et imparfaits : figures. — Tels sont les éléments du syllogisme. Maintenant dans quels rapports ces termes doivent-ils se trouver dans les prémisses pour qu'il y ait une conclusion nécessaire touchant les rapports des extrêmes, ou, comme dit plus simplement Aristote, pour qu'il y ait syllogisme?

Aristote distingue deux espèces de syllogismes : le syllogisme *parfait* (τέλειος) et le syllogisme *imparfait* (ἀτελής).

« Le syllogisme parfait est celui qui, pour que la nécessité de la conclusion soit évidente, n'a besoin de rien autre chose que ce qui est posé dans les prémisses mêmes. Le syllogisme imparfait est celui qui a besoin d'une ou de plusieurs choses, lesquelles, il est vrai, résultent nécessairement des prémisses, mais qui ne sont pas explicitement énoncées dans les prémisses. »

Les syllogismes parfaits sont ceux de la première figure (σχῆμα). Les syllogismes imparfaits sont ceux de la seconde et de la troisième figure.

La figure dépend des rapports du moyen terme avec les deux extrêmes.

Quand le majeur s'affirme ou se nie du moyen, et que le moyen s'affirme ou se nie du mineur, c'est-à-dire quand le moyen est sujet par rapport au majeur, puis attribut par rapport au mineur, le syllogisme est de la première figure (*ibid.*, ch. IV).

Quand le moyen s'affirme ou se nie des deux extrêmes, c'est-à-dire quand il est attribut par rapport à ces deux extrêmes, le syllogisme est de la seconde figure (*ibid.*, ch. V).

Quand du moyen s'affirment ou se nient les deux extrêmes, c'est-à-dire quand le moyen est sujet par rapport à ces deux extrêmes, le syllogisme est de la troisième figure [1].

Première figure, modes légitimes. — Voyons d'abord quels sont les syllogismes possibles dans la première figure.

Il y en a quatre [2] :

1° Soit A le majeur, B le moyen, C le mineur. Si A s'affirme

---

1. Le moyen terme est donc, dans la première figure, sujet dans la majeure, attribut dans la mineure ; — dans la seconde figure, il est attribut dans l'une et l'autre prémisse ; — dans la troisième figure, il est sujet dans les deux prémisses. Les trois figures ont été désignées au moyen âge par William Shyreswood (voyez Prantl, *Histoire de la Logique* [all.], t. III, p. 15) dans ce vers mnémonique (le mot *sub*, première syllabe de *subjectum*, *sujet*, indique que le moyen est pris comme sujet ; le mot *præ*, première syllabe de *prædicamentum*, *attribut*, indique que le moyen est pris comme attribut) :

Sub præ prima, bis præ secunda, tertia bis sub.

Plus tard on admit une quatrième figure inverse de la première (voyez plus bas). Les quatre figures furent alors désignées dans ce vers :

Sub præ, tum præ præ, tum sub sub, denique præ sub.

2. Le mot de *mode*, dont on se sert pour désigner les divers syllogismes de chaque figure, n'est pas d'Aristote. Voyez plus bas les noms donnés à ces différents modes.

de tout B et B de tout C, il est nécessaire que A s'affirme de tout C [1].

2° Si A est nié de tout B et si B est affirmé de tout C, il s'ensuit que A est nié de tout C [2].

3° Si A est vrai de tout B et si B est vrai de quelque C, il s'ensuit que A est vrai de quelque C [3].

4° Si A est nié de tout B et si B est affirmé de quelque C, il s'ensuit que A est nié de quelque C [4].

Démonstration de ces modes: principe du syllogisme. — Voilà les quatre syllogismes qu'Aristote reconnaît comme parfaits, c'est-à-dire comme se suffisant pleinement à eux-mêmes. Il est vrai qu'à la suite de l'énoncé de chacun d'eux Aristote, pour

1. Exemple : Si *mortel* s'affirme de tout *animal*, *animal* de tout *homme*, il s'ensuit que *mortel* s'affirme de tout *homme*. Aristote, dans l'énoncé des propositions, vise toujours le rapport de compréhension ; il énonce l'attribut le premier et le fait entrer dans la compréhension du sujet. Dans l'énoncé du syllogisme, il part donc du grand terme. Ce grand terme est inclus dans la compréhension du moyen (ou en est exclu) ; celui-ci est inclus dans la compréhension du mineur ; d'où il suit que le grand est inclus dans le mineur (ou en est exclu). Énonçant le même syllogisme, nous dirions (en commençant par la mineure) : Tout C est B, tout B est A, donc tout C est A. Tout homme est animal, tout animal est mortel, donc tout homme est mortel. Notre énoncé des propositions et du syllogisme est équivoque et peut s'interpréter soit en extension, soit en compréhension. Par exemple, tout C est B peut signifier tout C a B dans sa compréhension, ou tout C est dans l'extension de B. L'énoncé d'Aristote vise formellement et exclusivement le rapport de compréhension : A est dans tout B ne peut signifier, A étant le grand terme ou l'attribut, que ceci : A est dans la compréhension de tout le genre B.
Par suite, il se trouve que, pour Aristote, c'est le terme mineur ou qui a le moins d'extension, qui devient le contenant des deux autres. Ceci est d'autant plus significatif que les noms de *majeur* et de *mineur*, donnés aux deux extrêmes, sont tirés au contraire de leurs rapports d'extension. — Euler, dans sa théorie célèbre du syllogisme, fondée exclusivement sur les rapports d'extension, suit la marche opposée. Représentant les termes par des « espaces », il figure le syllogisme ci-dessus par trois cercles concentriques : Le cercle C (mineur) est enveloppé par le cercle B (moyen) ; le cercle B par le cercle A (majeur), donc le cercle C est enveloppé par le cercle A. Si l'on figurait par le même procédé (qui d'ailleurs se prête mal à la représentation des rapports de compréhension) l'énoncé d'Aristote, le rapport des cercles serait inverse. La figure d'Euler est le schème du syllogisme fondé sur les rapports d'extension ; la figure opposée serait le schème du syllogisme fondé sur les rapports de compréhension.
2. Si *parfait* est nié de tout *être créé*, et si *être créé* est affirmé de tout *homme*, il s'ensuit que *parfait* est nié de tout *homme*. En d'autres termes, si nul être créé n'est parfait, et si tout homme est créé, il s'ensuit que nul homme n'est parfait.
3. Si *malheureux* est vrai de tout *inquiet*, et si *inquiet* est vrai de quelque *avare*, il s'ensuit que *malheureux* est vrai de quelque *avare*. En d'autres termes, si tout être inquiet est malheureux, et si quelque avare est inquiet, il s'ensuit que quelque avare est malheureux.
4. Si *heureux* se nie de tout *inquiet*, et si *inquiet* s'affirme de quelque *avare*, il s'ensuit que quelque *avare* n'est pas *heureux*. En d'autres termes, si nul être inquiet n'est heureux, et si quelque avare est inquiet, il s'ensuit que quelque avare n'est pas heureux.

en prouver la validité, se réfère à une définition donnée précédemment, à la fin du chapitre I.

Voici cette définition: « Nous disons qu'une chose est dans la totalité d'une autre (ἐν ὅλῳ εἶναι ἕτερον ἑτέρῳ), ou s'affirme de cette autre universellement (κατὰ παντὸς κατηγορεῖσθαι) lorsqu'il est impossible de prendre, de produire aucune partie du sujet (aucune espèce ou aucun individu compris dans l'extension du sujet), dont ne s'affirme l'autre terme (c'est-à-dire qui n'ait l'attribut dans sa compréhension). »

Ainsi affirmer ou nier universellement une chose d'un genre, c'est l'affirmer ou la nier de toute espèce ou de tout individu inclus dans ce genre. Or, dans les syllogismes de la première figure, on ne fait, dans la conclusion, qu'affirmer ou nier d'une espèce ou d'un individu inclus dans le genre ce qui a été, dans la majeure, affirmé universellement du genre lui-même; donc ces syllogismes sont légitimes. C'est ce même principe, condition générale du syllogisme, que les logiciens énoncent sous cette forme : *quidquid de omnibus valet, valet etiam de quibusdam et singulis; quidquid de nullo valet, nec de quibusdam et singulis valet;* ce qui est vrai ou faux de tout le genre est aussi vrai ou faux de tous les individus enfermés dans le genre. D'où, par abrégé, la formule : *dictum de omni et nullo,* par laquelle on désigne d'ordinaire ce principe[1].

1. Nous avons déjà dit (p. 26, note 1) que ce principe est susceptible de deux interprétations. Lorsqu'on dit : ce qui est vrai du genre est vrai de toutes les espèces, considère-t-on le genre comme la collection des espèces et veut-on signifier qu'en affirmant une chose d'un genre *on ne fait pas autre chose* que l'affirmer de toutes les espèces? ou bien considère-t-on le genre en soi, dans sa compréhension, comme un groupe d'attributs, comme une forme, une essence, et veut-on signifier que ce qui appartient à cette forme appartient *par suite* aussi à toute espèce dans laquelle cette forme se réalise?

Dans la première hypothèse, le prétendu principe n'est pas proprement un principe, mais une pure définition de mots, et le vrai principe du syllogisme c'est alors le principe d'identité sous sa forme la plus simple : Si un attribut est vrai d'un genre, *c'est-à-dire des espèces A, B, C....,* cet attribut est vrai de l'espèce A ou de l'espèce B.... En d'autres mots, si A est A, il est A. Dans la seconde hypothèse, le principe du syllogisme est lui-même une véritable inférence, un vrai raisonnement. — Dans le premier cas, la conclusion se trouve légitimée par le principe d'identité, parce qu'elle est déjà formellement, identiquement contenue dans la majeure. Si la majeure : *Tout homme est mortel* signifie que tous les individus hommes sont mortels, la conclusion : *Tel homme est mortel* était formellement contenue dans cette majeure. Dans le second cas, de la majeure à la conclusion il y a une véritable inférence, et cette inférence se trouve légitimée parce qu'elle est *conforme* au principe du syllogisme, lequel n'est pas autre chose que *cette même inférence énoncée une fois pour toutes* sous forme abstraite et générale, pour servir de type ou de formule à tous les syllogismes qui s'y réfèrent.

De ces deux manières d'entendre le syllogisme, la première paraît être celle d'Aristote. Il ne semble pas que ce soit la meilleure. Car mieux vaut considérer la conclusion du syllogisme comme une *conséquence* que comme une sorte de *répétition.*

Ce principe est proprement le syllogisme à l'état abstrait. — Est-ce à dire qu'Aristote démontre les syllogismes de la première figure au moyen d'un principe étranger à ces syllogismes eux-mêmes? Mais alors comment dirait-il que ces syllogismes sont parfaits, c'est-à-dire se suffisent à eux-mêmes? Voici donc comment il faut entendre le rôle de ce principe.

Quand nous raisonnons, il y a nécessairement dans notre raisonnement une raison qui s'y trouve incluse, quoiqu'elle ne soit peut-être pas explicitement exprimée, et qui en fait la validité. Or cette raison peut être la même, alors que les termes de nos raisonnements varient. S'il en est ainsi, il y a à la fois intérêt théorique et utilité pratique à dégager des termes particuliers qui la recouvrent cette raison secrète qui fait le nerf de nos raisonnements, qui en est l'essence, qui constitue, dans nos divers raisonnements, le raisonnement même dans sa pureté.

Or ce n'est pas autre chose sans doute qu'ont voulu faire Aristote et les logiciens, en dégageant et en exprimant dans une formule abstraite ce qui est la condition générale des syllogismes. Dans tous les syllogismes de la première figure, on ne fait qu'affirmer ou nier de certaines espèces ce qu'on a affirmé ou nié de tout le genre. On en a le droit, dit Aristote, parce que affirmer ou nier de tout le genre c'est, par définition, affirmer ou nier de toutes les espèces : il y a identité entre l'affirmation de la majeure et l'affirmation de la conclusion. — On en a le droit, disent d'autres logiciens qui interprètent autrement [1] le syllogisme, parce que ce qui est nécessairement lié à l'essence du genre doit se trouver présent dans toute espèce où le genre se réalise. — D'une façon comme d'une autre, ce n'est pas un principe étranger au raisonnement qui est invoqué pour le soutenir, mais c'est le principe intérieur du raisonnement qui est mis en évidence pour l'expliquer. Ce qu'on appelle la démonstration du syllogisme n'est proprement que l'explication ou l'analyse du syllogisme; et ce qu'on appelle le principe ou la condition du syllogisme, c'est le syllogisme même dégagé des caractères dont ses lignes sont comme chargées et enluminées dans les syllogismes particuliers [2].

1. Voyez la note ci-dessus.
2. Entre la formule générale du syllogisme et les syllogismes particuliers, il y a exactement le même rapport qu'entre les axiomes et les vérités particulières dont ils sont la raison, rapport si nettement défini par Leibniz dans ce passage : « Dire que le corps est plus grand que le tronc ne diffère de l'axiome d'Euclide : Le tout est plus grand que sa partie, qu'en ce que cet axiome se borne à ce qu'il faut précisément.... Car dire : *Un tel tout est plus grand que*

Modes illégitimes de la première figure. — Aristote ne se borne pas à énumérer les quatre modes légitimes de la première figure. Dans cette figure, seize modes en tout sont possibles. Aristote les passe tous en revue; et, comme il démontre la vérité des quatre modes ci-dessus; il démontre aussi la fausseté des douze autres. Il la démontre de la même manière, par de simples exemples. De même que, dans les premiers, les prémisses étant posées et bien comprises, la légitimité de la conclusion est évidente, de même dans les autres, de la nature des prémisses résulte évidemment l'impossibilité de conclure. Par exemple, dit-il, si A est dans tout B et si B n'est dans nul C, aucune conclusion ne résulte nécessairement [1].

Modes des autres figures : réduction à ceux de la première figure. — Pour la seconde et la troisième figure, Aristote procède de la même façon, avec cette différence que, au lieu de prouver (au sens indiqué tout à l'heure) les modes légitimes — qui sont au nombre de 4 dans la seconde figure et de 6 dans la troisième — par la simple définition des mots *affirmé universellement* (*dictum de omni*) de la majeure, il les prouve par des conversions et des transpositions de prémisses, qui les ramènent à la première figure. C'est pourquoi Aristote appelle ces syllogismes *imparfaits*. Mais, quoique imparfaits, ce sont pourtant bien des syllogismes, et la conclusion est toujours tirée des prémisses, sans aucun recours à quelque chose d'étranger; attendu que, d'une part, la transposition ne change rien au contenu des prémisses, et que, d'autre part, la possibilité de la conversion des prémisses résulte immédiatement de la nature de ces prémisses elles-mêmes. Ainsi ces syllogismes sont imparfaits parce que, avant que l'évidence de la conclusion apparaisse, ils doivent, d'après Aristote, subir une transformation ; mais ce sont des syllogismes, parce que la légiti-

---

sa partie telle, c'est en effet la proposition qu'un tout est plus grand que sa partie, mais dont les traits sont chargés de quelque enluminure ou addition; c'est comme qui dit AB dit A. Ainsi il ne faut point opposer ici l'axiome à l'exemple comme étant de différentes vérités à cet égard, mais considérer l'axiome comme *incorporé dans l'exemple, et rendant l'exemple véritable.* » (*Erd.*, p. 362, col. 2). Cf. p. 380, col. 2 : « L'axiome est la raison commune qui est connue pour ainsi dire implicitement quoiqu'elle ne le soit pas d'abord d'une manière abstraite et séparée. Les exemples tirent leur vérité de l'axiome incorporé. » Tel est exactement le rapport de l'axiome du syllogisme avec les syllogismes particuliers.

1. Si tout B est A et si nul C n'est B, pas de conclusion d'aucune espèce sur les rapports entre C et A. Par exemple, si tout homme est mortel et si nul arbre ou nul Dieu n'est homme, on ne peut en conclure ni que l'arbre ou Dieu est mortel, ni qu'il ne l'est pas.

mité de cette transformation résulte de la nature des prémisses elles-mêmes.

Voici un exemple de ces transformations indiquées par Aristote. Soit ce syllogisme de la seconde figure (moyen terme deux fois attribut) : Nul parfait n'est créé ; or l'homme est créé, donc l'homme n'est pas parfait. Par la conversion simple de la majeure, il vient : Nul créé n'est parfait ; or l'homme est créé, donc l'homme n'est pas parfait.

Pour deux de ces modes seulement, l'un de la seconde, l'autre de la troisième figure [1], Aristote emploie une autre méthode de démonstration, à savoir : la démonstration indirecte ou par l'absurde. Par exemple, soient ces deux prémisses de la seconde figure : Tout juste est généreux ; quelque savant n'est pas généreux : il s'ensuit que quelque savant n'est pas juste. En effet, si, au lieu de cette conclusion, on suppose la conclusion contradictoire : Tout savant est juste, comme, d'autre part, on sait par la majeure que tout juste est généreux, il s'ensuivrait, en rapprochant cette conclusion de cette majeure, que tout savant est généreux, ce qui contredit la mineure posée : Quelque savant n'est pas généreux. Ainsi la nécessité de la conclusion se prouve, pour ce syllogisme, par l'absurdité de la conclusion contradictoire, absurdité résultant de ce que cette conclusion contredirait elle-même la mineure supposée [2].

Modes indirects de la première figure. — Aristote ne reconnaît que trois figures du syllogisme. Mais il remarque (ch. vii, *init.*) que, lorsqu'un syllogisme qui ne conclurait pas directement est composé d'une affirmative et d'une universelle négative, on peut toujours obtenir une conclusion indirecte par la conversion des deux prémisses. Soient, par exemple, ces deux couples de prémisses de la première figure : Tout B ou Quelque B est A ; nul C n'est B. Direc-

---

1. Ce sont les modes *Baroco* et *Bocardo*.

2. Il est en outre à remarquer que pour les modes de la troisième figure Aristote donne parfois une preuve subsidiaire directe par exposition ou *ecthèse*. Ainsi pour le mode dit en *Darapti* : Supposons que le majeur P et le mineur R s'affirment universellement du moyen S (par exemple que l'attribut *mammifère* et l'attribut *ailé* s'affirment de tout le sujet *chauve-souris*) ; si l'on prend un des individus compris dans l'extension de S, par exemple N (une chauve-souris quelconque), il possédera les attributs P et R (cette chauve-souris sera mammifère et ailée) ; de sorte que l'attribut P (mammifère) sera vrai de quelque R (quelque ailé sera mammifère). En d'autres termes, puisque *ailé* est l'attribut du sujet chauve-souris, la chauve-souris est l'un des êtres ailés et l'on peut l'appeler *quelque* ailé ; et puisque, d'autre part, elle a aussi mammifère pour attribut, on peut dire que quelque ailé est mammifère : ce qu'il fallait démontrer. « C'est, nous écrit M. Lachelier, cette preuve subsidiaire mais directe qui est, selon moi, la vraie et qui me paraît renfermer le principe propre de la troisième figure. » (Voyez plus bas.)

tement, ils ne prouvent rien ; mais en convertissant et en transposant les deux prémisses, en lisant, en un mot, tout à rebours (Nul B n'est C, or quelque A est B), on obtient la conclusion : quelque A n'est pas C [1].

D'autre part, au début du second livre des *Premiers Analytiques*, Aristote remarque que, quand la conclusion d'un syllogisme est universelle ou même particulière affirmative, on peut toujours obtenir une seconde conclusion par la conversion de la première [2].

Par ces deux procédés on obtient, d'une part, deux et, d'autre part, trois syllogismes. C'est Théophraste qui a fait de ces cinq modes accessoires les modes indirects de la première figure [3].

De la sorte, il y a en tout trois figures et dix-neuf modes de syllogismes. Telle est, en bref, la vraie théorie classique du syllogisme.

Vers mnémoniques. — Ces dix-neuf modes sont restés rangés dans l'ordre d'Aristote et de Théophraste. Ils sont désignés dans les quatre vers mnémoniques suivants :

1re figure : *Modes directs :* Barbara, Celarent, Darii, Ferio ; *Modes indirects :* Baralipton, — Celantes, Dabitis, Fapesmo, Frisesomorum.

2e figure : Cesare, Camestres, Festino, Baroco.

3e figure : Darapti, — Felapton, Disamis, Datisi, Bocardo, Ferison [4].

Ces mots, fort ingénieusement composés, indiquent d'abord par leurs trois premières voyelles, prises parmi ces quatre : A, E, I, O, la quantité et la qualité des propositions. La consonne initiale, qui est toujours l'une de ces quatre B, C, D, F, indique que le mode peut se réduire à celui des quatre modes directs de la première figure, Barbara, Celarent, Darii, Ferio, qui commence par la même lettre. Les opérations dont Aristote se servait pour opérer cette réduction sont indiquées par les consonnes suivantes. Ces opérations

1. Voilà l'origine de *Fapesmo* et de *Frisesomorum.*
2. Voilà l'origine de *Baralipton,* de *Celantes* et de *Dabitis.*
3. Voyez *Schol.* d'Alexandre d'Aphrodise dans les *Scholies* d'Aristote de l'édition de Berlin, p. 156, col. II, l. 2 sqq.
4. Les vers mnémoniques qui contiennent ces dix modes — Baralipton fait partie du premier et Darapti du troisième — sont très anciens. On les trouve pour la première fois chez William Shyreswood (mort en 1249) (Prantl, *Hist. de la Logique* [all.], t. III, p. 15-16). Ils supposent que les modes Baralipton, etc., font partie de la première figure.
Michel Psellus (onzième siècle) avait donné aux modes des noms grecs formés, comme l'ont été plus tard les noms latins, des voyelles A, E, I, O. Prantl conjecture ingénieusement que l'A est celui de πᾶς ; l'E celui de οὐδείς, ou plutôt de οὐδὲν ; l'I celui de τὶς ; et l'O celui de οὐ πᾶς, forme de particulière négative qui se trouve fréquemment chez Aristote.

doivent affecter la proposition désignée par la voyelle après laquelle
ces consonnes sont placées. S signifie la conversion simple; P, la
conversion d'une universelle en particulière, ou conversion par
accident; M, la transposition des prémisses; enfin C, la réduction
à l'absurde. Dans la démonstration par l'absurde, qui s'applique
à Baroco et à Bocardo, il n'y a pas, à proprement parler, réduction
de ces modes au mode Barbara, mais on prouve que la conclusion O
est légitime en prouvant que la conclusion contradictoire A
entraînerait, comme mineure, A, ce qui ferait du syllogisme un
syllogisme en Barbara, chose absurde d'après l'hypothèse des prémisses. L'absurdité de Barbara, dans le cas donné, sert à prouver
la légitimité de Baroco et de Bocardo.

**Altération de la théorie d'Aristote : quatrième fi-
gure.** — Ces vers supposent que les modes Baralipton, Celantes,
Dabitis, Fapesmo, Frisesomorum font partie de la première
figure. Le moyen âge tout entier est resté fidèle au chiffre de trois
figures. On ne sait qui a eu la malheureuse idée de faire une quatrième figure des modes indirects de Théophraste. On n'attribue
cette idée à Galien que sur la foi d'Averroès. Mais jusque vers
la fin du quinzième siècle les logiciens rejettent la quatrième
figure. On ne la trouve admise qu'à partir de cette époque, et par
des gens qui s'amusent en même temps à multiplier artificiellement les modes des trois premières et qui prouvent par là qu'ils
ont perdu l'intelligence de la doctrine d'Aristote.

Nouveau procédé de démonstration. — En même temps
s'introduit un nouveau procédé de démonstration. Au lieu de chercher quels sont, dans chaque figure, les modes possibles, de démontrer directement les modes légitimes de la première figure, puis
ceux des autres figures par des réductions, et de prouver par des
exemples l'illégitimité des autres, on procède, en quelque sorte,
mathématiquement. On détermine d'abord *à priori* le nombre des
modes possibles. On en trouve 64 [1]. Maintenant, chacun de ces
modes peut être de quatre figures. En multipliant le nombre des
modes (64) par le nombre des figures (4), on obtient 256 formes

1. Tout syllogisme a trois propositions, chaque proposition peut être A, E, I,
O. En prenant comme majeure A et comme mineure A, on peut avoir comme
conclusion A, E, I, O : ce qui fait quatre modes. On en obtient quatre autres en
prenant comme mineure E; quatre encore en prenant comme mineure I; et quatre
enfin en prenant comme mineure O. Donc, la majeure étant A, il y a seize modes
possibles. Mêmes nombres si la majeure est E, I, O. Donc en tout soixante-quatre
modes possibles.

possibles de syllogismes. Cela fait, on élimine, au nom de certaines règles générales [1], toutes celles de ces formes qui ne concluent pas.

Règles. — Ces règles, d'abord au nombre de cinq, ont ensuite été portées à huit. On les a formulées dans ces vers, dont la latinité relative semble indiquer l'époque de la Renaissance.

> Terminus esto triplex : medius, majorque minorque.
> Nunquam contineat medium conclusio fas est.
> Latius hos quam præmissæ conclusio non vult.
> Aut semel aut iterum medius generaliter esto.
>
> Ambæ affirmantes nequeunt generare negantem.
> Utraque si præmissa neget nil inde sequetur.
> Pejorem sequitur semper conclusio partem.
> Nil sequitur geminis e particularibus unquam [2].

1. On a commencé de bonne heure à formuler ces règles. Durant le moyen âge on n'en rencontre jamais plus de cinq. On trouve ces cinq règles formulées en grec dans Michel Psellus, Byzantin du onzième siècle, auteur d'une *Synopsis de la Logique d'Aristote.* Voyez Prantl, t. II, p. 275. — Les voici dans le latin barbare de Pierre d'Espagne (treizième siècle) :

> Partibus ex puris sequitur nil, sive negatis.
> Si qua præit partis, sequitur conclusio partis.
> Si qua negata præit, conclusio sitque negata.
> Lex generalis erit : medium concludere nescit. (Prantl, t. III, p. 48.)

On a commencé aussi de bonne heure à formuler quelques règles particulières aux figures. Toutes ces règles ont dû être inventées pour remplacer les éliminations des modes faux par des exemples, comme dans Aristote.

2. Voici le sens de ces règles, dont les quatre premières concernent les termes, et les quatre dernières les propositions.

1° *Qu'il y ait trois termes, le majeur, le mineur et le moyen.* En effet, s'il y en a moins, l'argument peut être une déduction immédiate (conversion ou opposition), il n'est pas un syllogisme. S'il y en a plus, ou il n'y a pas syllogisme, ou l'argument peut se résoudre en plusieurs syllogismes.

2° *Le moyen ne doit pas figurer dans la conclusion.* En effet il est fait pour la produire et non pour y entrer.

3° *Les termes* (mineur et majeur) *ne doivent pas avoir plus d'extension dans la conclusion que dans les prémisses,* car on ne peut conclure de *quelque* à *tous.* Soit ce syllogisme : Tous les vices sont répréhensibles ; l'émulation n'est pas un vice ; elle n'est donc pas répréhensible. Si nous traduisons les rapports de compréhension affirmés dans la majeure et dans la conclusion en rapport d'extension, on s'aperçoit que le terme *répréhensible,* qui était particulier dans la majeure, est universel dans la conclusion. La conclusion est donc illégitime.

4° *Que le moyen soit pris au moins une fois universellement.* En effet, si dans chaque prémisse on prend une partie seulement du moyen, il se pourra que les deux parties ne soient pas les mêmes. On aura alors en réalité deux moyens différents : par suite, pas de conclusion. Exemple : Les planètes sont rondes, or les roues sont rondes. Il n'y a pas de conclusion possible parce que le moyen rond est pris deux fois particulièrement et que les choses rondes qui sont les planètes ne sont pas nécessairement les mêmes que les choses rondes qui sont les roues.

5° *Deux prémisses affirmatives ne peuvent engendrer une conclusion négative.* Deux prémisses affirmatives ne donnent pas toujours lieu à une conclu-

Exclusion faite, au nom de ces huit règles, de tous les modes de chaque figure, qui ne concluent pas, il en reste vingt-quatre. Cinq, sans être vicieux, sont mis de côté comme inutiles, vu qu'ils donnent une conclusion particulière, alors que les prémisses permettraient une conclusion générale. Il en reste donc en définitive dix-neuf, ceux-là mêmes qui sont indiqués dans les vers mnémoniques rapportés plus haut.

Infériorité de cette méthode. — Cette manière, en quelque sorte mathématique, de procéder pour la détermination de tous les modes possibles et la distinction des modes légitimes, est rigoureuse sans doute, mais elle est, en quelque sorte, mécanique. Cette théorie, vide de pensée, et qui se contente de donner des *preuves*, a fort malheureusement remplacé et fait oublier celle d'Aristote, dont les preuves sont en même temps des *raisons*. Elle est certainement pour quelque chose dans le discrédit où la Logique est tombée depuis le dix-septième siècle[1]. Il y a donc tout avantage à revenir à la théorie d'Aristote.

sion, mais, si elles donnent lieu à une conclusion, cette conclusion ne pourra jamais être négative. Car la liaison des deux extrêmes avec un même moyen ne peut jamais servir à prouver qu'ils sont désunis entre eux.

6° *Deux prémisses négatives ne donnent lieu à aucune conclusion.* Car, de ce que deux extrêmes ne sont pas unis à un troisième terme, on ne peut en conclure ni qu'ils sont unis, ni qu'ils sont désunis entre eux. Ils peuvent être l'un ou l'autre : ainsi les termes *Espagnols* et *Chrétiens* sont désunis du terme *Turcs* et unis entre eux. Et les termes *Chinois* et *Chrétiens*, également désunis du terme *Turcs*, sont aussi désunis entre eux.

7° *La conclusion suit le parti le plus faible :* c'est-à-dire que, si l'une des prémisses est négative, la conclusion est négative ; et que, si l'une des prémisses est particulière, la conclusion est particulière.

8° *Deux prémisses particulières n'engendrent aucune conclusion.* Pour la démonstration de ces deux dernières règles, laquelle a le triple défaut de supposer la quantification mentale du prédicat (comme d'ailleurs plusieurs des règles ci-dessus), d'être compliquée et difficile, et de convaincre l'esprit sans l'éclairer, nous renvoyons à la *Logique de Port-Royal.*

1. Ce reproche s'appliquerait, à plus forte raison, à la syllogistique d'Hamilton, fondée sur la quantification du prédicat. L'attribut ayant, d'après Hamilton, une quantité, qui peut être, qui doit être, dans chaque cas, exactement déterminée, la copule *est* joue dans la proposition le rôle du signe $=$. Dès lors, plus de grand terme, ni de moyen, ni de petit ; plus de figure. Le type de tout raisonnement c'est : $A = B$, $B = C$, donc $A = C$. La théorie du syllogisme disparaît, la Logique doit être traitée comme l'algèbre (voyez Liard, *les Logiciens anglais contemporains*). Cette Logique, en soi, n'est pas absurde ; mais elle n'est pas la Logique des opérations *réelles* de la pensée. En effet, le fondement de cette Logique, l'idée de la quantification du prédicat, qui réduit la proposition à une équation, est psychologiquement une idée fausse. Telle n'est pas la nature du jugement ; telle n'est pas, par suite, la nature du raisonnement. La Logique d'Hamilton est la Logique d'une pensée possible, non de la pensée réelle.

II

Perfectionnements possibles de la théorie d'Aristote : 1° Indépendance des figures. — Sur deux points cependant cette théorie peut être perfectionnée : 1° D'après Aristote, les syllogismes de la première figure sont seuls *parfaits*, c'est-à-dire évidents de soi. Il est possible de montrer que ceux des autres figures ne le sont pas moins. En effet, comme les syllogismes de la première figure peuvent tous se ramener à un type, ou schème, ou formule générale, le *dictum de omni*, dont l'évidence est manifeste, de même il est possible de réduire ceux de la seconde et ceux de la troisième figure à deux types, schèmes, ou formules dont l'évidence n'est pas moindre. Par cela même on est dispensé de la démonstration, toujours un peu artificielle et parfois assez détournée, qui consiste à ramener ces modes à ceux de la première figure.

2° Déduction des modes. — 2° En outre, de la nature même du syllogisme de chaque figure, il est possible de déduire, avec plus de rigueur et de précision qu'Aristote ne l'a fait, les divers modes possibles dans chacune des trois figures.

Ce double progrès nous semble avoir été réalisé par M. Lachelier dans sa thèse *De natura syllogismi* et dans une étude sur *la Nature du syllogisme* (*Rev. phil.*, t. I, p. 468). Voici ses idées à ce sujet, résumées par lui-même, avec une clarté et une précision supérieures, dans les pages suivantes, écrites pour nos lecteurs [1].

I. Première figure : son principe. — « Le principe sur lequel on fonde la première figure est celui-ci : Lorsque, dans la nature des choses [2], un attribut ou un caractère en implique ou en exclut un autre, la présence du premier de ces deux caractères dans un sujet donné entraîne la présence ou l'absence du second. Ce principe ne diffère pas, au fond, de celui d'Aristote, suivant lequel ce qui s'affirme ou se nie en général d'une classe d'êtres s'affirme

---

1. Que notre excellent maître reçoive tous nos remerciements pour cette précieuse collaboration qui honore singulièrement notre modeste travail.

2. Nous nous permettrons de faire observer, pour que ceci soit d'accord avec ce qui a été dit plus haut, que par *nature des choses* il ne faut pas nécessairement entendre ici la nature réelle et objective ; pour rester dans le point de vue de la Logique formelle, on peut comprendre qu'il s'agit d'une nature idéale, hypothétique, constituée par nos concepts eux-mêmes. La Logique pure ignore, à proprement parler, s'il y a un monde extérieur. — M. Lachelier emploie lui-même plus bas le mot *supposer* en parlant de la loi posée par la majeure.

ou se nie de chacun de ces êtres en particulier : car ce qui détermine pour nous l'existence d'une classe, c'est précisément un caractère commun à plusieurs êtres, et ce que nous affirmons ou nions universellement de cette classe, c'est un second caractère qui se trouve impliqué ou exclu par le premier. Seulement, lorsqu'on énonce le principe comme nous venons de le faire, on a égard à la constitution des êtres plutôt qu'à notre manière de les classer ou, ce qui revient au même, à la compréhension des idées plutôt qu'à leur extension.

Déduction des modes légitimes. — « Il est facile de déduire de ce principe les quatre modes qu'Aristote donne à la première figure, et de montrer en même temps que cette figure ne peut pas en avoir d'autres. On commence par supposer qu'un caractère en implique ou en exclut un autre, que la justice, par exemple, ne va pas sans la générosité ou qu'elle est incompatible avec l'envie : on doit donc prendre pour majeure une proposition universelle, que cette proposition soit, du reste, affirmative, comme : « Tout juste est généreux », ou négative, comme : « Nul juste n'est envieux ». On ajoute que la présence du premier de ces caractères dans un sujet donné entraîne la présence ou l'absence du second : on doit donc choisir un sujet qui possède effectivement le premier, et la mineure est nécessairement une proposition affirmative. Peu importe, du reste, que ce sujet soit une classe entière d'êtres ou une partie indéterminée d'une classe : la mineure peut donc être soit une universelle, comme : « Tout sage est juste », soit une particulière, comme : « Quelque savant est juste ». De la combinaison de ces deux sortes de majeures et de mineures résultent, nécessairement et exclusivement, quatre sortes de syllogismes :

1°	bAr	Tout juste est généreux,
	bA	Tout sage est juste,
	rA	Tout sage est généreux.
2°	cE	Nul juste n'est envieux,
	lA	Tout sage est juste,
	rEnt	Nul sage n'est envieux.
3°	dA	Tout juste est généreux,
	rI	Quelque savant est juste,
	I	Quelque savant est généreux.
4°	fE	Nul juste n'est envieux,
	rI	Quelque savant est juste,
	O	Quelque savant n'est pas envieux.

II. Deuxième figure : son principe. — « Le principe de la seconde figure est, en partie, le même que celui de la première : on part encore une fois de cette idée, qu'un caractère en implique ou en exclut un autre ; mais on l'interprète en ce sens, que la présence (ou, dans le cas de l'exclusion, l'absence) de ce second caractère est la condition *sine qua non* de la présence du premier, et l'on en conclut que, là où manque (ou, dans le cas contraire, là où se trouve) le second, il est impossible de trouver le premier. On s'appuie, dans la seconde figure comme dans la première, sur une loi de la nature, c'est-à-dire sur la liaison d'un antécédent et d'un conséquent ; mais on renverse, en quelque sorte, l'application de cette loi, puisque, au lieu de conclure de l'affirmation de l'antécédent à celle du conséquent, on conclut de la négation du conséquent à celle de l'antécédent.

Déduction des modes légitimes. — « Quels seront, d'après ce principe, les modes de la seconde figure ? La majeure joue le même rôle et peut prendre les mêmes formes que dans la première : elle énonce qu'un caractère en implique ou en exclut un autre, elle sera donc toujours universelle, mais, tantôt affirmative, tantôt négative. Mais la mineure n'est pas essentiellement affirmative, comme dans la première figure : on pourrait plutôt dire qu'elle est essentiellement négative, puisqu'elle sert à conclure de la négation du conséquent à celle de l'antécédent. Si nous supposons encore une fois que la justice ne va pas sans la générosité, et si nous voulons raisonner dans la seconde figure, nous devons choisir un sujet auquel manque la générosité et conclure de là qu'il est également dépourvu de justice. Mais qu'arrivera-t-il, si nous partons de la majeure négative : « Nul juste n'est envieux » ? Cette majeure signifie pour nous que, pour être juste, il faut d'abord ne pas être envieux ; et nous devons, comme tout à l'heure, choisir un sujet qui ne remplisse pas la condition posée, pour conclure de là qu'il n'est pas juste. Mais *ne pas ne pas* être envieux, c'est être envieux, et la négation d'une condition, qui est elle-même négative, est une affirmation : de sorte que la mineure, négative quand la majeure est affirmative, devient affirmative lorsque la majeure est négative. Elle peut, du res'e, comme dans la première figure et pour la même raison, être universelle ou particulière : elle peut donc, et cela est particulier à la seconde figure, prendre les quatre formes A, E, I, O. Mais, si la mineure est A ou I, la majeure est nécessairement E, et, si la mineure est E ou O, la majeure est nécessairement A : la seconde figure n'a donc que quatre modes, qui sont précisément ceux d'Aristote :

    1° cEs   Nul juste n'est envieux,
        A   Tout ambitieux est envieux,
        rE   Nul ambitieux n'est juste.

    2° cAm   Tout juste est généreux,
        Es   Nul ambitieux n'est généreux,
        trEs Nul ambitieux n'est juste.

    3° fEs   Nul juste n'est envieux,
        tI   Quelque savant est envieux,
        nO   Quelque savant n'est pas juste.

    4° bA   Tout juste est généreux,
        rO   Quelque savant n'est pas généreux,
        cO   Quelque savant n'est pas juste [1].

III. Troisième figure : son principe. — « Le principe de
la troisième figure diffère profondément, dans la théorie que nous
exposons, de ceux des deux premières : essayons de faire comprendre ce principe, en le dégageant d'une de ses applications.
Soient ces deux prémisses : « Solon (ou Bias, ou Pittacus, ou, en
général, tout sage de la Grèce) est vertueux » ; « Solon (ou tout
sage de la Grèce) est païen » : personne n'hésitera à en conclure :
« donc quelque païen est vertueux ». Mais pourquoi cette conclusion
est-elle légitime ? On pourrait d'abord en donner une raison purement verbale : Solon, Bias, etc., sont païens : on peut donc toujours substituer à leur nom ou à leur titre de sages l'expression plus
vague : « quelque païen ». Opérons cette substitution dans notre
majeure, et elle devient la conclusion : « quelque païen est vertueux ». — On pourrait dire encore, en ne tenant compte que de
l'extension des idées : Solon, Bias, etc., font partie de la classe
d'êtres que nous désignons par le mot païen : donc la vertu, que l'on
affirme de Solon, Bias, etc., se trouve, par cela même, affirmée de
cette classe, considérée, non dans sa totalité, mais dans une partie
de son étendue. — Mais il vaut mieux répondre, en se plaçant au point
de vue de la compréhension : la qualité de païen réside ou se réalise
dans Solon, Bias, etc. : donc la vertu, qui réside aussi dans ces sages,
s'unit en eux à cette qualité, et le paganisme *participe*, comme disait Platon, de la vertu, non essentiellement et par lui-même, mais
accidentellement et dans une partie des êtres qui le réalisent. Il est

---

1. « Nous avons suivi l'ordre consacré par la tradition et le vers mnémonique :
mais nous aurions mieux aimé placer, comme dans la première figure, les
modes dans lesquels la majeure est affirmative avant ceux dans lesquels elle
est négative. »

clair que l'on pourrait également partir d'une majeure négative, qui exclurait de la personne des sages de la Grèce le vice ou tout autre caractère ; on conclurait alors, au nom de la même mineure, que le paganisme, au moins dans certains cas, n'est pas affecté de ce caractère. — Le principe de la troisième figure est, en définitive, celui-ci : lorsqu'un caractère s'affirme ou se nie d'un sujet, et que ce même sujet possède un autre caractère, le premier caractère s'affirme ou se nie du second, par rencontre, *par accident*, comme disait Aristote et, par suite, particulièrement.

Déduction des modes légitimes. — « Si nous déduisons maintenant de ce principe les modes de la troisième figure, nous retombons précisément sur ceux que lui assignait Aristote. Nous venons de remarquer que la majeure peut être affirmative ou négative : la mineure, en revanche, ne peut être qu'affirmative, car il faut que le sujet sur lequel on raisonne possède effectivement le caractère qu'il est chargé de représenter et de mettre en relation avec un autre. Quant à la quantité des prémisses, elle est déterminée par une seule condition : c'est qu'il n'y ait pas de doute possible sur l'identité du sujet dont un caractère est affirmé dans la mineure et dont un autre caractère est affirmé ou nié dans la majeure. Or il est évident que cette condition est remplie lorsque les prémisses sont toutes deux singulières ou toutes deux universelles, lorsqu'elles ont pour sujet commun Solon ou le groupe entier des sages de la Grèce. Elle le serait encore si l'une seulement des deux prémisses était universelle : car, si tous les sages de la Grèce sont vertueux et si quelques-uns d'entre eux sont païens, ceux qui sont païens sont nécessairement au nombre de ceux qui sont vertueux ; si, au contraire, quelques-uns sont vertueux et que tous soient païens, il y en a certainement quelques-uns qui sont tout ensemble païens et vertueux. Mais, si l'on savait seulement que quelque sage de la Grèce est vertueux et que, quelque sage de la Grèce est païen, il pourrait se faire que la qualité de vertueux résidât dans un sage et celle de païen dans un autre, sans que la première coïncidât nulle part avec la seconde. Ainsi il faut que l'une au moins des deux prémisses soit universelle, à moins toutefois qu'elles ne soient toutes deux singulières : on sait, du reste, que les singulières équivalent, aux yeux de la Logique, aux universelles. La majeure peut donc être indifféremment A, E, I, O ; la mineure peut être A ou I, mais elle ne peut être I que quand la majeure est A ou E. De là les six combinaisons suivantes :

1°	dA	Tout sage est libre,
	rAp	Tout sage est homme,
	t I	Quelque homme est libre.

2°	fE	Nul sage n'est esclave,
	lAp	Tout sage est homme,
	tOn	Quelque homme n'est pas esclave.

3°	dIs	Quelque sage est humble,
	Am	Tout sage est homme,
	Is	Quelque homme est humble,

4°	dA	Tout sage est libre,
	t Is	Quelque sage est pauvre,
	I	Quelque pauvre est libre.

5°	bO	Quelque sage n'est pas humble,
	cAr	Tout sage est homme,
	dO	Quelque homme n'est pas humble.

6°	fE	Nul sage n'est esclave,
	r Is	Quelque sage est pauvre,
	On	Quelque pauvre n'est pas esclave [1].

Impossibilité d'une quatrième figure. — « Y a-t-il un quatrième principe qui puisse servir de fondement à une quatrième figure? On n'hésite pas à répondre que non, et l'on croit qu'il suffit, pour s'en convaincre, de réfléchir un instant sur la nature du syllogisme, c'est-à-dire, au fond, du raisonnement. On ne peut raisonner ou prouver une vérité que de deux manières, *à priori* ou *à posteriori*, par raison ou par expérience, en se fondant sur un principe ou en s'appuyant sur un exemple. Le moyen terme, qui sert, dans tout syllogisme, à passer du sujet à l'attribut, est, ou une notion logiquement liée avec l'attribut, et qui a, par suite, la vertu de l'introduire dans le sujet ou de l'en exclure, ou une intuition, un cas observé dans lequel l'attribut coïncide, en fait, avec le sujet. Mais la liaison logique du moyen avec l'attribut ne peut elle-même s'établir que de deux manières : ou le moyen joue, par rapport à l'attribut, le rôle d'antécédent, et l'on conclut de l'affirmation de l'antécédent à celle du conséquent : ou le moyen est, au contraire, le conséquent de l'attribut, et l'on conclut alors de la négation du conséquent à celle de l'antécédent. Le premier de ces deux cas est celui de la pre-

---

1. « Nous suivons, ici encore, l'ordre traditionnel, mais il serait beaucoup plus logique et beaucoup plus clair de placer *Bocardo* avant *Datisi* afin de montrer comment les syllogismes dont la mineure est universelle (et pour lesquels on a eu soin de choisir la même mineure) peuvent avoir les quatre majeures A, E, I, O. »

mière figure; le second est celui de la seconde; le cas où l'attribut n'est mis en relation avec le sujet qu'empiriquement et par un exemple, est manifestement celui de la troisième. Il n'y a donc ni quatrième principe, ni quatrième figure : il n'y a que des modes indirects, obtenus dans la première (et l'on pourrait en obtenir également dans les deux autres[1]) soit par la conversion des prémisses, soit par celle de la conclusion. Ces modes, au nombre de cinq, sont ceux que l'on a désignés par les mots *Baralipton, Celantes, Dabitis, Fapesmo, Frisesomorum*, et que l'on a placés, dans les vers mnémoniques, à la suite des modes directs de la première figure. Les trois premiers ne sont, en effet, que les modes *Barbara, Celarent* et *Darii*, dans lesquels la conclusion est convertie; les deux derniers se ramènent à *Ferio*, par la transposition des prémisses et la conversion de chacune d'elles. C'est, dit-on, le médecin philosophe Galien qui a eu l'idée de faire de ces modes une figure indépendante; mais cette idée, radicalement fausse, a été combattue par tous les logiciens du moyen âge, et n'a commencé à obtenir un peu de faveur qu'à l'époque de la Renaissance. »

Résumé. — Donc en résumé trois figures du syllogisme. La première et la seconde, fondées sur une loi, peuvent être dites l'une et l'autre *ab universo*. La première procède de l'antécédent (logique) au conséquent (logique); on peut donc la nommer *ab antecedente*. La seconde procède du conséquent à l'antécédent; on peut donc l'appeler *a consequente*[2].

1. « Quatre dans la seconde et six dans la troisième, autant dans chacune que de modes directs. Mais cette addition serait sans intérêt, les nouveaux modes ne différant des anciens que par l'ordre des prémisses.

« Quelques logiciens, et en particulier Leibniz, ont imaginé, pour multiplier les modes, de remplacer les conclusions universelles par leurs *subalternes*, de conclure, par exemple, « quelque sage est généreux », là où les prémisses permettent de conclure « tout sage est généreux ».

« En réunissant tous les modes, tant directs qu'indirects, et en y ajoutant les modes à conclusion subalterne, tirés soit des modes directs, soit des modes indirects, on aurait douze modes dans chaque figure, ce qui ferait en tout trente-six. Il faut d'ailleurs se garder de croire que ces trente-six modes soient tous *utiles*. Il n'y a de véritablement utiles que les quatorze modes directs d'Aristote. »

2. Remarquons que l'antécédent logique n'est pas toujours un antécédent causal, ni le conséquent logique toujours un effet. Il se peut au contraire que l'antécédent logique soit l'effet et le conséquent logique la cause. Par exemple si je dis : *Tout être fini est susceptible d'erreur*, l'antécédent (fini) est ici la cause, et le conséquent (susceptible d'erreur) l'effet. Mais si je dis : *Tout être susceptible d'erreur est un être fini*, l'antécédent (susceptible d'erreur) est ici l'effet, et le conséquent (fini) la cause. C'est qu'en effet la Logique n'a pas à s'occuper de la distinction de la cause et de l'effet. Il lui suffit, pour la constitution du syllogisme des deux premières figures, que deux termes soient posés comme nécessairement liés l'un à l'autre; elle n'a pas à savoir quelle est, dans la réalité, la nature ni l'ordre de cette liaison Que ce soit comme cause,

La troisième figure conclut en propre *ab exemplo*, empiriquement et accidentellement; et, par suite, tandis que les deux premières concluent parfois l'universel et toujours le nécessaire, la troisième figure ne conclut jamais que le particulier et le possible[1].

§ III

Syllogismes irréguliers. — Passons aux formes dérivées et irrégulières du syllogisme.

L'enthymème est pour Aristote un syllogisme qui conclut de signes et de vraisemblances[2] (*Anal. pr.*, II, 27). Ce mot d'*enthymème* avait déjà chez les anciens reçu diverses acceptions (Quintilien, *Inst. or.*, V, x, § 1). Pour les modernes il désigne le syllogisme dans lequel l'une des prémisses demeure sous-entendue. Ce vers de la *Médée* d'Ovide : « *Je t'ai pu conserver, je te pourrai donc perdre* » est un enthymème très élégant[3].

L'épichérème est pour Aristote « le syllogisme dialectique[4] », c'est-

que ce soit comme effet qu'un terme est lié à un autre terme, peu importe; du moment qu'il y est lié, il peut servir de signe, de preuve, de moyen de démonstration pour cet autre terme ; et la Logique n'a pas d'autre objet que la démonstration et la preuve. — Il ne faudrait donc pas attribuer une portée universelle à cette assertion d'Aristote : « Le moyen terme c'est la cause, αἴτιον τὸ μέσον. » Non, le moyen n'est pas toujours la cause ou la raison d'être (*ratio essendi*); il suffit qu'il soit la preuve ou moyen de connaître (*ratio cognoscendi*). Lorsque le moyen est la cause, le syllogisme est à la fois *démonstratif et explicatif* (par exemple si je dis : Tout homme est sujet à l'erreur, or Pierre est homme, donc il est sujet à l'erreur, on apprend à la fois que Pierre est certainement sujet à l'erreur et pourquoi il l'est). C'est à de tels syllogismes que la *science* doit aboutir. Lorsque le moyen terme est seulement la preuve, le syllogisme est simplement *démonstratif* (par exemple si je dis : Tout homme charitable a bon cœur, or Pierre est charitable, donc il a bon cœur, — je démontre bien que Pierre a bon cœur, mais je laisse ignorer pourquoi). Au point de vue scientifique, c'est là un *desideratum*. Ce n'en est pas un au point de vue logique. La Logique n'est rien de plus que la science de la preuve.

1. Si Socrate est à la fois païen et vertueux, il offre un exemple de la coexistence possible des attributs *païen* et *vertueux*. Si le sage est à la fois homme et libre, il offre un exemple de la coexistence possible des attributs *homme* et *libre*.

2. De là ce nom d'*enthymème*. Il dérive de ἐνθυμεῖσθαι, verbe qui signifie penser, considérer, chercher par la pensée. L'enthymème est en effet pour Aristote l'acte de l'esprit qui cherche dans un sujet ce qui paraît être vrai, ce qui est propre à persuader. L'étymologie qui fait dériver ce mot de ἐν θυμῷ — conformément à l'usage actuel qu'on en fait pour désigner un syllogisme où l'une des prémisses demeure dans la pensée — est donc fausse.

3. Port-Royal et Hamilton remarquent que c'est parfois la conclusion qui demeure sous-entendue, soit seule, soit avec l'une des deux prémisses. Ainsi ce vers de la *Médée* de Sénèque, dans lequel Médée prouve à Jason qu'il est coupable de tous les crimes qu'elle a faits pour lui, en lui disant seulement : *Celui à qui sert le crime en est coupable.*

4. « J'appelle φιλοσόφημα le syllogisme démonstratif; épichérème le syllogisme dialectique ; sophisme le syllogisme éristique. » (*Top.*, VIII, 11.)

à-dire le syllogisme qui, fondé sur l'opinion commune (τὰ ἔνδοξα), essaie, s'efforce (ἐπιχειρεῖν) d'arriver à la vérité et sert de préparation à la science[1].

Pour les modernes, l'épichérème est un syllogisme dans lequel l'une ou l'autre des prémisses, ou les deux ensemble, sont accompagnées de preuves. Les plaidoyers des avocats peuvent d'ordinaire se réduire à un épichérème. Il s'agit, en effet, d'abord de poser un principe, que l'on démontre par des considérations juridiques ou de sens commun, etc. Puis on montre que le cas ou l'*espèce* en question tombe sous l'application de ce principe ; et l'on tire la conclusion.

Le **polysyllogisme** est un système de syllogismes enchaînés les uns aux autres. Dans ce système, on appelle *prosyllogisme* le syllogisme qui sert à prouver l'une des deux prémisses du suivant, en d'autres termes le syllogisme dont la conclusion sert de majeure ou de mineure au suivant ; et l'on appelle *épisyllogisme* celui qui, d'une conclusion obtenue, tire une conclusion nouvelle, c'est-à-dire celui qui prend comme majeure ou mineure la conclusion d'un syllogisme antérieur.

Il y a deux espèces de polysyllogismes : le *progressif*, dans lequel la conclusion d'un syllogisme devient la majeure du suivant, et le *régressif*, dans lequel la conclusion d'un syllogisme devient la mineure du suivant (voyez ci-dessous des exemples).

Le **sorite** désignait, dans l'antiquité, l'argument captieux d'Eubulide de Mégare, d'après lequel le tas (σωρός) de blé peut être formé par un seul grain, car il n'y a qu'un grain de différence entre le nombre de grains insuffisant et le nombre de grains suffisant pour former un tas. Pour les modernes, le sorite est un polysyllogisme abrégé, dans lequel on efface toutes les conclusions intermédiaires. — Comme il y a deux espèces de polysyllogismes, il y a aussi deux espèces de sorites, l'un *progressif*, l'autre *régressif*.

Soit ce polysyllogisme progressif : maj. : *Tout vertébré a le sang rouge ;* min. : *Tout mammifère est vertébré ;* concl., maj. : *Tout mammifère a le sang rouge ;* min. : *Tout carnassier est mammifère ;* concl., maj. : *Tout carnassier a le sang rouge ;* min. : *Tout félin est carnassier ;* concl. : *Tout félin a le sang rouge.* — Si l'on efface les conclusions intermédiaires, il vient : *Tout vertébré a le sang rouge ; tout mammifère est vertébré ; tout carnassier est*

---

1. Ἔστι ἡ διαλεκτικὴ πειραστικὴ περὶ ὧν ἡ σοφία γνωριστικὴ, ἡ δὲ σοφιστικὴ φαινομένη, οὖσα δ' οὔ. (*Mét.*, IV, 11.)

mammifère ; tout félin est carnassier ; donc tout félin a le sang rouge.

Soit ce polysyllogisme régressif : min. : *Cette rivière fait du bruit ;* maj. : *Ce qui fait du bruit remue ;* concl., min. : *Cette rivière remue,* maj. : *Ce qui remue n'est pas gelé ;* concl., min. : *Cette rivière n'est pas gelée ;* maj. : *Ce qui n'est pas gelé ne peut porter ;* concl. : *Cette rivière ne peut porter.* — Si l'on efface les conclusions intermédiaires, il vient : *Cette rivière fait du bruit ; ce qui fait du bruit remue ; ce qui remue n'est pas gelé ; ce qui n'est pas gelé ne peut porter ; donc cette rivière ne peut porter.*

Dans le polysyllogisme et le sorite progressifs, on procède en substituant au premier sujet qui est le plus général (vertébré), d'autres sujets de moins en moins généraux (mammifère, carnassier, félin), jusqu'à la conclusion, qui unit le dernier sujet (félin) et le premier attribut (à sang rouge). — Dans le polysyllogisme et le sorite régressifs, on procède en substituant au premier attribut, qui est le moins général (faisant du bruit), d'autres attributs de plus en plus généraux (remuant, non gelé, ne pouvant porter), jusqu'à la conclusion, qui unit le premier sujet (cette rivière) au dernier attribut (ne pouvant porter).

§ IV

Syllogismes composés. — Il n'a été question jusqu'à présent que du syllogisme catégorique. Mais on distingue aussi des raisonnements hypothétiques : et disjonctifs. Le mot *catégorique* signifie par l'étymologie : *qui affirme.* L'usage lui a donné un sens plus étroit : on l'applique à toute proposition où l'on émet *nettement* une opinion. Le sens philosophique de ce mot est plus restreint que le sens étymologique et plus large que le sens usuel. Il se dit de toute proposition qui affirme ou qui nie sans aucune condition ou alternative. Un syllogisme est donc catégorique lorsque les trois termes sont niés ou affirmés purement et simplement l'un de l'autre.

Au syllogisme catégorique s'opposent les syllogismes hypothétiques et disjonctifs. On les appelle parfois, d'un nom commun, *syllogismes composés* [1], — les syllogismes catégoriques pouvant s'appeler *syllogismes simples.*

1. Port-Royal les nomme syllogismes *conjonctifs.* Mais ce nom n'est pas heureux, puisqu'il y en a parmi eux qui sont disjonctifs.

L'essentiel est de savoir qu'il y en a cinq : deux proprement hypothétiques ou conditionnels, deux proprement disjonctifs et un que Port-Royal appelle *copulatif*, mais qui n'est, à vrai dire, qu'une variété du syllogisme disjonctif. Tous les cinq datent de l'antiquité et sont mis expressément par les commentateurs sous le nom de Chrysippe, quoiqu'ils remontent en réalité plus haut. Chrysippe les appelait simplement les cinq modes irréductibles ou indémontrables, οἱ πέντε ἀναπόδεκτοι (s.-ent. τρόποι). Les voici sous leurs titres modernes, mais avec les exemples mêmes de Chrysippe (voy. Sextus Empiricus, *Hypot. pyr.*, l. II, ch. XIII).

Syllogisme hypothétique : modus ponens, modus tollens. — 1° Hypothétique : *modus ponens*. La conclusion est présentée dans la majeure comme subordonnée à une condition ; puis on affirme, dans la mineure, que la condition est remplie ; et la conclusion devient, en conséquence, catégorique. Exemple : S'il est jour, il fait clair ; or il est jour, donc il fait clair.

Ce syllogisme conclut, comme on voit, de l'affirmation de la condition ou antécédent à celle du conditionné ou conséquent ; l'analogie avec le principe de la première figure du syllogisme catégorique est manifeste.

2° Hypothétique : *modus tollens*. La majeure reste la même. Mais l'application qu'on en fait est inverse : on nie le conséquent et l'on en conclut la négation de l'antécédent. Ce mode est analogue à la seconde figure. Il a comme elle un caractère *apagogique* (qui écarte, qui nie). Exemple : S'il est jour, il fait clair ; or il ne fait pas clair, donc il n'est pas jour.

Syllogisme disjonctif : modus ponendo-tollens, modus tollendo-ponens. — 3° Disjonctif : *modus ponendo-tollens* : S'il n'y a que deux alternatives et si l'une est vraie, l'autre est fausse. Exemple : Ou il fait jour, ou il fait nuit ; or il fait jour, donc il ne fait pas nuit [1].

4° Disjonctif : *modus tollendo-ponens* : S'il n'y a que deux alternatives, et si l'une est fausse, l'autre est vraie. Exemple : Ou il fait jour, ou il fait nuit ; or il ne fait pas nuit, donc il fait jour [2].

Syllogisme dit copulatif. Sa vraie nature. — 5° Reste le syllogisme appelé par Port-Royal *copulatif*, parce qu'il a pour

---

1. Ou bien : or il fait nuit, donc il ne fait pas jour.

2. Ou bien : or il ne fait pas jour, donc il fait nuit. Le mode *ponendo-tollens* donne donc lieu à deux conclusions négatives, et le mode *tollendo-ponens* à deux conclusions affirmatives.

majeure « une proposition copulative niante, comme celle-ci : On n'est pas à la fois serviteur de Dieu et idolâtre de son argent ». Mais une copulative niante n'est, en réalité, qu'une disjonctive, puisque, comme toute disjonctive, elle pose une incompatibilité. Voici l'exemple de Chrysippe : Il ne fait pas à la fois nuit et jour ; or il fait jour, donc il ne fait pas nuit.

Au premier abord, on n'aperçoit pas de différence entre ce syllogisme et le syllogisme proprement disjonctif. La différence est réelle pourtant ; mais l'exemple de Chrysippe, étant ici mal choisi, ne la fait pas voir. Dans le syllogisme disjonctif, la majeure pose une incompatibilité, *et en même temps une alternative* : les deux termes ne peuvent être ni vrais ni faux ensemble. D'où il suit que, si l'un des deux est posé, l'autre est nié ; et réciproquement, si l'un des deux est nié, l'autre est posé. Mais, dans le syllogisme en question, la majeure pose une simple incompatibilité, *sans alternative*, d'où il suit que, si les deux termes ne peuvent pas être vrais ensemble, ils peuvent être faux ensemble ; ou, en d'autres termes, que l'existence de l'un entraîne la non-existence de l'autre, mais que la non-existence de l'un n'entraîne pas l'existence de l'autre. Par exemple : étant posé qu'un homme n'est pas à la fois blanc et nègre, si un homme est blanc, on peut en conclure qu'il n'est pas nègre. Mais, s'il n'est pas blanc, on ne peut en conclure qu'il soit nègre ; car il peut être mulâtre, ou de race jaune, etc.

Il faut donc dire qu'il y a deux sortes de syllogismes disjonctifs : le syllogisme disjonctif fondé sur une alternative, et le syllogisme disjonctif fondé sur une incompatibilité sans alternative. L'un est susceptible de deux modes : il conclut la non-existence de l'un des termes par le moyen de l'affirmation de l'autre (*ponendo-tollens*), ou l'existence de l'un des termes par le moyen de la négation de l'autre (*tollendo-ponens*). L'autre n'a qu'un mode unique, il ne peut conclure que la non-existence de l'un des termes par le moyen de l'affirmation de l'autre.

Il est clair d'ailleurs que l'on pourrait donner à tous les syllogismes disjonctifs la forme hypothétique. On pourrait dire, par exemple : S'il fait jour, il ne fait pas nuit ; or il fait jour, donc il ne fait pas nuit, etc. : ce sont des syllogismes hypothétiques à conséquent négatif. Mais mieux vaut maintenir la distinction, car autre est le cas de l'incompatibilité, principe des syllogismes disjonctifs, et autre le cas de la simple consécution, principe des syllogismes hypothétiques.

Le dilemme : modus ponens, modus tollens. — Au syllogisme hypothétique se rattache le dilemme, qui n'en diffère qu'en ceci, que l'antécédent ou le conséquent, dans la majeure, se présente sous la forme d'une alternative ; et que l'affirmation ou la négation de ce conséquent, dans la mineure, est l'affirmation ou la négation successive des deux membres de cette alternative. Aussi le véritable nom du dilemme est-il : *syllogisme hypothético-disjonctif.* — Comme le syllogisme hypothétique, il peut prendre deux formes : *modus ponens, modus tollens.*

Modus ponens. Il ne diffère du syllogisme hypothétique de même nom qu'en ce que le conséquent, dans la majeure, au lieu d'être lié à un antécédent unique, est lié à deux antécédents (si A ou B est posé, il s'ensuit C) ; et que la mineure, au lieu d'affirmer cet antécédent unique, affirme l'alternative : l'un ou l'autre de ces deux antécédents est donné (or de A ou de B, l'un ou l'autre est donné). La conclusion est donc affirmative et catégorique comme dans le syllogisme hypothétique correspondant (donc C est donné). Exemple, le dilemme du général au soldat qui a laissé passer l'ennemi : Si tu as quitté ton poste, ou si tu as volontairement laissé passer l'ennemi, tu mérites la mort ; or tu as quitté ton poste ou bien tu as volontairement laissé passer l'ennemi : donc tu mérites la mort.

Modus tollens. Il diffère du mode hypothétique correspondant en ceci, que le conséquent, dans la majeure, se présente sous la forme d'une alternative et que la négation du conséquent, dans la mineure, est la négation successive des deux membres de cette alternative. Si A est posé, il s'ensuit B ou C ; mais B et C sont également faux : donc A n'est pas posé. Si le prisonnier s'est échappé, il a dû passer par la porte ou par la fenêtre : mais il n'a pu passer ni par la porte ni par la fenêtre ; donc il ne s'est pas échappé.

Le dilemme est souvent un argument sophistique. La difficulté, c'est d'épuiser, dans la disjonction de l'antécédent ou du conséquent, toutes les hypothèses possibles et de ne pas laisser ainsi d'échappatoire. Le prisonnier, par exemple, a pu ne passer ni par la porte, ni par la fenêtre, mais percer le mur ou le plafond. Le soldat, par exemple, a pu ne pas quitter son poste et ne pas laisser volontairement passer l'ennemi, mais ne pas l'apercevoir à cause de l'obscurité.

Possibilité de ramener tous les syllogismes au syllogisme catégorique. — Remarquons, en terminant, que les divers syllogismes composés pourraient aisément se ramener à des syllogismes simples et catégoriques. Par exemple, ce syllogisme hypothétique : Si Dieu est bon, il faut l'aimer, se ramène à ce syllogisme catégorique : Un Dieu bon est aimable, or Dieu est un Dieu bon, donc Dieu est aimable. — Ce syllogisme disjonctif : On n'est pas à la fois injuste et charitable, or X est injuste, donc X n'est pas charitable, se ramène à ce syllogisme catégorique : Nul injuste n'est charitable, or X est injuste, donc X n'est pas charitable.

Les règles générales du syllogisme peuvent donc s'étendre à tous les cas; et, dans le fond, c'est toujours par les mêmes raisons que se justifie la nécessité de la conclusion. Mais il est utile à un autre point de vue de maintenir la distinction entre le syllogisme catégorique et les syllogismes hypothétique et disjonctif. Le syllogisme catégorique n'exprime, en effet, proprement que des rapports de sujet à attribut, conçus en dehors du temps. Les syllogismes hypothétique et disjonctif sont, au contraire, très propres à exprimer des rapports d'états et de phénomènes entre eux dans le temps, que ces rapports soient de succession ou de simultanéité. Si le thermomètre descend à zéro, il gèle; s'il ne gèle pas, c'est que le thermomètre est resté au-dessus de zéro. Un corps est nécessairement en repos ou en mouvement. Un corps n'est pas à la fois en repos et en mouvement, etc.

CHAPITRE VI

LOGIQUE FORMELLE : CONCLUSION

1° UTILITÉ DES OPÉRATIONS LOGIQUES; LEUR RAPPORT AVEC LA SCIENCE DU RÉEL. — 2° UTILITÉ DES RÈGLES DE LOGIQUE POUR CES OPÉRATIONS.

Utilité de la Logique : deux questions. — Deux questions particulières sont engagées dans la question générale de l'utilité de la Logique formelle : 1° Les opérations dont la Logique formelle traite, en les considérant dans leur pure forme, et abstraction faite de leur matière réelle ou de leurs objets, sont-elles, ainsi envisagées, de quelque utilité pour la connaissance des choses, pour la science du réel? 2° En supposant que ces opérations puissent être de quelque usage, les règles que la Logique assigne pour ces opérations sont-elles de quelque utilité pour accomplir plus correctement ou plus sûrement ces opérations elles-mêmes? —Autrement dit, la Logique formelle n'est-elle pas doublement inutile et frivole? Frivole par son objet, à savoir : les opérations de la pensée séparées de leur matière, lesquelles, ainsi considérées, ne sont qu'un jeu d'esprit? Frivole par les règles qu'elle donne, règles dont la connaissance ne peut servir à rien, même pour cet objet?

La Logique formelle, en deux mots, est-elle autre chose qu'une inutile réglementation d'opérations elles-mêmes inutiles? — Examinons séparément ces deux objections.

PREMIÈRE SECTION : UTILITÉ DES OPÉRATIONS LOGIQUES.

Inutilité apparente des opérations logiques. — La Logique formelle est la science de l'accord de la pensée avec elle-même dans le concept, dans le jugement, dans le raisonnement. Dans aucune de ces opérations elle ne considère l'accord de la pensée avec ses objets. Dans la théorie formelle du concept elle fait ab-

straction des données concrètes (sensations, faits observés) qui ont
servi au concept de matière, et qu'il est censé résumer et représenter. Dans la théorie formelle du jugement, elle fait abstraction,
non seulement des réalités externes, mais de la croyance elle-même,
qui, à tort ou à raison, prête au jugement une valeur objective; et
elle réduit le jugement à l'affirmation de rapports d'inclusion ou
d'exclusion entre les idées. Enfin, dans la théorie formelle du raisonnement, elle fait abstraction et de la vérité ou de la fausseté intrinsèque des prémisses, et de la vérité ou de la fausseté intrinsèque
de la conclusion; elle ne s'inquiète que du bien-fondé de la conclusion, c'est-à-dire de son rapport avec les prémisses elles-mêmes.

Or, considérer de la sorte les opérations de la pensée, sans tenir
compte ni de leur objet naturel, à savoir : les réalités; ni de leur fin
naturelle, à savoir : la vérité; et accorder tant d'attention à ces opérations ainsi envisagées, n'est-ce pas, tout à la fois, méconnaître le
vrai rôle de la pensée et lui assigner un rôle indigne d'elle? N'est-
ce pas tout ensemble oublier ou nier le prix de la science, et attacher du prix à une vaine sophistique?

§ I

Comment Mill les rattache à la réalité. — C'est en
grande partie pour répondre à cette objection que Stuart Mill a proposé une réforme profonde de la Logique.

« L'idée fondamentale de la Logique de Mill, dit M. Brochard[1], c'est
qu'il faut ramener la Logique aux faits et à l'expérience que l'ancienne
Logique avait beaucoup trop dédaignés. A force de n'avoir affaire
qu'aux concepts, bien des logiciens s'étaient mis en opposition avec les
choses, et, les concepts n'allant guère sans les mots, à force d'être un jeu
de concepts, la Logique semblait n'être plus qu'un jeu de mots.... Mill
s'est efforcé de montrer que la Logique, au fond, est une science comme
les autres, parce que, comme les autres, elle a pour objet de nous faire
connaître ce qui est. Elle a ses procédés, ses méthodes; mais, en dépit des
apparences, elle ne perd jamais de vue le réel; c'est de lui qu'elle part,
c'est à lui qu'elle revient. Stuart Mill plus que tout autre a eu le mérite
de ramener la Logique du ciel sur la terre. »

1. M. Brochard a publié dans la *Revue phil.*, t. XII, une étude approfondie sur
la Logique de Stuart Mill. Nulle part, à notre connaissance, la Logique classique
n'a été mieux comprise et mieux défendue contre de prétendues réformes. Nous
en citons d'importants fragments et nous nous en inspirons en plus d'un endroit. — Nous devrons aussi utiliser les remarques justes et pénétrantes présentées sur le même sujet par M. Renouvier (*Log.*, t. II.) et par M. Janet *De la
nature du syllogisme* (*Rev. phil.*, t XII).

Cette idée de rattacher la Logique au monde réel et la science de la conséquence aux sciences de la vérité doit être approuvée sans réserve. Mais comment Mill a-t-il mis cette idée à exécution?

« Pour atteindre son but, Mill ne voit rien de mieux que de faire disparaître ce qui avait été pour les anciens logiciens l'élément essentiel de toutes les opérations logiques : l'idée générale, ou le concept.... Il remplace les idées par les faits, et attribue aux choses ou du moins aux sensations, qui pour nous représentent les choses, le rôle dont on avait si longtemps investi les idées.... Ce qui fonde la certitude de la Logique telle qu'il l'entend, c'est qu'elle prend les faits pour point de départ et ne les perd pas de vue un seul instant. L'idée ou le concept est un intermédiaire suspect et superflu dont il faut se passer. Les faits ne seront pas représentés dans l'esprit par des intermédiaires : ils auront seuls une vertu efficace; ils ne recourront pas à des mandataires, mais ils feront eux-mêmes leurs propres affaires. Ce n'est pas l'esprit, pourrait-on dire, qui avec les faits institue la science, mais ce sont les faits eux-mêmes qui, dans l'esprit, font la science, s'ordonnent d'eux-mêmes, d'après leur nature propre, en science et en preuve. »

Cette Logique est donc une Logique *réaliste* [1] ou *réelle* qui porte sur des choses, non sur des idées.

Nouvelle théorie du syllogisme qui en résulte. — Nous ne pouvons faire connaître ici tous les changements qui résultent de cette réforme de la Logique dans la théorie des termes et dans celle des propositions; il nous suffira de dire sommairement ceux qu'elle entraîne dans la théorie du raisonnement déductif et du syllogisme.

Soit cette proposition : Le duc de Wellington est mortel. Tant que le duc de Wellington n'est pas mort, évidemment, dit Mill (*Log.*, t. I, p. 208), cette proposition est une inférence; elle se présente comme une conséquence de quelque autre chose. Mais peut-on, comme on l'admet dans la théorie classique du syllogisme, la conclure de cette proposition : Tous les hommes sont mortels? — Je réponds : Non.

En effet, le syllogisme ainsi compris n'est autre chose qu'un cercle vicieux. Car, s'il est douteux que le duc de Wellington, qui est homme, soit mortel, de quel droit peut-on affirmer cette majeure :

1. Ce mot n'est pas pris ici dans son sens historique : le réalisme du moyen âge admettait dans l'esprit des concepts généraux et réalisait ces concepts en dehors de l'esprit. Mill nie au contraire l'existence des universaux et dans le monde et même dans l'esprit. Il n'admet en dehors de l'esprit que des choses individuelles, et dars l'esprit que des représentations individuelles

Tous les hommes sont mortels? Cette majeure présuppose évidemment la conclusion qu'elle est destinée à prouver. Règle générale : il n'y a pas, il ne peut pas y avoir de conclusion, d'inférence, du général au particulier. Car, si la proposition particulière est déjà connue comme certaine dans la proposition générale, le prétendu raisonnement n'est qu'une répétition stérile; si elle est douteuse, ce doute remonte à la proposition générale et le raisonnement n'est qu'un cercle vicieux.

Quelle est donc la base réelle de cette inférence : Le duc de Wellington est mortel? Elle n'est, elle ne saurait être que les cas observés de mortalité des autres hommes. « La véritable raison de croire que le duc de Wellington mourra, c'est que ses pères, et nos pères et tous leurs contemporains sont morts. Ces faits sont les prémisses réelles du raisonnement » (*ibid.*, p. 220). — Il en est de même pour tous les cas. Il n'y a jamais pour une inférence d'autre preuve, d'autre garantie possible que les faits du même ordre précédemment observés.

Tout raisonnement est inductif : deux formes. — C'est pourquoi le raisonnement déductif n'est tel qu'en apparence. A vrai dire, le raisonnement déductif n'existe pas. Il n'y a, il ne peut y avoir d'autre espèce de raisonnement que le raisonnement inductif qui prend pour base d'inférence les faits particuliers.

Le raisonnement inductif lui-même se présente sous deux formes : ou il conclut du particulier au général, c'est ce qu'on nomme ordinairement *induction;* ou il conclut du particulier au particulier, c'est ce qu'on nomme improprement *déduction.* Ce dernier cas est de beaucoup le plus fréquent. Parfois même, Mill semble admettre que ce cas est le cas unique : « Toute inférence, dit-il (*ibid.*, p. 217), est du particulier au particulier. »

« L'enfant qui, ayant brûlé son doigt, se garde de l'approcher du feu a raisonné et conclu, bien qu'il n'ait jamais pensé au principe général : « Le « feu brûle ». Il se souvient qu'il a été brûlé, et sur ce témoignage de la mémoire il croit, lorsqu'il voit la chandelle, que, s'il met son doigt dans la flamme, il sera encore brûlé. Il croit cela dans tous les cas qui se présentent, mais, chaque fois, sans voir au delà du cas présent. Il ne généralise pas; il infère un fait particulier d'un autre fait particulier. » (*Ibid.*, p. 210.)

Légitimité de la forme déductive. — Ces principes posés, Stuart Mill accorde néanmoins qu'il peut être avantageux, à certains égards, de soumettre nos inférences à la forme syllogistique, c'est-à-dire de donner d'abord à l'inférence toute la généralité possible, ce qui constitue la majeure, et d'en faire ensuite l'application à un cas particulier. Procéder de la sorte est à la fois *légitime* et *utile*.

La chose est légitime : « En effet, toutes les fois qu'on peut légitimement d'un assemblage de cas particuliers tirer une conclusion, cette conclusion peut légitimement être considérée comme générale. Si de l'observation et de l'expérience on peut conclure à un fait nouveau, on peut par cela même conclure à un nombre indéfini de ces faits. Si ce qui a été vrai dans l'expérience passée doit être vrai dans un temps à venir, ce le sera, non pas seulement dans un cas individuel déterminé, mais dans tous les cas d'une espèce donnée. Toute induction donc qui suffit pour prouver un fait prouve une multitude indéfinie de faits. L'expérience qui justifie une prédiction isolée doit pouvoir justifier un théorème général. » (*Ibid.*, p. 221.)

Utilité de la forme déductive. — De plus, procéder de la sorte est *utile*.

« En effet, en concluant d'une suite d'observations individuelles à un cas nouveau, que nous ne connaissons qu'imparfaitement, rien, pour ainsi dire, ne peut nous prémunir contre la négligence, et nous empêcher de céder à quelque entraînement de nos désirs ou de notre imagination ; tandis que, si nous plaçons devant nos yeux une classe entière de faits, il est alors très vraisemblable que, si les prémisses (les cas observés) sont insuffisantes, nous découvrirons le vice de notre généralisation. » (*Ibid.*, p. 222.)

« Le sentiment de la responsabilité augmente chez le raisonneur, fait aussi observer M. Bain (*Log.*, t. I, p. 308), lorsqu'il sait que l'inférence qu'il applique à un individu peut s'appliquer également à un grand nombre d'individus. — En même temps, en généralisant l'inférence, on s'aperçoit des cas qui la contredisent. Toute personne qui tente de justifier le despotisme d'un monarque sera arrêtée sans doute s'il lui faut avouer que dans toutes les circonstances semblables le despotisme est désirable[1]. »

1. « D'après Mill, le syllogisme est donc, dit fort ingénieusement M. Janet, une sorte d'épreuve qui consiste à traduire d'abord dans une proposition générale la conclusion particulière que l'on veut obtenir, en voyant si elle supporte la généralité. Mill semble ici donner un *canon logique* de la vérité, analogue au *canon moral* du juste donné par Kant sous cette forme : Est juste toute action particulière qui peut être érigée en maxime générale. Par exemple : Avez-vous le droit de mentir dans tel cas particulier ? Traduisez en généralisant : Il est permis à tout homme de mentir dans son intérêt. Ce sera la réduction à l'absurde de votre maxime personnelle. Mill dit de même : Pour savoir si une proposition particulière peut être inférée de nos expériences antérieures, traduisez-la en une proposition générale ; si cela est impossible, ce sera la réduction à l'absurde de votre proposition. » (*Rev. phil.*, t. XII, p. 111.)

« Ainsi, conclut Mill (*ibid.*, p. 223), lorsqu'on argue d'un nombre de cas connus, à un autre cas supposé analogue, il est toujours possible et généralement utile de faire passer l'argument par le canal circulaire de l'induction des cas connus à la proposition générale, et de l'application subséquente de la proposition générale au cas non connu. »

Appréciation : pas de contradiction dans la théorie. — Il ne faudrait pas croire cependant, comme on l'a avancé, qu'en parlant de la sorte, Stuart Mill reprenne d'une main ce qu'il avait concédé de l'autre, et qu'il restitue purement et simplement aux propositions générales et au syllogisme la *valeur probante* qu'il leur avait d'abord déniée. Ce serait une réfutation trop facile de sa doctrine, et Mill est exempt de cette contradiction. Nous pouvons, d'après lui, conclure du particulier au particulier, soit directement, soit indirectement, en passant par l'intermédiaire d'une proposition générale. Mais il maintient que dans ce dernier cas la preuve de la conclusion particulière n'est nullement dans la majeure générale; il maintient que toute inférence du général au particulier n'est qu'un cercle vicieux; il maintient par conséquent que la seule preuve de la conclusion particulière réside dans les cas particuliers précédemment observés. « L'intercalation d'une proposition générale, n'ajoute pas, dit-il, un iota à la preuve » (*ibid.*, p. 209).

Par suite, dans le syllogisme, ce n'est pas, selon lui, dans le rapport de la majeure à la conclusion que réside en réalité l'inférence. Elle est tout entière et exclusivement dans la majeure; cette majeure générale peut en effet se décomposer en deux parties : l'une qui comprend les cas observés, l'autre qui comprend les cas non observés. C'est dans l'extension de l'affirmation de ces cas observés aux cas non observés que l'inférence réside. L'inférence a donc été faite *une fois pour toutes* alors que nous avons formé la majeure. — Quel besoin y aurait-il de la recommencer dans chaque cas particulier qui se présente? Il n'y a plus alors qu'à s'assurer si le cas actuel est ou n'est pas au nombre de ceux qu'on a entendu comprendre dans cette inférence. La majeure n'est pas un principe, elle est un *registre*, un *memorandum*, sous forme abrégée, des cas auxquels on a précédemment étendu l'inférence; et l'acte accompli dans le syllogisme consiste simplement à *déchiffrer* exactement cette majeure pour voir si le cas actuel s'y trouve ou non *consigné*. La conclusion est donc *retrouvée* dans la majeure, mais elle n'est pas *prouvée* par la majeure. Elle est prouvée, comme toute la partie

de la majeure qui concerne les cas non observés, par les cas observés qui sont la première partie cette même majeure.

Quoi qu'on en ait dit, cette théorie nous paraît parfaitement con-
séquente et n'enferme, à notre sens, aucune contradiction. Sur
l'inutilité *logique* de la majeure, sur l'impossibilité de trouver dans
une proposition générale la preuve d'une proposition particulière qu'elle renferme, Stuart Mill ne varie point. Mais, en même
temps, il reconnaît l'utilité *pratique* ou en quelque sorte psychologique de la majeure et du procédé déductif, pour éveiller l'attention, pour nous prémunir contre les inférences précipitées
et téméraires : ces deux assertions sont parfaitement conci-
liables.

Part de vérité dans cette théorie. — Non seulement ces
deux assertions se concilient, mais la seconde, prise en soi, est parfaitement juste et renferme une remarque importante. En tout état
de cause, le syllogisme, qu'il soit ou ne soit pas un moyen de preuve,
aura tout au moins l'utilité pratique que lui accorde Stuart
Mill, et qu'on avait eu le tort jusqu'à lui de négliger de mettre
en relief.

Ce n'est pas tout : dans la partie essentielle de sa théorie, celle
qui sert de fondement à tout le reste, à savoir : la critique du syllogisme classique, il y a encore une importante vérité à recueillir.
Stuart Mill a raison de dire : « Il est absurde de prétendre qu'une
proposition particulière soit prouvée par une proposition générale,
où elle serait *identiquement contenue.* » — Rien n'est plus vrai
et rien n'était plus utile à faire remarquer. C'est bien à tort, en
effet, que les logiciens ont d'ordinaire considéré l'identité de
deux propositions comme le moyen de preuve de l'une de ces
propositions par l'autre. Il faut dire au contraire que dans ce
cas il ne saurait y avoir ombre de preuve. Comment la relation de
preuve à chose prouvée pourrait-elle exister entre deux choses qui
ne sont qu'une seule et même chose? Est-ce prouver que Dieu est
bon, que de dire : Dieu est bon, car il est bon, c'est-à-dire de répéter
comme preuve l'assertion même qu'il fallait prouver? — Et quelle
certitude, d'ailleurs, pourrait avoir la prétendue preuve, qui n'ap-
partînt aussi, en même temps, à la chose prouvée, si celle-ci fait partie de celle-là? Ou inversement, quel doute pourrait affecter la chose
à prouver, qui n'affectât également et en même temps la prétendue
preuve, si celle-ci enferme celle-là? Preuve et chose prouvée, ne
faisant qu'un, passent simultanément par les mêmes vicissitudes

de doute ou de certitude, et il ne saurait jamais y avoir d'inférence réelle de l'une à l'autre.

Une chose ne peut être prouvée que par une autre chose, différente d'elle-même. Toute preuve, toute inférence réelle implique donc une certaine différence, une certaine distance entre la preuve et la chose prouvée. Et alors en quoi consiste la preuve? En ceci seulement que, une chose étant posée, l'esprit, un esprit qui pense, un esprit actif, ne peut pas s'empêcher d'accorder aussi telle autre chose. Au fond, toute preuve est faite, non *par la proposition* alléguée comme preuve, mais *par l'esprit* lui-même qui, étant ce qu'il est, ne peut pas s'empêcher d'aller de cette proposition à une autre [1]. Entre la preuve et la chose prouvée le lien n'est pas une identité résidant dans les choses mêmes, le lien, si vraiment preuve il y a, c'est l'activité même de la pensée qui se sert d'une chose comme point de départ et point d'appui, pour s'élever par un mouvement naturel et nécessaire à une autre chose.

Critique : 1° Le syllogisme classique n'est pas un cercle vicieux.—En tout cela il faut donner raison à Stuart Mill.

Voici maintenant ce qu'on peut reprendre dans sa théorie :

1° D'abord, si la critique de Mill vaut contre l'interprétation ordinaire du syllogisme, elle ne vaut pas contre une'interprétation plus exacte. Nous l'avons déjà montré (*Psych.*, ch. xxv). Si l'on dit, avec la plupart des logiciens, que la conclusion est formellement contenue dans la majeure ou même dans les prémisses, l'objection de Mill est irréfragable : le syllogisme est un cercle vicieux. Mais, nous l'avons fait voir, bien que la conclusion résulte des prémisses, on ne peut pas dire rigoureusement qu'elle soit déjà contenue et donnée toute faite dans les prémisses, puisqu'elle n'en résulte que si la synthèse des prémisses est opérée par l'esprit. — A plus forte raison on ne peut dire que la conclusion soit formellement contenue dans la majeure seule, ce qui ressort manifestement de cette remarque, à savoir : que la conclusion et la majeure n'ont pas le même sujet. — De là il suit que le syllogisme n'est point un cercle vicieux, puisque le doute qui, avant le raisonnement, affectait la conclusion (par exemple le doute sur la question de savoir si Socrate était Grec), n'affecte pas la majeure : les Athéniens sont Grecs. Celle-ci, en effet, a un autre sujet (*les Athéniens*) qui, à ce

---

1. Tout syllogisme pourrait d'après cela se mettre sous cette forme : si vous accordez telle chose *a* et telle autre chose *b*, la synthèse mentale ne peut être que *c*. Mais *c* n'est ni *a* ni *b*, ni même partie de *a* ou de *b*.

moment est absolument distinct du sujet *Socrate*, puisque, à ce moment, Socrate n'est pas encore pensé en tant qu'Athénien [1]. — De là suit aussi que le syllogisme n'est point stérile : un résultat nouveau est obtenu dans la conclusion, à savoir : l'attribut de la majeure, *Grec*, qui, dans cette majeure, n'était lié qu'au sujet Athénien, se trouve, dans la conclusion, lié à un sujet nouveau, *Socrate*, qui, dans la conclusion comme dans la question, est pensé, non pas en tant qu'Athénien, mais sous ses attributs propres, c'est-à-dire en tant que philosophe, maître de Platon, etc.

2° Le syllogisme de Mill est impossible. — Ainsi le syllogisme classique, mieux interprété, échappe à la critique de Mill. Le syllogisme, comme il l'entend, donne lieu au contraire à une objection décisive. D'après Mill, tout cas de déduction n'est au fond, en dépit de l'apparence que lui donne la forme syllogistique, qu'un cas d'inférence du particulier au particulier. Or nous soutenons qu'il n'y a pas d'inférence possible du particulier au particulier.

Pas d'inférence du particulier au particulier : preuve. — Nous ne nions pas qu'il puisse y avoir des associations, des consécutions d'idées, des cas d'imagination prévisive et d'attente, qui procèdent du particulier au particulier, sans aucune généralisation : c'est par des consécutions de ce genre que s'expliquent sans doute les actes de l'animal, dans la mesure où l'animal tire profit de l'expérience. Ayant expérimenté la succession des phénomènes A et B, si A lui apparaît dans la suite, il s'attend de nouveau à B. Nul besoin pour cela de proposition générale, mais aussi dans ce cas nulle idée de *preuve ;* par conséquent, nulle inférence proprement dite.

Mais supposons au contraire qu'il s'agisse d'une inférence proprement dite, c'est-à-dire d'une prévision réfléchie, qui se rend compte de ce qu'elle fait et s'estime fondée en raison. En ce cas, les expériences passées sont, non plus seulement l'*impulsion mécanique* qui *provoque* l'attente, mais les *raisons* ou *motifs* qui, aux yeux de celui qui s'attend, *fondent* et *justifient* son attente. En d'autres termes, les expériences passées font office de *preuve* pour l'affirmation touchant le futur.

Or maintenant à quelle condition une succession passée peut-elle

---

1. C'est en effet précisément parce que, au moment où se posait la question, Socrate n'était pas pensé, ni peut-être connu en tant qu'Athénien, que l'on doutait qu'il fût Grec.

devenir une preuve pour une succession à venir? A condition que cette succession passée ne soit pas considérée comme un *accident*, car, dans ce cas, on n'aurait pas de motif de croire que l'avenir sera tenu de se conformer au passé ; mais bien à condition que cette succession passée soit interprétée comme signe et manifestation d'une *loi* nécessaire, car alors seulement l'avenir sera tenu de se régler sur le passé. Donc le vrai, le seul fondement de l'inférence, c'est l'*idée de la loi*, dont le fait passé n'est qu'un indice. Un fait en lui-même ne prouve rien ; une loi seule prouve et, précisément parce qu'elle commande aux faits, permet de les prévoir. Donc il n'y a d'inférence possible que si entre le fait observé et le fait prévu *s'interpose l'idée de la loi*. Mais qui dit loi dit proposition universelle. Donc la proposition universelle ou la majeure n'est pas seulement utile au point de vue pratique, elle est indispensable au point de vue logique, elle est la preuve tout entière.

Nouvelle preuve. — La même vérité apparaît si, au lieu de considérer les faits observés, base de l'inférence, nous considérons les faits à venir, terme de l'inférence, par exemple ce fait : le duc de Wellington mourra. A quel titre peut-on inférer un fait particulier de ce genre? Si le duc de Wellington doit mourir, est-ce parce que le duc de Wellington est duc ou qu'il s'appelle Wellington? est-ce parce qu'il a tels et tels caractères propres? est-ce parce qu'il diffère en tels et tels points des hommes qui sont déjà morts ? Non, c'est au contraire parce qu'il est semblable par certains caractères à tous ceux qui sont morts, à savoir : par les caractères mêmes qui entraînent comme conséquence la mortalité, et qu'on résume par le mot *homme*. La preuve en est que l'inférence peut tout aussi bien se faire pour un autre individu quelconque, différant du duc de Wellington par tous ses caractères particuliers, pourvu qu'il soit homme comme lui.

La raison de l'inférence faite pour un cas particulier, c'est donc la présence, dans ce cas particulier, du caractère constitutif de l'espèce. C'est donc pour l'espèce elle-même que l'inférence est faite tout d'abord et directement. Et elle n'est faite pour les cas particuliers qu'indirectement, par contre-coup et tout autant que ces cas particuliers sont reconnus faire partie de l'espèce. — A l'inverse de l'art, qui a pour objet essentiellement, le particulier, et, accidentellement, le général, la science a pour objet, essentiellement, le général, et, accidentellement, le particulier, en tant que, par accident, tels et tels caractères particuliers qui distinguent un individu se trouvent unis en lui à la forme générale de l'espèce. Le médecin, disait Aristote, guérit Callias ou Socrate et non l'homme, sinon par accident (*Mét.*, I, ı). Inversement, cette inférence scientifique : L'homme est mortel, vaut pour l'homme et non pour Callias ou Socrate, sinon par accident et parce que les caractères qui font que Callias est Callias et que Socrate est Socrate, se trouvent chez eux associés par rencontre aux caractères de l'homme.

Résumé. — Ce n'est donc pas assez de reconnaître, comme le fait Mill, que, chaque fois qu'on peut conclure pour un cas particulier, on peut, aussi légitimement, conclure pour un nombre illimité de cas semblables. Il faut dire qu'on infère d'abord pour la classe tout entière, et que c'est *à cette seule condition* qu'on peut inférer pour tel cas particulier[1]. La proposition universelle n'est pas seulement possible en même temps que la proposition particulière : elle est seule directement possible et seule elle fonde la possibilité de la proposition particulière.

Ainsi la majeure est indispensable à un double titre : d'une part, les faits passés ne peuvent être allégués comme preuve s'ils restent faits particuliers et ne sont pas interprétés comme signe d'une loi ; d'autre part, les faits à venir ne peuvent être l'objet d'aucune inférence, en tant que faits particuliers et s'ils ne sont reconnus comme portant en eux le caractère général qui entraîne l'application de la loi. La loi qu'on énonce dans la majeure est donc la clef de voûte qui soutient tout l'édifice du raisonnement. C'est en indiquant une loi que les faits observés acquièrent force de preuve ; c'est en rentrant dans la sphère de cette loi que les faits inférés sont susceptibles d'être prouvés.

Conclusion sur la réforme de Mill : intention bonne, mauvais moyen. — Concluons donc : Mill a eu raison de vouloir rattacher étroitement la Logique à la réalité. Mais il a mal compris le lien qui doit unir la première à la seconde. Il n'a pas trouvé de meilleur moyen, pour ne pas isoler l'esprit de la réalité, que de le laisser en présence de la réalité elle-même ou des représentations concrètes qui en sont le substitut immédiat dans la conscience. Mais en elles-mêmes les réalités ou les sensations ne servent à rien pour la science ; elles ne peuvent en être ni les moyens, ni l'objet. Un fait particulier, en tant que tel, ne peut jamais être une

---

1. Dire : Le duc de Wellington est mortel parce qu'il est homme, c'est exactement comme si l'on disait : Tout homme est mortel, donc le duc de Wellington, qui est homme, est mortel.

preuve; un fait particulier, en tant que tel, ne peut jamais être prouvé. La science n'est possible que lorsque les faits sont transformés en concepts généraux ; les successions de faits en lois générales. Des choses elles-mêmes, l'esprit ne peut rien faire, non plus qu'inversement un sculpteur ne peut modeler des idées. L'esprit ne travaille que sur des idées et avec des idées « qui sont des choses à lui » (Brochard). La science se fait donc, non par le moyen des choses, mais par le moyen des idées.

Par conséquent, sous prétexte de donner au raisonnement une base plus solide, Stuart Mill anéantit la possibilité du raisonnement, et, sous prétexte de rendre la Logique plus positive, il la supprime.

§ II

Recherche d'une solution. — La question posée au début de ce chapitre revient donc de nouveau, et plus pressante encore, maintenant que la séparation de la Logique et de la réalité est démontrée nécessaire à l'existence même de la Logique : A quoi peut servir la Logique? par quel lien est-elle unie aux autres sciences et à la découverte de la vérité?

En fait, l'utilité de l'objet de la Logique est reconnue. — La Logique est la science de la conséquence ou de l'accord de la pensée avec elle-même dans ses diverses opérations. Or, bien que ces opérations s'exécutent sur des concepts abstraits et au moyen de concepts abstraits, et non sur des choses concrètes, en fait, tout le monde n'en accorde pas moins une suprême importance à la conséquence dans l'accomplissement de ces diverses opérations. Avoir de la logique, être un esprit logique, personne au monde ne fait fi de cette qualité. Donc, réserve faite de la question (qu'on traitera tout à l'heure) de savoir si la science appelée Logique est utile pour donner de la logique, tout le monde reconnaît que la science logique, qui a précisément pour objet cette logique de l'esprit, n'a pas un objet frivole et sans conséquence pour la connaissance des choses ou la pratique de la vie.

Quelle est-elle? — Mais il ne suffit pas de constater, il s'agit d'expliquer. Il faut faire voir comment les opérations que l'esprit exécute dans l'abstrait sont, quand on les exécute correctement, d'un secours indispensable pour la connaissance du réel.

La Logique science du possible. — Or, en premier lieu, comme on l'a déjà expliqué (ch. ii), tout ce que la pensée conçoit et affirme sans contradiction est possible : la Logique, science de l'accord de la pensée avec elle-même, est donc aussi la *science du possible*.

Maintenant, le possible est la condition première et antécédente du réel : donc la Logique, science de l'accord de la pensée avec elle-même, science de la possibilité intrinsèque des choses, devient aussi la *science des conditions premières, essentielles du réel*. C'est pourquoi, au nom de la seule Logique, il est permis d'exclure tel ou tel objet de l'ordre des possibilités et par conséquent de l'ordre des réalités. Nous l'avons fait voir, la question de la possibilité et de la réalité des phénomènes inconscients, de la liberté, du mouvement, du continu, etc., n'est au fond rien de plus, rien de moins qu'une question de logique. Tout le débat, en effet, se résume en ce point: ces idées enveloppent-elles, oui ou non, une contradiction intrinsèque?

Du nécessaire conditionnel. — S'il s'agit, en particulier, de la Logique du jugement et du raisonnement, il y a plus à dire : la Logique devient la science de choses, non seulement possibles, mais *nécessaires* sous condition.

La Logique du jugement traite des jugements analytiques : or, dans un jugement analytique, si le sujet est donné, il est nécessaire d'affirmer aussi l'attribut, puisque l'attribut est par hypothèse donné dans le sujet même. Donc tout jugement analytique énonce, non seulement une vérité possible, mais une vérité logiquement nécessaire, et par conséquent une vérité réelle et réellement nécessaire, si le sujet est réel.

Même chose à dire du raisonnement : la conclusion d'un raisonnement correct n'est pas seulement possible par rapport aux prémisses, mais elle est nécessaire. Donc, si les prémisses sont matériellement vraies, la conclusion est matériellement vraie et nécessaire.

Ainsi, la Logique du concept, en posant la question de savoir si un concept est contradictoire ou non, pose la question de savoir si tel objet est possible ou non.

La Logique du jugement et du raisonnement, en posant la question de savoir si tel jugement, tel raisonnement est légitime ou non, pose la question de savoir si telle affirmation, telle conclusion est logiquement nécessaire ou non; et, par suite, au cas où le sujet du jugement serait réel et où les prémisses du raisonnement seraient vraies, elle pose la question de savoir si telle affirmation, telle conclusion est réellement nécessaire.

D'où son rapport avec le réel. — Or, par cette dernière remarque, nous comprenons comment la Logique prend définitivement pied dans le monde des réalités. Il suffit pour cela que les concepts qui servent de matière aux jugements, les jugements qui servent de prémisses au raisonnement soient vrais d'une vérité réelle. Les opérations logiques n'ont d'autre effet que d'extraire des idées sur lesquelles elles opèrent tout ce qu'elles contiennent. Que les idées soient arbitrairement formées, la Logique ne peut que mettre au jour leur fausseté ou leur absurdité secrète; mais que les idées soient calquées sur la réalité, qu'elles soient, comme les formes mêmes des choses, dégagées et appropriées par l'esprit, la Logique, analysant et comparant ces formes, révèlera tous les rapports vrais qu'elles enferment et toutes les conséquences qui résultent de ces rapports. Dans le premier cas, la Logique dévoile l'inanité de l'erreur; dans le second cas, elle révèle la fécondité de la vérité.

« Une fois en possession des concepts, dit M. Brochard (*ibid.*, p. 601), l'esprit les combine, les compare, les sépare, les dissocie. Découvrant entre eux des ressemblances ou des identités partielles, il établit toutes sortes de rapprochements qui sont la matière des jugements. Ici il règne sans partage ; il ne relève plus directement de l'expérience : il travaille pour son propre compte, sur des données qui sont bien à lui. Voilà le domaine propre de la Logique formelle.... Mais, si les données de la Logique sont des concepts correspondant à la réalité, il n'y a pas à craindre que l'esprit en les rapprochant se mette en opposition avec les faits.... Il n'y a pas d'exemple de déduction régulièrement faite à l'aide de prémisses vraies qui se soit trouvée démentie par l'expérience [1]. Finalement les mêmes rapports existent, *mutatis mutandis*, entre les idées extraites des choses et les choses mêmes : et on peut en sécurité affirmer des unes ce qu'on a reconnu être vrai des autres. Après avoir exprimé les phénomènes par des idées et travaillé sur les idées ainsi obtenues, l'esprit peut, à la fin, traduire de nouveau les idées en phénomènes, comme on rend aux chiffres, après la solution d'un problème, leur valeur concrète qu'on avait momentanément écartée : il ferme ainsi le cycle de ses opérations logiques, et, parti de la réalité sensible, il y revient [2]. »

Raison de l'accord entre les conséquences logiques et la réalité. — Le secret de cet accord entre l'esprit et les

---

1. « Dans les figures du syllogisme, dit Leibniz, comme dans les mathématiques, l'expérience peut garantir le raisonnement à tous moments. » (*Erd.*, p. 313, col. 1.)

2. Inversement, « si les notions mêmes qui sont comme l'âme des mots et comme la base de tout l'édifice, sont vagues, extraites des choses au hasard ou par une fausse méthode, si elles ne sont pas bien déterminées et suffisamment circonscrites, si elles pèchent de mille manières, dès lors croule tout l'édifice ». (Bacon, *De dign. et aug. sc., distributio operis.*, § 2.)

choses n'est pas d'ailleurs difficile à trouver. Dans le cours des opérations logiques, l'esprit ne regarde plus aux choses, il est vrai; mais son *fil conducteur* dans toutes ces opérations, c'est la loi même à laquelle les choses obéissent non moins que l'esprit, c'est la **loi d'identité.** Comment se pourrait-il que des conclusions tirées de prémisses prises de la réalité, et suivant une loi qui est la loi suprême de la réalité, se trouvassent démenties par la réalité? Ainsi deux mobiles, quoique s'avançant sur des lignes distinctes, seront toujours de front si, étant partis de front, ils cheminent sur des lignes parallèles avec la même vitesse.

Nécessité de procéder par la Logique ou dans l'abstrait. — Mais pourquoi, demandera-t-on enfin, l'esprit se sépare-t-il de la réalité? Ne serait-il pas plus sûr, en fin de compte, de cheminer toujours côte à côte avec elle, sans en perdre jamais le contact, et de tirer toute sa science des choses elles-mêmes, *qui ne savent pas mentir?* — Non, car les choses, si elles ne savent pas mentir, ne savent pas non plus par elles-mêmes enseigner et prouver. Nous l'avons déjà fait voir en appréciant la tentative de Stuart Mill. Mais indépendamment de cette incapacité radicale des choses particulières à servir jamais soit de preuve, soit même d'objet de preuve, elles ont en outre deux défauts qui à eux seuls les empêcheraient de devenir jamais les moyens effectifs de la science : c'est leur complexité infinie et leur mobilité infinie. Par leur complexité inextricable, les choses particulières s'opposent à toute *perception distincte* de la pensée; par leur mobilité perpétuelle, elles s'opposent à toute *prise ferme* de la pensée. C'est pourquoi tous les savants et tous les philosophes, depuis Héraclite, répètent à l'envi : il n'y a pas de science du particulier, *non est fluxorum scientia.*

« L'esprit n'a donc d'autre biais que de substituer aux faits des symboles qui leur correspondent exactement et d'un autre côté participent de la nature de la science, c'est-à-dire soient simples et stables; en un mot, universels. Tel est le rôle des concepts.... Le concept est ce que l'esprit substitue aux choses sensibles pour les rendre intelligibles; c'est un équivalent, un symbole. L'esprit est comme le commerçant qui, pour rendre ses opérations plus faciles, remplace par des billets le lourd métal de la monnaie : les concepts sont le papier-monnaie de la pensée. » (Brochard, *ibid.*, p. 598.)

Cas analogues de substitution. — D'ailleurs, ce n'est pas seulement en Logique que l'esprit, pour faire œuvre de science, doit recourir à ce procédé de *substitution.*

Perpétuellement dans les sciences on « réduit au minimum les expériences réelles très nombreuses et très incommodes qu'il faudrait faire pour les choses les plus simples, par la substitution qu'on leur fait d'*expériences de pensée* qui négligent un certain nombre d'éléments de la réalité, mais en restent néanmoins assez voisines pour que les résultats ne soient pas entachés d'erreur sensible ». (P. Tannery, *Rev. phil.*, t. XVII, p. 434.) En mécanique on use « constamment de ce procédé, qui consiste à faire abstraction d'une partie des circonstances qui compliquent la question dont on s'occupe et à les ramener ainsi à un état de simplicité idéale, pour les aborder ensuite dans toute leur réalité ». (Delaunay, *Traité de méc. rat.*, p. 101[1].)

D'une manière plus générale, les mathématiques ne sont qu'un procédé de substitution. L'objet de la géométrie n'est, suivant Descartes, qu' « une sorte de corps » dépouillé de toutes ses propriétés sensibles. — Aux grandeurs étendues, objet de la géométrie, les seules qui soient directement mesurables, l'arithmétique substitue les nombres, qui rendent plus faciles les opérations à exécuter sur les grandeurs. — Aux nombres eux-mêmes, l'algèbre substitue des symboles encore plus simples et plus abstraits qui représentent des nombres[2]. Le système des sciences mathématiques est donc, en somme, un système de substitution et de symbolisme à plusieurs degrés. Or tous les résultats obtenus au degré supérieur par le moyen de ce procédé se trouvent vérifiés à tous les degrés inférieurs, et finalement dans la réalité elle-même.

1. Une restriction est indispensable : cette simplification n'est point sans péril. Pour que les conséquences déduites des concepts abstraits substitués aux choses réelles soient vraies de ces choses mêmes, il faut que les éléments de la réalité laissés de côté par l'abstraction ne soient pas de telle nature qu'ils puissent empêcher ces conséquences d'avoir lieu. Pour les propriétés mathématiques, par exemple, aucune autre propriété n'a d'influence sur elles. Ces propriétés sont en quelque sorte indépendantes ou absolues. C'est pourquoi, qu'un cercle matériel soit fait d'or, d'argent ou de toute autre matière, qu'il soit en repos ou en mouvement, etc., toutes les propriétés du cercle géométrique sont vraies de ce cercle réel, dans la mesure exacte où sa forme approche de la forme géométrique. Il n'en est pas de même pour les propriétés mécaniques, physiques, chimiques, biologiques, morales, etc. Les diverses propriétés de ces divers ordres peuvent agir les unes sur les autres et se contrarier réciproquement. C'est pourquoi la déduction des conséquences tirées de concepts abstraits, où certaines de ces propriétés, prises parmi beaucoup d'autres, entrent seules comme éléments, est toujours sujette à caution. De là l'écart si fréquent entre la théorie et la pratique. La déduction n'en reste pas moins un puissant instrument de découverte. Mais, tandis que, dans les sciences mathématiques pures, elle n'a nul besoin de vérification expérimentale, elle ne saurait jamais s'en passer dans les sciences du réel.

2. Par l'application de l'algèbre à la géométrie, en particulier, Descartes a trouvé le moyen de substituer en géométrie des idées numériques, c'est-à-dire des considérations de pure *quantité*, à toutes les considérations d'ordre, de forme, de position, c'est-à-dire de *qualité*.

La Logique fait précisément la même chose ; aux objets réels elle substitue aussi des constructions idéales de l'esprit, les concepts, symboles intelligibles, non plus des formes et des grandeurs, mais des qualités sensibles : « La Logique est la mathématique de la qualité » (Brochard, *ibid.*, p. 599).

DEUXIÈME SECTION : UTILITÉ DES RÈGLES DE LOGIQUE POUR LES OPÉRATIONS LOGIQUES

En quoi la science logique sert-elle à la logique de l'esprit ? — Reste à se demander si la connaissance des règles de la Logique peut être utile en quelque mesure aux opérations que l'esprit exécute sur les concepts. La théorie est-elle ici de quelque secours pour la pratique ? La science logique sert-elle à acquérir de la logique ?

Il faut reconnaître à la Logique une double utilité : l'une résulte de l'*étude* de la Logique, l'autre résulte de la *connaissance* de la Logique.

1° Utilité de l'étude de la Logique pour l'éducation de l'esprit. — L'étude de la Logique est un exercice d'esprit éminemment propre à donner à l'esprit de la clarté, de la précision, de la rigueur. Fondée sur les rapports d'extension ou de compréhension des idées, elle force l'esprit à définir les mots avec précision ; à voir sous le mot l'idée ; dans l'idée, les caractères contenus et la sphère d'application ; à remarquer les rapports exacts des idées entre elles, comme aussi à s'enquérir de la portée exacte d'un jugement et des relations de plusieurs jugements entre eux. Tout cela peut se faire sans doute naturellement, sans le secours de la Logique ; mais, à force de le faire naturellement, on finit par le faire instinctivement, c'est-à-dire sommairement et sans conscience expresse, sans vérification attentive. C'est le grand mérite de la Logique de nous forcer de faire difficilement, c'est-à-dire soigneusement, toutes ces choses naturelles. Le profit intellectuel est ici du même genre que celui qui résulte pour un enfant de l'étude d'une langue étrangère. L'analyse et la synthèse de sa pensée, qu'il était déjà sans doute obligé de faire, mais qu'il faisait instinctivement et inconsciemment dans sa langue maternelle, il est forcé de les faire avec réflexion quand il doit adapter sa pensée aux formes nouvelles pour lui d'une langue étrangère : alors seulement il remarque tous les éléments de sa pensée et les rapports de ces éléments [1].

2° Utilité de la connaissance de la Logique. — La *connaissance* de la Logique est utile à l'exécution des opérations logiques, car la Logique n'est qu'un ensemble de règles ; et, bien qu'on puisse se conformer naturellement à ces règles, on a bien plus de chance de le faire lorsqu'on les connaît que lorsqu'on ne les connaît pas. On voit des gens qui savent compter sans avoir appris l'arithmétique ; cela prouve-t-il l'inutilité de l'arithmétique ?

« Les lois de la Logique, dit Leibniz (*Nouv. ess.*, *Erd.*, p. 396, col. 1), ne sont autres que celles du bon sens mises en ordre et par écrit, et n'en diffèrent pas davantage que la coutume d'une province diffère de ce qu'elle avait été quand de non écrite elle est devenue écrite, si ce n'est qu'étant mise par écrit et se pouvant mieux envisager tout d'un coup, *elle fournit plus de lumière pour pouvoir être poussée et appliquée....* Je tiens que l'invention de la forme des syllogismes est une des plus belles de l'esprit humain, et même des plus considérables. C'est une espèce de *mathématique universelle*, dont l'importance n'est pas assez connue ; et l'on peut dire qu'un *art d'infaillibilité* y est contenu, pourvu qu'on sache et qu'on puisse s'en servir, ce qui n'est pas toujours permis [2]. »

1. Recueillons encore sur ce point le témoignage de Stuart Mill (*Mémoires*, p. 18) : « La première opération intellectuelle où je fis des progrès, ce fut la dissection d'un mauvais argument et la recherche du gîte de l'erreur ; toute l'habileté que j'ai acquise en ce genre, je la dois à la persévérance infatigable avec laquelle mon père m'avait dressé à cette gymnastique intellectuelle où la logique de l'École et les habitudes d'esprit qu'on acquiert en l'étudiant jouaient le principal rôle. Je suis convaincu que, dans l'éducation moderne, rien ne contribue plus, quand on en fait un usage judicieux, à former des penseurs exacts, fidèles au sens des mots et des propositions, et en garde contre les termes vagues, lâches et ambigus. On vante beaucoup l'étude des mathématiques pour atteindre ce résultat : elle n'est rien en comparaison de celle de la Logique. En effet, dans les opérations mathématiques on ne rencontre aucune des difficultés qui sont les vrais obstacles d'un raisonnement correct (par exemple, en mathématiques, les propositions ne sont guère que des universelles affirmatives ; de plus les deux termes sont unis par le signe =, d'où la possibilité immédiate de la conversion pure et simple, etc.)... Grâce à cette étude, des élèves parviennent à débrouiller une idée confuse et contradictoire avant que leur propre faculté de penser ait atteint son plein développement, tandis que tant d'hommes capables d'ailleurs n'y peuvent parvenir, faute d'avoir été soumis à cette discipline. Quand ils veulent répondre à leurs adversaires, ils s'efforcent de soutenir l'opinion contraire sans même essayer de répondre aux arguments de leurs antagonistes, etc. » — « L'abandon des études logiques, dit M. Renouvier (*Log.*, t. II, p. 126), a été poussé en France à un tel point, que, si l'étude des mathématiques et en partie celle du droit n'apportaient pas quelque remède à ce mal, on trouverait peu de gens instruits qui sussent bien manier la réciproque par exemple, et n'eussent pas l'habitude de semer leur conversation de paralogismes grossiers. »

2. « Bien des gens, écrit Stuart Mill dans le même sens (*l'Instruction moderne*, *Rev. des cours litt.*, juillet 1867, p. 551 sqq.), nous diront que la Logique n'est d'aucun secours à la pensée et que l'on n'apprend pas à penser par règles. Sans doute les règles sans la pratique ne mènent pas bien loin ; mais, si les

Quand on marche les yeux ouverts, on voit d'ordinaire les fossés et les fondrières : cela n'empêche pas l'usage des parapets et des poteaux indicateurs. Les règles de Logique sont comme des poteaux indicateurs qui forcent de voir les fossés et les fondrières, qu'on n'aurait peut-être pas remarqués sans cela.

Son intérêt théorique. — Ajoutons enfin que la connaissance de la Logique, n'eût-elle aucun de ces résultats, n'en serait pas moins bonne et utile en elle-même, en ce sens qu'il est toujours bon et utile de savoir. A quoi sert de connaître les lois du mouvement des planètes? Mais il semble que l'ignorance de ces lois diminuerait tout ensemble et l'univers et l'esprit de l'homme. L'ignorance des lois idéales qui règlent la marche de la pensée ne serait pas moins dommageable. C'est pourquoi l'œuvre de Kepler, qui nous a révélé les unes, et l'œuvre d'Aristote, qui nous a enseigné les autres, sont du même ordre et dignes au même titre de respect et d'admiration.

règles ne perfectionnaient pas la pratique de la pensée, je dirais que c'est la seule des œuvres difficiles de l'homme où il en soit ainsi. L'homme apprend à scier du bois par la pratique, mais il y a des règles pour le faire, et, si on ne les lui montre pas, il sciera mal jusqu'à ce qu'il les ait trouvées lui-même.... A celui qui méprise les règles je dirai : Essayez d'apprendre quoi que ce soit sans règles et voyez si vous réussissez... L'usage des règles de la Logique est principalement négatif ; leur fonction n'est pas tant de nous apprendre à penser juste que de nous préserver de penser mal. Mais dans les opérations de l'intelligence il est tellement plus facile d'errer que d'aller droit ; il est si parfaitement impossible à l'esprit le plus vigoureux de se maintenir dans la bonne route autrement qu'en notant tous les chemins de traverse où l'on pourrait se fourvoyer, que la principale différence entre un logicien et un autre consiste dans leur plus ou moins grande aptitude à errer. La Logique nous indique toutes les routes possibles qui, partant de principes vrais, nous conduisent à de fausses conclusions. Elle nous met à même de garder les points par où le sophisme pourrait se glisser, ou nous indique la place qu'il a conquise. »

LOGIQUE APPLIQUÉE

CHAPITRE VII

MÉTHODE DES SCIENCES PHYSIQUES

L'INVESTIGATION SCIENTIFIQUE : OBSERVATION, EXPÉRIMENTATION

Les méthodes varient avec les sciences. — Parmi les règles auxquelles l'esprit est tenu de s'assujettir dans la recherche de la vérité, les unes, dont on vient de parler, dérivent exclusivement de la nature de la pensée en général : leur ensemble constitue la Logique formelle. Les autres, dont il reste à parler, dérivent à la fois de la nature propre de l'esprit humain et de la nature propre de l'objet à connaître : elles se nomment **méthodes**, et leur ensemble constitue la Logique appliquée ou **Méthodologie**.

Les premières, condition *à priori* de la validité de toute opération intellectuelle, ont nécessairement une portée universelle : quel que soit l'objet de ses recherches, l'esprit y demeure soumis. Les secondes sont des *moyens*, appropriés à nos diverses facultés, d'atteindre les *fins* propres de chaque science particulière, savoir : la connaissance de tel ou tel ordre de choses. Ces moyens devront donc varier selon la fin qu'on se propose [1].

---

1. Nous avons déjà dit (ch. 1) que la Logique appliquée, présupposant quelque connaissance de nos facultés de connaître et de l'objet dont il s'agit de faire la science, n'est que *relativement à priori*. On peut ajouter que les règles de méthode sont ordinairement suggérées par l'expérience de l'*exercice* de l'esprit sur divers objets, plutôt que déduites de la *nature* de l'esprit et de la *nature* de l'objet. « Les lois de notre faculté rationnelle, dit Stuart Mill (*Log.*, tr. fr., t. II, p. 414), comme celles de tout autre agent naturel ne s'apprennent qu'en voyant l'objet à l'œuvre. Les premiers pas de la science ont été faits sans conscience d'une méthode scientifique, et nous n'aurions jamais su par quels procédés la vérité peut être constatée, si nous n'avions préalablement constaté beaucoup de vérités. Mais ce n'étaient que les problèmes les plus aisés qui pouvaient

Sciences du réel, sciences de l'idéal. — Or l'esprit, dans les sciences, peut se proposer deux fins différentes. Il s'agit pour lui tantôt de se représenter et d'expliquer le monde réel au moyen de systèmes qui soient l'exacte *copie* de ce monde réel; tantôt de construire une sorte de monde abstrait ou idéal au moyen de systèmes qui soient comme les règles ou *modèles* de toutes les choses réelles et possibles. La première fin est celle que se proposent les sciences physiques et naturelles, les sciences psychologiques, etc. La seconde est celle que se proposent les sciences mathématiques, la morale, etc. — D'une part, la physique, par exemple, prétend nous faire connaître l'univers physique tel qu'il est, ses éléments et ses lois. D'autre part, la géométrie, par exemple, construit une sorte de monde idéal composé de corps abstraits, qui n'ont avec les corps réels d'autres propriétés communes que la grandeur et la figure, et elle détermine les lois de ces corps abstraits, lois nécessaires auxquelles les corps réels eux-mêmes ne peuvent pas se soustraire. La morale, de même, construit une sorte de type idéal de l'homme et de la vie humaine auquel l'homme réel et la vie réelle sont tenus de se conformer. — Le but proposé, d'une part c'est donc l'*analyse* du réel, d'autre part c'est la *construction* de l'idéal.

Pour atteindre cette fin, la méthode à suivre c'est, d'une part, la méthode à posteriori, qu'on nomme aussi, à raison des procédés divers qu'elle emploie successivement, *méthode d'observation, méthode expérimentale, méthode inductive;* — d'autre part, la méthode à priori, qu'on nomme aussi *méthode rationnelle, méthode démonstrative* ou *déductive.*

Nous traiterons en premier lieu des sciences du réel et de la méthode *à posteriori* qui leur convient. De plus, comme on a déjà parlé ailleurs de l'application de cette méthode à la psychologie, nous considérerons ici particulièrement l'application de cette même méthode aux sciences de la nature.

Sciences de la nature : sciences des faits, sciences

être ainsi résolus. Dès que la simple sagacité naturelle des observateurs se mesurait avec de plus grandes difficultés, elle échouait complètement, ou, si elle réussissait de temps en temps à obtenir une solution, manquait de moyens sûrs pour convaincre les autres que la solution était exacte. Dans l'investigation scientifique comme dans toutes les autres œuvres de l'esprit humain, le moyen d'atteindre le but est aperçu, pour ainsi dire, instinctivement par les esprits supérieurs dans des cas relativement simples, et approprié ensuite, par une généralisation judicieuse, à la variété des cas complexes. Nous apprenons à faire une chose dans des circonstances difficiles en réfléchissant à la manière dont nous avons fait spontanément la même chose dans des cas plus faciles. »

des formes. — La fin générale des sciences physiques détermine, comme on vient de le dire, la méthode générale qui leur convient; les fins particulières que se proposent ces sciences déterminent les méthodes particulières qui leur conviennent. Or il y a dans le monde physique deux sortes d'objets à connaître : des faits et des formes [1]. La physique proprement dite, la physiologie, etc., ont pour objet les faits physiques ou physiologiques. La minéralogie, l'anatomie ont pour objet les formes que présentent les corps bruts ou les corps vivants. Les sciences de l'un et l'autre groupe font un égal usage de l'*observation* et de l'*hypothèse*; mais les sciences du premier groupe font en outre plus particulièrement usage de l'*expérimentation* et de l'*induction*, et celles du second, de la *classification*, de l'*analogie* et de la *définition*.

Parlons d'abord des sciences du premier groupe et des méthodes qu'elles mettent en œuvre.

Sciences des faits : deux moments. — Quel est exactement le problème que se posent ces sciences? (Nous les désignerons ici sous le nom de *sciences physiques*, étant entendu que nous voulons signifier par là les sciences des *faits* physiques ou physiologiques). Ce problème en comprend plusieurs, qui se conditionnent les uns les autres; et chacun de ces problèmes particuliers nécessite l'emploi d'une méthode particulière.

La fin dernière de ces sciences, c'est de connaître les *lois* des phénomènes physiques. Or les lois ne se découvrent que par l'étude attentive des phénomènes. Donc deux problèmes à résoudre successivement : 1° connaître exactement les phénomènes eux-mêmes; 2° passer de la connaissance des phénomènes à la connaissance des lois. Si la science néglige le premier, elle est hypothétique et incertaine : on ne devine pas, les yeux fermés, les lois des choses réelles, on les dégage de l'analyse des choses mêmes. — Si la science néglige le second, elle n'est qu'érudition indigeste et stérile; elle ne s'élève pas même au niveau de ce qu'on appelle vulgairement l'empirisme : car l'empirisme amasse sans doute des faits sans choix et sans méthode; mais c'est toujours avec l'intention d'en tirer quelques conclusions générales. « Ce n'est rien, dit Helmholtz, de connaître des faits; la science ne prend naissance

1. « La nature, dit Herschel (*Disc. sur l'ét. de la phil. naturelle*, tr. fr., p. 115), nous offre deux sortes de sujets de contemplation: les objets et l'action qu'ils exercent les uns sur les autres. » Ce qu'on nomme propriété se définit tantôt par une forme (par exemple, une forme cristalline), tantôt par une action (exemple, l'ébullition de l'eau sous l'action de la chaleur).

qu'au moment où leurs lois et leurs causes se dégagent » (*Rev. sc.*, t. IV, p. 696).

1ᵉʳ moment : faits; l'expérience. — Le premier de ces problèmes, l'investigation des phénomènes, est affaire d'**expérience** : là où il s'agit de constater ce qui est, il n'y a pas à raisonner, mais à voir. L'expérience elle-même procède de deux façons : ou l'on étudie les phénomènes naturels quand ils se produisent dans la nature, et dans les conditions naturelles où ils se produisent : on fait alors une simple *observation;* — ou bien on provoque soi-même les phénomènes, pour les observer ensuite dans des conditions que l'on a choisies tout exprès : c'est alors une *expérimentation.*

2ᵉ moment : lois; le raisonnement expérimental. — Le second de ces problèmes, le passage des faits observés aux lois, est affaire de raisonnement. En effet, une loi physique énonce un rapport constant entre une cause et un effet. Or ni le rapport de cause à effet, ni à plus forte raison l'universalité de ce rapport ne sont choses susceptibles de tomber sous les sens (*Psych.*, ch. XXII, § 4). L'observation des phénomènes nous fait constater des rapports de succession. Mais l'observation est impuissante à nous dire lesquels, parmi ces rapports de succession, sont de simples accidents, lesquels sont des cas de causalité. Au regard de l'observateur, les successions accidentelles et les successions causales n'ont aucun signe qui les distingue. Pour arriver au but, il faut prendre un détour : les faits observés ne montrent pas la causalité, mais ils peuvent servir de base à un raisonnement, que l'on peut justement nommer *raisonnement expérimental*, lequel, des faits observés, *conclut*, s'il y a lieu, la causalité.

En effet, l'expérience qui nous fait constater des rapports de succession entre des antécédents et des conséquents nous permet de constater aussi que certains de ces rapports ne sont pas constants. Or, si un rapport de succession, même constant, entre deux phénomènes ne prouve pas la causalité, un seul cas où cette succession cesse de se produire prouve qu'il n'y a pas entre ces phénomènes un rapport de causalité. Donc, lorsqu'on cherche la cause d'un phénomène, on est en droit d'exclure tous les antécédents qui peuvent n'être pas donnés alors que ce phénomène est donné, ou être donnés sans que ce phénomène soit donné. Et si, ces exclusions faites, il ne reste plus qu'un antécédent, cet antécédent est nécessairement la cause cherchée. Tel est en bref le raisonnement qui est le

fond commun des *quatre méthodes expérimentales* ou d'expérimentation[1] qui seront décrites plus bas.

Maintenant, une fois qu'on a prouvé de la sorte que, dans les cas
observés, il existait entre tel antécédent et tel conséquent un rapport de causalité, reste à généraliser ce rapport et à l'ériger en
loi universelle : cette dernière opération est encore l'œuvre du
raisonnement, et ce raisonnement se nomme proprement *induction*.

Résumé. —En résumé, constater des faits naturels ou provoqués (observation, expérimentation); de ces faits, par le moyen du
raisonnement expérimental, tirer la preuve de l'existence ou de la
non-existence de rapports de causalité; enfin ériger par l'induction
ces rapports, une fois démontrés, en lois générales : telle est en bref
toute la procédure des sciences physiques. —Étudions maintenant
plus en détail chacun de ces procédés.

PREMIÈRE SECTION : DE L'OBSERVATION

§ I

Investigation scientifique. —Les sciences de la nature
ont pour base l'étude des faits.

« L'art de l'investigation scientifique est la pierre angulaire de
toutes les sciences expérimentales. Si les faits qui servent de base
au raisonnement sont mal établis ou erronés, tout s'écroulera ou
deviendra faux, et c'est ainsi que le plus souvent les erreurs dans les

---

1. On voit par là que le mot *expérimentation* ne désigne pas seulement la
production ou la modification matérielle des phénomènes que l'on veut observer. Comme Cl. Bernard l'a bien montré, il désigne aussi et surtout l'*interprétation* que l'on fait ensuite des faits ainsi provoqués, leur *usage logique* dans le
raisonnement expérimental, l'art d'y trouver la *preuve* de la réalité ou de la
non-réalité d'une loi de causalité. Ceci résulte naturellement de la fin même
que l'on se propose lorsqu'on institue une expérience. On institue une expérience en vue de vérifier une idée, une hypothèse. L'expérience faite, il ne
s'agit pas seulement d'en constater les résultats bruts, mais de l s utiliser
comme preuve pour ou contre l'hypothèse. L'expérimentation, ce n est donc pas
simplement la réalisation d'une expérience, c'est le *contrôle d'une hypothèse
par une expérience*, ce qui implique un raisonnement expérimental. — Si l'on veut
faire une énumération complète des moments et des procédés de l'expérimentation, on trouvera: 1° une hypothèse à laquelle des observations antérieures
donnent naissance; 2° la conception d'une expérience propre à vérifier cette
hypothèse ; 3° la réalisation de cette expérience; 4° la constatation des résultats
bruts par le moyen de l'observation ; 5° l'usage logique de ces résultats à titre
de critérium ou de preuve par le moyen du raisonnement expérimental.

théories scientifiques ont pour origine des erreurs de fait[1]. » (Cl. Bernard, *Intr. à l'ét de la méd. exp.*, p. 25.)

L'observation; ses moyens : les sens. — L'investigation scientifique procède d'abord par simple **observation**. Observer, c'est appliquer ses facultés de perception à la constatation des phénomènes naturels.

Les instruments de l'observation sont : la conscience, s'il s'agit des phénomènes intérieurs; les sens, s'il s'agit des phénomènes externes. On a parlé ailleurs des conditions de l'observation par la conscience. — Les premières conditions de l'observation externe sont l'intégrité et la subtilité des organes des sens. Le daltonisme (inaptitude à distinguer certaines couleurs) rend évidemment impropre à l'étude des couleurs. Pourtant les sens ne sont, après tout, que les *instruments* de l'observation. Mais le véritable *observateur*, c'est l'esprit. C'est pourquoi, quand les instruments secondaires de la perception, les sens, sont en défaut, l'esprit peut souvent y suppléer d'une manière ou d'une autre. Tantôt il se sert des informations recueillies, sous ses indications, par les sens d'une personne étrangère: ainsi le naturaliste François Huber observait les mœurs des abeilles par les yeux de son domestique; Arago devenu aveugle eut recours à des yeux étrangers pour achever ses études sur la lumière polarisée et la photométrie. Tantôt il met en œuvre des instruments qu'il a inventés et dont il s'est fait comme de nouveaux organes.

Les instruments, auxiliaires ou suppléants. — Ces instruments sont de trois sortes et lui rendent trois espèces de services :

1° Les uns étendent la *portée* des sens: tels sont le télescope et le microscope, auxquels nous devons en grande partie l'idée de la double infinité de l'univers, en grandeur et en petitesse. L'analyse

---

1. « Si les notions, dit Bacon, sont extraites au hasard et sans méthode fixe, tout l'édifice croule de lui-même. Et il ne faut pas croire qu'on puisse, par un laborieux examen des conséquences des arguments ou de la vérité des propositions, réparer entièrement le mal, attendu que, comme disent les médecins, l'erreur est dans la première digestion et ne peut être rectifiée par les fonctions ultérieures » (*De aug.*, liv. V, ch. II). On peut aussi, au sujet de l'utilité de l'observation et de l'expérience, rapporter ce passage célèbre souvent cité, mais ordinairement à contresens : « L'esprit humain, lorsqu'il opère sur la réalité (et non pas sur les choses corporelles, comme on traduit à tort) en contemplant les œuvres de Dieu et de la nature, est dirigé et déterminé par elle. Mais, quand il se tourne vers soi-même (pour construire des systèmes sans recourir à l'observation), comme l'araignée tissant sa toile, alors rien ne le détermine et ne le retient, et il ourdit des systèmes, semblables à des toiles admirables par la délicatesse du fil et de la main-d'œuvre, mais sans usage ni solidité. » (*De aug.*, liv. I, ch. I.) — Sur la négligence ou l'imperfection de l'observation au temps de Bacon, voyez *Nov. org.*, I, §§ 82, 98.

spectrale peut être assimilée aux instruments de ce genre : « Des nébuleuses vingt mille fois plus obscures qu'une bougie à 400 mètres ont donné un spectre où l'on reconnaît la raie de l'hydrogène et de l'azote [1] » (Würtz).

2° D'autres augmentent la *précision* de nos sens : par exemple, en astronomie, on a des instruments qui permettent de mesurer une seconde et des fragments de seconde. « Or une seconde c'est la dimension à laquelle se réduirait un cercle d'un mètre de diamètre transporté à 206 kilomètres. C'est l'épaisseur d'un cheveu d'un dixième de millimètre tendu à 20 mètres de distance de notre œil. » Le mouvement annuel apparent d'une étoile s'accomplit tout entier dans cette épaisseur. Par la mesure de ce mouvement on peut calculer la distance de quelques étoiles les plus rapprochées de nous. (Voy. Herschel, p. 358 sqq., de nombreux exemples très bien choisis.)

3° Les instruments dont on vient de parler sont des *auxiliaires* des sens dans le travail de l'observation; il en est d'autres qui leur servent de *suppléants* et qui font pour ainsi dire à leur place l'observation, dont les sens n'ont plus ensuite qu'à relever sur l'instrument lui-même le résultat. Ces instruments d'ailleurs présentent en outre les mêmes avantages que les précédents. Le sens musculaire nous sert à estimer le poids des objets : ce sens est suppléé par la balance, infiniment plus exacte et plus délicate, qui fait la pesée sous nos yeux. — Le sens du tact est juge du chaud et du froid : il est suppléé par le thermomètre, qui nous traduit en nombre la mesure de la chaleur. — La vue, à son tour, est avantageusement suppléée dans certains cas : elle l'est, par exemple, par la plaque photographique.

a.) Les impressions de la rétine sont aussi fugitives que les phénomènes eux-mêmes; la plaque photographique saisit ces phénomènes au passage et les fixe pour toujours. — *b*.) Les menus détails des objets font sans doute impression sur la rétine; mais cette impression est trop faible pour être remarquée. Ces mêmes détails n'attendent que l'intervention d'une loupe pour être reconnus sur les épreuves photographiques. — *c*.) La rétine n'est pas sensible aux rayons ultra-violets : la plaque photographique est influencée par ces rayons et peut nous révéler des phénomènes où ils jouent un rôle, tout en restant invisibles à nos sens [2]. — *d*.) Si

1. L'analyse spectrale est-elle un mode d'observation ou d'expérimentation? Elle doit plutôt, ce semble, être comptée parmi les moyens d'observation, puisqu'elle modifie, non pas l'objet même qu'il s'agit de connaître, mais la manifestation de cet objet, comme le font, d'une autre façon, le télescope et le microscope, qui sont évidemment des instruments d'observation.

2. Nous n'avons pas de sens pour constater, encore moins pour évaluer avec

l'on regarde à l'intensité des images, au delà d'un dixième de seconde environ, l'intensité d'une image formée sur la rétine de l'œil cesse d'augmenter, parce que la sensibilité nerveuse impose cette limite. Si la nature eût étendu à un cinquième de seconde la durée de cette impression de la lumière sur notre nerf optique, l'effet eût été double, le monde extérieur nous eût paru deux fois plus lumineux, c'est-à-dire que nous eussions supporté deux fois plus difficilement l'éclat du jour, mais que, la nuit, nous eussions pénétré deux fois plus avant dans les espaces étoilés. Toute une classe d'étoiles qui échappent à la simple vue nous eût été révélée avant l'invention des lunettes,.... La photographie ne subit pas ces limitations. Rien ne borne le temps pendant lequel les actions lumineuses peuvent s'ajouter au même point. Ainsi, au point de vue de l'étude du ciel, l'œil photographique est bien mieux doué que l'œil véritable; il peut recevoir, accumuler de très faibles actions lumineuses, au point de les rendre enfin sensibles. Il éclaire en quelque sorte à volonté les objets, et supplée au manque d'éclat par la persistance de l'action lumineuse. — *e.*) D'autre part, quand la rétine est fatiguée par des impressions extrêmement vives, comme celle que peut lui donner la contemplation du soleil, malgré tous les verres colorés, elle devient pour ainsi dire insensible à toutes les différences : les apparences ne répondent plus aux réalités. Au contraire, l'image obtenue chimiquement est une image absolument vraie; elle exprime parfaitement les différentes nuances. Il suffit, pour qu'elle soit parfaite, que la pose soit très courte, « pour qu'il n'y ait pas de surprise pour les parties les plus brillantes du disque ». Or on a pu réduire, à l'aide d'un mécanisme ingénieux, le temps de la pose à n'être plus, pendant l'été, que d'un trois millième de seconde. (D'après M. Janssen.)

A la même catégorie d'instruments appartiennent les appareils dits proprement *enregistreurs* (l'appareil photographique, le thermomètre et même la balance sont bien aussi, en un sens, des appareils enregistreurs) sur lesquels les phénomènes viennent s'inscrire d'eux-mêmes et se traduire en lignes, en figures, qui mettent immédiatement en évidence leurs rapports et leurs variations. Tels sont les appareils mis en usage en physiologie pour enregistrer la fréquence et la force du pouls, les mouvements de locomotion, etc. — Remarquons aussi un service d'un autre genre rendu par ces instruments: ils traduisent tous les phénomènes, de quelque ordre qu'ils soient (poids, température, durée, vitesse, etc.), *en grandeurs étendues;* par cela même ils facilitent singulièrement l'étude scientifique de ces phénomènes, puisque la science tend en toutes choses à la mesure et qu'on ne mesure que des étendues.

exactitude les phénomènes électriques. Le galvanomètre décèle et mesure les forces électriques.

L'esprit: qualités de l'observateur. — Mais, si les instruments peuvent, dans une certaine mesure, suppléer tel ou tel de nos sens, ils ne sauraient suppléer l'esprit lui-même qui met en œuvre les divers instruments, qui est, selon le mot que Bacon applique à la main, *l'instrument des instruments*. C'est pourquoi, avec ou sans instrument, il n'y a, après tout, que les bons observateurs qui fassent de bonnes observations. Quelles sont donc les qualités d'esprit qui font le bon observateur? On peut, ce semble, les réduire à deux principales, la **curiosité scientifique** et l'**impartialité**.

1° Curiosité, d'où la faculté d'étonnement. — C'est la curiosité scientifique qui tient l'esprit du chercheur sans cesse en éveil; qui fait que des phénomènes, insignifiants pour d'autres, sont remarqués par lui, le frappent de cet *étonnement* par où, suivant Aristote, commence la science, et lui sont une occasion d'inquiétude et de recherche. Exemple: parti tiré par Galilée de l'observation des oscillations d'une lampe suspendue dans une église; par Galvani, des mouvements d'une grenouille morte suspendue à un balcon.

« Les faits les plus connus peuvent recéler quelquefois d'inestimables principes... Le vrai savant ne voit rien dans la nature qui n'ait son importance. Les moindres œuvres de l'une fournissent les plus grandes leçons à l'autre. La chute d'une pomme élève sa pensée aux lois qui régissent les révolutions des planètes dans leur orbite, et la situation d'une roche peut lui révéler l'état où était le globe qu'il habite, des myriades de siècles avant la création de son espèce. » (J.-F.-W. Herschel, *Disc. sur l'étude de la phil. nat.*, tr. fr., p. 12.)

La patience. — Comme la curiosité scientifique fournit au savant des sujets d'observations, elle lui donne la force d'attention, la *patience*, nécessaire pour mener à bien ses observations. « Le plus souvent, dit Bacon (*Nov. org.*, I, LXX), on ne fait qu'effleurer les faits et les observer comme en se jouant; si les premières tentatives ne sont pas heureuses, on se dégoûte aussitôt, on abandonne la recherche commencée. » Ainsi ne fait pas le vrai savant. Lyonnet consacra près de vingt ans à observer la chenille du saule. M. Pasteur a observé ou fait observer plus de cinquante mille vers à soie avant de découvrir la cause de leur maladie. C'est d'attention et de patience qu'est faite la conscience du savant, sa probité scientifique. Or ces qualités, qui appartiennent à la fois à l'intelligence et au caractère, dérivent naturellement d'un amour sincère du vrai.

Le désintéressement. — Cette même curiosité engendre encore le *désintéressement* qui permet au savant d'étudier à loisir même des choses dont on ne voit pour le moment aucune utilité pratique à tirer, mais dont il peut attendre quelque enseignement.

« Beaucoup, dit Bacon, se détournent de l'étude avant le temps et courent à la pratique, à l'exemple d'Atalante qui, se détournant de la droite route et s'arrêtant pour ramasser les pommes d'or, laissa échapper la victoire [1].... Dieu, le premier jour, ne créa que la lumière et ne s'abaissa point à aucune œuvre matérielle et grossière. Dans les sciences expérimentales il faut prendre pour modèle la divine sagesse. Il faut, en un mot, s'attacher d'abord aux expériences lumineuses (*experimenta lucifera*) et non aux expériences fructueuses (*fructifera*), sachant d'ailleurs que les lois, une fois bien établies sur les faits, fourniront à la pratique de nouveaux moyens, non d'une manière étroite, mais largement, et traîneront après elles des multitudes et comme des armées de nouvelles applications [2]. » (*Nov. org.*, I, LXX.)

1. M. Bagehot fait ressortir avec force cet antagonisme entre la tendance à la pratique immédiate et l'esprit scientifique (*Lois scientifiques du développement des nations*, p. 203) : « Il est certain que nous aurions été une race beaucoup plus sage si nous avions été plus capables de demeurer en repos.... S'il n'y avait eu des gens paisibles qui demeuraient en repos à étudier les sections du cône; si d'autres hommes n'étaient restés aussi paisiblement occupés à construire des quantités infinitésimales; si d'autres ne s'étaient livrés paisiblement à l'étude des probabilités, qui sont, pour un esprit exclusivement pratique, un pur clair de lune, un vrai rêve; si des paresseux, des contemplateurs d'étoiles, n'avaient pas observé longtemps et avec soin les mouvements des corps célestes, notre astronomie moderne aurait été impossible; or, sans notre astronomie, nos vaisseaux, nos colonies, nos marins, tout ce qui fait la vie moderne n'aurait jamais existé. Des siècles d'étude paisible, sédentaire, méditative étaient nécessaires avant que cette existence affairée pût commencer; elle n'aurait jamais existé sans ces pâles travailleurs à qui elle doit le jour. Il en est de même pour les neuf dixièmes de la science moderne : nous les devons à des hommes que leurs contemporains considéraient comme des rêveurs, qui, d'après le proverbe, « tombaient dans un puits en regardant les étoiles », enfin que l'on croyait inutiles entre tous. On peut donc conclure avec évidence que, si les hommes de ce genre avaient été plus nombreux, si le monde ne les avait pas raillés, si au contraire il les avait encouragés, il y aurait eu, bien des siècles plus tôt, une grande accumulation de science prouvée. C'est cette activité fiévreuse, ce besoin d'agir qui s'y sont opposés. La plupart des hommes apportaient en naissant un tempérament trop inquiet, trop remuant pour rester en repos et faire des découvertes; bien plus, leurs stériles clameurs « troublaient la poule en train de « couver ses œufs »; ils n'accordaient aucun repos à ceux qui en demandaient et dont la paisible méditation aurait pu produire tant de bien. »

2. « S'il faut dire la vérité tout entière : de même que, malgré les continuelles obligations que nous avons à la lumière, sans laquelle nous ne pourrions ni diriger notre marche, ni exercer les différents arts, ni même nous distinguer les uns des autres, néanmoins la simple vision de la lumière est quelque chose de plus grand et de plus beau que toutes les utilités que nous en tirons; il est également hors de doute que la simple contemplation des choses, vues précisément telles qu'elles sont, sans aucune teinte de superstition ni d'imposture, sans erreur et sans confusion, a en soi plus de grandeur et de dignité que tout le fruit réel des inventions. » (*Nov. org.*, I, CXXIX.)

2° L'impartialité, d'où le doute philosophique. — La seconde qualité maîtresse de l'observateur, qui se rattache d'ailleurs étroitement à la première, c'est l'impartialité.

Il faut qu'il soit spectateur impartial, c'est-à-dire dégagé de toute espèce de prévention, et que, autant que possible, « son œil ne soit jamais, suivant le mot de Bacon, humecté par les passions humaines » (*Nov. org.*, I, XLIX). Il doit aborder l'étude de la nature « avec cette candeur de l'enfant, sans laquelle on n'entre pas plus dans le royaume de la vérité que dans celui des cieux » (*Nov. org.*, I, LXVIII).

« La première condition que doit remplir un savant qui se livre à l'investigation dans les phénomènes naturels, c'est de conserver une entière liberté d'esprit assise dans le doute philosophique » (Cl. Bernard, *Intr.*, p. 63). Le *doute philosophique*, dont il s'agit ici, ne consiste pas à douter de la science elle-même, ni de l'esprit humain en général, mais à tenir momentanément comme douteuses et susceptibles d'être redressées et corrigées par les leçons de la réalité toutes les opinions, soit religieuses, soit métaphysiques, soit scientifiques, que nous considérons d'ailleurs comme les mieux justifiées et les plus certaines. « On a dit que pour faire des découvertes il fallait être ignorant. Cette opinion, fausse en elle-même, cache cependant une vérité. Elle signifie qu'il vaut mieux ne rien savoir, que d'avoir dans l'esprit des *idées fixes*, appuyées sur des théories dont on cherche toujours la confirmation en négligeant tout ce qui ne s'y rapporte pas.... Il faut garder sa liberté d'esprit et croire que, dans la nature, l'absurde, suivant nos théories, n'est pas toujours impossible. » (*Ibid.*, p. 66.)

Parmi les idées préconçues, celles dont il est le plus difficile de se détacher et dont il faut pourtant se détacher, sous peine de ne faire que de mauvaises observations, ce sont les idées *qui suscitent les observations elles-mêmes* (et principalement les expériences). La plupart des observations (et presque toutes les expériences) sont faites en vue de vérifier des idées préconçues. Mais durant l'observation elle-même il faut faire abstraction de ces idées. « L'observateur doit être le photographe des phénomènes.... Il faut observer sans idée préconçue ; l'esprit de l'observateur doit être passif, c'est-à-dire se taire ; il écoute la nature et écrit sous sa dictée. » (*Ibid.*, p. 40.)

L'observation achevée, l'idée revient ; mais elle revient pour être jugée et non pas pour être juge. Dans les résultats observés il faut chercher non pas la confirmation et la preuve, mais le *contrôle*, la vérification de l'idée. Il faut *soumettre* comme en tremblant son idée à la nature, et, si la nature la repousse, il ne faut pas se raidir contre elle et prétendre, chose bien inutile, lui faire la leçon et la loi ; il faut céder à la nature et renoncer à son idée.

§ II

**Règles de l'observation. — 1° Exactitude : additions,
omissions.** — A ces dons naturels de l'observateur s'ajoutent,
comme conditions de l'observation scientifique, certaines règles de
Logique.

L'observation doit être **exacte**, c'est-à-dire fidèle, scrupuleuse :
il faut ne rien omettre et ne rien ajouter. La chose est plus difficile
qu'on ne pense, et la bonne volonté seule n'y suffit pas. Rien de
plus simple, semble-t-il, lorsqu'un objet est sous nos yeux, que de
dire purement et simplement ce qu'on voit. En réalité rien au
monde de plus difficile. D'une part, en effet, bien des choses existent,
font impression sur nos sens, qui ne sont pas remarquées par nous.
Les photographies instantanées de chevaux qui courent nous les
montrent dans des positions que nous n'avions jamais remarquées
et qu'aucun peintre ne s'aviserait de leur donner. Nos sens opèrent
une *sélection* parmi les impressions qui les frappent ; ils ne sont
pas seulement limités par leur nature, mais dans ces limites mêmes
ils sont partiaux et exclusifs. Que de fois il nous arrive de remarquer dans un objet familier un caractère que nous y avions toujours
perçu sans nous en douter ! — D'autre part, au contraire, que de
choses nous faisons dire à nos sens qu'ils ne disent pas en effet !
Des jugements comme ceux-ci : « Voici ma maison ; voici mon frère
qui est devant moi », semblent la traduction pure et simple d'une
impression visuelle : l'analyse psychologique ne serait pas en peine
d'y trouver engagées des associations d'idées de tout genre, jointes à
une demi-douzaine au moins d'inductions et d'inférences.

« On peut, sans le vouloir, dit Herschel (*ibid.*, p. 127), sans s'en apercevoir même, altérer les observations. Il suffit pour cela de mêler à un fait
vrai les vues, le langage d'une théorie inexacte. Si l'on dit, par exemple,
en décrivant les effets de la foudre : « Le tonnerre a frappé avec violence
« le côté d'une maison et a pénétré dans la muraille », on établit un fait
qu'on n'a pas vu ; on porte le lecteur à croire qu'il s'agit d'un projectile
solide ou pondérable[1]. »

[1] « Un apothicaire de village, dit D. Stewart (*Élém.*, tr. fr., t. II, p. 311),
ou une nourrice experte est incapable de décrire la maladie la plus commune
sans employer un langage dont chaque mot est une théorie ; de sorte que l'énon-
ciation des phénomènes qui caractérisent une affection particulière, faite avec
simplicité, pure de tout alliage d'opinion préconçue et des rêves de l'imagination, peut être considérée comme la marque la plus certaine d'un esprit rompu

Moyens préventifs. — Ainsi les uns omettent des circonstances réelles, importantes; d'autres ajoutent des circonstances fictives. Pour se garder de cette dernière cause d'erreur, outre la pratique que rien ne supplée, il serait fort utile à l'observateur de posséder une connaissance exacte des opérations des sens, de l'association des idées, de l'imagination, et une certaine habitude de l'analyse psychologique. L'observateur veut savoir la nature et le mécanisme de tous les instruments qu'il emploie : il lui est plus indispensable encore de connaître les lois du mécanisme mental [1].

Pour se garder, d'autre part, des omissions fâcheuses, rien ne peut valoir une connaissance étendue de la science dont on s'occupe, et même des sciences voisines. Faute de cette connaissance, on notera d'un côté religieusement quantité de circonstances absolument étrangères à la chose dont on s'occupe, comme on voit en certains pays les gens du peuple noter la phase de la lune avant de faire la lessive; et d'autre part, malgré toute son attention, on laissera échapper certaines circonstances fugitives mais essentielles.

« Pour bien observer, il faut une grande étendue de connaissances. Alors seulement on ne laissera échapper aucune de ces minutieuses indications qui lient souvent entre eux des phénomènes qui paraissent n'avoir absolument rien de commun. La déviation que produit sur l'aiguille aimantée un fil de fer électrisé a sans doute eu lieu bien des fois, d'une manière sensible, en présence d'hommes qui se livraient à des expériences galvaniques, et qui étaient entourés de tous les appareils qu'elles exigent; mais il fallait l'œil exercé d'un savant tel que Œrsted pour saisir l'indication, la rapporter à sa cause, et lier ainsi deux grandes branches de la science. La découverte de la polarisation de la lumière est due à la remarque que fit Malus de la disparition de l'une des images d'une fenêtre du Luxembourg, qu'il examinait à travers un prisme doublement réfringent, comme le soleil à son déclin l'inondait de lumière. » (Herschel, *ibid.*, p. 129.)

2° Précision : appréciation des quantités. — En second lieu, l'observation doit être précise. Autant que possible, il ne faut pas se contenter de savoir ce que les choses sont, mais il faut savoir

par une étude longue et fructueuse au plus difficile de tous les arts, la fidèle *interprétation de la nature.* » — « Ce qu'on rapporte vulgairement à l'observation, dit Mill (*Log.*, t. II, p. 183), n'est d'ordinaire qu'un résultat composé dans lequel cette opération peut n'entrer que pour un dixième, les neuf autres dixièmes provenant d'inférences. »

1. Il y a, par exemple, grand profit pour l'observateur à se rendre compte des innombrables illusions d'optique, si bien étudiées par Helmholtz dans l'*Optique physiologique.*

en quelle quantité elles sont. L'appréciation rigoureuse des quantités de temps, d'espace, de poids, ou de toute autre est le plus puissant levier, le nerf de la science.

« En effet, dit Herschel (*ibid.*, p. 120), un caractère des premières lois
de la nature, c'est de prendre la forme d'un rapport de quantités précises.
Ainsi la loi de la gravitation n'exprime pas simplement le fait général de
l'attraction, ni seulement ce vague énoncé, que l'action de cette force
décroît quand la distance augmente ; mais elle fixe exactement le rapport
numérique dans lequel elle décroît, de manière que, si on le connaît pour
une distance, on peut le calculer rigoureusement pour toute autre. Les
lois de la cristallographie, limitant les formes de cristallisation à des
figures géométriques précises, avec des angles et des proportions fixes,
ont le même caractère essentiel d'une rigoureuse expression mathématique, sans lequel on ne pourrait jamais en tirer de conclusion particulière
exacte. »

Pour arriver aux lois de cette espèce, il est évident que le résultat de chaque observation doit être énoncé numériquement. D'où il
suit que, si cet énoncé n'est pas rigoureusement exact, l'énoncé
mathématique de la loi manquera lui-même d'exactitude. C'est ainsi
que, devant les évaluations rigoureuses introduites par Lavoisier
dans la chimie, se sont évanouies une multitude d'erreurs qui ne
reposaient que sur des évaluations approximatives. Par des expériences irréprochables le physicien Regnault a démontré que la loi de
Dulong et Petit [1], la loi de Mariotte, la loi de Gay-Lussac sur la dilatation des gaz et des vapeurs [2], seraient vraies sans doute pour « un
gaz idéal ou parfait » dont les particules seraient dépourvues d'action réciproque ; mais qu'elles cessent de l'être quand cette action
se mêle aux effets de la chaleur et de la pression (voyez l'*Eloge de
Regnault* par J.-B. Dumas).

Instruments et procédés à cet usage. — De là l'importance extrême des instruments ou des procédés qui excluent toute
cause d'erreur dans les données de l'observation. Le pendule est un
instrument de ce genre [3], et la méthode de la double pesée de
Borda est une méthode de ce genre [4].

1. « Les atomes de tous les corps simples ont exactement la même capacité
pour la chaleur. »

2. « Les gaz et les vapeurs de toute espèce sont également dilatables par la
chaleur. »

3. Une oscillation commençant exactement quand l'autre finit, il n'y a aucune
partie de temps de gagnée ni de perdue dans la juxtaposition des unités de ce
genre, unités qu'on peut nombrer par le moyen d'une horloge.

4. « Avant que l'on connût cette élégante méthode, a dit Biot, les instruments
ne donnaient aucun moyen de déterminer le poids d'un corps. » — « C'est à

Là où la parfaite rigueur de l'observation est impossible, il est pourtant des moyens d'obtenir des résultats sinon absolus, du moins plus rigoureux que l'observation elle-même. Dans un traité classique, Biot a exposé les *corrections* et *rectifications* de tout genre au moyen desquelles un phénomène complexe peut être débarrassé des causes d'erreur qui le troublent, dans la mesure où ces causes d'erreur elles-mêmes peuvent être exactement appréciées. Parmi ces procédés de rectification, il faut noter le *nombre des observations*. Comme il n'est pas possible que l'erreur de chacune se répète dans le même sens, la *moyenne* prise parmi ces diverses observations approche plus de la vérité qu'aucune d'elles ne saurait le faire.

3° Méthode. — Enfin, l'observation doit être méthodique, c'est-à-dire procéder régulièrement d'un objet à un autre. L'investigation qui marche au hasard, dit Bacon, sans autre guide qu'elle-même, n'est qu'un pur tâtonnement et sert plutôt à étonner les hommes qu'à les éclairer [1]. « Il faut, dit Descartes, supposer de l'ordre même entre les objets qui ne se précèdent pas naturellement les uns les autres » (*Disc. de la Méth.*, part. II). Cette règle, applicable dans tous les domaines de la science, est essentielle en particulier dans les sciences du réel. Quant à l'ordre propre qu'il convient d'adopter dans chaque cas, il ne peut être évidemment déterminé que par l'objet même de la recherche et la nature des problèmes à résoudre. Le programme des recherches peut être modifié; l'important, c'est d'en avoir un.

§ III

Des faits; faits privilégiés. — Comme le but que poursuit le savant détermine l'*ordre de ses recherches*, il détermine aussi le *choix des faits* qu'il prend comme sujets d'étude. Si le savant n'avait pas de fin et d'idées préconçues, s'il observait pour le plaisir

cette propriété particulière, à l'aide de laquelle on fait *sans erreur* la juxtaposition de ces unités de temps et de poids, qu'on doit la précision avec laquelle on multiplie, on subdivise le temps et le poids. On ne peut en faire autant pour l'espace, quelle que soit celle des méthodes connues dont on fasse usage. » (Herschel, *ibid.*, p. 125.)

1. « Non solum copia major experimentorum quærenda, sed etiam methodus plane alia, et ordo, et processus continuandæ et provehendæ experientiæ, introducenda. Vaga enim experientia, et se tantum sequens mera palpatio est et homines potius stupefacit, quam informat. At quum experientia lege certa procedet, seriatim et continuenter, de scientiis aliquid melius sperari poterit. » (*Nov. org.*, I, c.)

d'observer, il serait un simple *collectionneur* de faits : auquel cas tous les faits indifféremment lui seraient bons. Ainsi procèdent les purs *empiriques*, semblables, dit Bacon, à la fourmi qui entasse pêle-mêle des matériaux, la plupart sans usage. Mais, du moment qu'il s'agit pour le savant de trouver des faits qui résolvent un problème déterminé, qui répondent à une question précise, qui contrôlent une idée préconçue, tous les faits n'ont plus la même valeur. Il est des **faits privilégiés** ou prérogatifs (*prærogativæ instantiarum*). C'est ceux-là que l'investigateur sait discerner et auxquels il s'attache spécialement. Bacon a donné de ces faits une classification très étendue (il en distingue vingt-sept espèces). Elle n'a peut-être pas l'utilité qu'il lui suppose [1]. C'est le cas de dire avec lui que l'art de l'investigation est, avant tout, comme une sorte de flair (*venatica subodoratio*) qui dirige l'investigateur vers les faits de ce genre, comme le chien de chasse sur la piste du gibier. Mais, si cette classification ne peut déceler aux savants les faits qu'il faut choisir, elle enseigne du moins à ceux qui ne le sont pas quels faits les savants choisissent. Elle fait partie, sinon rigoureusement de la Logique des sciences, du moins d'une description du procédé scientifique. — Voici les classes de faits les plus intéressantes parmi celles que distingue Bacon :

1° Les **faits ostensifs** (*instantiæ ostensivæ*), qu'il nomme aussi *coups de lumière* ou *exemples de prédominance*. Ce sont ceux dans lesquels la propriété ou la cause que l'on cherche est mise en relief d'une manière éclatante. Par exemple, la raison chez l'homme, l'instinct chez l'animal.

2° Les faits opposés sont les **faits clandestins** ou *de crépuscule* (*instantiæ clandestinæ aut crepusculi*). « Ce sont ceux où la propriété cherchée se présente à son plus bas degré et comme à son berceau, faisant ses premières tentatives et ses premiers essais, mais comme masquée et vaincue par son contraire. Par exemple, la cohésion dans les fluides. »

3° Les **faits de migration** (*instantiæ migrantes*) ou de transition sont ceux où la propriété en question passe du néant à l'être ou de l'être au néant, ou tout au moins s'accroît ou diminue graduellement. « Ainsi le papier, lorsqu'il est sec, est blanc; mais,

---

1. « Avant de ranger, dit justement Herschel (*ibid.*, p. 183), un fait dans un système, il faut en sentir la portée. Or nous n'avons pas besoin, quand il est apprécié, de nous enquérir d'où il tire son importance, d'où lui vient l'ascendant qu'il exerce sur nos décisions, pour en faire usage et l'employer dans nos inductions. »

quand on l'humecte, excluant l'air de ses pores et y recevant l'eau, il devient moins blanc et quelque peu transparent [1]. »

4° Les faits limitrophes (*instantiæ limitaneæ*). « Ce sont ceux où se présentent certaines espèces qui semblent composées de deux espèces différentes ou n'être que des ébauches, des essais d'une espèce à une autre. Par exemple, ces fœtus animaux qui affectent souvent les formes de deux espèces ou d'un plus grand nombre. »

5° Les faits irréguliers (*instantiæ irregulares*) ou *hétéroclites* : espèces bizarres, anormales, paradoxales. « Les exemples de ce genre animent la curiosité et aiguisent l'intelligence dépravée par l'habitude et par ce qui arrive le plus souvent. »

6° Les faits de déviation ou aberrants (*instantiæ deviantes*) : ce sont les cas anormaux, monstrueux, les erreurs de la nature concernant les individus, comme les faits irréguliers sont les cas anormaux concernant les espèces. « Il faut composer une histoire naturelle où entrera la description de tous les monstres et de toutes les productions bizarres de la nature.... Mais une pareille histoire doit être faite avec le choix le plus sévère; on n'y doit faire entrer que des faits authentiques [2]. »

7° Les faits de conformité (*instantiæ conformes*) ou de parallélisme, ou d'analogie physique.

« Ils dévoilent la liaison, l'analogie et l'enchaînement des parties de l'univers [3] : par exemple, la conformité entre les branches et les racines des plantes ; entre les nageoires des poissons et les pieds des quadrupèdes ; entre les pieds et les ailes des oiseaux ; entre les mâchoires et les deux parties du bec, etc. Jusqu'ici on s'est surtout attaché à noter les différences des animaux, des végétaux et des fossiles. Mais, si l'on veut pénétrer dans les profondeurs de la nature, il faut tourner principalement son attention vers les similitudes et les analogies tant dans les composés que dans les parties. C'est là ce qui fait saisir l'unité de la nature. »

8° Les faits de marche (*instantiæ viæ*) ou *itinérants*. Ce sont ceux qui indiquent les mouvements graduels et continus de la nature.

---

1. « En lisant de semblables exemples, on serait tenté de croire, dit Herschel (*ibid.*, p. 188), que Bacon les a pris dans l'*Optique* de Newton, si cet ouvrage eût existé à l'époque où écrivait ce grand homme. »

2. Cette science existe actuellement; on la nomme *tératologie*.

3. « Aucun être, dit ailleurs Bacon, n'est comme une île dans la nature. » (*De aug.*, liv. II, ch. xiii.)

« On ne considère d'ordinaire les choses qu'une fois faites et achevées. Il faut les étudier quand elles se font (ou, comme on dirait aujourd'hui, dans leur évolution, leur *devenir*).... Il faut observer la plante à partir du moment où la graine vient d'être semée ; les œufs depuis le moment où commence l'incubation jusqu'à celui où ils sont éclos, afin de voir l'action progressive par laquelle l'embryon se vivifie et s'organise.... Recherches difficiles, et c'est pourquoi, ajoute Bacon, avec autant de poésie que de profondeur, il faut instituer autour de la nature une sorte de veillée ; attendu qu'elle se laisse plutôt voir de nuit que de jour : car les recherches de ce genre peuvent être qualifiées de nocturnes, vu la continuité de l'observation et le peu de lumière qui l'éclaire. »

9° Les faits **cruciaux** (*instantiæ crucis*) ou **décisifs** (*decisoriæ*), ainsi nommés par analogie avec ces poteaux indicateurs en forme de croix qui, élevés aux endroits où une route se bifurque, indiquent aux voyageurs le chemin qu'ils doivent prendre. Les faits cruciaux sont ceux qui permettent de décider entre deux hypothèses rivales. C'est de faits de ce genre qu'il s'agit dans ce passage du *Discours de la Méthode* (part. VI) :

« La puissance de la nature est si ample et si vaste, et ses principes si simples et si généraux, que je ne remarque quasi plus aucun effet particulier que d'abord je ne connaisse qu'il en peut être déduit en plusieurs diverses façons, et que ma plus grande difficulté est d'ordinaire de trouver en laquelle de ces façons il en dépend : car à cela je ne sais point d'autre expédient que de chercher *quelques expériences qui soient telles, que leur événement ne soit pas le même si c'est en l'une de ces façons qu'on doit l'expliquer, que si c'est en l'autre.* »

L'un des faits de cet ordre les plus célèbres dans l'histoire de la science est le phénomène des interférences. Deux lumières s'ajoutant l'une à l'autre dans certaines conditions produisent de l'obscurité. Fresnel interpréta ce phénomène et montra qu'il tranche le débat entre les deux théories rivales sur la nature de la lumière, celle de Newton (théorie de l'émission), qui ne peut l'expliquer ; et celle de Huygens (théorie de l'ondulation), qui l'explique et permettait de le prévoir.

DEUXIÈME SECTION : DE L'EXPÉRIMENTATION

§ I

De l'expérimentation, sa nature. — Ce qui vient d'être dit au sujet des faits conduit à parler de l'expérimentation, qui, dans le sens restreint où ce mot est pris ici, est l'art de se procurer des phénomènes pour en découvrir la nature et les lois. Le bon observateur sait *trouver* les faits prérogatifs, l'expérimentateur sait les *créer*. Or, dans la classe générale des faits prérogatifs, les faits créés par l'expérimentateur sont ordinairement prérogatifs par excellence. Bacon compare l'investigation de la nature à une chasse (la chasse de Pan, *venatio Panis*); mais le simple observateur ne fait autre chose que se tenir à l'affût et épier, comme il le dit, soit de jour, soit de nuit, l'occasion de surprendre la nature. L'expérimentation est une poursuite acharnée de la nature, ou parfois un art de ruser avec elle et de lui tendre des pièges. Tantôt c'est comme par violence qu'on lui arrache le secret qu'elle dérobait (ainsi lorsqu'on cherche par des vivisections les secrets de la vie); tantôt c'est par artifice qu'on l'amène à livrer elle-même son secret (ainsi l'usage de la machine d'Atwood est une sorte de ruse pour saisir sur le fait les lois de la chute des corps). — En d'autres mots, l'observateur étudie les choses de la nature quand elles sont données et dans les conditions où elles sont données. Mais la nature n'a pas fait les choses précisément dans le dessin de faciliter nos études. De là la nécessité, pour l'investigateur, d'intervenir dans la nature et de créer à son usage des phénomènes artificiels tout exprès pour en découvrir les lois [1].

Ses modes. — Quels sont les modes d'expérimentation? En d'autres termes, comment procède l'expérimentation pour se procurer les faits dont elle a besoin? Voici les principaux de ces modes parmi ceux qu'indique Bacon [2].

1. Ces lois, une fois connues, serviront à leur tour à se procurer de nouveaux phénomènes, mais ceux-ci dans un but d'utilité pratique. Ainsi, pour découvrir les lois, l'homme se crée des phénomènes *instructifs* ; et, par le moyen de ces lois une fois découvertes, il se crée des phénomènes *utiles*.

2. *De aug.*, liv. V, ch. II. Dans ce chapitre célèbre, Bacon distingue avec beaucoup de précision deux moments, deux opérations, dans la recherche expérimentale. L'une consiste à se pourvoir de faits, en passant, suivant les huit procédés qu'il indique, d'*une expérience à d'autres expériences*; l'autre con-

1° La variation de l'expérience (*variatio experimenti*). — La variation peut porter :

A. Sur la *matière*; l'action d'un poison sur une certaine espèce vivante étant connue, on l'essayera sur d'autres espèces [1]. « On pratique la greffe sur les arbres à fruit, pourquoi ne pas l'essayer sur les arbres sauvages et sur les plantes à fleur? » C'est ce qu'on a fait amplement depuis Bacon; on est même allé bien plus loin : on a essayé et réussi des greffes animales. — *B.* Sur l'*agent* ou la *cause*; quand la médecine ignore quel remède il faut employer, elle essaye, pour le découvrir, toutes sortes de remèdes. — *C.* Sur la *quantité*; « Il ne faut pas faire fonds sur quelque expérience que ce soit, à moins qu'on n'ait éprouvé les effets de la plus grande et de la plus petite quantité. La cause et l'effet sont loin de varier toujours dans les mêmes proportions.... Un poids d'une livre met un certain temps à tomber du haut d'une tour : quel temps mettra un poids double? » — A ces trois moyens de varier l'expérience on pourrait ajouter la variation du *lieu*, la variation du *temps* et la variation de la *durée* (accélération ou ralentissement artificiels du phénomène).

2° L'extension de l'expérience (*productio experimenti*).

Elle consiste soit à redoubler l'expérience, par exemple : « L'esprit-de-vin, que l'on obtient par une seule distillation, est plus subtil et plus fort que le vin; l'esprit-de-vin lui-même distillé et sublimé ne deviendrait-il pas encore plus fort? » — soit à subtiliser l'expérience : « Par exemple, si l'on place l'aiguille aimantée dans une situation contraire à sa situation naturelle, suit-elle, pour y revenir lorsqu'on la laisse aller, indifféremment le côté droit et le côté gauche, ou tourne-t-elle toujours dans le même sens que les corps célestes? »

3° La translation de l'expérience (*translatio experimenti*) peut avoir lieu de deux manières :

A. De la nature à l'art : « On imite les iris (arcs-en-ciel) naturels en projetant de l'eau réduite en gouttes très fines. C'est sans doute la pluie et la rosée qui ont donné aux hommes l'idée de distiller. La plupart des arts pratiques ne sont que des imitations de la nature. La nature a encore bien des secrets de ce genre à nous apprendre. » — *B.* D'un art à un autre art : « On a inventé des lunettes pour aider les vues faibles; ne pourrait-on imaginer quelque instrument qui, appliqué aux oreilles des personnes

---

siste à passer des *faits aux lois*. La première constitue ce qu'il nomme l'*expérience réglée* (*experientia litterata*), la seconde, qui est l'objet propre du *Novum organum*, constitue ce qu'il nomme l'*interprétation de la nature*; ce que nous appelons le raisonnement expérimental.

1. La plupart des exemples donnés par Bacon sont aujourd'hui bien arriérés, quelques-uns paraissent puérils. C'est pourquoi nous ne nous astreignons pas à les reproduire, sauf quand ils nous semblent offrir quelque intérêt.

un peu sourdes, les aidât de même à entendre ? On conserve les cadavres en les embaumant, ne pourrait-on transporter à la médecine quelque partie de ce procédé ? Les arts doivent se fomenter et s'allumer réciproquement par le mélange de leurs rayons. »

4° Le **renversement de l'expérience** (*inversio experimenti*) a lieu lorsque, un fait étant constaté par l'expérience, on cherche aussi la preuve du contraire. L'idée de Bacon est celle-ci : lorsque de deux contraires (le chaud et le froid, l'ombre et la lumière), l'un se comporte d'une certaine façon, l'autre, dans les mêmes circonstances, se comporte-t-il d'une façon opposée ? « Si la chaleur tend à monter, le froid tend-il à descendre ? » Cette idée est sans valeur, car les contraires ainsi entendus ne sont point des choses distinctes, mais des modes ou des degrés d'une seule et même chose. — Par *renversement de l'expérience* les savants d'aujourd'hui entendent la *contre-épreuve* expérimentale. Telle cause étant donnée, tel effet suit : l'effet sera-t-il supprimé par la suppression de la cause ? La synthèse après l'analyse constitue de même un renversement de l'expérience et une contre-épreuve.

5° La **compulsion de l'expérience** (*compulsio experimenti*). Elle consiste à pousser l'expérience jusqu'au point où la propriété est annihilée. « Dans les autres espèces de chasses, on prend la bête, ici on la tue.... L'aimant attire le fer : tourmentez donc l'aimant, tourmentez aussi le fer de manière qu'enfin il n'y ait plus d'attraction. »

6° L'**application de l'expérience** (*applicatio experimenti*) n'est autre chose qu'une traduction ingénieuse par laquelle on en tire quelque chose d'utile. Elle ne diffère guère de la translation de l'expérience et n'a qu'un but d'utilité.

7° La **copulation de l'expérience** (*copulatio experimenti*) tend aussi à la pratique ; elle a lieu lorsque certaines choses qui, seules, ne seraient pas utiles, sont rendues telles par leur association. « La glace et le nitre ont la propriété de refroidir, mais bien plus encore lorsqu'ils sont mêlés ensemble. »

8° Les **hasards de l'expérience** (*sortes experimenti*) :

« Ce procédé a quelque chose de déraisonnable et de fou ; car quoi de plus fou, à première vue, que de tenter une expérience sans que la raison ou quelque autre fait nous y conduise ? Je ne sais cependant s'il n'y a pas dans cette tentative même quelque chose de grand, lorsque, dis-je, on va remuer chaque pierre dans la nature. Car tous les grands secrets de la nature sont hors des sentiers battus et de la sphère de nos connaissances. »

— Cl. Bernard détermine avec précision l'usage de cette règle : une expérience en général est instituée en vue de la vérification d'une idée suggérée par une observation ou par une expérience antérieure. Mais quand il s'agit de sciences encore peu, avancées, comme la médecine, l'idée expérimentale ne se dégage pas toujours. Que faire alors ? Faut-il attendre que les observations, se présentant d'elles-mêmes, nous apportent des idées ? On pourrait attendre longtemps en vain ; on gagne toujours à expérimenter. Mais dans ce cas on ne pourra se diriger que par une sorte d'intuition, suivant les probabilités que l'on apercevra ; et même, si le sujet est complètement obscur et inexploré, on ne devra pas craindre d'agir un peu au hasard, afin d'essayer de *pêcher en eau trouble*.... Ces sortes d'*expériences de tâtonnement* pourraient être appelées des expériences *pour voir*, parce qu'elles sont destinées à faire surgir quelque fait imprévu dont l'apparition pourra suggérer une idée expérimentale et ouvrir une voie de recherches. (Cl. Bern., *ibid.*, p. 37)

§ II

Privilèges des faits expérimentaux. — C'est par de tels procédés, dont le détail varie à l'infini, que l'investigateur se procure des faits vraiment privilégiés par rapport à ceux que la simple observation pourrait ordinairement lui fournir.

1° Le nombre. — Les faits dus à l'expérimentation ont d'abord sur les faits naturels le privilège du nombre. En effet l'expérimentation, lorsqu'elle est possible, répète et multiplie, autant qu'il est nécessaire, les phénomènes naturels. L'observation, qui les attend, peut longtemps les attendre en vain. « Galilée put observer deux fois le plus éclatant, le plus mystérieux des phénomènes astronomiques : l'apparition et l'extinction totale d'étoiles fixes, qui dépassaient en éclat toutes les autres étoiles et planètes, et dont l'une même se voyait en plein midi. » (Herschel, *ibid.*, p. 113.) De pareils phénomènes n'ont pas été observés depuis. L'expérimentateur maître d'un phénomène peut, comme dit Bacon, le *citer*, l'assigner à comparaître quand il lui plaît de l'interroger : ainsi fait-il, par exemple, pour les phénomènes d'électricité. — Les monstres sont des faits éminemment instructifs. Mais, par définition même, ils sont l'exception et non pas la règle. La tératologie, devenue aujourd'hui expérimentale, produit diverses espèces de monstres à volonté.

2° La nouveauté. — Les faits expérimentaux ont en outre bien souvent le privilège de la nouveauté. L'expérimentation *invente* des phénomènes originaux que la nature laissée à elle-même ne réalise jamais : par exemple, la chute des corps dans le vide, la liquéfaction de l'hydrogène et de l'oxygène. Le chimiste crée dans son laboratoire quantité de corps composés qui n'existent pas dans le monde.

3° La clarté. — Les faits expérimentaux ont encore le privilège de la clarté. Par exemple, comment saisir les lois de la chute des corps en observant les corps qui tombent dans la nature? Mais, par la manière ingénieuse dont on produit la chute des corps dans la machine d'Atwood, toutes les circonstances du phénomène sont relevées avec précision, et ces lois mises aussitôt en évidence. — Mais c'est surtout en *simplifiant* les phénomènes que l'expérimentateur les rend plus aisément accessibles à l'observation exacte. Règle générale, la nature procède synthétiquement : dans un même être sont engagés d'ordinaire une multitude d'éléments; dans un même effet, une multitude d'effets. L'expérimentation sépare ces éléments et isole ces effets. Par là seulement on arrive à déterminer les propriétés de chaque élément et l'action de chaque cause. Pour déterminer, par exemple, quel est dans l'atmosphère le gaz qui entretient la vie, il faut essayer séparément l'effet de chacun d'eux sur la respiration.

4° La valeur probante. — Mais le privilège essentiel des faits expérimentaux, c'est la portée de signification, la force probante, la **valeur démonstrative** qui leur appartient à un degré très supérieur, et qui permet d'en faire la base d'un raisonnement expérimental, pour s'élever des faits eux-mêmes aux rapports de causalité et aux lois qui les relient les uns aux autres. Cet avantage résulte de la variation que l'expérimentateur apporte soit dans les *circonstances* concomitantes de ces faits, soit dans les *degrés* de ces faits eux-mêmes. C'est en effet dans cette variation exclusivement que l'esprit, grâce aux comparaisons qu'elle permet, recueille les indices révélateurs de rapports de causalité [1].

Résumé. — Ainsi l'expérimentation travaille à la fois pour l'observation et pour le raisonnement expérimental : à l'observation elle fournit des faits plus *nombreux*, des faits *inédits*, des faits *simplifiés* et *éclaircis;* au raisonnement elle fournit des faits *significatifs*, des faits déjà préparés et disposés pour entrer dans le raisonnement expérimental et servir d'indice et de preuve des lois qui les régissent.

---

[1]. Voyez plus loin l'analyse des quatre méthodes expérimentales.

Sciences d'observation; sciences expérimentales. — Il n'est donc pas étonnant que les sciences réduites à peu près exclusivement à l'observation, comme la météorologie, l'anatomie, etc., demeurent bien en arrière des sciences qui peuvent constamment [1] recourir à l'expérimentation, comme la physique et la chimie [2]. Les premières, en effet, sont en quelque sorte « *expectantes et contemplatives* », les secondes sont « *actives et conquérantes* de la nature » [3] (Cl. Bernard).

1. D'après Stuart Mill (*Log.*, I, p. 422), l'expérimentation, même dans les sciences expérimentales, ne serait possible que lorsqu'il s'agit de trouver l'effet d'une cause donnée; elle ne le serait pas lorsqu'il s'agit de trouver la cause d'un effet donné. « En effet, dans le premier cas, nous pouvons réaliser la cause et faire l'épreuve de ce qu'elle produira; mais nous ne pouvons pas réaliser un effet et faire l'épreuve de ce par quoi il sera produit; nous pouvons seulement le guetter jusqu'à ce que nous le voyions se produire. » — Mais Stuart Mill oublie ici le rôle de l'*idée* ou de l'hypothèse. La cause étant ignorée, il est très souvent possible de former une hypothèse sur la nature de cette cause. Après quoi, pour vérifier cette hypothèse, on institue une expérience.

2. L'astronomie fait exception à la règle. Elle est, en tant que science des lois du mouvement des astres, une science de pure observation : or les plus importantes de ces lois sont connues depuis longtemps et avec la dernière précision. Cette exception tient à deux causes principales : 1° l'éloignement des astres, grâce auquel ils deviennent pour l'observateur de simples points matériels en mouvement, équivaut pour nous à une expérience par laquelle les mouvements à connaître seraient réduits à une idéale simplicité. « C'est la nature elle-même, dit M. Janet (*Traité*, p. 488), qui fait dans ce cas les frais de l'expérience. » 2° De plus, la méthode déductive intervient, comme on verra en astronomie, et c'est à elle que cette science doit ses plus beaux triomphes.

3. Ceci est vrai à deux points de vue : au point de vue scientifique d'abord, comme on vient de le montrer, et au point de vue pratique. « Le but d'une science d'observation est de découvrir les lois des phénomènes naturels afin de les prévoir; mais elle ne saurait ni les modifier ni les maîtriser à son gré. Le type de ces sciences est l'astronomie; nous pouvons prévoir les phénomènes astronomiques, mais nous ne saurions rien y changer. Le but d'une science expérimentale est de découvrir les lois des phénomènes naturels, non seulement pour les prévoir, mais dans le but de les régler à son gré et de s'en rendre maître; telles sont la physique et la chimie. » (Cl. Bernard, *ibid.*, p. 344). En deux mots : dans le premier cas, savoir c'est prévoir; dans le second, savoir c'est pouvoir.

CHAPITRE VIII

L'INTERPRÉTATION DE L'EXPÉRIENCE

DÉMONSTRATION DE LA CAUSE : LES QUATRE MÉTHODES DE RAISONNEMENT EXPÉRIMENTAL

La science doit chercher les causes et les lois. — La science ne s'arrête pas à la constatation des phénomènes. Elle veut expliquer et prévoir. Or on explique au moyen de la cause, on prévoit au moyen de la loi. Les faits ne sont donc que les moyens, non la fin de la science. Ce qu'elle cherche dans les faits, ce n'est pas la connaissance des faits eux-mêmes, mais les causes et les lois dont ils sont l'indice et la preuve. Déterminer les causes et les lois, tel est donc le double problème qui succède à celui de l'exacte investigation.

Distinction de ces deux problèmes. — Mais ce problème est-il double en réalité? Les lois peuvent se définir : les rapports invariables de succession entre les phénomènes. Or la cause, d'autre part, est-elle rien de plus, pour le physicien tout au moins, que l'antécédent invariable? Donc les idées de loi et de causalité s'identifient, et il n'y a qu'un problème unique à résoudre.

Cette simplification agrée sans doute, à première vue, à tous ceux qui s'imaginent rendre un bon service aux sciences positives en dépouillant la notion de cause, en tant qu'elle intervient dans ces sciences, de toute idée de *détermination*, d'efficacité, reste et témoin de son origine psychologique, pour la réduire à cela seul qui peut être constaté par l'observation, à savoir : les simples rapports de succession. Il est bon pourtant de voir où mènerait cette prétendue simplification. Or elle mène droit à l'arbitraire et à l'absurde.

La cause est, même dans un cas isolé, distincte de l'antécédent accidentel. — Elle mène à l'arbitraire : en effet, tout savant, aussi bien que le vulgaire, distingue la cause de l'antécédent accidentel. Or de quel droit les distinguera-t-il dans l'hypothèse où nous nous plaçons? — L'antécédent accidentel, dira-t-il, c'est un antécédent qui n'est pas constant; la cause, c'est au contraire l'antécédent constant. — Mais, si l'invariabilité de l'anté-cédence est la seule différence entre les deux, qu'est-ce qui les distingue *dans chaque cas particulier?* L'invariabilité n'existe pas dans un cas pris à part[1]. Où donc alors est la différence? A ceux qui niaient l'existence de la force et réduisaient tout au mouvement, Leibniz demandait : Qu'est-ce alors qui distingue un corps qui se meut d'un corps qui ne se meut pas, si le premier est considéré en un point quelconque de son trajet? Otez la force en vertu de laquelle il tend à passer en d'autres points, vous ne pouvez assigner aucune différence entre les deux. Pareillement, ôtez l'idée d'efficacité et de détermination, et considérez la cause et l'antécédent accidentel *dans un cas donné :* il n'y a entre eux aucune différence. Donc toute distinction faite dans cette hypothèse est arbitraire. Pour être logique, il faudrait accorder que, lorsque ma pendule sonne, le choc du marteau sur le timbre n'est ni plus ni moins la cause du son que ne le sont, par exemple, les battements de mon pouls au même moment.

Sinon, d'où vient la différence dans l'ensemble? — Mais cette théorie mène encore à l'inintelligible : car, si l'invariabilité de la succession est la seule chose qui distingue l'antécédent causal de l'antécédent accidentel, et si, par suite, dans chaque cas pris isolément il n'y a entre eux aucune différence, d'où vient, dans l'ensemble des cas, cette invariabilité elle-même, qui fait, en fin de compte, leur différence? Tout doit avoir une cause, dit le savant; c'est le commencement de la science : or la définition de l'idée de cause n'est pas autre chose elle-même, dans la théorie que nous examinons, que l'admission d'un fait sans cause. S'il n'y a rien qui différencie, eût dit Leibniz, le corps qui se meut, considéré en un point de son trajet, du corps qui ne se meut pas, *d'où vient alors la différence dans la suite?* Cette différence est sans raison. De même encore, si au jeu de pile ou face on amène toujours face, toutes choses étant égales dans les antécédents, le résultat est inintelligible. En toutes choses, la réussite constante de l'un des contraires possibles, à l'exclusion de l'autre, suppose quelque privilège inhérent au possible qui réussit. Le privilège de l'antécédent causal qui le

____

1. Et, à vrai dire, elle *n'existe* pas davantage dans l'ensemble des cas. L'invariabilité n'est qu'un rapport, un point de vue de l'esprit qui nombre les cas et les compare.

fait constamment exister quand l'effet se produit, c'est qu'il possède le pouvoir déterminant de cet effet.

Le caractère de nécessité est contradictoire sans celui d'efficacité. — Essayera-t-on de se soustraire à ces conséquences en ajoutant à l'idée d'invariabilité, pour définir la cause, l'idée de nécessité et de suffisance, ou, selon le mot de Mill, d'inconditionnalité [1]? A la bonne heure ! mais à condition de ne pas retirer d'une main ce qu'on accorde de l'autre. Car, si l'on parle de nécessité et de suffisance sans faire entrer dans ces mots l'idée de détermination, quel sens peut-on y attacher?

La cause alors, ce n'est pas seulement l'inintelligible, c'est l'inconcevable pur, c'est le contradictoire. Comment en effet le même objet peut-il à la fois être nécessaire, c'est-à-dire utile, indispensable, et d'autre part ne servir à rien? Et comment surtout peut-il être à la fois suffisant, c'est-à-dire nécessitant, et d'autre part demeurer inefficace? En d'autres termes, comment la cause a-t-elle avec l'effet la liaison indissoluble que l'on suppose, alors qu'entre les deux on conçoit une séparation, une indépendance absolues, alors que la cause est, peut-on dire, par rapport à l'effet, exactement comme si elle n'était pas et si elle n'eût jamais été?

Conclusion. — Donc, qu'on le veuille ou non, il faut, même dans les sciences positives, sous peine de tomber dans l'absurde, faire entrer dans l'idée de cause l'idée de connexion nécessaire ou de détermination, et par conséquent, comme nous le disions, le but que se proposent les savants est double : trouver les déterminants des phénomènes, trouver les lois invariables de succession.

Ordre des questions. — Il est sûr d'ailleurs que ces deux problèmes sont étroitement liés l'un à l'autre. Mais ils sont distincts cependant ; et, si la solution de l'un conduit aisément à la solution de l'autre, elle n'est pas cependant la solution de l'autre. Entre les deux il y a une certaine distance à franchir, qui exige une nouvelle opération de l'esprit. De plus, cette distance ne peut être franchie qu'en un sens, c'est-à-dire que l'on ne peut indifféremment commencer par l'un ou par l'autre de ces problèmes.

En effet, tout phénomène qui est cause, c'est-à-dire antécédent *déterminant* d'un autre phénomène, est aussi antécédent *inva-*

---

1. La cause, d'après Mill, c'est l'antécédent inconditionnel, c'est-à-dire qui, dès qu'il est donné, suffit, sans qu'aucune autre condition soit requise, pour amener l'effet à sa suite. En d'autres mots, c'est la condition à la fois nécessaire et suffisante.

riable de ce phénomène : la raison l'affirme par ce principe, *les mêmes causes produisent les mêmes effets.* Mais la réciproque n'est pas vraie : tout antécédent invariable (en fait) n'est pas cause, c'est-à-dire antécédent déterminant. Le jour, antécédent invariable de la nuit, n'est pas cause de la nuit. Donc, le problème de la découverte de la cause étant résolu, on passera aisément, par simple inférence, à l'invariabilité du rapport. La marche inverse est impossible [1].

Résumé : division du problème et méthodes. — La question se pose donc en définitive comme il suit : étant donnés des faits et des successions de faits, constatés par l'expérience, il s'agit d'abord de déterminer quels sont, parmi ces rapports de succession, les rapports de causalité. C'est le problème de la **détermination de la cause,** ou, pour emprunter l'expression très précise de Bacon, le problème de l'**interprétation de l'expérience;** on le résout par le raisonnement expérimental.

La chose faite, il s'agit d'ériger en lois universelles les rapports qui, dans les cas soumis à l'expérience, ont été reconnus pour être non seulement des rapports de succession, mais des rapports de causalité. C'est le problème de la position de la loi ou de la **généralisation de l'expérience;** on le résout par l'induction.

§ I

Détermination de la cause : difficulté. — D'où vient la difficulté de la découverte des causes? Elle tient à deux raisons : 1° la manière dont le problème est posé par la nature même des choses; — 2° l'impossibilité où nous sommes de faire appel à la simple expérience ou, suivant l'expression anglaise, à la simple inspection pour le résoudre.

Le problème tel que le pose la nature est celui-ci : parmi une multitude de rapports de simple succession, trouver un rapport de causalité. En effet, chaque phénomène dans le monde a pour antécédents non seulement sa cause, mais les phénomènes concomitants

---

1. De là il résulte que le problème de la détermination des rapports constants (pour tous les cas possibles) entre les choses, auxquels quelques-uns veulent réduire toute la science positive, n'est pas, pris à part, susceptible de solution. On ne le résout qu'en passant par le problème de la détermination réelle ou de la causalité. C'est seulement de la démonstration de la cause qu'on peut inférer l'existence de la loi générale.

de cette cause; et de même il a pour conséquents, non seulement son effet, mais tous les phénomènes concomitants de cet effet.

« Le cours de la nature à chaque instant, dit Stuart Mill (*Log.*, I, 415), n'offre, au premier coup d'œil, qu'un chaos, suivi d'un autre chaos. Il faut d'abord décomposer chacun de ces chaos en faits isolés. Il faut que nous apprenions à voir dans l'antécédent chaotique une multitude d'antécédents distincts, et dans le conséquent chaotique une multitude de conséquents distincts. Après quoi il s'agit de rechercher la liaison de chacun à chacun. »

Ainsi, des antécédents qui ne sont pas la cause, détacher la cause; ou des conséquents qui ne sont pas l'effet, détacher l'effet : voilà le problème tel que la réalité nous l'impose.

Or maintenant ce problème ne peut être résolu par *simple inspection*, car la causalité n'est pas chose sensible et perceptible. Si elle l'était, il n'y aurait qu'à observer avec attention. Tenant en main le fil conducteur de la causalité, on serait conduit d'un phénomène à l'autre. Toute la difficulté serait seulement de débrouiller les fils lorsqu'ils s'entremêlent. Malheureusement nous ne voyons jamais l'action d'une chose sur une autre chose; par exemple, l'action d'une bille sur la bille qu'elle frappe; l'action de la lune sur la mer. Hume l'a démontré, personne depuis ne l'a contredit. Donc l'observation ici est et demeurera toujours impuissante; eût-on les yeux d'Argus ou des microscopes grossissant un million de fois, on ne verrait à cet égard rien de plus que ce que nous voyons.

Nature de la preuve. — La causalité ne pouvant être *trouvée* par simple inspection, il s'agit donc de la *prouver* par la force de la pensée et du raisonnement. Par où l'on voit que, dans les sciences même d'observation, l'esprit qui raisonne et qui interprète a bien autrement d'importance que le sens qui perçoit[1].

A tout raisonnement il faut une base: quelle sera la base du raisonnement qui démontrera la causalité? En d'autres termes, la causalité elle-même ne pouvant être saisie, quel indice servira de *preuve* de la causalité?

1. Voyez dans le beau livre de M. Caro, *le Matérialisme et la Science*, le chapitre (ii) où il démontre avec autant de précision que de force et d'éclat le rôle de l'esprit dans les sciences de faits. « La nature serait à nos yeux comme une lettre morte si l'esprit, par son activité propre, n'en interprétait les muets symboles. La science a besoin des matériaux que lui livre la réalité ; mais c'est l'esprit qui fait la science. Elle n'existerait pas sans l'étude expérimentale de la réalité ; mais elle n'existerait pas davantage si l'esprit ne venait lui donner sa signification, son sens, éclairer, si je puis dire, de sa propre lumière projetée au dehors l'obscur tableau des choses. » (P. 41.)

Première méthode: méthode des coïncidences. — Un premier indice donnant lieu à une première méthode, c'est la coïncidence.

Coïncidence constante. — Le vulgaire, qui n'est pas exigeant en fait de preuves, se contente souvent d'une **simple coïncidence**. De là naissent tous les préjugés. Une comète paraît, une peste se déclare : c'est la faute de la comète ! On est treize à table, l'un des convives meurt le lendemain : fût-il mort d'indigestion, c'est la faute du nombre treize ! Peu importent les démentis que reçoivent dans la suite de semblables interprétations : une coïncidence frappante les a suggérées, les cas adverses sont sans force pour les dissoudre.

Il va de soi que la première condition d'une interprétation scientifique de l'expérience, c'est au contraire d'accorder aux cas adverses autant de force qu'aux cas favorables. Bien plus, puisque la cause c'est l'antécédent nécessaire et nécessitant, un seul cas de non-coïncidence, entre deux phénomènes que l'on croyait liés par une loi de causalité, met en échec[1] toute la force probante qui résultait des coïncidences jusqu'alors constatées. La valeur comparée des cas positifs et des cas négatifs est donc, pour le savant, l'inverse de ce qu'elle est pour le vulgaire. Pour le vulgaire, un cas positif pèse plus que dix cas négatifs; pour le savant, un cas négatif unique balance, tant qu'il n'est pas expliqué par l'intervention d'une cause adverse, et annule, s'il est inexplicable de la sorte, tous les cas positifs, si nombreux qu'on puisse les supposer. Donc, pour inférer, d'une coïncidence constatée, un rapport de causalité, tout au moins faudra-t-il qu'il s'agisse d'une **coïncidence invariable**, d'une coïncidence qui ne soit, que l'on sache, jamais démentie, sauf le cas d'une cause adverse reconnue.

Coïncidence répétée. — La probabilité s'accroîtra si cette coïncidence est en outre une **coïncidence répétée**, fréquente, multipliée. Car, qu'une coïncidence se reproduise un petit nombre de fois, cette coïncidence étant pourtant accidentelle, la chose est possible; ne voit-on pas au jeu de la roulette la rouge passer quelquefois dix et vingt fois de suite ? Mais une coïncidence fortuite finit tôt ou tard, et plus souvent tôt que tard, par se trouver en défaut.

---

1. Nous ne disons pas *annule*, parce que la tendance d'une cause à produire un effet peut être contre-balancée par une cause adverse. Mais, s'il est prouvé qu'il n'y a pas eu de cause adverse, un seul cas négatif annule absolument tous les cas positifs.

Dans aucune roulette honnête on n'a encore vu la rouge passer cent fois de suite.

Comme l'a bien montré M. Janet (*les Causes finales*, appendice; *Traité de Phil.*, p. 461 et suiv.), des coïncidences répétées excluent l'hypothèse du hasard et témoignent de l'existence d'une loi.

« Quelle différence y a-t-il entre ces deux propositions si différentes : « L'eau bouillante fait monter la colonne thermométrique jusqu'à un « niveau fixe appelé 100 degrés » et cette autre : « Une éclipse est le pré-« sage d'une calamité politique » ? La différence, c'est que dans le premier cas la coïncidence est constante et sans exception, et que dans le second elle ne se rencontre pas toujours. Or le hasard peut bien amener quelquefois, souvent si l'on veut, une coïncidence entre une éclipse et un fait aussi fréquent que le sont les malheurs publics ; mais la raison se refuse à croire que le hasard puisse amener une coïncidence constante et sans exception. Cette coïncidence doit avoir sa raison d'être, c'est que l'un de ces phénomènes est la cause de l'autre ou qu'ils ont une cause commune : en un mot, c'est une loi. »

Coïncidence variée. — Enfin, la probabilité acquiert encore une valeur beaucoup plus grande si la coïncidence que l'on peut invoquer n'est pas seulement une coïncidence constante et multipliée, mais encore une **coïncidence variée**, c'est-à-dire si l'on a pu constater entre les phénomènes que l'on suppose liés par une loi de causalité, non seulement des coïncidences de *présence*, mais encore des coïncidences d'*absence*, et surtout des coïncidences de *variation* [1]. En effet, puisque la cause est l'antécédent nécessaire et nécessitant, si elle est donnée, le phénomène dont elle est la cause doit être donné (*posita causa, ponitur effectus*) ; si elle est ôtée, le phénomène dont elle est la cause doit l'être aussi (*sublata causa, tollitur effectus*) ; et enfin, si elle varie, le phénomène dont elle est la cause doit varier simultanément (*variante causa, variatur effectus*). De là trois sortes de coïncidences, trois indices

1. Par coïncidence variée nous n'entendons pas parler de coïncidences *dans des circonstances variées*, c'est-à-dire persistant en dépit des variations des circonstances, mais de coïncidences de présence, d'absence et de variation *des phénomènes mêmes* supposés liés par une loi de causalité. — La variation des circonstances concomitantes de la coïncidence donne lieu à un raisonnement d'un nouveau genre, dont on parlera tout à l'heure, et qui fait partie d'une autre méthode de démonstration de la causalité, bien plus décisive, comme on verra, à savoir : la méthode indirecte ou par voie d'exclusion. En effet, la variation des circonstances concomitantes ne change rien à la coïncidence elle-même. Si elle la rend plus probante, ce n'est donc pas directement mais indirectement, en ce que, permettant d'exclure toutes les coïncidences accidentelles, elle ne laisse subsister qu'une coïncidence unique, qui, par cela même, est aussitôt reconnue comme coïncidence causale.

possibles qui, lorsque chacun concorde avec soi-même (c'est-à-dire ne se dément en aucun cas) et que tous ensemble concordent entre eux (c'est-à-dire ne se démentent point les uns les autres), fournissent une preuve vraiment scientifique de l'existence d'un rapport de causalité.

Imperfections de cette méthode. — Pourtant cette méthode, quoique évidemment légitime et très puissante, n'a pas encore le degré de rigueur que l'on doit chercher, autant que possible, à atteindre dans les démonstrations scientifiques. On peut y signaler à cet égard trois imperfections.

1° Défaut de rigueur. — 1° Cette méthode s'appuie sur les coïncidences et se sert du nombre, de la constance et de la variété des coïncidences pour prouver, *en excluant l'hypothèse du hasard*, la causalité. Mais le principe sous-entendu qui est le nerf de la preuve, à savoir : *des coïncidences multiples, constantes et variées excluent l'hypothèse du hasard* et témoignent de l'existence d'une loi, est un principe certain sans doute, mais qui manque de précision. Puisqu'il y a des coïncidences de hasard, combien faudra-t-il donc de coïncidences pour exclure l'hypothèse du hasard ? On ne saurait le dire. Et même, comme il n'y a pas de limites, pour parler comme le vulgaire, à la puissance du hasard, l'hypothèse du hasard n'est jamais rigoureusement exclue; elle devient seulement de plus en plus improbable à mesure qu'augmentent les coïncidences constatées. Par cette méthode, la recherche des causes est donc ramenée à un vrai *calcul des probabilités ;* la démonstration peut atteindre sans doute une certitude morale très élevée, elle n'atteint jamais la certitude pure et simple.

2° Défaut de limite. — De plus, comme cette méthode comporte en elle-même, dans son essence, une certaine indétermination, elle assigne au savant une tâche vague et indéterminée. La preuve résultant des coïncidences, il s'agit, pour la fortifier, de multiplier les coïncidences de tout genre. Mais, d'ailleurs, tous les cas se vaudront, car toutes les coïncidences se valent en tant que telles. Pour cette méthode, il n'est pas de *cas décisifs.* Comment y en aurait-il, puisque le problème lui-même, posé comme il l'est, ne comporte pas de solution décisive?

Or, en fait, le savant ne procède pas de la sorte; il cherche pour sa démonstration beaucoup moins des témoignages nombreux que des témoignages décisifs. Il lui arrive, dans certains cas, sur la constatation d'une seule coïncidence, de conclure sans hésitation à l'existence d'un rapport de causalité. Comment en serait-il ainsi s'il n'y avait une preuve d'un autre genre que celle qu'on vient d'indiquer, une preuve précise, exigeant des conditions précises, conditions qui peuvent être remplies soit en entier par un seul et unique cas, lequel dès lors, du même coup, commence la démonstration et l'achève; soit en partie par certains cas dont chacun, sans achever la preuve, la fera du moins avancer d'une quantité bien déterminée[1]?

3° Défaut de précision. — Enfin la méthode des coïncidences, en admettant qu'elle arrive à exclure l'hypothèse du hasard et à démontrer l'existence d'une loi, ne permet pas, à elle seule, de savoir si on a affaire à une loi de causalité. Il faut, en effet, distinguer deux sortes de lois : les lois qui sont des rapports directs de causalité, et les lois qui, quoique invariables, sont de simples concomitances résultant soit de certaines dispositions ou collocations fixes des choses, soit d'un rapport commun des deux phénomènes concomitants à une même cause. Le phénomène C, par exemple, peut être, dans sa présence, dans son absence, dans ses variations, un concomitant constant du phénomène B, sans être lié à B par un rapport direct de causalité : c'est ce qui peut avoir lieu si B et C sont l'un et l'autre les effets simultanés et concordants d'une même cause A, — ou encore si B est lié à A, vraie cause de C, par suite d'une certaine collocation fixe des choses, qui n'est pourtant pas un rapport de causalité[2]. Car, dans ces cas divers, les coïncidences

1. On verra plus bas en quoi consistent les cas de ce genre. La preuve dont il s'agit étant réalisée par l'exclusion de tous les antécédents sauf un, il y a des cas qui excluent plusieurs antécédents, ou un seul, et qui font ainsi avancer la preuve d'une quantité bien déterminée; d'autres, d'un seul coup, permettent d'exclure tous les antécédents, sauf un, qui demeure dès lors comme la seule cause assignable. Nous ne saurions trop insister sur ce point, que parler de cas décisifs, c'est sortir de la méthode qui démontre directement la causalité en alléguant les coïncidences, et faire appel à une autre méthode, la méthode qui démontre indirectement la causalité, par voie d'exclusion, en alléguant les non-coïncidences.

2. Voici de ce dernier cas un exemple curieux que nous empruntons à M. Renouvier (*Log.*, t. II, p. 225). On sait que la lune n'a pas, malgré le préjugé vulgaire, d'influence sur la rosée. La cause vraie de la rosée est la présence de la vapeur d'eau dans l'air et le refroidissement du sol par rayonnement quand le ciel est serein. Or supposons que la terre, comme d'autres planètes, soit entourée de plusieurs satellites tellement disposés qu'il ne puisse y avoir de nuit sereine sans lune. On aurait constamment le clair de lune comme antécédent quand il y a de la rosée, et constamment l'absence de clair de lune quand il n'y en a pas. Malgré cette coïncidence, le clair de lune ne serait ni une cause, ni une partie de la cause, ni même une simple condition de la rosée, mais seulement une circonstance constamment concomitante (en vertu d'une collocation) d'une condition nécessaire, quoique elle-même insuffisante de la rosée, savoir : la sérénité de l'atmosphère — (insuffisante, puisqu'il n'y a pas toujours de la rosée quand l'atmosphère est sereine). C (rosée) aurait pour con-

seront les mêmes. Donc la méthode des coïncidences ne permet pas
de les distinguer. — Donc cette méthode, qui n'est pas susceptible
d'une parfaite *rigueur* quand il s'agit de la *preuve* d'une loi, n'est
pas susceptible non plus d'une parfaite *précision* quand il s'agit de
l'espèce ou de la *qualité* de la loi.

§ II

Recherche idéale d'une méthode. — Où donc chercher
une preuve à la fois *rigoureuse*, *déterminée* et *précise* de la causalité? Cherchons d'abord, dans l'abstrait, quelle serait la méthode
en quelque sorte idéale : nous verrons ensuite à l'appliquer au concret, dans la mesure du possible.

La coïncidence solitaire, preuve de la causalité. — Si
les phénomènes, au lieu de se produire plusieurs à la fois, par
masses confondues, formaient une série unilinéaire dans le monde,
nous serions absolument certains, quoique demeurant d'ailleurs
aussi impuissants que nous le sommes à saisir directement les liens
de causalité, que chaque phénomène est la cause de celui qui le
suit. En effet, chaque phénomène doit avoir une cause, et il n'y aurait, dans l'hypothèse, aucune autre cause possible que l'antécédent
immédiat.

Ou bien, les choses étant d'ailleurs ce qu'elles sont, si nous
avions la toute-puissance du Créateur, de telle sorte que, lorsque
nous hésitons pour trouver la cause entre plusieurs antécédents
qui ont été simultanément donnés, il nous fût possible de réaliser
dans quelque coin de l'univers comme un vide absolu, impénétrable
à toute influence des parties adjacentes, puis, dans cette espèce « d'in-
termonde[1] », dans cet îlot de vide, de réaliser successivement et un
à un chacun des antécédents en question, nous aurions un procédé
sûr pour déterminer la cause : ce serait d'exclure tous les antécédents dont la réalisation ne serait pas suivie de l'apparition du phénomène en question et de considérer comme cause l'antécédent
dont la réalisation serait, au contraire, suivie de l'apparition de ce
phénomène.

comitant constant de présence et d'absence B (clair de lune), sans qu'il y ait
aucun lien causal ni entre B et C, ni même entre B et A (sérénité de l'atmosphère) vraie cause de C, mais simplement parce que, en vertu d'une certaine
collocation, B et A seraient donnés et feraient défaut simultanément.

1. Les Épicuriens appelaient intermondes, *intermundia*, les intervalles vides
qui séparent les mondes et où séjournent les dieux.

En effet, la cause, c'est la condition à la fois nécessaire et suffisante ou déterminante d'un phénomène. Or, d'une part, tout phénomène qui n'est pas suivi de l'apparition d'un autre phénomène n'est certainement pas la condition suffisante de ce phénomène, et à ce titre peut être exclu ; par là d'abord il est prouvé que l'antécédent restant, s'il est unique, est au moins la condition *nécessaire* du phénomène : il est condition nécessaire, puisque sans lui le phénomène ne se produit pas. — D'autre part, tout phénomène qui, étant réalisé à part et isolément, est suivi de l'apparition d'un autre phénomène[1] est certainement la condition *suffisante et déterminante* de ce phénomène. En effet, la coïncidence qui se produit alors entre cet antécédent et ce conséquent isolés est, pour emprunter à Bacon la qualification dont il se sert pour certaines classes de faits prérogatifs, une **coïncidence solitaire**. Or, si une coïncidence, même *répétée, constante* et *variée*, ne suffit pas à prouver rigoureusement la causalité, quand cette coïncidence se produit au milieu de coïncidences multiples, c'est-à-dire quand l'antécédent et le conséquent sont mêlés et confondus dans une pluralité d'autres phénomènes, — au contraire, un seul cas de coïncidence solitaire suffit à prouver un lien de causalité. Là en effet où un seul antécédent est donné, on ne saurait douter que cet antécédent ne soit la condition determinante du phénomène. L'exclusion de tous les autres antécédents a exclu la possibilité de toute autre hypothèse.

Ainsi deux caractères de la cause : nécessité, suffisance. L'exclusion de tous les antécédents qui ne coïncident pas avec le phénomène en question, jointe à la coïncidence d'un antécédent pris isolément avec ce même phénomène, prouve ces deux caractères à la fois. Telle serait donc la méthode idéale.

Réalisation approximative : les exclusions légitimes. — Maintenant comment, destitués, ainsi que nous le sommes, de cette puissance absolue de séparation et d'annihilation supposée par cette méthode, la réaliser pratiquement, au moins d'une manière approchée? Bacon nous l'enseigne : « *Facienda est naturæ solutio et separatio, non per ignem certe sed per mentem, tanquam ignem divinum.* » Cette analyse, ce vide fait autour d'un antécédent unique et d'un conséquent unique, qui par cela même seront reconnus comme cause et effet l'un de l'autre, c'est à quoi

---

1. Pour simplifier, nous négligeons le cas où la cause est un groupe d'antécédents. Il serait aisé d'adapter la démonstration à ces cas plus complexes.

l'on arrive idéalement par la vertu du raisonnement expérimental. On ne peut *annihiler* proprement les antécédents autres que l'antécédent causal : qu'à cela ne tienne ! quoique présents, on les *annulera* par la force de l'exclusion logique [1]. On ne peut réaliser *effectivement* la coïncidence solitaire : n'importe ! on la réalisera *idéalement* au milieu même des coïncidences multiples, par la force de la pensée [2].

Cette méthode, on le voit, échappera à toutes les objections qu'on peut faire à la précédente. La preuve obtenue par cette méthode, là où elle pourra s'appliquer, sera *rigoureuse* : elle donnera pour résultat, non pas seulement une probabilité, mais une certitude. — De plus, la preuve à fournir est ici parfaitement *déterminée* ; une limite est fixée : il s'agit d'arriver à la complète exclusion et à la coïncidence solitaire. La preuve est achevée dès qu'on y atteint. Et, par suite, on n'aura pas ici à accumuler indéfiniment les coïncidences, mais on s'efforcera de trouver des cas tels, qu'ils rendent légitimes une exclusion, ou plusieurs [3], ou toutes les exclusions à la fois [4]. On verra que parfois il suffit de deux cas opposés pour rendre possibles, d'un seul coup, toutes les exclusions. — Enfin, la preuve, rigoureuse dans ses conclusions, bien déterminée dans ses moyens, est encore *précise* dans son objet. Ce qu'elle démontre, ce n'est pas une simple loi de concomitance, une loi dérivée ou empirique, c'est bien une loi de causalité.

Les quatre modes du raisonnement expérimental : leur caractère. — Voyons donc quels sont les moyens pratiques de mettre en œuvre une semblable méthode. Il y en a quatre principaux, auxquels Stuart Mill a donné les noms de Méthode d'accord, Méthode de différence, Méthode des variations et Méthode des résidus.

---

1. Le défaut de coïncidence, dans certains cas, de ces antécédents avec l'effet en question, permet de les annuler dans les cas de coïncidence.

2. Par la machine pneumatique on isole l'action de la pesanteur de l'action de l'air. La méthod des exclusions procède de même idéalement. On pourrait l'appeler une *méthode isolante* ou *pneumatique*.

3. Tels sont, comme on verra, les cas dont fait usage la méthode dite de concordance.

4. Tels sont les cas qui rendent possible la méthode dite de différence. La méthode des coïncidences est surtout impuissante à rendre compte de ce dernier procédé. Dans la méthode de différence il y a deux coïncidences, l'une de présence, l'autre d'absence. Pourquoi donc ces deux coïncidences suffisent-elles à prouver la causalité ? La méthode des coïncidences l'ignore ; la méthode des exclusions l'explique. C'est qu'elles se produisent dans de telles conditions que toutes les circonstances antécédentes, sauf une, peuvent être exclues à la fois. (Voyez plus bas.)

Les trois premiers de ces procédés ont été indiqués par Bacon. Si la description qu'il en donne est parfois confuse dans le détail, il en a du moins admirablement compris et défini l'essence commune, à savoir : la preuve indirecte de l'*affirmative* par le moyen des *négatives*. Voici ce passage, le plus important peut-être du *Novum Organum* :

« Après avoir fait comparaître les exemples ou faits devant l'entendement dans les tables d'absence, de présence et de degré[1], il faut trouver la cause. Or, pour peu que l'esprit veuille le faire de prime saut et affirmativement, comme il le fait toujours lorsqu'il est abandonné à lui-même, aussitôt vont accourir les fantômes et les conjectures... A Dieu seul, ou aux célestes intelligences, il est donné de connaître les causes immédiatement par la voie affirmative : méthode trop peu proportionnée à la faiblesse de l'esprit humain, à qui il est donné seulement de procéder d'abord par les *négatives*, et, après les *exclusions* de toute espèce, d'arriver enfin, mais bien tard, aux *affirmatives*.

« Ainsi il faut analyser et décomposer la nature, non pas à l'aide du feu matériel, mais à l'aide de l'esprit, comme par un feu divin. Nous disons donc que le premier procédé de l'induction véritable pour découvrir les causes est de *rejeter* et d'exclure successivement chacun des antécédents qui ne se trouvent pas dans tel exemple où la nature[2] en question est présente, ou qui se trouvent dans tel exemple où elle est absente, ou qui ne croissent pas ou ne décroissent pas avec elle. Alors seulement, en seconde instance, après les exclusions et les rejections convenables (*exclusiones et rejectiones debitas*), toutes les opinions volatiles s'étant dissipées en fumée, restera au fond du creuset l'affirmative véritable, solide et bien limitée[3]. » (Liv. II, xv et xvi.)

1. Les tables ne correspondent pas, comme on le dit souvent, aux méthodes d'accord, de différence et des variations, mais sont les collections de faits où l'on puise pour mettre en œuvre ces diverses méthodes. Ces tables pourront d'ailleurs être aussi utilisées pour la méthode des coïncidences.

2. Bacon se sert souvent des mots *nature* ou *forme* pour désigner la cause ou la loi. Son langage est encore celui de la physique du moyen âge. Mais il prend soin de prévenir la confusion par des définitions explicites : « La forme, dit-il, n'est rien si ce n'est la loi. » (Voyez *Nov. Org.*, liv. I, li ; liv. II, xxvii.)

3. C'est bien dans le même sens que Mill interprète au moins trois des méthodes sur quatre, quoiqu'il ne mette pas toujours cette interprétation assez en relief. Parlant de la méthode de différence et d'accord (la chose ne fait pas question pour la méthode des restes), il dit (*ibid.*, p. 430) : « Elles sont toutes deux des méthodes d'*élimination*. Ce terme est très propre à exprimer l'opération qui depuis Bacon est considérée comme le fondement de la recherche expérimentale, à savoir : l'exclusion successive des diverses circonstances qui accompagnent un phénomène donné, afin de constater quelles sont celles dont l'absence est compatible avec la présence du phénomène. » M. Taine dit de même : « Toutes ces méthodes ont recours au même artifice, qui est l'élimination ou exclusion des caractères qui ne sont point le caractère cherché. Soit un caractère connu ; il est accompagné, suivi ou précédé de dix autres : lequel ou lesquels de ces dix sont liés à sa présence, en sorte que sa présence suffise pour qu'ils soient donnés comme compagnons, antécédents ou conséquents ? Toute la difficulté et toute la découverte sont là. Pour résoudre la difficulté et pour

§ III

1° Méthode d'accord. — Soit donc à trouver la cause du phénomène a qui s'est produit à la suite d'un groupe de circonstances simultanées que je désigne par les lettres A B C D E F. Il s'agit de discerner la cause parmi tous ces antécédents.

Pour cela, je cherche des cas divers de la production de a. Soit donc comme groupes divers d'antécédents : A.. C D E F, A B.. D E F, A B C.. E F, A B C D.. F, A B C D E.. Je raisonne ainsi : tout antécédent qui, donné dans la première expérience, ne l'est pas dans l'une des suivantes, n'est pas la cause cherchée. Donc B est exclu par la seconde expérience, C par la troisième, etc. Ces exclusions opérées, il en résulte que la coïncidence entre A et a est, alors même que d'autres phénomènes accompagnent A, une coïncidence solitaire : A est donc la cause cherchée.

Le canon de cette méthode sera donc le suivant : si plusieurs cas de la production d'un phénomène ne concordent qu'en une circonstance, toutes les circonstances variables d'un cas à l'autre devant être exclues, la circonstance qui demeure est nécessairement la cause cherchée[1].

Voici un exemple de l'application de cette méthode. Soit à trouver la cause de la sensation de son.

« Pour y parvenir, nous recueillons beaucoup de cas où une oreille saine perçoit un son ; le son produit par une cloche, par une corde qu'on opérer la découverte, il faut éliminer, c'est-à-dire exclure, parmi les dix, ceux qui ne sont point liés de cette façon à sa présence. Mais comme effectivement on ne peut les exclure, et que dans la nature le caractère cherché est toujours noyé dans une foule d'autres, on assemble des cas qui, par leur diversité, autorisent l'esprit à expulser cette foule.... L'expulsion faite, il ne reste devant nous que le caractère cherché. » (*De l'Int.*, t. II, p. 319.)

Donnons enfin le témoignage d'un philosophe très versé dans les questions scientifiques, Prévost de Genève : « Toutes les méthodes sûres qu'on peut employer dans les questions qui appartiennent aux sciences de fait et d'expérience me paraissent se réduire à une seule, la méthode d'exclusion. Cette méthode est propre à ce genre de science en ce sens seulement qu'elle lui est plus nécessaire. Car d'ailleurs le procédé d'exclusion s'emploie sans cesse dans toute espèce de questions. Et ce procédé est comme une sorte d'instrument universel qui s'applique à toutes les autres méthodes. » (*Essais de Phil.*, t. II, p. 105.)

1. On voit combien la preuve serait affaiblie si, se bornant à constater la constance de la coïncidence entre A et a, on disait : A et a ont constamment coïncidé dans les expériences faites, donc ils sont liés par un rapport de causalité. Cette coïncidence est *seule* constante : voilà le nerf de la preuve. Si elle est seule constante, toutes les autres sont fortuites ; donc celle-là seule est causale.

pince ou que frotte un archet, le son d'un tambour que l'on frappe, d'un clairon où l'on souffle, le son de la voix humaine, etc. On découvre que tous ces cas si différents s'accordent en un seul point, qui est la présence d'une vibration du corps sonore propagée à travers un milieu jusqu'à l'organe auditif. Cette vibration transmise est l'antécédent cherché. » (Taine, *De l'Int.*, II, p. 310.)

2° Méthode de différence. — La méthode de différence est l'inverse de la précédente. Elle est surtout applicable dans les sciences expérimentales. Ce n'est que par exception que la simple observation peut rencontrer des cas qui en permettent l'application. Soit à trouver la cause de *a*, partie d'un effet total *a b c d*, produit à la suite du groupe de circonstances A B C D. Si, tous ces antécédents restant d'ailleurs les mêmes, la suppression de A est suivie de la suppression de *a*, je raisonnerai comme il suit : B C D donnés dans la première expérience en même temps que *a* n'étaient pas la cause de *a*; car la seconde expérience montre qu'ils peuvent être donnés sans que *a* soit donné. Donc, ces antécédents exclus, la coïncidence de A et de *a*, dans la première expérience, est bien, en dépit des circonstances environnantes, une coïncidence solitaire : A est donc la cause cherchée [1].

Le canon sera le suivant : si un cas où un conséquent est donné et un autre où il ne l'est pas ne diffèrent entre eux que par l'absence ou la présence d'un antécédent déterminé, tous les antécédents communs devant être exclus, l'antécédent présent dans un cas et absent dans l'autre sera la cause cherchée.

Lorsqu'un homme est frappé au cœur par une balle, c'est par une application instinctive de la méthode de différence que nous affirmons que la blessure est la cause de sa mort. En effet, l'homme était plein de vie une seconde auparavant, toutes les circonstances étant les mêmes, sauf la blessure. De même c'est par cette méthode que nous apprenons que l'action de boire est la cause de la cessation de la soif.

Ses privilèges. — Dans les sciences, cette méthode est consi-

---

1. Par *a* je désigne exactement la différence entre les deux effets généraux, savoir : *a b c d* — *b c d*. Mais il arrive souvent que, par la seule suppression de *a*, l'effet total change de nature, sans qu'on puisse exactement mesurer la différence entre les deux effets généraux. En ce cas on peut seulement conclure que B C D n'est pas la cause *suffisante* de *a b c d* et que A en est au moins la condition nécessaire ou cause *partielle*. Si un corps se meut sollicité par deux forces A B, et s'arrête par la suppression de A, A est la cause totale de la différence entre les deux états comparés du mobile, mais la cause seulement partielle du mouvement tel qu'il était donné.

dérée comme la plus puissante de toutes ; surtout lorsque, la cause pouvant être introduite ou supprimée à volonté, au milieu des circonstances bien connues et toujours les mêmes, on peut faire successivement deux applications de la méthode de différence dont l'une constitue la preuve et l'autre la contre-épreuve [1]. Par exemple, lorsqu'un timbre sonne sous la cloche de la machine pneumatique, la suppression de l'air, alors que toutes choses demeurent égales d'ailleurs, étant suivie de la suppression du son, on en conclut déjà légitimement que l'air était la cause ou une partie de la cause du son. La contre-épreuve a lieu lorsque, toutes choses restant égales d'ailleurs, la rentrée de l'air dans la cloche est suivie de la reproduction du son.

3° Méthode des variations. — Soit à trouver la cause du phénomène a qui s'est produit à la suite d'un groupe de circonstances A B C D E. Si l'on peut se procurer des cas où des variations de a coïncident avec les variations de l'un de ces antécédents, A par exemple, tous les autres antécédents restant invariables ; c'est-à-dire si l'on a, par exemple, $A_2 B C D E$, suivi de a_2 ; $A_3 B C D E$ suivi de a_3, etc. (logiquement *une seule* coïncidence de variations entre un antécédent et un conséquent, si tous les autres antécédents sont demeurés invariables, est pleinement suffisante), on raisonnera comme il suit : tout antécédent qui ne varie pas en même temps que l'effet n'est pas cause de cet effet. Exclusion faite de ces antécédents, la coïncidence entre A et a devient une coïncidence solitaire : A est donc la cause cherchée.

1. Au point de vue *logique*, toutes les méthodes se valent, car les exclusions sont aussi légitimes dans la méthode de concordance que dans la méthode de différence, et la conclusion qui suit la parfaite exclusion est aussi nécessaire dans une méthode que dans l'autre. Mais, au point de vue *pratique*, les résultats obtenus par la méthode de différence sont ordinairement beaucoup plus sûrs. Voici pourquoi. La méthode de concordance est surtout une méthode d'observation ; la méthode de différence est surtout une méthode d'expérimentation. Or quand, dans des circonstances bien connues, on produit soi-même un phénomène pour juger de son effet, on peut être dans certains cas moralement sûr qu'on n'en a pas en même temps, et sans le savoir, introduit un autre qui serait la véritable cause de l'effet produit. Au contraire, lorsque la nature nous montre la concomitance de deux phénomènes dans des circonstances diverses, nous sommes plus difficilement assurés qu'il n'y a pas quelque autre phénomène caché concomitant de celui que nous croyons cause et qui est peut-être la véritable cause. En deux mots, dans les deux méthodes, toutes les exclusions faites sont également légitimes ; mais dans la méthode de concordance on est beaucoup moins sûr que toutes les exclusions, nécessaires avant d'affirmer la relation de causalité entre un phénomène et un autre, aient été faites.

De même, ce n'est pas au point de vue logique que la contre-épreuve est nécessaire, c'est au point de vue pratique. On n'en aurait nul besoin si on était sûr qu'aucun antécédent n'a échappé à l'observation. C'est toujours l'observation — et non le raisonnement lui-même — qui est sujette à caution. (Voyez plus bas.)

Le canon sera : quand un phénomène varie, si toutes les circonstances, sauf une, demeurent invariables, toutes les circonstances invariables devant être exclues, l'unique antécédent restant est nécessairement la cause cherchée[1].

La célèbre expérience de Pascal sur le Puy de Dôme est une preuve par variations concomitantes de la liaison qui existe entre la pesanteur de l'air et la hauteur de la colonne barométrique[2].

4° Méthode des résidus. — Soit un effet complexe $abcd$ qui s'est produit à la suite du groupe de circonstances ABCD. Si, en vertu d'inductions antérieures, je sais que B a pour effet b, C pour effet c, D pour effet d, cherchant la cause du reste a de l'effet total, je puis exclure BCD qui, produisant comme effet bcd, ne peuvent en même temps produire a. Donc, défalcation faite de cette partie du conséquent et de cette partie des antécédents, la coïncidence entre A et a devient, s'il n'y a pas d'autre antécédent resté inconnu, une coïncidence solitaire : dont A est la cause cherchée.

« La plupart des phénomènes que nous offre la nature, dit Herschel (p. 153), sont très compliqués, et, quand on les a disséqués, qu'on a rapporté aux causes connues déjà les parties expliquées, ce qui reste se présente constamment sous la forme d'un phénomène à la fois neuf et propre à conduire aux plus importantes conclusions.... Arago ayant suspendu une aiguille aimantée par un fil de soie et l'ayant mise en mouvement, crut remarquer qu'elle arrivait plus vite au repos quand elle oscillait au-dessus d'un plateau de cuivre. Il y avait là deux causes qui pouvaient produire cet effet : la résistance de l'air, et celle du fil de soie. Mais l'effet de ces deux causes pouvait être exactement déterminé par l'observation faite en l'absence du cuivre. Déduction faite de cet effet, le phénomène résidu consistait en ce que le cuivre développait en effet une influence retardatrice. Ce fait a été la première origine de la découverte de l'électricité magnétique. »

---

1. La méthode des variations peut être aisément ramenée à la méthode de différence. Il suffit pour cela de considérer la variation (par exemple, l'augmentation) de l'effet comme un phénomène nouveau, et la variation de la cause (par exemple, l'augmentation) comme une cause nouvelle. — Réciproquement, la méthode de différence peut être ramenée à la méthode des variations. Il suffit pour cela, comme le remarque M. Renouvier, de considérer l'absence de la cause et de l'effet comme la valeur zéro de la cause et de l'effet.

2. La méthode des variations, qui peut s'associer aux précédentes, supplée le plus souvent la méthode de différence, lorsqu'il s'agit de déterminer l'action de certaines causes qu'on ne peut jamais supprimer. Il peut être alors possible de faire au moins varier cette cause sans modifier les autres circonstances, ou bien la nature elle-même le fait pour nous. D'où l'application possible de la méthode des variations. C'est ainsi qu'on prouve l'action de la chaleur sur la dilatation des corps, l'action de la lune sur les marées.

Le canon sera le suivant : lorsqu'une portion d'un phénomène peut être, de science certaine, attribuée à certains des antécédents donnés, ces antécédents étant, par cela même, exclus de la production du reste du phénomène, ce reste est l'effet du reste des antécédents.

Dans d'autres cas, l'antécédent auquel on doit rapporter le phénomène en résidu ne s'offre pas de lui-même, comme dans le cas qu'on vient de rapporter : il reste à le déterminer. Ainsi, le mouvement d'Uranus s'expliquant dans son ensemble par des causes connues, les irrégularités de ce mouvement étaient un résidu qui, déterminé avec précision, conduisit Leverrier à la découverte de Neptune. « Presque toutes les grandes découvertes en astronomie, dit Herschel (*Esquisses d'astronomie*, p. 584), ont été le fruit de l'étude des restes. Telle fut l'insigne découverte de la précession des équinoxes. »

Elle est impliquée dans les trois premières. — Cette méthode est considérée par certains logiciens comme accessoire par rapport aux trois autres. Pourtant, outre qu'elle a fourni de son importance des preuves assez éclatantes, on peut remarquer qu'elle intervient constamment dans l'usage des trois premières. Quand on cherche l'antécédent d'un phénomène déterminé, on le cherche d'ordinaire dans un groupe assez restreint d'antécédents. De quel droit? C'est que, se fondant sur la connaissance déjà acquise des lois de la nature, on débute dans la recherche par *une immense exclusion* de tous les antécédents que l'on sait déjà n'avoir pas de rapport avec le phénomène dont il s'agit. Le phénomène en question est considéré dans l'ensemble de la nature comme un reste encore inexpliqué, dont il s'agit de trouver la cause parmi les seules causes qui, n'étant pas encore pourvues d'un rôle et d'une fonction déterminés, demeurent en résidu et disponibles pour de nouvelles explications. Otez cette exclusion par laquelle le phénomène étudié est considéré comme un reste de l'effet universel (qui est l'état total du monde à un moment donné), explicable par un reste de l'antécédent universel (qui est l'état du monde à l'instant antérieur), et, chaque fois que l'on aura à chercher la cause d'un phénomène, il faudra passer en revue toutes les parties de cet antécédent universel, à commencer, comme il était de règle pour les devins d'autrefois, par la position des astres, les entrailles des bœufs, l'appétit des volailles et les éternuements intempestifs. C'est grâce à une application préalable de la méthode des résidus que cette tâche impossible est réduite en fait à une tâche accessible aux forces humaines.

Toutes s'y ramènent. — Il y a plus à dire : non seulement une application préalable de la méthode des résidus est nécessaire pour réduire et délimiter le champ d'application des autres méthodes, mais encore ces méthodes elles-mêmes, d'après les explications qui précèdent, ne sont évidemment que des variations de la méthode des résidus. Dans toutes ces méthodes, la cause est obtenue comme *reste* d'une soustraction ou d'une exclusion. Il n'y a que le motif de l'exclusion qui varie. Dans la méthode d'accord, le motif de l'exclusion, c'est l'absence de certains antécédents alors que le phénomène en question est présent; dans la méthode de différence, c'est la présence de certains antécédents alors que le phénomène est absent; dans la méthode des variations, c'est la non-variation de certains antécédents alors que le phénomène varie; dans la méthode des résidus, enfin, c'est l'attribution déjà faite à certains antécédents d'effets autres que le phénomène étudié.

Imperfection pratique de ces méthodes. — Il a été prouvé que la méthode d'exclusion est en soi d'une rigueur absolue. Mais, il faut le reconnaître, dans l'application de cette méthode on est toujours exposé à des illusions et à des erreurs. Certes, si on suppose les expériences réduites à des formules aussi nettes que celles que nous avons représentées par des lettres, formules qui sont comme le schème abstrait et idéal de ces méthodes, la conclusion qu'on en tire est rigoureuse, mais le grand point, comme l'a dit Whewell, est de réduire les expériences à de telles formules. En d'autres termes, la difficulté ne réside pas dans le raisonnement expérimental lui-même, mais dans l'exacte et complète analyse des cas qu'on lui soumet : elle réside, en un mot, dans l'observation elle-même.

Difficulté de la parfaite exclusion. — En quoi consiste ici la plus grande difficulté [1]? A n'omettre aucun des antécédents parmi lesquels la cause doit être cherchée. Si cette condition n'a pas été remplie, on croira l'exclusion complète alors qu'elle ne l'est pas; et l'antécédent restant, qui dès lors sera pris pour cause, ne sera peut-être pas la vraie cause, puisqu'il restera en outre, sans

---

1. Il y en a d'autres, sur lesquelles nous ne pouvons insister ici · par exemple, à prendre les choses en gros, et il faut souvent les prendre ainsi dans la pratique, les mêmes effets peuvent être produits par diverses causes, d'où l'infériorité pratique de la méthode d'accord en particulier.

qu'on s'en doute, d'autres antécédents qui n'ont pas été exclus.
Les causes qui se dérobent sont la grande pierre d'achoppement
dans les inférences scientifiques aussi bien que dans les inférences
vulgaires. Un homme tombe frappé d'une balle. La balle est la
seule circonstance *apparente* à laquelle on puisse, par la méthode
de différence, attribuer sa mort. Qui sait cependant si, dans l'instant
qui précédait immédiatement, il n'avait pas été frappé d'apoplexie?
L'ignorance de la pesanteur de l'air avait conduit à attribuer au
vide ou, comme on disait, à l'horreur du vide l'ascension de l'eau
dans les pompes [1]. — Les omissions de ce genre sont plus communes,
il est vrai, dans les cas de simple observation que dans les cas
d'expérimentation, où l'on opère au milieu de circonstances plus rigoureusement déterminées, en apportant soi-même à ces circonstances un changement que l'on s'efforce de déterminer lui-même
avec précision. Cependant, même alors elles sont possibles, et bien
souvent l'expérimentateur, croyant introduire ou supprimer un
seul antécédent, en introduit ou en supprime un autre, ou plusieurs
autres concomitants du premier, dont il ne s'aperçoit pas. Là est la
grosse difficulté de la méthode expérimentale en physiologie : par
exemple, quand on veut, par vivisection, démontrer les fonctions des
organes. Le phénomène produit n'est pas toujours le résultat direct
de la suppression d'un certain organe, mais souvent le contre-coup
plus ou moins éloigné de l'effet produit par cette suppression sur
un autre organe, ou sur l'ensemble de l'économie. C'est pour cette
raison que, jusqu'à notre époque, on avait cru la méthode expérimentale à peu près inapplicable à la physiologie.

Ainsi la découverte des causes se fait par l'élimination des antécédents qui ne sont pas cause. Mais, pour être sûr que l'élimination
complète, condition de cette méthode, est réalisée, il faudrait avoir
pu, au préalable, éliminer l'inconnu de ses observations et de ses
expériences même. Or il n'est pas de règle logique pour l'élimination de l'inconnu. Il n'y a pas de preuve qu'une énumération des
antécédents soit jamais exacte et complète. L'unique ressource ici,
c'est donc « l'art vivant de l'observation et de l'expérience [2] », fruit

1. Remarquons que le vide est bien une condition nécessaire du phénomène.
Il y a plus : si on limite la question posée à ces termes-ci: quelle est la cause de
la différence du niveau de l'eau avant et après l'ascension du piston? il n'y a
de cause assignable que celle-ci : l'ascension du piston et le vide ou place
libre qui en résulte. L'action de l'air est la même aux deux moments; la différence de l'effet vient donc uniquement de la différence des conditions où cette
action s'exerce.

2. Renouvier, *Logique*, t. II, p. 208 et suiv. Dans ce chapitre, M. Renouvier

des dons naturels et de la pratique. Mais cet art, qui n'est pas un ensemble de règles, ne peut prétendre à l'infaillibilité. C'est pourquoi les conclusions scientifiques, dans les sciences inductives, demeurent, quoi qu'on fasse, affectées de la possibilité d'un doute. Cette possibilité est fort souvent pratiquement négligeable; elle n'est jamais mathématiquement égale à zéro.

Résumé. — En résumé, deux méthodes possibles pour la recherche des causes : la méthode des coïncidences et la méthode des exclusions.

L'une est directe; l'autre est indirecte.

L'une, procédant par exclusion du hasard, adopte comme *indice* de la causalité les coïncidences entre un antécédent et un conséquent; l'autre, procédant par exclusion des antécédents qui ne sont pas cause, adopte comme *preuve* de la causalité les non-coïncidences entre ce conséquent et tous les antécédents sauf un, par où la coïncidence entre ce même conséquent et cet antécédent restant est démontrée coïncidence solitaire, c'est-à-dire causale.

Au point de vue *logique*, l'une n'est pas rigoureuse; l'autre l'est. D'une part, la preuve à fournir est indéfinie, la conclusion ne peut donc devenir qu'infiniment probable. D'autre part, la preuve à fournir est déterminée : la conclusion peut donc devenir certaine, à savoir : quand elle s'impose comme l'unique hypothèse restée possible.

Au point de vue *pratique*, l'une est longue : comme l'avare, elle fait un total qui ne lui paraît jamais suffisant; l'autre est relativement courte : son but est atteint dès qu'elle a trouvé deux cas où les groupes d'antécédents ne diffèrent qu'en une circonstance déterminée.

Les deux méthodes peuvent d'ailleurs être simultanément employées et tirer parti, à deux points de vue différents, des mêmes tables de faits.

Dans leur application, l'une et l'autre font usage de matériaux fournis par l'observation. Or toute observation est faillible. Donc aucune de ces deux méthodes, ni toutes deux réunies ne sauraient

a fait une critique très pénétrante des méthodes de Mill. Nous croyons qu'il y aurait eu avantage à distinguer, comme nous l'avons fait, la valeur logique de ces méthodes considérées *in abstracto*, de la valeur pratique de leur application *in concreto*. En outre, peut-être M. Renouvier exagère-t-il la difficulté de l'énumération complète des antécédents. Les cas où les causes se dérobent si obstinément et sont masquées par d'autres antécédents sont, après tout, des exceptions. — On ne saurait d'ailleurs contester à M. Renouvier que la certitude dans les sciences physiques n'est jamais absolue.

procurer aux sciences où on les met en œuvre une certitude absolue.

On ne saurait trouver nulle part, dans l'histoire des sciences, une « illustration » plus éclatante de la vraie nature du raisonnement expérimental appliqué à la démonstration de la cause, que les recherches de M. Pasteur touchant les fermentations, la question des générations spontanées, les maladies virulentes, la rage, etc.

Dans toutes ces recherches, où il s'agit précisément de déterminer la cause, tout l'effort de l'expérimentation tend à réaliser la complète exclusion de tous les antécédents, sauf un, qui se trouve dès lors reconnu comme la vraie cause. Rappelons seulement quelques-unes des mémorables expériences par lesquelles M. Pasteur a clos le débat sur les générations spontanées (Pasteur, *Comptes rendus des séances de l'Académie des sciences*, 1860; *Annales des sc. nat.*, 4ᵉ série, t. XVI; *Rev. des cours sc.*, avril 1864). Il s'agissait de savoir si les êtres vivants microscopiques qui donnent naissance aux fermentations peuvent, comme le soutenaient M. Pouchet et les autres partisans de l'*hétérogénie*, naître spontanément, sans parents, dans un milieu dénué de vie, — ou bien, comme le soutenait M. Pasteur, si ces êtres vivants naissent de germes vivants charriés et déposés par l'air dans le milieu fermentescible.

Expérience de M. Pouchet. — Un flacon est rempli d'eau bouillante et bouché hermétiquement, puis renversé et plongé dans la cuve à mercure. L'eau étant refroidie, le flacon est débouché sous le métal, et un demi-litre de gaz oxygène pur (ce gaz est nécessaire à la vie) y est introduit. Aussitôt après, on y introduit aussi, sous le mercure, une petite botte de foin sortant d'une étuve chauffée à plus de 100 degrés. Au bout de huit jours, il y a dans cette infusion de foin une moisissure développée. De cette expérience M. Pouchet concluait que les germes ne sont pas la cause de la fermentation. En effet, les germes n'ont pu être apportés par l'oxygène pur obtenu par combinaison chimique à la température de l'incandescence; ni par l'eau, qui a été privée de germes par l'ébullition; ni par le foin chauffé à plus de 100 degrés. Donc la vie qui se développe dans le flacon y naît spontanément.

Critique de l'expérience par M. Pasteur. — « Je vais démontrer qu'il y a une cause d'erreur que M. Pouchet n'a pas aperçue (exclusion incomplète), dont il ne s'est pas douté le moins du monde, dont personne ne s'était douté avant lui, et cette cause d'erreur rend son expérience complètement illusoire.... C'est le mercure qui, dans toutes les expériences de cette nature, apporte dans les vases les germes qui sont en suspension dans l'air. Car il n'est pas possible de manipuler sur la cuve à mercure sans faire pénétrer dans l'intérieur du vase les poussières et par suite les germes qui sont à sa surface. »

Expériences contradictoires de M. Pasteur. — On prend un flacon de verre dont le col, allongé et recourbé, communique avec un tube de platine disposé sur un fourneau. Dans le ballon on place un liquide très putrescible, de l'urine par exemple. On fait bouillir l'urine, puis on laisse refroidir le liquide, mais sans arrêter le feu qui chauffe le tube en platine. Pendant le refroidissement du liquide, l'air extérieur rentre, mais après avoir été chauffé par le tube de platine rougi, et privé par suite des germes qu'il pouvait tenir en suspension. Dans une expérience ainsi faite, l'urine ne s'altère jamais.

Par une application de la méthode de différence, M. Pasteur raisonnait ainsi : puisqu'il n'y a, entre cette expérience et le cas où, de l'air non chauffé arrivant au contact du liquide, la fermentation s'établit, *d'autre différence* que cette élévation même de la température de l'air, qui a pour effet de détruire les germes qui y sont suspendus, tous les autres antécédents peuvent être exclus, et ces germes sont la cause cherchée.

Critique de cette expérience par les partisans de l'hétérogénie. — L'exclusion des causes possibles, autres que les germes, est incomplète. La cause de la vie peut consister dans un certain milieu approprié mis en activité par un certain fluide, magnétisme, électricité, ozone, etc. Or, par le passage de l'air dans le tube de platine chauffé au rouge, tout cela est détruit. De là la stérilité du liquide.

Réponse de M. Pasteur; nouvelle expérience. — Si on ne laisse arriver au contact du liquide fermentescible que de l'air filtré au moyen d'une bourre de coton, la fermentation ne s'établit pas. — *Contre-épreuve :* Si dans ce même liquide on ensemence un fragment de ce coton chargé des poussières de l'air, la fermentation s'établit aussitôt. — Même résultat si, au lieu d'ensemencer une bourre de coton, auquel on pourrait attribuer, en sa qualité de matière organique, une influence quelconque dans la fécondité des infusions, on ensemence une bourre d'amiante. (Nouvelle exclusion; emploi de la méthode de concordance.)

Autre expérience encore plus décisive. — On place une infusion très altérable dans un vase à long col. On fait bouillir le liquide, puis on le laisse refroidir. Au bout de quelques jours il y aura des infusoires dans le liquide. L'ébullition a détruit les germes qui pouvaient exister dans le liquide et à la surface des parois du vase. Mais, comme cette infusion se trouve remise au contact de l'air, elle s'altère comme toutes les infusions. — Maintenant on répète cette expérience après avoir préalablement étiré à la lampe d'émailleur le col du flacon, de manière à l'effiler, en laissant toutefois son extrémité ouverte. Cela fait, on porte le liquide du ballon à l'ébullition, puis on laisse refroidir. Le liquide reste alors indéfiniment inaltéré. « Or quelle différence, demande M. Pasteur, existe-t-il entre ces deux vases? (méthode de différence). Pourquoi celui-ci s'altère-t-il, tandis que celui-là ne s'altère pas? Car remarquez bien que tout ce qu'il y a dans l'air (hormis ses poussières : unique différence qui permet d'exclure tous les antécédents communs) peut entrer très facilement dans l'intérieur du vase de la deuxième expérience et arriver au contact du liquide. Imaginez tout ce que vous voudrez dans l'air, électricité, magnétisme, ozone et même ce que nous n'y connaissons pas encore, *tout peut entrer* et venir au contact de l'infusion. *Il n'y a qu'une chose qui ne puisse pas rentrer* facilement, ce sont les poussières en suspension dans l'air, qui se déposent sur les parois du col effilé et recourbé. » Tous les autres antécédents étant identiques, ils se trouvent donc tous exclus simultanément, et cette différence est la cause cherchée.

Contre-épreuve ; nouvelle application de la méthode de différence. — Si l'on agite vivement le vase dont le liquide est demeuré inaltéré, au bout de deux ou trois jours il renferme des animalcules et des moisissures. Pourquoi ? Parce que la rentrée de l'air a eu lieu brusquement et a entraîné avec lui des poussières.

Contre-épreuve nouvelle. — Si l'on penche seulement le ballon de façon à faire arriver une gouttelette du liquide de l'infusion vers l'extrémité de la partie courbe du col, là où se sont arrêtées les poussières, et si l'on fait rentrer ensuite dans le ballon la gouttelette pour la mettre au contact de l'infusion, le résultat est le même : les organismes se multiplient. — Il est impossible, on peut le dire, de pousser plus loin l'élégance de l'expérimentation, c'est-à-dire la simplicité de l'expérience et la force de la preuve qui en résulte, car il est impossible d'introduire, au milieu de circonstances demeurées identiques, une différence plus nettement déterminée que ce simple contact entre une goutte du liquide et les parois du col chargées de poussière. La démonstration atteint ici une rigueur pour ainsi dire idéale.

Objection d'un autre genre. — Toutes ces expériences portent sur des liquides organiques très altérables, il est vrai, mais qui ont subi la température de l'ébullition. D'où une nouvelle objection que M. Pasteur se fit à lui-même. Si l'on mettait au contact d'un air pur des liquides organiques naturels, dans l'état où la vie végétale et animale les élabore, c'est alors peut-être que naîtraient spontanément les êtres microscopiques.

Réponse fournie par une expérience nouvelle. — Après avoir prouvé que la cause de l'absence de fermentation n'était pas une transformation subie par l'air en passant dans un tube rougi, M. Pasteur prouva de même que l'on ne pouvait alléguer une transformation subie par les liquides par suite de l'ébullition. A la vérité, l'objection se trouvait déjà écartée par ce fait, que ces liquides, restés stériles durant des années, devenaient féconds dès qu'on les mettait en contact avec les poussières de l'atmosphère. Mais M. Pasteur, voulant exclure plus directement encore la possibilité de cette hypothèse, fit voir que du sang et de l'urine, les liquides les plus altérables que l'on connaisse, prélevés directement, par un artifice particulier, dans les veines ou dans la vessie d'animaux vivants, en pleine santé, et exposés ensuite au contact de l'air, mais de l'air privé de ses germes, ne sont pas le moins du monde altérés. On ne voit plus après cela quelle cause M. Pasteur aurait eu à exclure. La cause qu'il assignait ne pouvait donc plus être contestée.

Autre catégorie d'expériences. — Soit une série de vases, dont le liquide est porté à l'ébullition et dont le col est ensuite fermé pendant l'ébullition à la lampe d'émailleur. Le liquide reste inaltéré. On brise alors le col, l'air rentre. Si la génération spontanée existe, que doit-il arriver ? Le liquide va s'altérer. En effet, c'est ce qui arrive. Mais seulement pour un certain nombre de vases, les autres demeurent inaltérés. « Quoi de plus impossible qu'un tel résultat dans l'hypothèse de la génération spontanée ? » (Les causes présumées de la vie étant également données dans tous les cas, pourquoi la vie n'apparaît-elle pas dans un certain nombre de ces cas? Toutes ces causes prétendues se trouvent donc exclues à la fois : méthode de différence.) « Au contraire, quoi de plus naturel, de plus nécessaire dans l'hypothèse adverse ? En effet, s'il est vrai qu'il y a des germes dans l'air, il y a évidemment dissémination de ces germes, il est clair qu'il y en a ici et que là il n'y en a pas. Qui dit dissémination aérienne des germes dit absence de continuité de la cause des générations spontanées. »

Variation de cette expérience: méthode des variations. — « Et quand est-ce que le nombre des ballons qui ne s'altèrent pas sera le plus considérable? C'est évidemment quand on s'éloignera des lieux habités, où il y a beaucoup de poussières, quand on s'élèvera sur des montagnes ou qu'on descendra dans les profondeurs de la terre. » Sur vingt ballons préparés ouverts dans la campagne par M. Pasteur, huit se sont altérés. Sur vingt autres ouverts aux premières hauteurs du Jura, cinq seulement se sont altérés. Sur vingt derniers ouverts sur la Mer de glace, un seul s'est altéré. Inversement, des ballons ouverts dans une pièce où l'on vient de soulever les poussières en époussetant les meubles ou en balayant la pièce, s'altèrent sans exception. On ne voit pas, dans ces cas divers, d'autre cause, variant proportionnellement au nombre des ballons qui s'altèrent, que le nombre des germes présents dans l'air. Toutes les autres circonstances se trouvant ainsi exclues, cette cause est donc la cause cherchée.

CHAPITRE IX

LA GÉNÉRALISATION DE L'EXPÉRIENCE

L'INDUCTION, SA NATURE, SON PRINCIPE

Nécessité de l'induction. — Par le raisonnement expérimental, sous la forme de l'une ou de l'autre des méthodes que l'on vient d'exposer, on interprète l'expérience, c'est-à-dire que, dans les cas soumis à l'expérience, on distingue l'antécédent causal ou déterminant des antécédents accidentels.

Mais que servirait de savoir que, dans tel et tel cas donnés, la cause d'un certain phénomène a été tel phénomène et non pas tel autre? Le passé est passé. Si l'interprétation des faits passés ne peut servir à la prévision de l'avenir, la science n'est qu'une vaine curiosité.

Mais, en fait, de l'interprétation de l'expérience le savant passe immédiatement à la généralisation de l'expérience. Dès qu'un rapport entre deux phénomènes a été reconnu pour un rapport de causalité, sans hésitation il en fait une loi, c'est-à-dire qu'il le conçoit comme un rapport nécessaire et universel. C'est ce passage de l'interprétation de l'expérience à la généralisation de l'expérience qui se nomme proprement induction.

Problème qu'elle soulève. — Ce passage n'est jamais pour le savant une difficulté. Autant il a de scrupule et use de précaution quand il s'agit d'interpréter l'expérience, c'est-à-dire de discerner la cause dans les cas qui lui sont soumis, autant il est prompt et semble sûr de son droit quand il s'agit d'ériger en loi, pour tous les cas possibles, le rapport reconnu comme un rapport de causalité. Cette seconde opération arrête si peu le savant, qu'elle suit spontanément et immédiatement la première, et se confond en fait avec elle.

En droit, cependant, cette seconde opération est distincte de la première, et le logicien est tenu de la justifier.

En effet, à s'en tenir rigoureusement aux résultats acquis par la première opération, on sait seulement que, dans les cas observés, tels et tels antécédents ont été sans action sur un certain effet ; que, par rapport à cet effet, ils ont été, pour ainsi dire, comme s'il n'était pas, et que tel autre antécédent, synchrone des premiers, a été au contraire, par rapport à l'effet, comme s'il était seul, c'est-à-dire a déterminé l'effet. De là à dire que ce même effet sera toujours donné quand cet antécédent sera donné, et ne sera donné que s'il est donné, il y a loin : il y a la distance de *quelque* à *tous*, du fini observé à l'infini non observé et non observable. — Qu'est-ce donc qui légitime cette extension illimitée donnée aux résultats de l'expérience ? Tel est le problème que soulève l'induction.

§ I

L'induction formelle. — Il y a une espèce d'induction, connue sous le nom d'induction *aristotélicienne*, parce que Aristote en a le premier donné la théorie, — ou d'induction *formelle*, parce que, comme le syllogisme, dont elle n'est qu'une variété, elle conclut en vertu de la seule forme, *vi formæ*, c'est-à-dire en vertu de la seule logique ou de l'accord de la pensée avec elle-même, ou, si l'on aime mieux, du principe d'identité. En quoi consiste cette induction ? et peut-elle fournir la solution de la difficulté qui nous occupe ?

Rapport et différence avec le syllogisme. — Dans le syllogisme ordinaire on applique une loi générale à un cas particulier. Par exemple, en appliquant cette loi générale : *Les animaux sans fiel vivent longtemps* (c'est l'exemple d'Aristote), au cheval, animal sans fiel, on conclut que le cheval vit longtemps. — Mais comment démontrer syllogistiquement une loi générale, lorsque cette loi n'est pas elle-même la conséquence d'une autre loi plus générale et qu'on ne peut prendre comme base de la démonstration que des faits ou des exemples particuliers ?

Voici la réponse d'Aristote (*Anal. pr.*, liv. II, 23) : Dans le syllogisme ci-dessus on a comme extrêmes *cheval* (mineur) *vivant longtemps* (majeur) ; le moyen est *animal sans fiel* ; et le syllogisme a pour objet de démontrer le majeur (*vivant longtemps*) du mineur (*cheval*), par l'intermédiaire du moyen (*sans fiel*). — Dans le syllogisme inductif il s'agit de prouver le même grand terme (*vivant longtemps*), du moyen (*animal sans fiel*), par l'intermédiaire du petit, *les divers animaux sans fiel*, soit l'*homme*, le *cheval*, le *mulet*. Le syllogisme se construira comme il suit.

La proposition qui était la conclusion dans le syllogisme déductif deviendra la majeure du syllogisme inductif : *l'homme, le cheval, le mulet vivent longtemps.*

La mineure reste la même : *l'homme, le cheval, le mulet sont animaux sans fiel.*

Ces deux prémisses posées, à quelle condition pourra-t-on avoir une conclusion universelle? A condition, répond Aristote, que, les deux termes de la mineure ayant même extension, la mineure puisse se convertir et qu'on puisse dire : *les animaux sans fiel sont l'homme, le cheval et le mulet.* Il s'ensuit alors qu'on peut, dans la conclusion, substituer au sujet de la majeure (homme, cheval et mulet) l'attribut, d'égale extension, de la mineure (animaux sans fiel), et dire : *les animaux sans fiel vivent longtemps.*

Ainsi, la conclusion du syllogisme déductif devient la majeure du syllogisme inductif, et réciproquement. La majeure et la conclusion ont tourné autour de la mineure, qui est restée la même. Mais, pour que la conclusion soit possible, il faut que la mineure à son tour puisse tourner sur elle-même et se convertir. Toute la force du syllogisme inductif est donc dans la conversion de la mineure.

Que suppose elle-même cette conversion? Règle générale, les propositions universelles affirmatives ne se convertissent pas simplement, mais par accident, en perdant leur extension universelle (ch. iv). Que faut-il donc pour que la conversion pure et simple soit possible?

Il faut, dit Aristote, que le sujet de la mineure, qui représente les cas particuliers observés, *soit constitué par tous les cas individuels de l'espèce* (ἐξ ἁπάντων τῶν καθέκαστον συγκείμενον), car l'induction se fait par le moyen de la totalité des cas (ἡ γὰρ ἐπαγωγὴ διὰ πάντων).

Rapport avec le syllogisme de la troisième figure. — Tout ceci deviendra plus clair si, au lieu de comparer l'induction formelle au syllogisme de la première figure, nous la comparons au syllogisme de la troisième figure, de laquelle elle fait partie. Le syllogisme déductif de la troisième figure serait : L'homme, le cheval et le mulet vivent longtemps; or l'homme, le cheval et le mulet sont animaux sans fiel : donc quelques animaux sans fiel vivent longtemps. Dans ce syllogisme, les termes sont les mêmes que dans le syllogisme inductif, et les propositions occupent la même place. Seulement, dans le syllogisme déductif de la troisième figure, les exemples allégués ne constituent pas toute l'espèce du mineur (*animal sans fiel*,— l'homme, le cheval et le mulet ne sont pas considérés comme étant *tous* les animaux sans fiel); la mineure ne peut donc se convertir que par accident, en devenant particulière (*quelques animaux sans fiel sont l'homme, le cheval et le mulet*); et, par conséquent, on ne peut non plus conclure que pour une partie de l'espèce (*quelques animaux sans fiel vivent longtemps*). — Dans le syllogisme inductif les exemples allégués épuisent toute l'extension de l'espèce du mineur (*animal sans fiel*), d'où la possibilité de convertir la mineure sans changement, et finalement de conclure pour la totalité de l'espèce (*tout animal sans fiel vit longtemps*). L'induction formelle est donc un syllogisme de la troisième figure, dans lequel la convertibilité de la mineure, résultant de la parfaite équation de ses deux termes, c'est-à-dire des cas particuliers allégués et de l'espèce, permet de conclure universellement touchant cette espèce.

Cette induction ne résout pas le problème scientifique. — Logiquement la théorie aristotélicienne de l'induction est irréprochable. Mais il est visible que ce moyen de preuve ne répond en rien au problème inductif tel qu'il se pose dans les sciences de la nature. Et certainement Aristote ne s'y est pas mépris[1].

1. Aristote, dans le passage des *Analytiques* où il parle de l'induction, n'a voulu traiter qu'un problème de Logique ; il s'est demandé à quelles conditions l'induction *pourrait* se ramener à un syllogisme. La solution qu'il a donnée de ce problème est théoriquement irréprochable. Mais Aristote n'a certainement pas cru que pratiquement de telles conditions pussent jamais être réalisées. Comment admettre qu'Aristote ait pu croire que l'homme, le cheval et le mulet soient les seuls animaux sans fiel? Et, d'une manière générale, comment admettre qu'il ait cru possible la complète énumération des cas particuliers d'une espèce, lesquels sont, par nature, en nombre illimité? La théorie logique de l'induction n'est donc pour lui qu'une *curiosité théorique ;* elle a de plu cet avantage de montrer admirablement ce qui précisément manque à l'induction, telle qu'en fait elle se présente, pour pouvoir être réduite au syllogisme, à savoir : la complète énumération des cas.

Par conséquent, le problème inductif, tel qu'il se pose en fait, pour Aristote comme pour nous, est de savoir ce qui peut suppléer à cette parfaite énumération des cas et combler l'intervalle entre les cas observés et la totalité des cas de l'espèce. Ce problème Aristote l'a résolu à la fin des *Analytiques,* par une théorie très originale de la connaissance, laquelle n'a rien de commun avec un procédé logique. D'après Aristote, dans un individu, nous avons la faculté de percevoir le genre, l'universel; et l'universel est même l'objet propre de la perception : « Nous percevons, dit-il, les êtres individuels : mais l'objet propre de la perception est l'universel, l'être humain, et non l'homme qui s'appelle Callias. » Il est clair qu'une semblable faculté rend l'énumération des cas et l'induction formelle tout à fait inutiles. Malheureusement Aristote ne s'explique nulle part, avec les éclaircissements nécessaires, sur la nature et le mode de procéder de cette faculté. Quoi qu'il en dise, ce n'est pas d'intuition et de prime abord que nous saisissons dans l'individuel la forme universelle, c'est-à-dire la loi des faits ou le type spécifique des êtres. On n'y parvient qu'à force de comparaisons et d'analyses. Si cette faculté dont parle Aristote existait, comment confondrait-on si souvent l'accidentel et l'universel? Pourquoi a-t-on cru si longtemps que tous les cygnes étaient blancs? (Cf. Lachelier, *du Fond. de l'Ind.* init.)

En effet, l'énumération complète des cas particuliers compris dans une espèce, condition indispensable de l'induction formelle, est pratiquement impossible. Elle serait possible s'il s'agissait d'une simple *collection* déterminée et finie : par exemple, on peut faire une énumération complète des élèves d'une classe, des soldats d'un bataillon, des planètes, etc. A des cas de ce genre l'induction formelle peut s'appliquer[1]. Mais une espèce n'est pas une collection donnée, déterminée, finie. Dans l'espèce rentrent, outre tous les cas actuellement donnés qui la représentent, tous les cas à venir dont nul ne peut fixer le nombre. L'espèce n'est donc jamais réalisée à la fois tout entière, à un certain moment. Elle est un perpétuel devenir, une possibilité toujours ouverte. Par suite, on ne fait pas le tour d'une espèce, pour conclure, en résumant ses observations, que dans toute son étendue elle possède tel ou tel caractère, comme, après avoir fait le tour d'une certaine étendue de terre, on peut, l'ayant trouvée partout entourée d'eau, conclure que c'est une île. — Le problème, tel qu'il se pose quand il s'agit d'une espèce d'êtres ou de faits, c'est donc de passer de quelques cas donnés à tous les cas possibles. Or, par l'induction formelle on passe seulement des cas donnés à l'ensemble *de ces mêmes cas.* On a, d'une part, des faits particuliers ; d'autre part, on a un terme collectif qui, sans y rien ajouter, les résume : on substitue l'un de ces termes à l'autre, rien de plus. Aucun progrès n'est réalisé, aucune extension n'est donnée à l'affirmation primitive. En un mot, on n'est pas plus avancé après qu'avant. L'induction formelle est donc sans usage là où il s'agit de passer de quelques cas donnés à tous les cas possibles, du fini à l'infini[2].

Résumé. — L'induction dépasse l'expérience. Le principe d'identité, loi de l'accord de la pensée avec elle-même, ne saurait nous donner ce mouvement qui nous permet d'aller, dans nos conclusions, bien au delà du point d'arrêt de l'expérience. D'où tirons-nous donc cette impulsion ?

---

1. Par exemple on pourra dire : Pierre, Paul, etc., font de la philosophie ; or Pierre, Paul, etc., sont élèves de cette classe ; et, par conversion simple, les élèves de cette classe sont Pierre, Paul, etc. : donc les élèves de cette classe font de la philosophie. Ou encore : La Terre, Mars, etc., tournent autour du Soleil ; or la Terre, Mars, etc., sont des planètes ; et, par conversion, les planètes sont la Terre, Mars, etc. : donc les planètes tournent autour du Soleil.

2. Loin d'être équivalente à l'induction scientifique, l'induction formelle, simple substitution d'un terme collectif à une pluralité, égale en étendue, de termes particuliers, n'est pas même équivalente au syllogisme ordinaire, qui suppose toujours un certain progrès de la pensée et quelque nouveauté dans la conclusion (*Psych.*, ch. XXV) ; elle n'est pas même une inférence.

§ II

L'induction n'est pas une simple association. — Nous vient-elle de l'association des idées? On sait que, grâce à l'association des idées, une expérience, quoique limitée, peut, si elle est suffisamment répétée, engendrer une habitude quasi nécessaire de penser conformément à cette expérience. L'expérience répétée d'une succession de phénomènes lie les idées de ces phénomènes dans notre esprit. Par suite, dès que l'un de ces phénomènes est perçu, l'idée de son conséquent ordinaire surgit dans l'esprit. L'association des idées engendre ainsi l'attente, c'est-à-dire la prévision de l'avenir. Par là, l'association des idées semble s'identifier avec l'induction. — Nous avons déjà discuté cette théorie (*Psych.*, ch. xxv, § 1).

1° Distinction de nature : elle est un acte intellectuel. — Tout d'abord, entre la consécution d'idées habituelle, avec l'attente qui en résulte, et l'induction proprement dite, avec la prévision qu'elle fonde, la ressemblance de *nature* n'est qu'extérieure : la différence est *essentielle*. La consécution et l'attente consistent, en effet, dans une simple succession mécanique d'images, où n'entre nécessairement aucune idée expresse de causalité, de liaison universelle et nécessaire. Au contraire, ces idées proprement intellectuelles, idées auxquelles un être purement empirique, comme l'animal, n'atteint jamais, sont les éléments caractéristiques de l'idée de la loi.

Ces éléments intellectuels, l'homme les fait pénétrer jusque dans ses associations empiriques. De là tant de sophismes et de préjugés dont la formule générale est : *post hoc ergo propter hoc.* Un préjugé, c'est une association machinale indûment rationalisée et convertie en loi, par une sorte de connivence de la raison avec l'habitude. La raison adopte pour ainsi dire l'œuvre de l'habitude, comme un homme donne parfois son nom et ses titres à des enfants adoptifs, fils du hasard et de la nature, qui ne les méritaient pas.— C'est précisément parce que les consécutions habituelles ne restent pas, chez l'homme, ce qu'elles sont et demeurent dans un être réduit à l'association, et parce qu'elles se transforment chez lui en liaisons intellectuelles, qu'on est porté à confondre l'habitude et l'induction, la consécution et la loi. L'analyse discerne aisément ces deux ordres d'opérations et leurs résultats (*Psych.*, p. 223-224).

2° Distinction d'origine : elle suppose l'interprétation de l'expérience. — Mais, en laissant de côté cette distinction essentielle, il nous suffirait ici d'invoquer la distinction *d'origine*. L'association est fondée sur la répétition des expériences, et sa force est proportionnelle à la fréquence des répétitions. L'induction scientifique est fondée sur l'*interprétation* de l'expérience, laquelle procède par la comparaison, l'analyse des expériences, et qui est d'autant plus sûre qu'elle a pu se fonder sur un moins grand nombre de cas. Qu'il soit établi par la méthode de différence, laquelle suppose la comparaison de deux cas seulement, — l'un où le phénomène en question est donné, l'autre où il ne l'est pas, — que, dans celui de ces cas où le phénomène en question est donné, la cause n'a pu être qu'un certain antécédent A; le savant, sans plus ample informé, généralise et dit : « Partout et toujours, dans les mêmes conditions, ce même antécédent sera suivi du même conséquent ». Quel rapport y a-t-il entre la tendance aveugle déterminée par la répétition des impressions et croissant avec elle, et cette généralisation qui tantôt ne se croira pas justifiée par l'expérience d'une multitude de cas, et tantôt, au contraire, se juge suffisamment autorisée par la simple comparaison de deux cas?

Il y en a si peu, que, le plus ordinairement, l'induction scientifique, fondée sur l'*interprétation* des successions phénoménales, ne s'établit qu'en invalidant et en remplaçant quelque croyance erronée fondée sur le simple *enregistrement* des successions phénoménales dans la mémoire. L'avènement de la science met fin au règne du préjugé.

On ne saurait donc identifier l'association et l'induction, à moins de dire qu'entre l'opération mentale du chien qu'on dresse à coups de fouet, et l'opération mentale par laquelle Pascal, rompant avec les associations établies, pose, au nom d'une expérience décisive, la loi de l'ascension des liquides dans les tubes où l'on fait le vide, il n'y a aucune différence.

§ III

Vraie théorie : principe inductif. — Par l'élimination de ces deux explications du procédé inductif, nous sommes conduits à l'explication véritable. D'une part, l'induction n'est pas un simple résumé de l'expérience, et ne se fonde pas sur le principe d'identité. D'autre part, l'extension donnée par l'induction aux résultats de l'expérience ne dérive pas de la force impulsive donnée à l'esprit par la répétition de l'expérience et l'habitude. Reste donc que cette extension soit due à un principe rationnel, comme le principe d'identité, mais *amplificatif* ou *extensif*, à la différence du principe d'identité : ce principe, c'est le principe du **déterminisme** (Cl. Bernard) ou des lois, qui peut s'énoncer de diverses façons : Le cours de la nature est uniforme ; — Dans certaines conditions déterminées, les phénomènes se produisent toujours, et autrement ne se produisent jamais ; — Les mêmes causes produisent les mêmes effets, et les mêmes effets sont produits par les mêmes causes, etc. [1].

Ce principe admis, l'induction, qui sans ce principe apparaissait comme le plus grossier des sophismes, devient légitime. L'induction conclut de *quelques* à *tous*. Règle générale, cette conclusion est interdite : *latius hunc (terminum) quam præmissæ conclusio non vult*. Mais, en vertu du principe des lois, il est un cas où elle est de droit : c'est le cas où la succession constatée un certain nombre de fois, ou même une seule fois entre deux phénomènes, est une succession causale : toute succession causale, dit le principe des lois, est une succession constante.

Formule de l'induction. — L'induction pourra dès lors se ramener à cette formule :

Principe des lois : Tout rapport de causalité est constant ;

Interprétation de l'expérience : Or le rapport constaté entre les phénomènes A et B, dans les cas donnés, est un rapport de causalité ;

Généralisation de l'expérience : Donc le rapport entre A et B est constant [2].

Des deux prémisses de ce raisonnement, l'une est rationnelle ; la seconde est la conclusion du raisonnement expérimental ou de l'interprétation de l'expérience, dont il a été question au chapitre précédent. La conclusion est constituée par la généralisation de l'expérience.

L'induction n'est pas un syllogisme. — On peut se

---

1. Ce principe est bien extensif, comme tous les jugements synthétiques, puisque à l'idée d'un rapport donné il ajoute l'idée de l'universalité de ce rapport.

2. On pourrait dire encore : Tout antécédent causal ou déterminant d'un phénomène est la condition nécessaire et universelle de ce phénomène ; or A est, dans tel cas donné, le déterminant de B : donc A est la condition nécessaire et universelle de B.

demander si ce raisonnement, qui affecte la forme d'un syllogisme, est bien un syllogisme. Il l'est certainement, si l'on veut appeler *syllogisme* tout argument qui rentre dans la définition générale qu'Aristote donne du syllogisme, à savoir : un argument tel que, deux choses étant posées, une troisième suit nécessairement, par cela seul que les deux premières sont posées. Comment nier que, dans le cas présent, les prémisses étant posées, la conclusion apparaisse aussi évidemment nécessaire que celle d'aucun syllogisme? — Mais si, comme c'est l'usage, on n'appelle pas syllogisme un argument qui enferme plus ou moins de trois termes, l'induction n'est pas un syllogisme. En effet, le terme qui est sujet de la mineure (rapport entre A et B, — si tant est qu'on puisse y voir proprement un terme) n'est pas le même que celui qui est sujet dans la conclusion. Dans la mineure, il s'agit d'un rapport *constaté* dans un ou plusieurs cas donnés. Ce terme représente donc un ou plusieurs faits; il est donc concret et particulier, ou mieux singulier, déterminé. Dans la conclusion, il devient abstrait et universel, car l'attribut qu'on lui donne, à savoir l'universalité, ne saurait, sans contradiction, s'attribuer à un terme déterminé et singulier. En d'autres termes, dans la mineure il est question de cas observés : or il est absurde que l'universalité affirmée comme attribut, dans la conclusion, s'attribue *à ces mêmes cas*. L'induction consiste justement à affirmer dans la conclusion une chose *pour d'autres cas* que les cas donnés, lesquels entraient seuls dans les prémisses du raisonnement[1]. Donc l'induction ne peut se ramener au syllogisme.

---

1. On a trop dit que le syllogisme était la seule forme possible de la déduction. Ce serait un problème bien digne d'attirer l'attention des logiciens que de déterminer les différentes formes de raisonnement distinctes du syllogisme proprement dit, et qui pourtant concluent aussi nécessairement que le syllogisme. Soit ce raisonnement : A = B, B = C, donc A = C. Veut-on le réduire à un syllogisme : la chose est impossible; on aurait quatre termes, savoir : A, égal à B, B, égal à C. De même si on dit : A est plus grand que B, B est plus grand que C, donc A est plus grand que C. De même encore si on dit : A est antérieur à B, B est antérieur à C, donc A est antérieur à C, etc. — Combien y a-t-il d'espèces de raisonnements de ce genre? Et, puisqu'on n'y conclut pas par le même moyen que dans le syllogisme, en vertu du *dictum de omni*, quelle est, dans tous ces cas, la raison justificative de la conclusion? A vrai dire, le syllogisme ne s'étend qu'aux cas où il s'agit de déterminer des rapports d'inclusion ou d'exclusion, soit au point de vue de la compréhension, soit au point de vue de l'extension, entre deux termes dont l'un est sujet, l'autre attribut. Les cas où les termes et les rapports sont d'autre nature, comme les rapports d'égalité ou d'inégalité entre des quantités, les rapports de succession et de causalité entre des événements, les rapports de ressemblance ou de différence entre des objets, ne sont pas proprement du ressort du syllogisme ordinaire. — La syllogistique aristotélicienne ne serait donc qu'une partie, et non la plus considé-

Rôle du même principe dans l'interprétation de l'expérience. — Que l'induction soit ou ne soit pas un syllogisme, la conclusion inductive est rendue nécessaire et, par conséquent, légitime par le principe des lois. — Ce n'est pas d'ailleurs à ce moment seulement que ce principe intervient dans la méthode des sciences inductives. L'interprétation de l'expérience, qui fournit à l'induction sa mineure, suppose déjà ce principe, comme condition *sine qua non* des quatre procédés qu'elle met en œuvre : les méthodes d'accord, de différence, des variations et des résidus.

En effet, dans la méthode d'accord on exclut tout antécédent qui peut n'être pas donné quand le phénomène dont on cherche la cause est donné. Mais a-t-on le droit de l'exclure ? Ne se pourrait-il que tel antécédent, qui n'est pas cause sans doute dans le cas où il n'est pas donné, fût cause dans un autre cas où l'on a constaté sa présence ? — Le principe des lois, affirmant que les mêmes effets sont produits par les mêmes causes, permet d'écarter cette hypothèse, et rend l'exclusion légitime. On aura donc comme formule de cette méthode, l'épichérème (syllogisme accompagné de ses preuves) suivant, en *Celarent* :

Nul antécédent pouvant n'être pas donné quand un certain conséquent *a* est donné n'est la cause de ce conséquent. (Preuve : les mêmes effets sont produits par les mêmes causes.)

Or les antécédents B, C, D peuvent n'être pas donnés quand *a* est donné.

Donc, etc....

La méthode de différence exclut les antécédents qui peuvent être donnés sans que le phénomène dont on cherche la cause soit donné. L'exclusion serait illégitime s'il était possible que ces antécédents, qui ne sont pas cause sans doute dans ce dernier cas, fussent

rable de la syllogistique générale. Aristote a fait la théorie du syllogisme de la qualité ; resterait à faire la théorie des syllogismes de la quantité, de la succession, de la causalité, etc. Le logicien de Morgan est entré dans ce point de vue et a présenté sur le sujet des considérations très dignes d'intérêt.

Remarquons pourtant que, grâce à l'artifice de langage dont on a parlé plus haut (ch. III), par lequel tous les rapports affirmés peuvent être ramenés au rapport d'attribut à sujet, il est possible, en prenant certains biais, de ramener aussi les raisonnements ci-dessus à de vrais syllogismes. Ainsi ce raisonnement A = B, B = C, donc A = C, qui n'est pas un syllogisme, devient un syllogisme si l'on dit : Deux quantités égales à une même troisième sont égales entre elles ; or A et C (étant deux quantités égales à B) sont deux quantités égales à une même troisième, donc A et C sont égales entre elles. De même on dira, en deux syllogismes : Si B est antérieur à C, tout événement antérieur à B est aussi antérieur à C ; or B est antérieur à C : donc tout événement antérieur à B est antérieur à C. — Tout événement antérieur à B est antérieur à C : or A est antérieur à B : donc A est antérieur à C.

cause dans un autre où leur présence a coïncidé avec celle du phénomène en question. Mais le principe des lois, en affirmant que *les mêmes causes produisent les mêmes effets*, permet d'écarter cette hypothèse et légitime l'exclusion.

De même, dans la méthode des variations, si l'on peut exclure les antécédents qui ne varient pas, alors que le phénomène dont on cherche la cause varie, c'est que, *les mêmes causes produisant les mêmes effets*, il ne se peut que ces antécédents restés invariables soient cause d'effets qui varient.

Enfin, dans la méthode des résidus, si l'on peut exclure les antécédents dont on a antérieurement déterminé l'effet, c'est que, toujours en vertu du même principe, il ne se peut que ces antécédents produisent à la fois un effet que l'on a déterminé, plus l'effet qui demeure encore inexpliqué.

Ainsi, toute la procédure des sciences inductives est fondée sur le principe de causalité ou des lois.

Formule d'ensemble du raisonnement expérimental. — On peut donc résumer dans les trois formules suivantes les trois procédés successifs qui constituent, dans son ensemble, le raisonnement expérimental.

1ᵉʳ moment : *Exclusion des antécédents qui ne sont pas cause et réalisation de la coïncidence solitaire.* Le raisonnement est celui-ci :

Les mêmes causes produisent les mêmes effets, et les mêmes effets sont produits par les mêmes causes; d'où il suit qu'on peut exclure tout antécédent qui n'est pas donné quand le phénomène dont on cherche la cause est donné, ou qui est donné quand ce phénomène n'est pas donné, etc. (principe des lois et corollaires);

Or les antécédents B C D... sont précisément dans ce cas;

Donc ces antécédents peuvent être exclus.

2ᵉ moment : *Affirmation d'un rapport de causalité.* Le raisonnement est celui-ci :

Tout fait a une cause : donc tout antécédent d'un phénomène, s'il est unique, est cause de ce phénomène; en d'autres termes, toute coïncidence solitaire est une coïncidence causale (principe de causalité et corollaire);

Or, les exclusions ci-dessus étant opérées, la coïncidence entre A et *a* devient une coïncidence solitaire;

Donc cette coïncidence est causale.

3ᵉ moment : *Généralisation de l'expérience ou induction.* Le raisonnement est le suivant :

Les mêmes causes produisent les mêmes effets ; ou, toute coïncidence causale est constante ;

Or la coïncidence entre A et *a* est causale ;

Donc cette coïncidence est constante.

§ IV

Valeur objective du principe inductif. — Reste à se demander quelle est la valeur de ce principe des lois, fondement de l'interprétation et de la généralisation de l'expérience. Nous avons déjà essayé de résoudre cette question (*Psych.*, ch. XXVIII-XXX). Rappelons brièvement nos conclusions.

Il s'agit ici de démontrer la valeur objective de ce principe, et non d'en chercher l'origine. Cette dernière question, psychologique de sa nature, ne nous intéresse pas actuellement en elle-même, mais seulement dans la mesure où la solution qu'elle reçoit peut impliquer la solution de la question critique qui nous occupe.

Deux solutions extrêmes se présentent d'abord : 1° le principe du déterminisme ou des lois est le simple résumé, là synthèse mécanique des expériences enregistrées dans l'esprit ; — 2° le principe du déterminisme ou des lois est absolument à priori, il est de l'essence même de la pensée, il est inné avec elle. C'est, d'une part, la théorie purement empiriste et, en quelque sorte, mécaniste de la raison ; d'autre part, la théorie de l'innéité, dont la doctrine de Kant n'est qu'une variante.

Solution empiriste. — Critique. — Passons sur la difficulté psychologique de comprendre comment il se peut que le principe du déterminisme et des lois se dégage spontanément de l'expérience, alors que l'expérience dérobe, plus souvent qu'elle ne les manifeste, le déterminisme des phénomènes et leurs lois. — Mais, au point de vue critique, s'il est vrai que, certainement à l'origine, et peut-être encore de nos jours, le nombre des phénomènes dont les lois sont connues et qui témoignent du déterminisme de la nature soit moindre de beaucoup que le nombre des phénomènes dont les lois sont encore inconnues et qui semblent par suite se produire au hasard ; et si, d'autre part, il n'y a pas dans l'homme une intelligence distincte de l'expérience et capable de comparer la valeur probante des cas favorables et défavorables à l'hypothèse du déterminisme universel [1], il s'ensuit que cette hypothèse, ayant contre elle la majorité des cas, a contre elle la vraisemblance. Si un animal était capable de comprendre cette question : « Le déterminisme est-il dans la nature la loi ou l'exception ? » il n'est pas douteux que, réduit aux apparences et comparant les quelques cas de séquence invariable qui ont pu faire impression sur son sensorium avec le tourbillon d'images incohérentes qui s'y succèdent, il répondrait : « Le déterminisme est l'exception dans la nature ; la règle ordinaire, c'est le hasard. » A son point de vue, cet animal serait dans le vrai. Si donc, nous dépouillant, par la pensée, de notre intelligence, comme nous en dépouille la théorie empiriste, nous entrons dans le point de vue de l'animal auquel la théorie empiriste nous réduit, nous ne saurions non plus répondre autrement.

Innéité. — Critique. — Passons de même sur la question de savoir comment le principe du déterminisme universel peut exister dans l'esprit avant toute espèce d'expérience, c'est-à-dire comment on peut savoir ce que c'est que cause, effet, rapport de cause à effet, universalité et nécessité de ce rapport, avant qu'aucune expérience, externe ou interne, nous ait apporté aucune notion de toutes ces choses. — Mais, au point de vue critique, qu'est-ce qui nous garantit qu'un tel principe ne soit pas une simple illusion subjective et qu'il puisse nous conduire à la connaissance de la nature ? — Dira-t-on que ce principe est nécessaire ? que nous ne pouvons concevoir les choses autrement ? — On pourrait, à la rigueur, le contester : la conception d'un monde où tout irait au hasard n'est peut-être pas absolument impossible. Mais, sans soulever sur ce point aucune difficulté, il est clair que cette nécessité subjective du principe laisse la question en l'état : qui nous dit qu'une loi nécessaire de notre esprit soit aussi une loi nécessaire des choses ?

Les partisans de la théorie de Kant s'efforcent, pour lever cette difficulté, de rapprocher autant que possible de l'esprit lui-même les phénomènes qu'il s'agit de soumettre au déterminisme, loi constitutive de l'esprit. La nature dont il s'agit de faire la science, c'est, pour eux, simplement l'ensemble des phénomènes tels qu'ils apparaissent dans notre sensibilité, l'ensemble de nos sensations. — Mais qu'importe, du moment que les sensations ne sont pas engendrées par l'esprit lui-même ? Or, de l'aveu de Kant, elles ne le

1. Dans l'empirisme pur, l'intelligence n'est que le résultat de l'expérience ; elle lui obéit donc fidèlement, elle en est le reflet et l'écho et ne saurait s'en affranchir, la dominer et la critiquer.

sont pas. Donc, étant indépendantes de l'entendement dans leur nature propre et dans l'ordre de leur apparition, la question revient toujours de savoir si ces sensations elles-mêmes ne sont pas ou ne seront pas quelque jour étrangères aux lois de l'entendement et réfractaires à la science. Objectifs ou subjectifs, du moment que les phénomènes, matière de la science, sont autres que l'entendement lui-même qui fait la science, le problème est toujours de savoir si ces phénomènes voudront bien indéfiniment se laisser réduire aux lois de l'entendement.

Résumé. — Ainsi, s'il y a un principe des lois inné à l'esprit, l'innéité de ce principe ne saurait, en aucune façon, tenir lieu de preuve; et un tel principe ne pourrait être accepté par le savant que comme une hypothèse dont la preuve resterait à fournir.

Solution proposée. — Puisque ni l'*expérience brute* ou de première apparence, ni la *pure raison*, n'enferment en elles-mêmes la preuve du principe des lois, reste à se demander si cette preuve ne pourra résulter d'une interprétation et d'une *critique de l'expérience par la raison.*

Ce principe est une hypothèse conçue puis vérifiée par l'intelligence. — Nous avons expliqué comment une expérience même très limitée qui, par elle-même, serait incapable d'engendrer ce principe, peut servir d'occasion à l'intelligence, dont c'est le propre de s'enquérir de la signification des choses, d'être prompte à toutes les suggestions et de voir plus loin que les yeux, pour en concevoir l'idée. Quelques séquences régulières observées sont d'abord interprétées par l'intelligence comme indice et preuve, au moins partielle, de lois générales déterminées; et quelques lois générales, une fois conçues et vérifiées, sont interprétées comme indice et preuve, au moins partielle, d un déterminisme universel *dans l'espace* et *dans le temps.* — Or, cette *hypothèse* une fois formée, tout désormais, aux yeux de l'intelligence, la confirme [1].

---

[1]. Nous cédons au plaisir de rapporter ici une page bien suggestive que nous adresse, à ce sujet, un jeune philosophe, notre ancien élève, M. R. Barau : « Quant à votre théorie des premiers principes..., je suis tout à fait d'accord avec vous sur le principal. Je crois, comme vous, que l'esprit est un être actif, résistant et souple, qui, comme tous les êtres, s'ingénie, se tourne et se retourne pour se conserver et se développer au milieu de la nature, fouillant autour de lui et se faisant des organes, comme le lierre, pour aller trouver dans les moindres fentes où ils se cachent les sucs qu'il lui faudra ensuite, par les opérations les plus complexes, distiller pour se nourrir. Qu'y a-t-il d'étrange à ce que l'esprit fasse sa chimie, sa science? La moindre plante la fait avant lui et comme lui pour vivre. — Ce serait une belle histoire (et l'on en retrouverait dans la suite des concepts religieux, philosophiques et scientifiques les documents

L'hypothèse d'un déterminisme universel *dans l'espace* est confirmée par la découverte incessante de lois nouvelles : de cette découverte, en effet, on est en droit de conclure que les cas qui, jusqu'à présent, échappent, en apparence, à toute loi, n'y échappent qu'en apparence, comme autrefois les cas soumis aujourd'hui à des lois. Qu'importe donc ici la masse énorme de ces cas dont la loi n'est pas découverte? Pour rendre compte de leur désordre apparent, nous avons une cause connue (*vera causa*) et qui, par sa nature même, ne se trouvera jamais insuffisante : notre ignorance. À quoi bon dès lors supposer une autre cause, l'indéterminisme réel de ces phénomènes? Ainsi cette masse énorme de cas désordonnés, qui devait peser comme un cauchemar sur un esprit passif, ne pèse pas un fétu pour un esprit actif qui sait se dégager des apparences.

D'autre part, l'hypothèse d'un déterminisme universel *dans le temps* est confirmée par la stabilité de l'ordre des choses une fois découvert, par la réussite constante des prévisions fondées sur les lois reconnues[1]. Donc, encore à cet égard, toute espèce de doute finit par s'évanouir. Aux premiers jours du monde peut-être, les hommes pouvaient concevoir, à ce sujet, quelque inquiétude, comme ils s'inquiétèrent quelque temps sans doute, au sujet du retour du soleil qu'ils voyaient disparaître le soir. Mais, après que le monde s'est comporté si longtemps avec ordre et constance, il semble bien improbable qu'il aille sur le tard nous donner l'attristant spectacle du désordre et du chaos. On change malaisément d'habitude à cet âge.

Résumé. — Ainsi, deux hypothèses possibles : 1° l'ordre *limité* à certaines régions de l'espace et du temps et environné par le dés-

principaux) que l'histoire de ces recherches et de ces luttes de l'esprit humain en quête des principes élémentaires de sa subsistance et essayant scientifiquement de toutes les voies pour pénétrer dans l'intérieur des choses et en extraire l'élément intellectuel. Cette histoire serait plus intéressante qu'une liste des catégories. Car dresser une liste des catégories c'est faire une anatomie hypothétique de l'intelligence, et ne vaut-il pas mieux raconter sa vie? » — La doctrine de l'innéité peut être assimilée à la doctrine de la préformation des organes dans le germe, théorie aujourd'hui abandonnée. Leibniz compare les principes aux muscles et aux nerfs. Rien de plus juste : mais l'animal naît-il avec des muscles et des nerfs?

1. « Personne assurément, a dit à ce sujet Priestley (*Examen de Reid*, etc.) avec autant de précision que de profondeur, n'a eu l'expérience de ce qui *est* futur, mais chacun a l'expérience de ce qui *fut* futur. » Cette expérience nous montre ce qu'aurait dû être notre prévision touchant ce futur, alors qu'il était encore futur ; et par conséquent elle règle notre prévision touchant le futur qui est encore futur.

ordre dans tout le reste de l'espace et du temps; 2° l'ordre *universel* dans l'espace et dans le temps; — l'une, expression de la simple apparence; l'autre, interprétation de l'apparence par la pensée. En faveur de la première, aucune preuve véritable, mais seulement cette apparence qui ne compte pas, et cette idée sans consistance des possibilités inconnues que pourrait, à la rigueur, recéler quelque recoin du monde, ou tenir en réserve quelque époque de l'avenir. En faveur de la seconde, comme garantie, tous les faits dont on connaît la loi et tout le passé de l'univers. Aux yeux de l'intelligence, la première, toute d'imagination, sans appui dans le réel, purement arbitraire, se dissipera comme une sorte de mauvais rêve; la seconde paraîtra bien fondée.

Objections. — A cette explication, deux objections principales ont été faites : 1° elle constitue un cercle vicieux; 2° elle ne confère pas au principe de la science l'absolue certitude dont la science a besoin.

1° Cercle vicieux. — Réponse. — Cette explication enferme un cercle vicieux; car le principe des lois, fondement de toute induction, présuppose, ainsi expliqué, la conception de lois particulières, qui sont elles-mêmes des inductions, et n'est lui-même, par rapport à ces lois particulières, qu'une vaste induction. Où donc résidait la garantie de ces inductions elles-mêmes, antécédents ou agent nécessaires du principe des lois?

A quoi il faut répondre : que la garantie de toutes les inductions, aussi bien des inductions scientifiques actuelles que des inductions primitives, ou de cette induction par laquelle on s'est élevé au principe des lois, c'est toujours, au fond, *l'expérience interprétée et érigée en preuve par la pensée.* La forme abstraite et rationnelle donnée au principe des lois, qui sert de base aux inductions actuelles, peut faire illusion : en réalité, qu'y a-t-il dans ce principe? Tout le passé connu de l'univers, condensé dans une formule, et servant de garantie pour l'avenir. Or les premières inductions avaient aussi pour base ce qu'on savait des successions passées de telles et telles espèces de phénomènes; et l'induction par où l'on s'éleva de l'idée de telle ou telle loi à l'idée du déterminisme universel, eut également pour base ce qu'on savait des successions passées des diverses espèces de phénomènes régis par ces lois. Entre les inductions primitives et les inductions actuelles, il n'y a donc pas de différence essentielle : de part et d'autre, la base sur laquelle elles s'édifient est construite des mêmes matériaux et par le même architecte : seulement, cette base, étroite tout d'abord, s'est peu à peu indéfiniment élargie.

Une autre différence résulte de celle-là. Avant que le principe du déterminisme universel eût été conçu, on cherchait la preuve d'une loi de succession entre deux phénomènes, dans les cas déjà constatés de succession de *ces deux mêmes phénomènes*. Par suite, l'induction supposait alors une expérience répétée de leur succession. — Mais, une fois la loi du déterminisme établie dans l'esprit, c'est la constance des successions causales *en général*, c'est l'ensemble des lois connues et vérifiées qui sert de preuve à l'induction par où l'on érige en loi une succession de deux phénomènes déterminés. Par cela même, on est dispensé de la preuve, autrefois indispensable, qui consistait à alléguer la répétition de la succession de ces deux mêmes phénomènes. — En résumé, l'induction concernant une certaine espèce de faits à venir est prouvée, dans le premier cas, *par les faits passés de même espèce;* dans le second, *par le passé de l'univers en général.* C'est pourquoi, avant le principe du déterminisme, l'induction supposait la *répétition de l'expérience;* ce principe établi, l'induction suppose seulement l'*exactitude de l'expérience :* et voilà pourquoi un seul cas bien constaté suffit aujourd'hui au savant pour poser une loi.

2° Défaut de certitude absolue. — Réponse. — On reproche, en outre, à cette explication de ne pas conférer au principe de la science une certitude absolue. En effet, ce principe n'étant conçu d'abord qu'à titre d'hypothèse, la vérification qu'on en obtient dans la suite ne peut que lui conférer une probabilité très haute, non une certitude absolue. — Rien de plus exact : mais avant de repousser, pour ce motif, l'explication proposée, avant de faire fi si promptement d'une probabilité, équivalente en fait à la certitude, — sans songer que la probabilité est, dans tout le cours de notre vie intellectuelle, la règle ordinaire et le pain quotidien, et que c'est presque exclusivement dans la probabilité que nous vivons, que nous nous mouvons, que nous sommes[1], — ne serait-il pas prudent de se demander si réellement le principe dont il s'agit est en possession de cette certitude absolue? Si on commence par poser la chose comme un fait ou comme un axiome, il est clair que l'explication

---

1. Sait-on de source certaine si demain ne sera pas la fin du monde? Si, en jetant au hasard des caractères de l'alphabet, on ne réussira pas à former l'*Iliade?* Savons-nous si les êtres que nous appelons notre père et notre mère sont notre père et notre mère? si la France est notre patrie? etc.

donnée plus haut sera trouvée insuffisante. Mais de quel droit prend-on cette chose pour accordée? — Dira-t-on qu'*il faut* à la science un principe d'une absolue certitude? — *Il faut* est fort bon ! reste à savoir si cela se peut. En fait, nous croyons que la science, au nom de laquelle certains philosophes se montrent si exigeants, est plus modeste dans ses prétentions. La science qui approche le plus de la rigueur des mathématiques, à savoir la mécanique, prend pour fondements certains principes dérivés de l'expérience, tout comme le principe de l'induction, et qui, non plus que le principe de l'induction, n'ont d'autre preuve qu'une vérification expérimentale indéfinie (voy. Aug. Comte, *Cours*, 15ᵉ leçon). Or quel savant se fait scrupule d'accepter les principes de la mécanique?

D'ailleurs, où trouvera-t-on la preuve de cette certitude absolue que l'on réclame pour le principe de l'induction? Sera-ce dans la théorie de l'innéité? Elle *postule* l'accord de la raison et de la réalité. — Sera-ce dans la théorie de Kant? Elle *postule* l'accord de la raison et des phénomènes. Singulière exigence, en vérité, qui dédaigne la preuve tirée des enseignements d'une expérience bien comprise, et qui, pour conférer plus de certitude au principe de la raison, allègue, quoi? un postulat ! — Il ne faudrait pourtant pas lâcher la proie pour l'ombre.

L'idéalisme absolu pourrait seul la fournir. — Une théorie, une seule, pourrait conférer aux principes de la raison une certitude parfaite, à savoir : l'idéalisme absolu. Si les phénomènes n'étaient pas, au fond, distincts de la raison qui prétend les réduire à ses propres lois; si le sensible n'était, comme le croit Leibniz, que l'intellectuel enveloppé et confus; si la sensation s'identifiait à la catégorie, à l'Idée, comme semblent l'avoir pensé Platon, dans l'antiquité, et Hegel, dans les temps modernes, alors on serait absolument sûr que les lois de la raison se vérifient dans les choses, puisqu'il y aurait identité fondamentale entre le rationnel et le réel. L'objet serait nécessairement intelligible, n'étant autre au fond que l'intelligence même. La science alors consisterait, non pas à soumettre les choses à l'Idée étrangère aux choses, mais à *reconnaître*, à retrouver l'Idée dans les choses. Le monde sortant de la raison par *déduction*, on l'y ramènerait par simple *réduction*[1].

---

1. Remarquons que Kant est plus éloigné que personne de ce point de vue, lui qui insiste plus que personne sur l'hétérogénéité de la sensibilité et de l'intellect. Au lieu de démontrer, comme on le dit si gratuitement, l'objectivité des principes rationnels, il la rend donc plus que personne indémontrable. Au contraire, cette objectivité irait de soi dans la théorie de Leibniz, qui identifie

Il est indémontrable. — Pensée hardie et séduisante ! mais jusqu'à présent indémontrée, et, semble-t-il, indémontrable. — Si du moins, à défaut de démonstration, on pouvait suggérer, à cet égard, quelques conjectures, formuler des probabilités tant soit peu consistantes. Mais qui donc expliquera jamais autrement qu'au moyen de mythes, comme Platon, ou de prestiges de logique, comme Hegel, par quelle singulière fantaisie, par quelle déchéance, par quelle série d'avatars et d'incarnations plus bizarres que celles de Brahma, l'esprit se fait nature, l'idée phénomène, la catégorie sensation ? Qui déduira jamais, par exemple, du principe de causalité le mouvement dans l'espace ? ou d'une catégorie quelconque de la raison, la saveur de la truffe, que d'ailleurs l'homme, l'animal raisonnable, n'est pas le seul à apprécier[1] ?

Conclusion. — Si l'on reconnaît l'impossibilité de cette tentative, il ne reste donc qu'à prendre les choses comme elles sont ; et, sans prétendre déterminer *à priori* ce qu'elles doivent être, à leur demander de nous enseigner elles-mêmes ce qu'elles sont. Sans doute, elles ne le disent qu'à mots couverts. Mais à bon entendeur, comme est l'intelligence, cela suffit. Et de là résulte sur l'ordre de la nature une vue générale d'une haute probabilité. — Probabilité n'est pas certitude. — Eh non, sans doute ! mais qu'y faire ? En dehors de cette probabilité, il n'y a qu'affirmation sans preuve. On n'a donc pas le choix : cette probabilité, il faut s'y tenir ou n'avoir rien[2].

l'intellectuel et le sensible. Mais comment réduire, par exemple, la sensation de son à la conception d'une multitude des rapports numériques, autrement qu'en négligeant l'élément qualitatif particulier de la sensation, c'est-à-dire en omettant précisément ce qu'il faudrait expliquer ?

1. Rien ne servirait de dire que ce sont là de purs phénomènes, des apparences. L'apparence est bien quelque chose. « *Les phénomènes*, dit Leibniz, *sont aussi des réalités.* » C'est justement de ces apparences qu'il s'agit ici. Comment un principe rationnel, un élément intelligible peut-il se déguiser au point d'apparaître sous forme de sensation ?

2. Ces pages étaient écrites lorsque a paru dans la *Revue philosophique* (mai 1885) une profonde étude de M. Lachelier sur la *Psychologie et la Métaphysique*, qui renferme un essai très original de démonstration de l'idéalisme absolu. La question reviendra en métaphysique.

CHAPITRE X

LA DÉDUCTION DANS LES SCIENCES PHYSIQUES

LA DÉDUCTION COMME AUXILIAIRE DE L'INDUCTION

Usages de la déduction dans les sciences de faits. — Les sciences qui ont pour objet les faits de la nature et leurs lois sont essentiellement expérimentales et inductives; pourtant ces sciences peuvent aussi recourir utilement à l'emploi du procédé déductif.

La déduction, dans les sciences expérimentales, peut être utile à un triple point de vue:

1° Comme **moyen de vérification** ou de preuve d'une loi encore incertaine ou hypothétique, lorsqu'il est possible de dériver de cette loi supposée les faits déjà connus ou d'autres faits encore inconnus, de la réalité desquels on s'assure;

2° Comme **moyen d'explication** ou de démonstration d'une loi déjà découverte inductivement, lorsqu'il est possible de dériver cette loi d'une ou de plusieurs lois supérieures;

3° Comme **moyen de découverte** de lois ou de faits jusqu'alors inconnus ou même impossibles à découvrir inductivement, et qu'il est possible au contraire de dériver déductivement de lois déjà connues.

§ I

La déduction moyen de vérification des hypothèses. — Lorsqu'une loi supposée n'est pas de nature à être vérifiée directement par l'expérience, la vérification ou la preuve de cette loi supposée sera obtenue indirectement par déduction si, d'une part, tous les faits déjà connus peuvent se déduire de cette loi, et si, d'autre part, toutes les conséquences que l'on peut déduire de cette loi se trouvent réalisées comme faits dans la nature. Ainsi, des théories opposées touchant la nature de la lumière, la théorie de l'ondulation et la théorie de l'émission, la première a finalement triomphé parce qu'elle est la seule de laquelle on ait pu déduire tous les faits connus, particulièrement le phénomène des interférences et certains faits encore inconnus, parmi lesquels un des plus curieux est celui qui se trouve rapporté dans le passage suivant :

« Les défenseurs de l'émission ne pouvaient contredire aux interférences ni les expliquer ; d'autres épreuves décisives allant toutes au même but avaient condamné leur cause sans appel. Citons-en une particulièrement mémorable : un géomètre justement célèbre (Poisson), physicien peu curieux des faits, tenait par habitude pour la théorie de l'émission. Un concours académique, dont il était juge, le rendit attentif aux démonstrations de Fresnel ; il voulut combattre le novateur et crut le vaincre par ses propres armes : « Votre théorie, dit-il à Fresnel, n'a aucune vraisemblance ; l'ombre d'un petit disque circulaire, éclairé par un point lumineux, devrait recevoir au centre, je l'ai calculé par vos méthodes, autant de lumière que si le disque était percé d'un trou ! » Sans être troublé par la scandaleuse conséquence, Fresnel accepta l'épreuve. L'expérience était facile, elle fut immédiate ; un point brillant, marquant le centre de l'ombre, vint tourner en preuve l'objection et confondre le géomètre par le triomphe de son calcul. » (J. Bertrand, Éloge de Foucault, *Rev. sc.*, 11 fév. 1882.)

Voici un autre exemple non moins « éclatant » : « On opposa à la doctrine de Copernic que, si elle était vraie, Vénus devrait apparaître quelquefois avec la configuration que la Lune présente avant d'atteindre son plein (déduction des conséquences). Il en convint, et ajouta même que, si elle s'offrait jamais à nous, elle apparaîtrait ainsi. On peut aisément se faire une idée de l'étonnement dont on fut saisi quand on vit le télescope confirmer cette prédiction, et qu'on aperçut cette planète avec la configuration que lui avaient également assignée l'auteur du nouveau système et ceux qui le combattaient. » (Herschel, p. 274.)

§ II

La déduction moyen d'explication des faits et des lois. — La déduction sert en outre à expliquer des faits ou des lois déjà reconnus.

Un fait est tenu pour expliqué lorsqu'on peut le déduire ou le dériver d'une ou de plusieurs lois. Une surface a 100 mètres carrés de superficie. Pourquoi ? Le fait est expliqué si, remarquant que cette surface est un rectangle et qu'elle a 20 mètres de base et 5 mètres de hauteur, je puis le déduire comme conséquence du théorème général sur la mesure du rectangle. — Un homme est mort à la suite de l'ingestion d'un certain corps dans l'estomac.

Pourquoi ? Le fait est expliqué si, constatant que ce corps a tous les caractères de l'arsenic, je puis déduire le fait de cette loi générale : l'arsenic est un poison [1].

Mais les lois elles-mêmes sont, comme les faits, susceptibles d'explication. Sur ce point Stuart Mill n'a guère rien laissé à dire aux logiciens, et nous ne saurions mieux faire que de résumer le beau chapitre de sa *Logique* qui traite de l'*Explication des lois de la nature* (liv. III, ch. xii. Cf. Bain, *Log.*, liv. III, ch. xi et xii ; Taine, l'*Intel.*, liv. IV, ch. iii, § 1).

Lois empiriques. — Tant qu'une loi constatée inductivement n'a pu se rattacher par déduction à une ou plusieurs lois supérieures, elle est ce qu'on nomme une simple *loi empirique*.

« Une loi empirique, dit Bain (*Log.*, tr. fr., t. II, p. 156), est une loi que l'on suppose secondaire, c'est-à-dire qui pourra sans doute être ramenée à une loi plus élevée, mais qui ne l'a pas encore été. Ainsi, que la quinine guérit la fièvre, c'est une loi empirique. C'est une généralité établie par l'expérience, mais en même temps une généralité secondaire, car il y a des raisons de croire qu'elle est réductible à des généralités plus hautes. L'impuissance où nous sommes de faire cette réduction est une imperfection et un désavantage, non pas seulement au point de vue théorique et spéculatif, mais aussi par rapport à l'application pratique de la loi. » (Voyez plus bas.)

Lois dérivées. — Lorsqu'une loi secondaire a pu être ramenée à une ou plusieurs lois plus hautes, d'empirique qu'elle était elle devient une *loi dérivée*.

« Beaucoup de vérités géométriques étaient, dit Mill (*Log.*, tr. fr., t. I, p. 541). des généralisations de l'expérience avant d'être des déductions des premiers principes. » Ainsi, sans doute, les propositions concernant la valeur des angles du triangle, l'aire du rectangle, etc. « Il est certain, dit Euler (cité par Cl. Bernard, *Introd. à la méd. exp.*, p. 81), que, la plupart du temps, les propriétés des nombres ont été reconnues par la seule induction, et que les géomètres se sont ensuite efforcés de les confirmer par des démonstrations véritables. »

Mais l'explication de lois déjà connues, au moyen d'autres lois auxquelles elles se réduisent et desquelles, par suite, elles peuvent

---

1. Il vient alors le syllogisme suivant, de la première figure : L'arsenic est un poison ; or ce corps est de l'arsenic ; donc ce corps est un poison. C'est le syllogisme proprement démonstratif ou scientifique, dans lequel, selon le mot d'Aristote, le moyen terme est la cause, la raison ou, comme dit M. Taine, l'*intermédiaire explicatif* (l'*Intel.*, 1re éd., t. II, p. 420).

se déduire, est surtout fréquente dans les sciences de la nature. Mill distingue ici trois cas.

1° Explication par composition de plusieurs lois simultanées. — Dans certains cas, la loi empirique résulte de la combinaison de plusieurs autres lois : l'explication consiste alors à déduire cette loi empirique de ces autres lois concourant ensemble et simultanément à la production de l'effet. Exemple : les lois du mouvement des planètes, découvertes par Kepler, se trouvèrent expliquées lorsque Newton les eut déduites de deux autres lois combinées ensemble, savoir : la loi de la force tangentielle, qui tend à lancer la planète sur la tangente à son orbite, et la loi de la force centripète ou gravitation, qui tend à jeter la planète avec un mouvement accéléré sur le soleil. — Expliquer la loi de l'ascension des ballons, c'est déduire cette loi des lois combinées de la pesanteur et de l'élasticité des gaz [1]. — Expliquer l'origine des gouvernements libres, c'est établir les principes généraux de l'activité humaine et en même temps les circonstances déterminées qui produisent cet effet. (Bain.)

2° Par composition de plusieurs lois successives. — Dans certains cas, une loi empirique énonce, entre une cause et un effet, un rapport de succession que l'on croyait d'abord direct et immédiat, et qui se trouve n'être, en réalité, qu'un rapport indirect et médiat. Entre la cause et l'effet se place un chaînon intermédiaire. Expliquer, dans ce cas, la loi empirique, c'est la dériver des lois qui relient chacun de ses termes à cet intermédiaire. Ainsi cette loi, que la vibration d'un corps extérieur produit une sensation de son, se résout en ces deux lois, que la vibration d'un corps agit sur le nerf acoustique, et que le changement dans l'état du nerf acoustique produit une sensation de son. — Il se peut que ces lois soient elles-mêmes susceptibles d'être dérivées, de la même façon que la précédente, par la découverte de termes intermédiaires entre ceux dont elles énoncent la succession. Par exemple, entre l'ébranlement du nerf acoustique et la sensation du

---

1. Il est à remarquer, dit Mill, que cette déduction suppose la connaissance non seulement des lois des forces concourantes, mais aussi du fait de leur existence et même de leur quantité relative ou coefficient. « Les lois de causation complexes se résolvent ainsi en deux espèces d'éléments distincts, à savoir : les lois de causation plus simples et les *collocations* ; par quoi il faut entendre l'existence de certains agents ou forces, en certaine quantité, dans certaines circonstances de lieu et de temps » (*Log.*, t. I, p. 522). De même, pour déduire l'ascension des ballons, le poids exact et l'élasticité de l'atmosphère, comme aussi la pesanteur spécifique de la masse du ballon, sont des données indispensables.

son se place l'ébranlement du centre nerveux. Donc la loi qui lie l'ébranlement du nerf acoustique à la sensation se dérive elle-même des lois qui lient l'ébranlement du nerf à l'ébranlement du centre et l'ébranlement du centre à la sensation.

Dans les deux cas, les lois dérivées sont moins générales. — Dans ces deux premiers modes d'explication, les lois d'où se déduit une loi empirique sont plus générales et plus sûres que celle-ci. En voici les preuves et les raisons :

Dans le premier cas, c'est-à-dire lorsque la loi d'un effet de causes combinées résulte des lois de ces causes isolées, la loi de l'effet est moins générale que celle de l'une quelconque des causes, « puisqu'elle ne subsiste que lorsque ces causes sont combinées, tandis que la loi de chacune des causes se maintient, à la fois, et dans ce cas, et lorsque chaque cause agit à part. — Il est clair aussi que la loi complexe doit rester plus souvent inappliquée que les lois plus simples dont elle est le résultat, puisque tout accident qui annule l'une ou l'autre de ces lois supprime la part d'effet qui en dépend et par là annule la loi complexe. Ainsi la simple rouillure d'une petite partie d'une grande machine suffit souvent pour empêcher l'effet que produirait le jeu de toutes ses parties. *La loi de l'effet d'une combinaison de causes est toujours soumise à la totalité des conditions négatives auxquelles est soumise l'action de toutes les causes séparément*[1]. » (Mill.)

Cette vérité n'est pas moins évidente dans le second cas. La loi dérivée que A est suivi de C est moins générale que chacune des lois successives qui relient A à B et B à C.

« En effet, la tendance de A à produire C peut être empêchée par tout ce qui peut empêcher soit la tendance de A à produire B, soit la tendance de B à produire C. Elle est donc deux fois plus exposée à manquer que chacune des deux tendances plus élémentaires. » Par exemple, la loi que la vibration d'un corps produit la sensation de son est moins générale que la loi de la production de la sensation de son par ébranlement du nerf acoustique, puisque non seulement ce qui empêche l'ébranlement du nerf de produire la sensation de son (par exemple la paralysie du centre nerveux affecté aux sensations acoustiques), mais encore tout ce qui

---

1. Mill signale une autre raison non moins forte. C'est que les mêmes causes, agissant suivant les mêmes lois, et ne différant que par leurs proportions dans la combinaison, produisent des effets qui ne diffèrent pas seulement en quantité mais en espèce. « Si la proportion des deux forces d'où dépend le mouvement des planètes était changée, les lois de ces forces restant les mêmes, le mouvement produit serait ou un cercle ou une parabole, ou une hyperbole. La loi de chacune des forces concourantes reste la même, quelques variations que puisse éprouver leur collocation ; mais la loi de leur effet d'ensemble varie avec les différences de collocation. » (*Log.*, t. I, p. 520).

empêché la vibration du corps d'agir sur le nerf (par exemple, la distance) empêche la vibration du corps extérieur de produire la sensation.

3° Par subsomption de plusieurs lois sous une seule. — Sous sa troisième forme, l'explication des lois consiste à dériver d'une loi plusieurs autres lois.

« C'est la subsomption (*subsumere*) d'une loi sous une autre ; ou, ce qui revient au même, l'agglomération de plusieurs lois en une seule, qui les renferme toutes. Le plus magnifique exemple de cette opération fut la réunion de la pesanteur terrestre et de la force centrale du système solaire sous la loi générale de la gravitation. Cette même loi explique en outre les mouvements des comètes, la précession des équinoxes, les marées, etc. » (Mill.)

« Nous avons assimilé et généralisé sous le mot de combustion les divers usages du feu employé pour produire soit la chaleur, soit la lumière, soit la décomposition ; nous avons assimilé dans une autre catégorie les phénomènes qui se produisent à la surface des métaux et qui les ternissent en les corrodant : ces deux lois une fois obtenues, nous les réduisons l'une et l'autre à une loi plus haute, l'oxydation. » (Bain.)

Dans tous les cas de ce dernier genre, il est évident de soi que la loi par le moyen de laquelle on explique à la fois plusieurs autres lois est plus générale qu'elles.

Résumé. — Tels sont les trois modes d'explication des lois de causalité. Le premier consiste à déduire une loi de lois multiples combinées ; le second, à déduire une loi reliant deux termes éloignés l'un de l'autre dans la chaîne de causation, des lois qui relient chacun d'eux aux termes intermédiaires ; le troisième, à déduire à la fois plusieurs lois d'une loi qui les enveloppe toutes. — Par les deux premiers modes d'explication, deux ou plusieurs lois sont employées à expliquer une loi unique ; par le troisième, une loi unique est employée à en expliquer deux ou plusieurs. C'est surtout de ce dernier mode d'explication qu'on peut dire avec Mill :

« Chaque opération de ce genre nous rapproche d'un pas de la réponse à cette question, qui constitue le problème total de l'investigation de la nature, à savoir : quelles sont les suppositions, en moindre nombre possible, qui, étant admises, auraient pour résultat l'ordre de la nature tel qu'il existe ? Quelles sont les propositions générales les moins nombreuses possibles dont toutes les uniformités existant dans la nature pourraient être déduites ? » (*Log.*, t. I, p. 531.)

Ces déductions peuvent résulter d'inductions préalables. — Dans ces trois cas différents, il faut bien comprendre en

quoi consiste précisément le rôle de la déduction. Ce n'est pas toujours par le moyen de la déduction que la science s'est faite: la déduction n'a pas toujours été, particulièrement dans les deux derniers cas, le moyen de découverte [1]. Au contraire, c'est le plus souvent par le moyen de l'analyse, de l'induction, de la généralisation que l'on s'est élevé de lois moins générales à des lois plus générales. Mais, dès que, par ce moyen, des lois ont été *réduites* à d'autres lois, « les lois réduites peuvent être démonstrativement déduites des lois dans lesquelles elles se résolvent [2] ». Les lois supérieures deviennent des prémisses, la loi inférieure une conclusion ; la science prend la forme de la démonstration et du syllogisme (cf. Taine, l'*Intel.*, t. II, p. 417). L'analyse inductive a fourni les éléments de l'explication ; ces éléments sont mis en œuvre, et l'explication est réalisée par la synthèse déductive.

Avantages résultant de la déduction des lois : explication, confirmation, limitation. — L'explication est le but le plus élevé de la science. La science fait donc un grand pas chaque fois qu'une loi simplement empirique devient, par le moyen de la déduction, une loi dérivée.

« Ainsi, cette loi, que le refroidissement provoque la rosée, a d'abord été établie indirectement. Mais on peut aussi l'établir déductivement en partant des lois, établies par Dalton, de la vapeur aqueuse diffuse dans l'air. Dalton a prouvé que la quantité d'eau qui peut rester suspendue dans l'air à l'état de vapeur est limitée pour chaque degré de température, et que le maximum diminue à mesure que la température s'abaisse. De là suit déductivement que, s'il y a dans l'air autant d'eau que lui permet d'en contenir sa température présente, tout abaissement de température portera une portion de la vapeur à se condenser et à se changer en eau. D'autre part, des lois connues de la chaleur suit déductivement que le contact de l'air avec un corps plus froid abaisse la température de la couche d'air ambiante et par conséquent le force à abandonner une portion de son eau. Enfin des lois ordinaires de la gravitation ou cohésion il suit déductivement que cette eau s'attachera à la surface de corps, ce qui constituera la rosée. » (Taine, *l'Intel.*)

Par là, on le voit, la loi découverte par voie inductive est d'abord *confirmée* ; — en second lieu, elle se trouve *expliquée* : auparavant elle était comme un fait brut qui s'impose ; une fois dérivée déductivement, on en sait le comment et le pourquoi, on en possède la

---

1. On considérera dans le paragraphe suivant le rôle de la déduction comme agent de découverte.
2. Mill, *Log.*, t. I., p. 530. — Voyez plus bas le chapitre sur l'*Analyse* et la *Synthèse*.

théorie; — enfin un troisième avantage est obtenu par surcroît : l'explication déductive d'une loi empirique *détermine avec précision la sphère d'application* de cette loi en donnant la raison des exceptions apparentes.

« Ainsi la preuve déductive donnée ci-dessus de la loi de la rosée rend compte des exceptions, c'est-à-dire des cas où, le corps étant plus froid que l'air, il ne se dépose point de rosée. Cette preuve montre qu'il en sera nécessairement ainsi lorsque l'air contiendra si peu de vapeur d'eau que, malgré le refroidissement causé par le contact d'un corps froid, il sera encore capable de tenir en suspension toute celle qu'il renferme. C'est pourquoi, dans un été très sec, il n'y a pas de rosée, ni dans un hiver très sec de gelée blanche. »

« L'ascension de l'eau dans les pompes jusqu'à 32 pieds était, avant qu'on eût découvert la pression de l'atmosphère, une loi empirique. Depuis que cette loi est devenue une loi dérivée, la limitation de la loi a été définie avec précision : nous pouvons dire exactement dans quel cas la loi n'est pas vraie. Par exemple, nous savons que sur les hautes montagnes le maximum de hauteur sera au-dessous de 32 pieds ; que la hauteur ne sera pas la même dans tous les temps ; que d'autres liquides, comme l'acide sulfurique, le mercure, ne s'élèveraient pas à la même hauteur. » (Bain, *Log.*, t. II, p. 160.)

Les lois qui concernent l'action des remèdes n'étant, pour la plupart, que de simples lois empiriques, il s'ensuit que les remèdes sont souvent employés à contretemps et manquent l'effet attendu (voy. Cl. Bernard, *Intr. à l'étude de la méd. exp.*, p. 359 sqq.).

Ainsi, par la déduction qui la dérive de principes supérieurs, une loi empirique se trouve à la fois *confirmée, expliquée* et *déterminée* dans sa portée.

§ III

La déduction moyen de découverte. — La déduction n'est pas seulement un moyen de *vérification* de lois supposées, ou d'*explication* de lois déjà connues inductivement, elle est encore un moyen de *découverte* de lois jusqu'alors inconnues. Il va de soi d'ailleurs que les lois ainsi découvertes se trouvent du même coup expliquées. — On a déjà vu plus haut comment d'une loi encore hypothétique on peut déduire des faits ou des lois jusqu'alors inconnus et que l'expérience vérifie. Dans ce cas, un double résultat est obtenu : la déduction a conduit à une découverte, et la chose découverte elle-même sert de preuve à la loi d'où elle se déduit.

Il faut ici distinguer deux cas, deux applications possibles de la déduction.

1° Extension d'une loi à des cas nouveaux, par analogie.—Le premier et le plus simple consiste à étendre une loi donnée à des cas nouveaux, en vertu d'une *analogie reconnue* entre ces cas et les cas auxquels les lois s'appliquent déjà.

« C'est pourquoi, dès qu'une loi vient à être découverte, il importe d'examiner tous les cas qui présentent les conditions nécessaires du fonctionnement de la loi. Ce procédé est fécond tant en explications de lois déjà connues empiriquement qu'en découvertes de lois inconnues.

« Il a été prouvé, surtout par les recherches de Graham, que les gaz ont une forte tendance à traverser les membranes animales et à se répandre dans les cavités closes par ces membranes, malgré la présence d'autres gaz dans ces cavités. Partant de cette loi générale et examinant les cas où des gaz se trouvent en contiguïté avec des membranes, on est en mesure de démontrer les lois plus spéciales suivantes : 1° Lorsque le corps de l'homme ou d'un animal est en contact avec un gaz qu'il ne contient pas intérieurement, il l'absorbe rapidement : par exemple, les gaz et matières putrides ; — 2° Le gaz acide carbonique de boissons fermentées développé dans l'estomac traverse ses membranes et se répand rapidement dans tout le système, etc. » (Voyez Mill, *Log.*, t. I, p. 538 ; cf. Bain, *Log.*, t. II, p. 146.)

2° Extension d'une loi à des cas nouveaux, par dépendance de variations. — Dans ce premier cas, c'est la reconnaissance d'une *analogie* entre deux espèces de cas qui est le principe de l'extension déductive[1] ; dans le suivant, c'est la reconnaissance d'une *liaison*, d'une *concomitance des variations*, dans deux ordres de phénomènes. Si, en effet, les phénomènes d'un certain ordre sont assujettis à varier régulièrement avec des phénomènes d'un autre ordre, toute loi découverte dans celui-ci entraîne pour celui-là une application parallèle. C'est par là que certaines découvertes rendent presque entièrement déductives les méthodes de certaines sciences, ou parties de sciences, qui jusqu'alors étaient restées expérimentales.

« Ainsi l'acoustique, longtemps restée expérimentale, devint déductive lorsqu'il fut prouvé que chaque variété de son correspondait à une variété distincte de mouvement oscillatoire des particules d'un milieu élastique.

« Dès lors, des vérités jusqu'alors non soupçonnées relativement au son deviennent déductivement démontrables par les lois connues de la propagation du mouvement dans un milieu élastique. » (Mill, *Log.*, t. I, liv. II, ch. IV, p. 252.)

1. Cette déduction est précisément ce qu'on nomme *analogie* (voyez plus bas le chapitre sur l'*Analogie*).

Application des mathématiques à la physique, de l'algèbre à la géométrie. — Mais le grand agent pour la transformation des sciences expérimentales en sciences déductives est la science des nombres.... Les vérités mathématiques ne se rapportent, il est vrai, qu'à la *quantité*. Mais, si l'on vient à découvrir que des variations de *qualité* dans une classe de phénomènes correspondent régulièrement à des variations de quantité, soit dans ces mêmes phénomènes, soit dans d'autres, toute formule mathématique applicable aux quantités qui varient sous ce rapport particulier devient la marque d'une vérité générale correspondante, relative aux variations en qualité qui les accompagnent ; et, la science de la quantité étant complètement déductive, la théorie de cette espèce particulière de qualité devient déductive aussi.

« L'exemple le plus frappant que nous offre en ceci l'histoire (bien qu'il ne s'agisse pas d'une science expérimentale rendue déductive, mais d'une extension extraordinaire donnée au procédé déductif dans une science déjà déductive) est la révolution de la géométrie opérée par Descartes.... Descartes remarqua que, à chaque variation de position dans les points, la direction des lignes ou la forme des courbes et des surfaces (toutes choses qui sont des qualités), correspond un rapport particulier de quantité entre deux ou trois coordonnées rectilignes (rapport susceptible d'être exprimé algébriquement) ; de telle sorte que, si la loi suivant laquelle ces coordonnées varient entre elles était connue, les autres propriétés géométriques de la ligne ou de la surface, soit de qualité, soit de quantité, pourraient en être conclues. Il suivait de là que *toute question géométrique pouvait être résolue*, si la question algébrique correspondante pouvait l'être, et la géométrie reçut un surcroît actuel ou virtuel de vérités nouvelles, correspondant à toutes les propriétés des nombres que le perfectionnement du calcul a fait ou pourra faire découvrir[1]. »

1. « Par cette invention, dit M. Renouvier, tous les problèmes relatifs aux quantités dans l'espace (figures) peuvent se traiter et se poser de telle manière que les lois à découvrir se présentent sous la forme de lois de la quantité la plus abstraite, de lois de nombres.... La quantité géométrique est réduite au nombre.... En résolvant, comme l'a dit A. Comte, « la difficulté de réduire à « des idées simplement numériques les éléments généraux des diverses notions « géométriques, en un mot de *substituer en géométrie de pures considérations* « *de quantité à toutes les considérations de qualité* », Descartes a constitué en somme la fonction de mathématique abstraite, apte à représenter toutes les relations concrètes de l'univers susceptibles de se traduire en rapport de quantités mutuellement dépendantes. Or c'est là certainement la vue la plus profonde et la plus générale du cosmos matériel à laquelle l'esprit humain soit parvenu depuis le siècle de Pythagore, et cette fois entièrement positive. » (Renouvier, *Crit. phil.*, 10 avril 1882.) — M. Renouvier fait remarquer justement que si par l'invention de Descartes les lignes sont ramenées à des nombres, et les rapports des lignes à des équations, c'est-à-dire si la géométrie est ramenée à l'algèbre, de même, réciproquement, on peut envisager les données et les inconnues, les constantes et les variables comme des lignes droites, et les équations

C'est de la même manière que la mécanique, l'astronomie, etc., ont été rendues algébriques. *Mundum regunt numeri* : la quantité est en tout, et, dans l'état actuel de nos connaissances, nous sommes fondés à concevoir que les variations qualitatives ont leur fondement dans des variations quantitatives dont elles dépendent. C'est pourquoi, partout où il sera possible de saisir et d'exprimer numériquement les rapports de quantité [1], la science de la qualité deviendra déductive. (Voyez Cournot, *Essai*, t. I, p. 415 sqq.)

Procédé de l'esprit : la substitution. — On voit quel est en tout ceci le procédé de l'esprit. Il se propose de connaître un objet obscur ou insaisissable : vient-il à découvrir un rapport constant entre cet objet et un autre plus simple ou mieux à sa portée, celui-ci devient pour l'esprit comme la marque, le signe, le symbole du précédent. La difficulté est déplacée, le signe est substitué à la chose signifiée. C'est sur lui que l'esprit opère. Puis, l'opération arrivée à terme, et un résultat étant obtenu, l'esprit revient à son premier objet, et il y trouve une vérité équivalente, traduction concrète de celle qu'il vient de découvrir dans l'abstrait [2].

On voit par ces considérations comment la déduction peut être un moyen de découverte. Par cette substitution au problème à résoudre d'un problème plus simple qui, étant résolu, donne la solution du premier, la méthode déductive *devance* souvent la méthode inductive.

La déduction comme suppléant de l'induction. — Reste à parler d'un cas particulier où la méthode déductive *supplée* heureusement la méthode inductive réduite à une complète impuis-

---

mêmes comme des courbes : en ce sens on pourrait dire que l'algèbre se trouve ramenée à la géométrie. De là vient qu'on parle de l'invention de Descartes tantôt comme d'une application de l'algèbre à la géométrie, tantôt comme d'une application de la géométrie à l'algèbre (voyez Liard, *Descartes*, p. 44 sqq.). « Descartes, dit aussi M. Cournot (*Essai*, t. I, p. 421), ne se contentait pas d'appliquer l'algèbre à la géométrie, il appliquait réciproquement l'une à l'autre ces deux grandes théories mathématiques. » En somme, le vrai sens de cette invention, qui permet soit de saisir une courbe dans une équation, soit de lire une équation dans une courbe, c'est la réduction des diverses parties des mathématiques à l'unité de la mathématique universelle.

1. Ce n'est pas toujours possible : par exemple, lorsqu'il s'agit de la quantité des phénomènes psychologiques, sensations, désirs, etc. L'école des psychophysiciens travaille pourtant dans cette voie.

2. Nous avons déjà vu que tel est aussi le procédé de l'esprit dans le raisonnement en général. Au lieu d'opérer sur les choses mêmes, dont la complexité et la mobilité sont infinies, l'esprit opère sur des concepts simples et fixes qui les représentent. Si les concepts sont exacts et complets, la conclusion logique se trouve ensuite vérifiée dans le réel. La logique est aux choses ce que l'algèbre est à la géométrie. « La logique, a dit M. Brochard, est la mathématique de la qualité. » (Voyez ch. V.)

sance. C'est le cas de la composition des causes et du mélange des effets, qui en résulte.

Du mélange des effets : impuissance des méthodes inductives. — On dit qu'il y a composition des causes ou combinaison des effets lorsque plusieurs causes, agissant ensemble, combinent leur action de telle sorte qu'elles donnent lieu à un effet total unique, homogène, indivisible, dans lequel, par conséquent, l'effet particulier de chacune des causes concourantes reste indiscernable. La composition des causes et la fusion des effets n'a pas lieu nécessairement chaque fois que plusieurs causes concourent ensemble. Il est bien vrai que, le plus ordinairement, ce que nous appelons cause (soit A) est un groupe de causes (a, b, c, d), et ce que nous appelons effet (soit II) un groupe d'effets (h, i, j, k). Mais d'ordinaire une étude plus attentive discerne dans cet effet, simpl en apparence, cette pluralité d'effets distincts ; et les méthodes inductives permettent de rattacher chacun de ces effets partiels aux diverses causes partielles impliquées dans la cause totale. C'est ce qui a lieu, par exemple, pour l'explication de la rosée. De même dans l'air, qui paraît d'abord quelque chose de simple, il est assez facile de discerner deux éléments composants ; et dans l'eau également, quoique ici l'union des éléments soit plus intime.

Sans doute, ce discernement ne se fait pas à la simple vue ; l'observation pure et simple n'y suffit pas, et, pour y réussir, l'emploi de procédés savants d'expérience et d'analyse est indispensable. Mais la difficulté tient ici plutôt à l'imperfection de nos moyens d'observation qu'à la nature des choses ; car il n'est pas douteux qu'avec des sens plus subtils il nous fût possible de discerner à la simple vue dans l'air et dans l'eau la présence actuelle de leurs éléments composants.

Au contraire, dans les cas dont nous voulons parler, l'union des causes concourantes est telle qu'aucune observation, aucune analyse, si pénétrante qu'on la suppose, ne réussirait à saisir dans l'effet donné une pluralité d'effets. L'effet, quoique produit par plusieurs causes diverses ou même opposées, est *un, d'une unité absolue*. Tel est le cas pour la plupart des phénomènes mécaniques. Un corps est soumis à l'action de deux forces : si la première agissait seule, elle le pousserait dans un sens avec une certaine vitesse. Si la seconde agissait seule, elle le pousserait dans un autre sens avec une autre vitesse. Ces deux forces agissant simultanément, le corps se meut dans une direction déterminée, avec une vitesse déterminée. Aucun œil ne peut évidemment saisir dans cette direction deux autres directions différentes, dans cette vitesse deux autres vitesses différentes : car un mobile n'a jamais qu'une vitesse et qu'une direction. — Pareillement, lorsqu'un corps est tenu en équilibre par deux forces égales et contraires, le résultat est le même sans doute que s'il avait été d'abord porté vers l'est aussi loin que l'une des forces, en agissant seule, l'y aurait porté, et ensuite ramené vers l'ouest aussi loin que l'aurait porté l'autre force ; mais, en réalité, aucun de ces mouvements n'est réalisé, et aucune observation ne peut les saisir dans l'état d'équilibre et de repos où le corps est maintenu. Car le repos, qui peut *équivaloir* comme résultat à deux mouvements contraires, n'est pas *la même chose* que ces deux mouvements contraires ; il ne les renferme point en soi et on ne saurait les y découvrir. — Dans des cas de ce genre, les méthodes expérimentales sont manifestement inapplicables. Il s'agit ici d'aller de l'effet aux causes. Mais, par hypothèse, si les causes sont multiples, l'effet est un. Comment donc déterminer cette diversité de causes en partant d'un effet où toute diversité s'efface ?

« Ni la méthode ordinaire des concordances ou des différences, dit M. Taine (*l'Intel.*, t. II, p. 321), ni la méthode accessoire des résidus ou des variations concomitantes, qui toutes sont décomposantes et éliminatives, ne peuvent servir pour un cas qui, par nature, se refuse à toute élimination et à toute décomposition. Il faut donc tourner l'obstacle. »

Recours au procédé déductif. — C'est ce qu'on fait en ayant recours à la méthode déductive et synthétique de **composition ou de construction.** La question posée était : Quelles causes sont engagées dans tel effet donné ? On y substitue celle-ci : Quelle combinaison de causes, si elle existait, produirait un effet semblable à l'effet donné ?

Dans l'emploi de cette méthode, on peut distinguer trois moments (Mill, *Log.*, t. I, p. 510) : 1° une induction préalable ; 2° la déduction proprement dite ; 3° une vérification.

1° Induction préalable. — Tout d'abord, les lois particulières des différentes causes que l'on va composer doivent être préalablement déterminées, afin qu'on puisse déduire de ces lois l'effet de leur action commune. Elles ont dû être déterminées inductivement. Pour y parvenir, on a dû étudier les cas où chacune de ces causes agit séparément, ou tout au moins les cas où chacune de ces causes agit concurremment avec d'autres causes dont l'effet est déjà connu, et qui ne se composent pas avec elle. L'effet à déterminer peut être alors obtenu comme résidu de l'effet total, par défalcation des effets des autres causes concourantes. — C'est seulement lorsqu'on a ainsi comme prémisses les lois[1] des forces concourantes que l'on peut en déduire la résultante commune.

2° Déduction mathématique. — Ce premier pas accompli, intervient la déduction proprement dite, « qui consiste à déterminer, d'après les lois de chaque cause, quel sera l'effet produit par une combinaison donnée de ces causes ». Le plus souvent cette opération implique l'emploi du calcul. Et l'emploi du calcul suppose lui-même que les lois aient pu être déterminées avec une précision numérique. Dès lors, le résultat de l'action de ces causes est calculé, comme on l'a expliqué plus haut, à l'aide des théorèmes de la science des nombres. Ainsi, les lois de la puissance de projection, de la pesanteur et de la résistance de l'air ayant été déterminées par voie inductive avec une rigueur numérique, on en déduit mathématiquement le trajet d'un projectile soumis simultanément à cette triple influence. De même façon, nous déterminons les marées par l'action combinée du soleil et de la lune[2] (Bain, *Log.*, t. II, p. 149).

Comme on voit, c'est encore ici par substitution que nous procédons.

« Un effet donné devant être expliqué, nous quittons l'effet, dit très bien M. Taine (*l'Intel.*, t. I, p. 321), nous nous reportons à côté de lui, nous en étudions d'autres plus simples ; nous examinons divers effets ou conséquents analogues, nous lions chacun d'eux à sa cause ou antécédent par les procédés de l'induction ordinaire ; puis nous faisons une *construction*. Nous assemblons mentalement plusieurs de ces antécédents ou causes, et nous concluons d'après leurs conséquents, ou effets connus, quel doit être leur conséquent ou effet total. »

3° Vérification. — Reste la vérification. Qu'est-ce qui nous garantit que, dans notre construction *à priori*, nous avons rassemblé les vraies causes de l'effet en question ? — C'est la comparai-

1. Il se peut aussi qu'elles soient supposées par hypothèse. L'hypothèse qui nécessairement sert ici de point de départ à la déduction peut porter soit sur la présence, dans le cas qu'il s'agit d'expliquer, d'une cause dont on connaît la loi ; soit sur la loi inconnue d'une cause donnée ; soit même sur les deux ensemble, la cause et sa loi. (Voyez le chapitre sur l'*Hypothèse*.)

2. Cette déduction présente souvent les plus grandes difficultés. Dans la théorie des projectiles c'est un des problèmes mathématiques les plus difficiles de combiner les causes qui influencent la vitesse et la portée d'un boulet de canon de manière à préciser l'effet résultant de leur action collective.

son des conclusions obtenues déductivement et des faits ; c'est la confrontation de l'effet prédit et de l'effet donné. « Ainsi les expériences d'artillerie sont la vérification de la théorie des projectiles » (Bain).

A la vérité, même après cette vérification, la théorie n'est encore qu'une hypothèse ; « mais elle sera d'autant plus probable que le conséquent total, étant plus complexe et plus multiple, limitera davantage le nombre des hypothèses capables d'en rendre compte » (Taine.— Cf. le chapitre sur l'*Hypothèse*).

Il faut remarquer d'ailleurs que la vérification, qui est fournie le plus ordinairement par la constatation de faits particuliers, acquiert une valeur bien plus grande lorsqu'elle est fournie par l'accord de la théorie avec des lois empiriques, dont chacune représente, sous une expression générale, une multitude de faits particuliers. Ainsi, non seulement la théorie newtonienne des mouvements célestes permet de prévoir, pour tout instant, la position des planètes, mais elle conduit déductivement aux lois de Kepler, qui sont comme la formule générale de toutes les positions occupées par les planètes.

« C'est à la méthode déductive ainsi définie dans ses trois parties constituantes, l'induction [1], le raisonnement et la vérification, que l'esprit de l'homme doit ses plus éclatants triomphes dans l'investigation de la nature. Nous lui devons toutes les théories qui rassemblent des phénomènes nombreux et compliqués sous quelques lois simples [2]. » (Mill, *Log.*, t. I, p. 520.)

1. Ou l'hypothèse.
2. Malgré tout, les sciences de la nature restent des sciences *essentiellement inductives*, pour deux raisons : 1° les prémisses de la déduction, lois ou définitions, sont toujours dues à une induction ou à une hypothèse inductive ; 2° toute déduction doit y être soumise à une vérification, parce qu'on n'est jamais absolument sûr que les prémisses d'où l'on part soient, par rapport à la réalité, exactes et complètes. — Au contraire, les mathématiques sont des sciences *purement déductives :* 1° parce que les principes des mathématiques (axiomes et définitions) ne sont pas dégagés de l'expérience concrète ; 2° parce que, les objets des mathématiques étant des créations idéales de l'esprit dont les définitions sont parfaites, nous sommes sûrs, sans avoir besoin d'aucune vérification, que tout ce qui résulte logiquement de ces définitions est vrai des objets définis. — Les vérités mathématiques se vérifient aussi, il est vrai, nécessairement dans le concret, en dépit de la différence du concret à l'abstrait. Cela tient à ce que ces vérités mathématiques dérivent uniquement de la *forme*. C'est pourquoi, quelle que soit, dans le concret, la matière d'une forme, cette forme garde toujours les propriétés mathématiques qui y sont inhérentes. Qu'un champ soit stérile ou fertile, s'il est rectangulaire, sa surface est toujours égale au produit de sa base par sa hauteur. Mais cette vérification dans le concret est en dehors des sciences mathématiques elles-mêmes, qui ne procèdent que dans l'abstrait. Cf. Cl. Bernard, *Intr. à l'ét. de la Méd. exp.*, p. 81 sqq.

CHAPITRE XI

PREMIÈRE PARTIE : LA DÉFINITION

Sciences des êtres : la généralisation. — La nature n us offre deux objets d'étude : les faits et les êtres. Nous avons di: quelles sont les méthodes applicables aux sciences qui étudient les faits; il faut voir quelles sont les méthodes applicables aux sciences qui étudient les êtres.

Il n'y a pas de science du particulier. Qu'il s'agisse d'êtres ou de faits, la science consiste à dégager du particulier le général. S'il s'agit des faits, cette opération se nomme **induction**. S'il s'agit des êtres, cette opération se nomme **généralisation**. Ce que l'induction est aux faits, la généralisation l'est aux êtres.

Son double office : définition, classification. — Mais la généralisation peut être envisagée sous deux aspects, car elle résout simultanément deux sortes de problèmes et donne satisfaction à une double curiosité.

Les êtres qui existent dans la nature donnent naissance à un double problème : 1° ces êtres sont des groupes, des systèmes de propriétés diverses coexistantes; d'où ce premier problème : quelles sont ces propriétés et quel est le rapport de ces propriétés entre elles? lesquelles sont accidentelles? lesquelles sont essentielles? et quel est l'ordre d'importance relative de ces dernières elles-mêmes? — 2° Ces êtres coexistent eux-mêmes dans l'espace, d'où ce second problème : quels sont les rapports de ces êtres entre eux? quelles sont leurs différences? quelles sont leurs ressemblances? et quel est l'ordre d'importance relative de ces ressemblances elles-mêmes?

Ces deux problèmes sont, avons-nous dit, simultanément résolus par la généralisation. En effet, toute notion générale est le résultat d'une double opération : 1° d'une *analyse* des individus, qui fait connaître la somme de leurs caractères; 2° d'une *comparaison* de ces individus qui, faisant reconnaître lesquels de ces caractères sont variables de l'un à l'autre, lesquels sont communs à plusieurs ou à tous, révèle à la fois les rapports de ressemblance de ces individus et l'importance relative de ces caractères.

Ce double résultat se trouve consigné dans les *notions générales*, terme de la généralisation. En effet, toute notion générale possède à la fois une *compréhension* et une *extension*. La compréhension, c'est la somme des caractères qu'elle enferme. L'extension, c'est le nombre d'êtres qui, possédant en commun ces caractères, se trouvent, en raison de cette ressemblance, groupés sous cette notion.

Considérée au point de vue de la compréhension, la notion générale est un **type**, une forme, une nature, une essence. Considérée au point de vue de l'extension, la notion générale est un **genre**, un groupe, une classe. Ainsi la notion de *vertébré* représente à la fois un certain type d'organisation et un certain groupe d'animaux.

Dégager le type ou l'essence des êtres, c'est *définir*. Grouper les êtres selon leurs ressemblances, c'est *classer*. La généralisation, en tant qu'elle dégage les types ou les rapports de coexistence des caractères, se nomme **définition**; en tant qu'elle dégage les genres ou les rapports de ressemblance des êtres, elle se nomme **classification**.

La classification et la définition ne sont donc pas proprement deux opérations différentes, mais une seule et même opération, à laquelle on donne deux noms différents pour en indiquer le double aspect et le double résultat. Il est impossible, d'une part, de définir sans classer, puisque toute définition donnée, à moins d'être purement fictive ou nominale, s'applique nécessairement à certains êtres[1] dont elle forme une classe. Mais il est également impossible, d'autre part, de classer sans définir, puisque toute classe formée l'est en raison d'une essence, forme ou type commun des êtres qui la constituent.

La définition est la raison de la classification. — Cependant il importe d'étudier l'opération de la généralisation successivement sous chacun de ces deux aspects. Or si, par la généra-

1. Au moment où la définition est posée, on peut ignorer, au moins en partie, les différents êtres auxquels elle s'applique : dans ce cas, la classification qui résulte de la définition est encore, par rapport à nous, simplement *virtuelle*; mais, à prendre les choses en elles-mêmes, elle est déjà *actuelle*, elle est vraie, puisque, en fait, le type dégagé par la définition et que nous supposons naturel, est réalisé dans un certain nombre d'êtres, connus ou inconnus.

lisation, on définit et l'on classe tout à la fois, il n'en est pas moins vrai que, logiquement tout au moins, la définition est antérieure à la classification. En effet, si toute notion générale possède une compréhension qui est un *type*, et une extension qui constitue une *classe*, on peut dire que c'est la compréhension qui détermine l'extension, que c'est le type qui fait la classe, qui en est la raison et le signe, qui en marque l'étendue et les limites. Tout être, en effet, entre dans une classe ou en est exclu, selon qu'il possède ou ne possède pas le type défini qui est la caractéristique de cette classe [1]. Il convient donc de parler tout d'abord de la définition, raison d'être et fondement de toute classification [2].

DE LA DÉFINITION; SES ESPÈCES

Trois sens du mot définition. — Il y a parfois quelque confusion dans les théories de la définition qu'on rencontre dans les livres de Logique. C'est qu'on ne distingue pas suffisamment les trois acceptions possibles et même usuelles du mot *définition*.

1° Par *définition* on entend l'opération, ou l'ensemble d'opérations qui consistent à déterminer l'essence des choses. La définition comprise de la sorte, c'est la science même. Ainsi l'entendait Socrate, qui le premier, dit Aristote, appliqua sa pensée aux définitions. Définir, c'était pour lui « chercher rationnellement l'essence des choses, τὸ τί ἐστιν » (*Mét.*, I, v).

2° Par *définition* on entend aussi la connaissance qui est le

1. On pourrait dire, il est vrai, que, pour déterminer le type lui-même, il a fallu comparer un certain nombre d'êtres et en extraire les points de ressemblance. Sans doute, mais comparer n'est pas encore classer. La classe n'est formée que par la découverte des points de ressemblance ou du type, objet de la définition. — De plus, les êtres comparés qui suffisent à la découverte du type sont loin de constituer toute l'étendue de la classe. Donc, alors que la définition est déjà parfaite, la classification n'existe encore que virtuellement ou en puissance. Le type étant défini, reste encore à en découvrir l'extension.

Contre cette antériorité, logique tout au moins, que nous attribuons à la définition sur la classification, on alléguera la règle même de la définition : on définit par le genre et la différence (voyez plus bas). Si définir c'est faire entrer dans un genre, la définition s'en réfère donc à la classification et la présuppose. — Cette objection repose sur un contresens touchant l'acception du mot *genre* dans cette règle, lequel, pour être fort ancien et fort usité, n'en est pas moins, à notre avis, incontestable.

2. C'est cette même vérité qu'expriment les savants qui font le plus d'usage de la classification, à savoir les naturalistes, en disant que la classification est fondée sur la subordination des caractères : déterminer les caractères essentiels des êtres et leur hiérarchie, c'est précisément déterminer les types, c'est définir.

but de cette recherche, la notion, .e concept où l'on en consigne le résultat : c'est dans ce sens qu'on dit qu'on possède, qu'on sait la définition d'un certain ordre de choses. De même façon, le mot *science* signifie tantôt la *recherche* scientifique, tantôt le *savoir*, terme de cette recherche. De même encore les mots *induction*, *classification*, s'emploient pour désigner tantôt l'*opération* qui consiste à induire ou à classer, tantôt la *loi* ou le *système* qui résulte de cette opération.

3° Par *définition* enfin, on entend l'opération qui consiste, étant donnée une notion, à en développer le contenu dans une proposition.

Au premier sens du mot, la définition c'est le *moyen* de la science; au second, c'est la *fin* de la science; au troisième, c'est l'*expression*, la formule à la fois explicite et aussi brève que possible de la science.

Dans le premier et dans le second sens, la définition est une *définition de choses :* ce sont les *choses* dont on essaye, par la définition, de déterminer la vraie nature; c'est la nature des *choses* qui est la matière de la notion ou définition à laquelle cette détermination aboutit.

Au troisième sens du mot, la définition est proprement une *définition d'idées :* c'est le contenu d'une *idée*, d'un concept qu'elle développe. Il va de soi d'ailleurs que, cette idée définie étant le résultat d'une détermination plus ou moins exacte de la nature de certaines choses, la définition qui développe cette idée se trouve être en même temps une définition plus ou moins exacte de ces choses.

L'opération par laquelle on forme une notion ou définition est l'inverse de celle par laquelle on l'explique. D'une part, on *compose* la notion par *synthèse*, en y consignant les caractères dégagés par analyse des individus comparés. D'autre part, on dissout cette même notion par *analyse*, en la résolvant dans les éléments dont elle est composée.

Parlons d'abord de la première de ces opérations. Aussi bien est-ce la seule qui intéresse véritablement la science : car l'important n'est pas tant d'exprimer, sous la forme à la fois la plus courte et la plus complète, les éléments d'une notion quand on les sait, que de savoir quels éléments il convient d'y faire entrer ou d'en exclure quand on ne le sait pas. Les règles de la première opération concernent la *recherche :* ce sont des règles de *méthode;* les règles de

la seconde opération concernent l'*expression* de la science faite .
ce sont des règles d'*enseignement*. —On remarquera d'ailleurs que
certaines règles peuvent s'appliquer à la fois à la définition de
choses et à la définition d'idées : seulement le sens de ces règles
varie nécessairement de l'un à l'autre de ces cas.

PREMIÈRE SECTION : DE LA DÉFINITION COMME NOTION
SCIENTIFIQUE DES CHOSES

La définition comme fin de la science. — En toutes
choses, c'est la fin qui détermine le moyen. La définition, au sens
de *concept* résumant la science, est la fin ; la définition, au sens
de *recherche* par laquelle est élaboré ce concept, est le moyen.
Donc pour savoir comment peut et doit se faire cette recherche, il
faut savoir quel doit être ce concept.

La définition, disons-nous, est le but de la science ; ou plutôt
c'est un des buts que se propose la science. La science, en effet, peut
se proposer soit de prouver qu'une chose est, τὸ ὅτι : son but est
alors la démonstration ; —soit de déterminer ce qu'une chose est,
τὸ τί : son but est alors la **définition** ; —soit enfin de découvrir
pourquoi une chose est, τό διότι : son but est alors l'explication.
La démonstration a pour objet l'*existence ;* la définition a pour
objet la *nature ;* l'explication a pour objet la *cause,* la raison[1].

Elle a pour objet l'essence. — Mais la science, on le sait,
n'a pour objet que le *général ;* donc ce n'est pas toute la nature,
c'est seulement la partie fixe de cette nature qui doit entrer dans
la définition.

En d'autres termes, la définition a pour objet l'essence et elle

---

1. D'après la définition donnée de la science au début de cet ouvrage (*la
recherche des causes*) il semblerait que le dernier de ces problèmes fût seul
proprement du ressort de la science. Il faut reconnaître en effet que souvent la
démonstration et la définition ne servent que de préparation à la science, en
lui fournissant et en déterminant l'objet ou la matière sur laquelle elle doit
s'exercer. Pourtant, la démonstration et la définition ont bien en elles-mêmes
un caractère scientifique ; car, tout en ayant pour objets propres, l'une l'existence, l'autre l'essence, elles dégagent aussi des causes, des raisons. La démonstration, du moins la démonstration parfaite, la seule à laquelle Aristote
reconnaisse le caractère scientifique, prouve qu'une chose est nécessaire en
vertu d'une loi : or cette loi, qui sert de *preuve,* sert en même temps de *raison*
et d'explication : la démonstration, dans ce cas, commence et achève la science.
Tel est ordinairement le rôle de la démonstration directe en géométrie. —
D'autre part, définir c'est dégager le type : or le type est aussi une loi et une
raison par rapport aux individus. La raison de la présence de dents sous les
gencives de la baleine, c'est le type mammifère qui est sa loi.

exclut le particulier, c'est-à-dire l'accident. Telle est la matière que Socrate assignait déjà à la définition.

L'essence et l'accident. — Qu'est-ce que l'accident? Qu'est-ce que l'essence?

« L'accident est chose variable : c'est tantôt un rapport fortuit et passager, comme la place occupée par un individu dans l'espace et dans le temps ; tantôt une modification accessoire qui n'altère pour ainsi dire que la surface de l'être qui le subit sans en entamer le fond ; c'est, d'une manière générale, tout ce qui arrive aux êtres par un concours fortuit de circonstances extérieures.

« L'essence est au contraire chose invariable : c'est l'ensemble des caractères intimes qui persistent au milieu du changement des relations et des modifications accidentelles ; c'est, par suite, ce que l'être possède en lui-même, ce qui ne peut cesser de lui appartenir sans qu'il cesse aussitôt d'exister. » (L. Liard, *Des définitions*, introd.)

« L'essence d'une chose, dit M. Ravaisson, d'après Aristote, n'est pas tout ce qu'elle est, mais seulement ce qu'elle ne peut pas ne pas être » (*Mél. d'Aristote*, vol. I, p. 512).

La définition exclut l'accident. — De cette nature de l'accident il résulte nécessairement que l'accident est exclu de la définition. En effet, la définition, faisant partie de la science, doit être quelque chose de stable et de déterminé ; or l'accident est, par nature, indéterminé et changeant. Donc l'accident échappe à la science et à la définition[1].

Donc elle ne peut porter sur l'individu. — Si la définition a pour matière non l'accident, mais seulement l'essence, il s'ensuit qu'elle a pour matière non les individus, mais seulement les espèces. En effet, les individus sont la synthèse d'une essence ou type spécifique, identique pour tous les individus d'une espèce, et d'accidents divers qui les distinguent les uns des autres, et constituent leur individualité.

---

1. Remarquons que, exclu de la science *des êtres dont il est l'accident*, l'accident n'est pas pour cela *absolument* exclu de la science ; car les accidents eux-mêmes peuvent se distribuer en certaines espèces, dont on peut découvrir les lois : ainsi il y a des lois qui rendent compte de la couleur des yeux et des cheveux, du tempérament, des maladies, etc. En ce sens-là, pris lui-même comme sujet, et non plus comme attribut, l'accident peut même avoir sa définition ; ainsi on définit les maladies, et les règles ordinaires de la définition s'appliquent aux cas de ce genre. L'accident ne peut donc jamais faire partie d'une définition, mais il peut être lui-même l'objet d'une définition, laquelle à son tour devra exclure ce qui est accidentel par rapport à cet accident pris comme sujet. On ne définit pas l'homme par une certaine maladie dont il est susceptible. Mais on définit cette maladie ; et de cette définition on doit écarter les accidents particuliers dont cette maladie est susceptible.

Or ces accidents, autant par leur nombre que par leur variabilité, se dérobent aux prises de la pensée et de la définition.

« Il est impossible à nous, dit Leibniz (*Nouv. Ess.*, liv. III, ch. III), d'avoir la connaissance des individus et de trouver le moyen de déterminer exactement l'individualité d'aucune chose, à moins que de la garder elle-même ;... les plus petites différences nous sont insensibles. L'individualité enveloppe l'infini et il n'y a que celui qui est capable de le comprendre qui puisse avoir la connaissance du principe d'individuation d'une telle ou telle chose : ce qui vient de l'influence (à l'entendre sainement) de toutes les choses de l'univers les unes sur les autres. »

L'individu n'est donc pas susceptible d'une conception distincte et analytique. Il peut être un objet d'intuition ou de perception, il ne peut être un objet de définition. On ne définit que l'espèce.

Elle porte sur l'espèce. — L'individu est fait d'essence et d'accident ; l'espèce est toute essence : il n'y a en elle rien que de fixe et d'universel. Ainsi, dire que la définition a pour objet l'essence et dire que la définition a pour objet l'espèce, c'est dire, en deux termes différents, une seule et même chose [1].

Ses conditions : règles négatives. — Que doit être la définition de l'espèce ? — Les conditions qu'elle doit remplir se formulent différemment suivant que l'on se place au point de vue de l'extension ou au point de vue de la compréhension.

La condition la plus générale, qui les résume toutes, c'est que la définition doit être égale ou *adéquate à son objet*, c'est-à-dire qu'elle ne doit pécher ni par excès, ni par défaut. Au point de vue de la compréhension, cela signifie qu'elle ne doit *ni admettre des caractères accidentels, ni exclure aucun des caractères spécifiques ;* qu'elle doit représenter l'essence seule, mais toute l'essence. — Au point de vue de l'extension, cela signifie qu'elle doit être *universelle (conveniat omni definito)*, c'est-à-dire embrasser tous les individus de l'espèce ; et *propre (conveniat uni definito)*, c'est-à-dire n'envelopper aucun des individus étrangers à l'espèce.

Ces règles concernant l'extension ne sont, visiblement, que la conséquence des règles concernant la compréhension. En effet, si la définition manque de généralité, c'est parce qu'on aura considéré comme caractère nécessaire à l'espèce quelque attribut acciden-

---

1. Nous nous plaçons toujours au point de vue de la compréhension, et nous appelons ici *espèce* le type spécifique (*species*) qui constitue l'espèce au sens le plus ordinaire du mot.

tel qui n'en fait pas partie intégrante ; et si la définition manque de propriété, c'est, au contraire, qu'on aura omis un ou plusieurs des caractères constitutifs et caractéristiques de l'espèce. Si je définis l'homme un animal raisonnable *à peau blanche*, l'intrusion d'un caractère accidentel dans la compréhension de l'idée *homme* exclut un certain nombre d'hommes de son extension. Et si, au contraire, je définis l'homme un *être* raisonnable, l'omission d'un caractère essentiel, l'*animalité*, dans la compréhension de l'idée, ouvre son extension à des êtres étrangers à l'humanité, Dieu par exemple.

Règle positive : la matière de la définition. — Mais ces règles ne sont en quelque façon que *négatives;* elles indiquent proprement ce que la définition ne doit pas être, les défauts qu'elle doit éviter. Reste à donner la règle *positive* de la définition, c'est-à-dire celle qui exprime comment et par quoi la définition doit être constituée.

1° La totalité des éléments de l'essence. — La définition a pour objet l'espèce. Or l'essence de l'espèce n'est pas quelque chose d'un, d'homogène, d'indivisible.

Comme l'individu, l'espèce est un composé qu'une analyse réelle ou idéale peut résoudre en ses éléments. Tout corps humain est fait de plusieurs organes que l'on peut réellement séparer; toute âme humaine est faite de plusieurs pouvoirs que l'on peut idéalement distinguer. Ces éléments constituants d'une espèce seront tantôt des parties composantes, comme dans les deux exemples ci-dessus, tantôt des propriétés, des caractères, des attributs. Dans une espèce chimique composée, comme l'eau, on distingue des éléments composants; dans une espèce chimique simple, comme l'oxygène, on ne distingue plus que des caractères ou propriétés constitutives. Pareillement, l'essence de l'âme est constituée par un ensemble de pouvoirs; l'essence de la vertu, par un ensemble de caractères.—Éléments composants, ou propriétés, cette pluralité tout entière doit nécessairement entrer dans la définition ou notion adéquate d'une espèce. Dans la définition de l'eau doivent être représentés tous les éléments constituants de l'eau et toutes les propriétés caractéristiques de l'eau. — La définition sera donc un *total* de tout ce qui entre dans l'essence d'une espèce et la constitue.

2° Les rapports de ces éléments : le genre, la différence. — Mais ce n'est point assez de savoir tous les éléments de l'essence spécifique, il faut encore reconnaître les *rapports* de ces éléments entre eux. Or la comparaison des espèces entre elles nous fait voir que les attributs constitutifs d'une espèce peuvent se partager en deux groupes : les uns propres à l'espèce en question, les autres communs aussi à d'autres espèces. Les attributs du premier groupe se nomment la **différence**, les attributs du second se nomment le genre. D'où cette règle : *on définit par le genre et par la différence.* — Il faut y insister, en donner le sens et la raison.

Vrai sens du mot genre : type. — Tout d'abord il faut bien entendre ce mot de *genre*. Signifie-t-il ici un groupe, une classe? C'est le sens que la plupart des logiciens modernes lui donnent, et c'est pourquoi ils prétendent que la définition présuppose la classification, à laquelle elle se réfère. Mais on peut remarquer que la définition ainsi entendue manque d'homogénéité. Car la différence est, de l'aveu commun, constituée par un ou plusieurs *attributs* : si donc, d'autre part, le genre est un *groupe d'êtres*, les deux parties de la définition ne sont pas du même ordre et ne peuvent former un tout homogène.

De plus, de l'aveu commun, la définition a pour objet la nature ou l'essence : or une classe d'êtres n'est ni l'essence, ni une partie de l'essence.

Par *genre* on doit donc entendre, non pas la classe, mais la somme d'attributs, *le type qui est la marque de la classe.* — Sans doute, en définissant par le type générique, on fait, par cela même, entrer l'espèce définie dans le groupe où ce type se réalise. Mais ce n'est là qu'une conséquence ; car ce classement suppose un motif, et ce motif ne peut être que la participation à l'essence commune du groupe. Comment savoir que tel animal est au nombre des vertébrés, si avant tout nous ne savons ce que c'est qu'être vertébré? Le type qui définit le groupe doit donc être visé tout d'abord.

C'est le sens historique. — Tel est d'ailleurs, sans qu'on en puisse douter, le sens attribué au mot *genre* par les philosophes qui ont créé la théorie de la définition. Socrate, le premier, cherche définir par le genre ; or par *genre* il entend la *raison* ou le *principe :* ainsi la science est pour lui le genre, c'est-à-dire la raison de piété. Le genre, c'est aussi pour lui la *cause :* la science est non seulement raison ou principe, mais encore cause suffisante et déterminante de la piété (d'après sa théorie, que la science entraîne nécessairement une pratique conforme). Le genre enfin, c'est encore pour lui l'*essence :* la piété et toutes les vertus sont de l'essence de la science (voyez Fouillée, *Phil. de Socrate*, t. I, p. 124). — Platon n'entend point autrement les genres, objets de la définition. Seulement, tandis que, pour Socrate, les genres ou essences ne sont jamais séparés des individus particuliers où ils se réalisent, Platon, au dire d'Aristote, « sépara les genres des individus et donna à ces essences le nom d'Idées ». Définir par le genre, pour Platon c'est donc définir par l'Idée, l'essence ou le type idéal auquel les êtres d'une même classe participent (*id.*, *ibid.*, ch. viii).

Aristote corrige la théorie de Socrate et de Platon : d'après lui, ce n'est pas le genre seul qui doit être la matière de la définition ; c'est le genre, plus la différence. Mais d'ailleurs il prend le mot *genre* dans le même sens. L'essence, dit-il, n'est pas dans le genre, sujet des différences spécifiques (ὑποκείμενον ταῖς διαφοραῖς. *Mét.*, IV, xxviii), matière commune à plusieurs espèces, possibilité indéfinie dont elles sont des réalisations différentes. L'essence n'est pas davantage dans la différence spécifique prise à part. L'essence, c'est le tout (ἴδιον τὸ πᾶν, *Anal.*, *post.*, II, vi). Le genre est comme la *matière* ou la *puissance*. La différence est comme la *forme* ou l'*acte*. L'essence résulte de leur union, c'est-à-dire de la détermination de la matière par la forme, ou de la réalisation de la puissance dans l'acte.

La différence : forme spécifique. — C'est dans ce sens, fondé à la fois en raison et sur la vraie tradition, que nous prenons ici le mot de *genre*. Nous considérons le genre comme une *matière* plus ou moins indéterminée et susceptible de recevoir diverses formes particulières. — La différence, d'autre part, peut être envisagée comme l'une de ces *formes* spéciales, qui, s'ajoutant à cette matière, la précise, la détermine et en fait une essence spécifique [1]. Soit le parallélogramme : cette figure est du genre *quadrilatère*; et ce genre reçoit une détermination particulière du parallélisme des côtés, qui est ici la différence. L'homme a pour genre l'*animalité*; et ce qui différencie en lui ce type spécifique, c'est la raison. L'acide sulfureux et l'acide sulfurique sont des corps du

---

1. Il ne faudrait pas cependant prendre trop à la lettre cette comparaison du genre avec une matière indéterminée et de la différence avec une forme ou ensemble de formes déterminantes. Cette comparaison s'appliquera assez bien à certains cas : par exemple, à la définition des espèces animales où le genre est une sorte de dessin ou de plan et la différence un ensemble de formes additionnelles qui le précisent. Mais on peut métaphoriquement l'étendre à tous les cas : l'ensemble des attributs appelés *genre* peut toujours être considéré comme une sorte de *matière logique* que déterminent d'autres attributs constituant la différence.

même genre en ce qu'ils sont l'un et l'autre composés des mêmes éléments : le soufre et l'oxygène. Les proportions particulières dans lesquelles ces substances se trouvent combinées dans chacun d'eux constituent leur différence.

Genre et différence enferment une multiplicité. — Mais l'emploi de ces singuliers, *le* genre et *la* différence, ne doit pas faire illusion. Si la distinction d'un genre et d'une différence implique déjà dans l'objet une multiplicité, le genre et la différence sont eux-mêmes, au moins dans la grande généralité des cas, une multiplicité. Le genre, c'est le plus souvent un ensemble d'attributs, formes, propriétés, éléments ; et la différence, c'est de même un ensemble d'attributs, formes, propriétés, éléments, qui s'associent aux précédents et les déterminent. —Dans certains cas, il est vrai, les caractères spécifiques, ou *différences*, peuvent tous se rattacher à une différence plus importante, qui paraît être le principe d'où dérivent toutes les autres. C'est à celle-là qu'on réserve alors particulièrement le nom de *différence*, en attribuant, en ce cas, aux autres différences le nom de *propres :* ainsi tous les attributs différentiels de l'espèce humaine, comme la parole, la faculté scientifique, la moralité, le rire, etc., paraissent dériver de la raison ; toutes les propriétés de la circonférence se rattachent plus évidemment encore à cette propriété fondamentale d'avoir tous ses points à égale distance d'un point intérieur. Pareillement tous les attributs constitutifs du genre peuvent parfois se rattacher à un caractère dominateur qui sera le genre par excellence. — Mais il n'en est point ainsi dans tous les cas, ni pour le genre ni pour la différence. Par exemple, on ne saurait rapporter ni les divers caractères qui distinguent l'espèce *lion* parmi les chats à une seule différence fondamentale, ni les caractères constitutifs du genre *chat* à un seul caractère fondamental. — Dans tous les cas, que cette subordination soit possible ou non, la notion scientifique ou définition de l'espèce implique la connaissance de *toutes* les différences qui constituent la différence et de tous les caractères génériques qui constituent le genre.

Raisons d'associer le genre et la différence. — S'il ne suffit pas de connaître un des éléments de la différence ou du genre, à plus forte raison ne suffira-t-il pas de faire entrer dans la définition le genre sans la différence ou la différence sans le genre.

On ne définira pas par le genre seul, comme le voulait Platon, car le genre n'est que la matière première de l'espèce et comme l'étoffe dont elle est faite. La définition réduite au genre serait donc *incomplète* puisqu'elle omettrait la forme caractéristique qui est l'achèvement de l'espèce. Par suite, elle serait *impropre* ou trop large, car le même genre est commun à plusieurs espèces. L'animalité, par exemple, est réalisée sous d'autres formes que l'humanité.

D'autre part, la définition n'aura pas davantage pour objet la différence seule, pour les mêmes raisons. La différence n'est que la forme d'une matière. La définition par la différence seule serait donc également *incomplète*. Elle serait aussi *impropre;* car cette même forme peut se réaliser autre part que dans cette matière. Ainsi la raison peut être réalisée autre part que dans l'animalité, en Dieu par exemple.

L'espèce est constituée par la réalisation, ou, comme dit Aristote, par l'actualisation du genre, qui n'est en lui-même qu'une matière ou puissance indéfinie, dans la différence, qui en est la forme définie et concrète. Donc on définit l'espèce par le genre et la différence *réunis.*

Le genre doit être prochain. — Les logiciens ajoutent qu'on doit choisir le genre *prochain.* Le genre prochain, c'est la matière qui est déjà suffisamment déterminée pour n'avoir plus besoin que de la différence pour constituer l'espèce [1]. Ainsi, le quadrilatère étant supposé, pour constituer ensuite un parallélogramme il suffit du parallélisme des côtés. Cela pourrait ne pas suffire si un *polygone* quelconque était donné. Le quadrilatère est ici le genre prochain; le polygone est un genre trop éloigné. — Pour cette raison, on peut critiquer cette définition de l'homme : *un animal raisonnable. Animal* est un genre trop indéterminé : car, s'il plaisait à Dieu de donner la raison à un chien ou à un éléphant, l'appellerions-nous un homme? Recourir, pour définir, à un genre autre que le genre prochain, c'est omettre un certain nombre de déterminations de l'espèce. Une telle définition est donc inadéquate, et comme telle elle peut manquer de propriété.

Genres de divers degrés. — Dans tout ce qu'on vient de dire, les mots *genre* et *espèce* ne sont pas pris dans un sens absolu, comme désignant des essences d'un rang et d'un degré déterminés

---

1. Au point de vue de l'extension, le genre prochain c'est le groupe immédiatement supérieur au groupe défini.

et constants [1]. Ils sont pris dans un sens purement relatif. C'est-à-dire que ce qui était genre par rapport à une espèce, devient espèce par rapport à un genre supérieur. Les règles données s'appliquent à toute la série. Tant qu'on peut distinguer, dans un type donné, un plan ou une matière, déterminée par certaines propriétés, et susceptible de l'être par d'autres, ce type peut être considéré comme une espèce constituée par la synthèse d'un genre et d'une différence, et l'on peut en donner la définition.

Les genres supérieurs sont indéfinissables. — Ce n'est qu'en atteignant les genres suprêmes (*generalissima*) que la définition, entendue comme précédemment, devient impossible. Mais est-ce, comme on le dit parfois, par suite d'une impuissance de la définition, d'une incapacité de notre esprit? — En aucune façon. En effet, les genres suprêmes sont les genres absolument indéterminés : l'être ou le possible, par exemple. En eux point de différences : faudrait-il donc qu'il y en eût dans la notion qui doit les représenter? C'est alors précisément que la notion serait inexacte. Le concept d'une chose simple par essence doit être simple, comme la chose même.

Les individus et les genres suprêmes sont donc également indéfinissables, mais pour des raisons opposées. Dans l'individu, comme on l'a indiqué plus haut, les différences sont infinies et infiniment variables : on ne saurait donc ni les embrasser ni les fixer dans une notion. Dans les genres suprêmes, les différences n'existent pas. L'intuition des individus n'est donc pas susceptible de devenir une définition, parce que l'analyse des éléments qu'elle enferme n'est pas susceptible d'achèvement. La conception des genres suprêmes, bien que susceptible d'être adéquate, n'est pas non plus une définition, parce que la matière même d'une analyse quelconque y fait défaut.

Résumé. — En résumé, la définition a pour matière l'essence spécifique. L'essence spécifique est constituée par l'union d'un genre et d'une différence. Le genre et la différence sont eux-mêmes constitués par deux groupes d'attributs. Les éléments de chacun de ces groupes sont coordonnés entre eux et parfois subordonnés dans chaque groupe à un élément principal. De plus, l'un de ces groupes, celui qui constitue la différence, est lui-même en entier subordonné à l'autre, qui constitue le genre. On peut donc dire, en somme,

---

1. Ou, au point de vue de l'extension, comme désignant des groupes d'un rang déterminé dans l'échelle de la classification.

qu'une définition est à la fois *un total et un système dans lequel tous les attributs constitutifs d'une espèce sont dénombrés, classés et subordonnés les uns aux autres* [1].

DEUXIÈME SECTION : LA DÉFINITION COMME OPÉRATION CONSTITUTIVE DES CONCEPTS SCIENTIFIQUES

Opérations impliquées dans la constitution des concepts. — Il est aisé de dire ce que doit être une définition : le difficile, c'est de la faire. Quelle méthode suivre pour y arriver?

D'après la nature et les conditions de la définition, telles qu'on vient de les exposer, il est aisé de voir que la constitution d'une définition suppose trois opérations principales : 1° l'énumération complète des caractères de l'espèce; — 2° l'abstraction des caractères constitutifs de l'essence, par l'élimination ou l'exclusion des caractères accidentels; — 3° la découverte de la hiérarchie ou subordination naturelle des caractères constitutifs.

1° L'énumération complète des caractères : pas de criterium. — Au sujet de la première opération, il n'y a point de criterium défini qui puisse servir de règle et de preuve de l'exactitude et de l'achèvement de l'opération. Reconnaître sans erreur et sans omission les caractères d'une espèce, c'est faire une observation exacte et complète. Il n'y a pas de preuve logique qui fasse reconnaître qu'un tel but a été atteint. — Qui sait même s'il est susceptible d'être jamais atteint? Chaque jour amène la découverte de propriétés nouvelles, de caractères nouveaux dans les espèces minérales, végétales ou animales. Nul ne pourra jamais dire, au sujet de l'une quelconque de ces espèces : « J'ai épuisé le sujet, après moi il n'y a plus rien à en découvrir ». — M. Taine a décrit d'une manière frappante le travail sans terme de la science dans cette voie.

« L'enfant doit tout d'abord faire coïncider ses idées générales avec celles d'autrui. Supposons ce travail achevé, et l'enfant arrivé au seuil de

---

1. Quels avantages trouvons-nous à réduire ainsi la nature à un ensemble de définitions ou de types? Les voici : 1° d'une part, les individus d'une espèce sont en nombre indéfini; le type spécifique est un : se représenter le type, c'est penser dans une seule pensée tous les individus de l'espèce; — 2° d'autre part, la comparaison des types spécifiques permet de constater qu'ils ne diffèrent point les uns des autres du tout au tout, mais au contraire qu'ils sont, au moins dans certaines limites, foncièrement identiques : donc penser la nature par le moyen des types, c'est se rendre sensible l'unité et l'homogénéité fondamentale de la nature. — Mais ces avantages seront plus à propos exposés en traitant de la classification (voyez plus bas).

l'âge adulte. Ici commence une nouvelle série de remaniements, additions et corrections, celle-ci indéfinie et qui se poursuit de génération en génération et de peuple en peuple ; je veux parler de la recherche scientifique. — Cette fois il s'agit de faire coïncider nos idées générales, non plus avec les idées générales d'autrui, mais avec les caractères généraux des choses. Sitôt que nous sommes pris de ce désir, un premier besoin se déclare : il y a des lacunes dans nos idées ; il faut combler ces lacunes. — Par exemple, la notion qu'un homme ordinaire a du corps humain est fort pauvre et fort incomplète ; il ne le connaît qu'en gros ; pour lui, c'est une tête, un tronc, un cou, quatre membres de telle couleur et de telle forme ; cela lui suffit pour la pratique. Mais il est clair que les caractères propres au corps humain sont infiniment plus nombreux ; une telle notion en représente cinq ou six, et des plus extérieurs ; accroissons-la de tous ceux que l'observation prolongée et variée pourra découvrir.—L'anatomiste arrive avec l'envie de voir le détail et le dedans ; il dissèque, note, décrit et dessine. Le manuel qu'il livre aux commençants a mille pages et il faudrait je ne sais combien d'atlas et de volumes pour contenir la figure et l'énumération de toutes les parties qu'à l'œil nu il a constatées. — S'il arme son œil du microscope, ce nombre se multiplie au centuple ; Lyonnet n'a pas eu trop de vingt ans à décrire la chenille du saule. — Au delà de notre microscope, des instruments plus puissants accroîtraient encore notre connaissance ; il est visible que dans cette voie la recherche n'a pas de terme. — Pareillement, voici un corps inorganique, de l'eau ; l'idée que j'en ai est celle d'un liquide sans odeur ni couleur, transparent, bon à boire, qui peut devenir glace ou vapeur, rien de plus ; du groupe énorme de caractères ou propriétés physiques et chimiques qui s'accompagnent et constituent l'eau, je ne sais pas autre chose. Les physiciens et les chimistes viennent avec leurs balances, leurs thermomètres, leurs machines électriques, leurs instruments d'optique, leurs réactifs, et entre leurs mains, les cinq ou six mailles qui composaient mon idée se multiplient jusqu'à former un vaste réseau. Mais ce réseau, si agrandi qu'on l'imagine, n'aura jamais autant de mailles qu'il y a de caractères dans l'objet auquel il correspond ; car il suffira toujours de trouver un corps nouveau pour lui en ajouter une. Au commencement du siècle, la découverte du potassium et du sodium a montré qu'au contact de certains métaux l'eau se décompose à froid ; c'était là un caractère nouveau. Si nous avions en main les corps simples inconnus que les raies du spectre nous indiquent aujourd'hui dans les étoiles, et si nous pouvions soumettre l'eau à leur action, très certainement l'eau manifesterait des propriétés inconnues qu'il faudrait ajouter à sa liste. — En attendant, pour tout objet, cette liste demeure toujours ouverte, et l'idée que nous avons d'une espèce, d'un genre, bref d'une file quelconque de caractères généraux, ne comprend jamais et ne peut jamais comprendre qu'un fragment limité de leur chaîne illimitée. » (*L'Intelligence*, vol. II, liv. IV, ch. I : *Idées générales qui sont des copies.*)

2° Distinction des caractères constitutifs et des accidents : indices proposés.

— Supposons que le dénombrement des caractères d'un groupe d'êtres soit achevé : il s'agit maintenant de distinguer parmi ces caractères quels sont les caractères *accidentels* que l'on doit exclure, et quels sont les caractères *essentiels* ou constitutifs que l'on doit retenir pour en former la matière de la notion typique ou définition. A quel indice se reconnaît l'accident? à quel indice ce qui appartient à l'essence?

On donne d'ordinaire comme criterium de l'accident l'*absence de généralité*. Ce criterium, réduit à lui-même, nous paraît insuffisant. En effet, il est, dans la nature, des caractères très répandus et qui ne sont pourtant que des accidents sans importance. La couleur, par exemple, n'est ordinairement qu'un accident de peu de valeur; or telle couleur, par exemple la couleur blanche, est commune à un nombre immense d'êtres dans la nature. — Si l'accident n'était susceptible de généralité, on n'aurait pas pu créer de classifications artificielles fondées sur les accidents. — Loin de n'avoir pas de généralité, l'accident en a souvent plus que les caractères constitutifs; car le caractère constitutif, partie intégrante d'un type, ne peut se réaliser qu'avec et dans ce type même; son extension est donc déterminée. Tandis que l'accident qui n'a pas de domaine propre ne connaît pas de domaine qui lui soit interdit : comme une sorte de parasite, il s'implante et prospère un peu partout.

Dira-t-on que la caractéristique de l'accident c'est l'*absence de fixité?* — Rien de plus juste : l'accident, qui peut se réaliser chez certains individus d'une multitude d'espèces, n'est pas constant chez tous les individus d'une même espèce. Mais l'usage de ce criterium suppose que l'espèce soit déjà définie et circonscrite; or il s'agit précisément, au point où nous nous supposons placés, de la circonscrire et de la définir. On tourne donc dans un cercle vicieux. Mettons-nous, comme il convient d'après l'hypothèse, dans la position du savant pour lequel il n'existe encore ni espèces ni genres : remarqu. nt que certains caractères, qui ne sont pourtant, au vrai, que des accidents, se trouvent très répandus, qu'est-ce qui l'empêchera de fonder l'espèce sur ces accidents? L'accident serait fixe alors dans l'espèce qu'il aurait servi à définir et à limiter.

Vrai criterium : la liaison ou l'indépendance. — Le vrai criterium de l'accident, c'est le *manque d'influence*[1], et le

---

criterium du caractère essentiel, c'est l'*influence*; ou, en d'autres termes, l'accident, c'est ce qui, étant sans liaison, sans cohérence avec l'ensemble de l'être où il apparaît, peut, par suite, tantôt être donné chez des êtres d'ailleurs dissemblables en tout, tantôt inversement faire défaut chez des êtres d'ailleurs en tout semblables à certains de ceux chez lesquels il se rencontre. L'accident, en un mot, est un caractère qui n'est nécessairement ni exclu ni exclusif. — Inversement, le caractère constitutif, c'est celui qui, faisant partie intégrante d'un ensemble, ne peut ni être donné sans qu'une partie notable tout au moins de cet ensemble soit donnée, ni faire défaut sans qu'une partie notable tout au moins de cet ensemble fasse défaut.

C'est surtout dans le règne végétal ou animal qu'apparaît manifestement cette différence. « Il est, dit H. Milne Edwards, des caractères que l'on voit varier sans que ces variations puissent entraîner des différences dans le reste de l'économie; d'autres au contraire ne varient jamais sans que ces changements coïncident avec des modifications plus ou moins profondes dans l'organisation. » Les premiers sont des caractères accidentels, les seconds des caractères constitutifs.

Disons donc en résumé : l'accidentel, c'est l'indépendant, ou, si l'on peut ainsi dire, l'incohérent; c'est ce qui, suivant une expression de Cuvier, n'a pas avec autre chose *de rapport nécessaire d'incompatibilité ou de coexistence* (*Règne animal*, introd., p. 12); c'est par suite ce dont la présence ou l'absence est sans influence; ce qui est susceptible de *variation indépendante et solitaire*. — Tout ce qui fait partie de l'essence a des caractères opposés.

Règles d'exclusion. — De la sorte, pour exclure l'accident, on peut poser deux règles exactement parallèles à celles qui résument, dans la recherche de l'antécédent causal, les méthodes d'accord et de différence.

Méthode d'accord : N'est pas cause d'un phénomène, c'est-à-dire n'est pas lié à ce phénomène par une loi de causalité, un antécédent qui peut ne pas être donné alors que ce phénomène est donné. De même ici l'on peut dire : Ne fait pas partie de l'essence, c'est-à-dire n'est pas lié par une loi de coexistence avec l'ensemble des caractères d'un être donné, un caractère qui peut n'être pas donné alors que cet ensemble se trouve donné.

Méthode de différence : N'est pas cause d'un phénomène un antécédent qui peut être donné sans que ce phénomène soit donné. De même ici l'on peut dire : N'est pas lié par une loi de coexistence avec l'ensemble des caractères d'un être donné, un caractère qui peut être donné alors que cet ensemble n'est pas donné.

Résumé. — Ainsi, par la comparaison des êtres, l'accident s'élimine comme de lui-même, sous l'œil de l'observateur.

Cette élimination achevée[1] (*exclusiones et rejectiones debitæ,* Bacon), les caractères constitutifs se trouvent ainsi dégagés des accidents. On a en effet, comme reste, des caractères qui soutiennent entre eux « des rapports fixes de coexistence ou d'incompatibilité », c'est-à-dire qui s'appellent ou s'excluent les uns les autres et qui forment ainsi des groupes ou faisceaux naturels et distincts. Chacun de ces groupes de caractères est une essence, un type, une espèce.

3° Détermination de l'ordre hiérarchique. — Reste à déterminer l'ordre et la hiérarchie des caractères qui sont les éléments constituants de ces groupes. Jusqu'à présent en effet ces caractères sont tous sur le même plan. La notion que nous avons des espèces est donc pour ainsi dire plate, sans perspective ni profondeur. Tel serait un portrait dans lequel la charpente osseuse apparaîtrait à fleur de peau. Comme telle, cette notion est imparfaite, inexacte même; elle n'est encore qu'un *total :* reste à en faire un *système.*

Comment déterminer les rapports des éléments constitutifs de l'essence?

Vrai criterium : le mode particulier de liaison. — Comme lorsqu'il s'est agi de la distinction de l'essence et de l'accident, la généralité plus ou moins grande se trouverait encore ici un criterium insuffisant. Par exemple, il peut arriver que l'identité du milieu, la conformité des fonctions, établissent entre des êtres appartenant à des groupes d'ailleurs fort éloignés (par exemple entre les oiseaux et certains mammifères volants, entre les poissons et certains mammifères aquatiques) des rapports de similitude. Les caractères de cet ordre, communs à deux groupes d'êtres, sont donc plus généraux que les caractères particuliers à chacun et qui servent à constituer leur classe. Ils sont loin pourtant d'avoir la même importance.

Il faut encore ici en revenir à la considération des « rapports nécessaires de coexistence ou d'incompatibilité ». S'agit-il de la distinction de l'essence et de l'accident : le criterium, c'est, comme on

---

1. Sur ce travail d'élimination, et cette épuration des notions générales par l'exclusion de l'élément accidentel, voy. Taine, *ibid.*

l'a vu, l'*existence* ou la *non-existence* d'une liaison et d'une influence. — S'agit-il de la détermination des rapports des caractères constitutifs entre eux : le criterium sera le *mode particulier* de liaison et d'influence.

Deux sortes de liaison : coordination, subordination. — Or l'emploi de ce criterium nous permet de constater entre les caractères constitutifs deux ordres de relations que l'on n'a pas d'ordinaire suffisamment distinguées : la **coordination** et la **subordination.**

Il est des caractères constitutifs qui sont liés entre eux de telle sorte qu'ils coïncident toujours, dans leur présence, leur absence et leurs variations. Ces caractères sont donc coextensifs ; là où l'un se rencontre, on peut s'attendre à rencontrer tous les autres. Ils forment donc un ensemble, un tout en quelque façon indissoluble ; ils sont comme les pièces intégrantes d'un certain type. Tels sont les divers caractères qui constituent, par exemple, le type *vertébré* ou le type *carnassier*[1], et qui sont énumérés dans les histoires naturelles à titre de définitions de ces types. Ces caractères peuvent s'appeler *coordonnés, connexes, corrélatifs.*

Mais les caractères constitutifs peuvent avoir entre eux une liaison d'espèce différente. Un caractère donné entraîne d'abord, comme on vient de le voir, la présence de *tels* autres caractères *déterminés,* mais de plus il entraîne la présence de *tels ou tels* autres caractères, *parmi un certain nombre déterminé* de caractères divers, indifféremment mais exclusivement possibles. Par exemple, dès qu'un animal a des vertèbres, son appareil circulatoire ou respiratoire peut présenter indifféremment trois ou quatre formes diverses, mais ne peut présenter que l'une d'entre elles. De plus, ce même caractère n'étant pas donné, aucun des autres ne peut l'être : si l'animal n'a pas de vertèbres, aucune de ces formes de l'appareil circulatoire ou respiratoire n'est possible. C'est une semblable relation qui constitue précisément la subordination des caractères.

Définition du caractère dominateur. — Un caractère dominateur est donc celui qui est, d'une part, constitutif, c'est-à-dire

---

1. « La forme de la dent entraîne la forme du condyle, celle de l'omoplate, celle des ongles, tout comme l'équation d'une courbe entraîne toutes ses propriétés ; et de même qu'en prenant chaque propriété séparément pour base d'une équation particulière on retrouverait, et l'équation ordinaire, et toutes les autres propriétés quelconques, de même l'ongle, l'omoplate, le condyle, le fémur et tous les autres os pris chacun séparément donnent la dent ou *se donnent réciproquement.* » (Cuvier, *Discours sur les révolutions du globe.*)

influent, et qui, d'autre part, exerce son influence, non pas seulement sur un caractère ou groupe de caractères unique dont sa présence nécessite invariablement la présence, et son absence l'absence, mais sur une pluralité de caractères ou de groupes de caractères, dont sa présence détermine l'ambiguë possibilité, et dont son absence détermine l'impossibilité simultanée [1].

La notion de l'espèce devient ainsi définition. — Supposons ces relations de coordination et de subordination déterminées : la définition se trouve faite. Dès lors, en effet, les caractères de l'espèce à définir se trouvent partagés en deux groupes : d'une part, on a un groupe de caractères *connexes* entre eux, et tous ensemble *subordonnés* aux autres caractères constitutifs. Ce groupe forme la **différence spécifique** : tel est par exemple l'ensemble des caractères propres au lion ou au tigre. — D'autre part, on a un groupe de caractères *dominateurs* par rapport aux précédents. Ce groupe forme le **genre** : tel est l'ensemble des caractères communs à tous les *chats*.

Mais ce dernier groupe lui-même n'est pas homogène. Ce genre peut être considéré comme une espèce à définir; l'analyse y distinguera, comme précédemment, un groupe de caractères subordonnés et connexes entre eux, à savoir: ceux qui constituent la différence spécifique des *chats*, — et un groupe de caractères dominateurs, à savoir : ceux qui constituent le genre *carnassier*. Ce genre, à son tour, donne lieu à la même distinction, et ainsi de suite, jusqu'aux genres suprêmes qui, se dérobant à l'analyse, ne sont pas susceptibles de définitions.

Résumé. — C'est ainsi que la notion des espèces est rendue : 1° *complète* par le dénombrement des caractères; — 2° *propre* par l'exclusion des accidents; — 3° *systématique* par la coordination et la subordination des caractères. Alors seulement elle mérite le nom de définition [2].

Nous dirons plus loin, en parlant de la classification, quelles dif-

1. On voit par là que le caractère dominateur est sans doute plus général que le caractère subordonné. Mais son extension diffère par deux endroits de celle tout aussi grande d'ailleurs qui peut appartenir à un caractère accidentel. C'est d'abord une *extension d'action, d'influence*, et non pas de simple présence, comme celle de l'accident. — D'où suit cette autre différence, que l'extension du caractère dominateur est déterminée et *limitée*, car toute influence a des limites, tandis que celle de l'accident est, en quelque façon, indéterminée et illimitée.

2. Nous avons, dans tout ce qui précède, pris nos exemples dans les sciences naturelles : c'est là en effet que la définition a le plus d'importance, c'est là aussi que les procédés mis en œuvre pour définir sont le plus manifestes. Mais

ficultés, à certains égards insurmontables, rencontre le savant dans cette tâche dont nous venons de marquer les stades successifs, et pourquoi les définitions empiriques, comme les classifications qu'elles fondent, sont toujours sujettes à revision, à correction, pourquoi elles sont, quoi qu'on fasse, toujours exposées à recevoir des démentis de la réalité.

TROISIÈME SECTION : LA DÉFINITION COMME PROPOSITION EXPLICATIVE D'UN CONCEPT.

De la définition d'idées. — Reste à dire quelques mots de la définition entendue au sens de *proposition qui développe le contenu d'un concept donné.*

Règle : équation des deux termes. — La règle suprême de la définition des choses, par le moyen d'un concept, c'est, comme on l'a vu, l'adéquation parfaite de la chose (espèce) et du concept. La règle suprême de la définition d'idées, c'est l'adéquation parfaite du concept qui, dans la proposition, est représenté par le *sujet*, et de l'exposé du concept, représenté par l'*attribut.* C'est ce qu'on exprime en disant qu'une définition est une proposition *réciproque.* Le sujet et l'attribut ayant même compréhension, la proposition peut se convertir sans aucun changement (*conversio simplex*). Exemple : Le triangle est un polygone à trois côtés ; réciproquement on peut dire : Le polygone à trois côtés est un triangle.

Procédé abréviatif. — Mais comment obtenir cette adéquation parfaite de l'attribut et du sujet ? S'il faut que l'attribut épuise la compréhension du sujet, la définition sera, pour ainsi dire, interminable ? — Il en sera ainsi, en effet, lorsque le contenu du concept n'aura pas été préalablement organisé en système. Mais, si le concept mérite lui-même le titre de définition de chose, c'est-à-dire si les attributs y sont coordonnés en deux groupes, et ces groupes eux-mêmes subordonnés l'un à l'autre, à titre de genre et de différence, alors la définition du concept est parfaite dès qu'on indique le genre et la différence. Cette règle : *on définit par le*

tout ce qu'on a dit pourrait se répéter, *mutatis mutandis,* pour tous les objets de nature physique ou psychologique susceptibles de définition. Nous n'avons fait que choisir des exemples « éclatants ». — Il y a seulement un ordre de définitions qui ont des caractères et une origine tout autres que ceux dont on vient de parler : ce sont les définitions mathématiques. On en parlera plus loin.

genre et la différence, s'applique donc à la fois à la définition de choses et à la définition d'idées. Mais dans les deux cas elle a une portée bien différente. On définit les choses par le genre et la différence, parce que c'est le moyen d'avoir des choses une idée exacte, complète et scientifique. On définit les concepts par le genre et la différence, parce que c'est le moyen le plus bref d'en dire tout le contenu [1].

La valeur objective de ces définitions dépend de celle des concepts. — Maintenant, un concept est-il bien formé? Mérite-t-il le nom de définition? La proposition qui l'explique, si elle est bien formée à son tour et mérite aussi le nom de définition, se trouve représenter exactement une chose, une espèce, en même temps qu'elle représente exactement un concept. — Si au contraire le concept est inadéquat à l'objet défini, la proposition qui le développe, tout en étant elle-même adéquate à son concept, se trouvera inadéquate à l'objet. — En d'autres termes, à titre de définition d'idée, la proposition qui explique une idée est parfaite dès qu'elle est adéquate à cette idée; mais, si on cherche dans cette proposition l'exposé de la nature des choses, alors, étant supposée adéquate au concept, elle vaut ce que vaut le concept lui-même.

Leur utilité. — Que nos concepts soient bien ou mal formés, la définition qui les développe a toujours néanmoins son utilité propre. Elle est un moyen de tirer ses idées au clair, d'en faire passer le contenu de l'état de conscience sourde à l'état de conscience expresse; elle est un remède à l'obscurité et à la confusion des idées. Il n'est pas en notre pouvoir de n'avoir que des idées vraies ; il est en notre pouvoir de n'avoir que des idées distinctes. La définition d'idées n'est donc pas seulement un moyen d'instruire les autres, c'est aussi un moyen de s'instruire soi-même, ou du moins de mieux se rendre compte de ce qu'on sait. Définir, c'est apprendre une seconde fois.

Leur usage. — Dans l'enseignement, quel usage faut-il faire des définitions? — La définition est l'exposé, sous la forme la plus brève, du concept, qui résume lui-même la science. La définition condense donc dans une formule tout le savoir acquis. Débuter par une définition, c'est prétendre infuser en deux mots tout ce savoir

---

1. Les règles concernant la propriété et l'universalité de la définition peuvent aussi s'appliquer à la définition d'idées ; l'attribut dans la définition doit avoir exactement la même extension que le sujet. C'est ce qui aura lieu s'il a exactement la même compréhension.

dans l'esprit de l'ignorant ; c'est attribuer aux définitions un pouvoir magique. Les trois quarts des définitions, étant données d'emblée, seront, pour qui les entend pour la première fois, *verba et voces prætereaque nihil...*, à moins cependant qu'elles ne soient une suggestion d'idées bizarres ou fausses. — Règle générale, il faudra donc commencer par donner de la chose dont il s'agit une *indication* suffisante pour qu'on la reconnaisse et qu'on ne s'y trompe pas. On procède ensuite à l'analyse de l'objet ou de la notion, et, cette analyse faite, on la résume dans la définition. Le meilleur enseignement est celui qui suit la marche même de la science. L'élève est alors instruit comme il s'instruirait lui-même. Certaines définitions d'Aristote sont ridiculisées comme des énigmes parce qu'on les détache des explications qui les préparaient. Elles paraissent parfaitement claires, si on les replace là où l'auteur les avait placées.

De la définition de mots. — Règle générale, disons-nous, il faut commencer à enseigner en indiquant d'une manière suffisante l'objet dont il s'agit. Ce genre de définition est ce qu'on nomme proprement définition de mots. Définir un mot, c'est dire le sens qu'on y attache, c'est-à-dire indiquer la chose ou l'idée à laquelle on l'applique[1]. Le but est atteint dès que l'idée ou la chose est *suffisamment désignée* pour qu'on ne s'y méprenne pas. Il ne s'agit pas de faire *connaître* la chose ou l'idée, mais seulement de la faire *reconnaître*. Il n'est donc pas nécessaire d'en dire tout le contenu : c'est assez d'en indiquer quelque caractère *distinctif*. — La méthode naturelle, dans l'enseignement, sera donc de commencer par une définition de mots qui désigne l'objet en question, et de finir par une définition d'idée ou de chose qui résume tout ce qu'on aura pu apprendre sur cet objet.

---

1. Les logiciens entendent autrement la définition de mots lorsqu'ils disent qu'elle est libre et incontestable. Il s'agit en ce cas de *l'attribution* d'un certain sens à un certain mot, et non de la désignation du sens *reconnu*, autorisé d'un certain mot. Il est clair que je puis prendre le mot qu'il me plaît pour désigner tel ou tel objet ; par exemple, appeler *cave* ce que d'autres appellent *grenier*. Mais, si on me demande quel est le sens d'un mot dans une langue donnée, le mot devient pour ainsi dire une chose et je ne puis le définir à ma fantaisie. Si en ce sens les définitions de mots étaient libres, l'œuvre du Dictionnaire ne donnerait pas tant de travail à l'Académie Française.

CHAPITRE XII

SCIENCE DES ÊTRES : LA GÉNÉRALISATION

DEUXIÈME PARTIE : LA CLASSIFICATION

La classification suit la définition. — Les types dégagés par la définition n'existent pas, comme le pensait Platon, en dehors des individus sensibles; ils n'ont de réalité objective, comme l'a bien vu Aristote, que dans les individus. — Les individus dans lesquels le type est réalisé forment, à raison de cette identité essentielle, une *classe* distincte dans la Nature. Donc, toute définition, en même temps qu'elle rassemble certains caractères *dans* une notion, groupe un certain nombre d'individus *sous* cette même notion. En d'autres termes, toute définition a pour conséquence une classification. — Mais, avant de parler de la classification fondée sur la définition, il faut parler de la classification en général et de ses diverses espèces.

§ I

Espèces de la classification. — Une classification est une division d'un genre particulier. La division en général est une séparation par parties, qui peut être fondée sur divers principes : par exemple, sur la distinction des positions dans l'espace (division d'une surface), sur l'ordre logique (division d'un discours), etc. La classification est une *division fondée sur des ressemblances et des différences.*

On peut faire parmi les classifications des distinctions de plus d'un genre, suivant le point de vue auquel on se place.

I. Classification pratique : ses services. — Il est des classifications qu'on peut appeler pratiques, et d'autres qu'on peut appeler théoriques. La classification pratique est celle qui est faite uniquement en vue du besoin de reconnaître immédiatement un objet déterminé au milieu d'un grand nombre d'autres. Il est utile, par exemple, de trouver promptement tel mot dans un dictionnaire qui contient tous les mots de la langue, tel livre dans une vaste bibliothèque, tel soldat dans une armée, telle plante parmi tous les végétaux. Comment résoudre ce problème? — En divisant et en subdivisant l'ensemble des objets parmi lesquels s'opère la recherche. Les divisions et les subdivisions portant certaines marques, il suffira de savoir lesquelles de ces marques appartiennent à l'objet cherché, pour aller droit, de l'ensemble des objets, à travers la série des subdivisions, au groupe le plus restreint dont il fait partie. Après quoi, on n'a plus à chercher l'objet en question que dans le petit nombre des objets de ce dernier groupe, au lieu d'avoir à le chercher dans la totalité des objets. Et même, dans certains cas, les objets du groupe le plus restreint étant eux-mêmes rangés dans un certain ordre, le fil conducteur de la classification mène jusqu'à l'objet lui-même, et dispense de toute espèce de recherche. Ainsi l'ordre alphabétique, déterminant exactement la place d'un mot dans un dictionnaire, et l'ordre numérique la place des livres dans une bibliothèque[1], dispensent de tout tâtonnement.

Son procédé : deux cas. — Mais quelles seront les marques adoptées pour les divisions et les subdivisions?—Du moment qu'un intérêt pratique est la seule fin que l'on se propose, les marques les meilleures seront les marques les plus *distinctes*. Et peu importe la manière dont les objets se trouveront groupés par suite du choix de telle ou telle marque. L'ordre n'est pas ici proposé comme une *fin* pour la connaissance, mais comme un *moyen* pour abréger la recherche; il n'a pas de valeur en soi, il n'a qu'une valeur d'usage; naturel ou factice, cet ordre est donc également bon, pourvu qu'il soit clair. De telles classifications seront donc par essence artificielles, n'étant proprement qu'un artifice imaginé pour épargner notre temps et notre peine. — Pourtant toutes ne peuvent pas être artificielles au même degré, et il faut ici distinguer deux cas.

1° Si le nombre des objets est déterminé, marques conventionnelles. — Ou bien il s'agit d'objets donnés, en nombre déterminé, comme les livres d'une bibliothèque, les soldats d'une armée, les échantillons d'un musée; ou bien au contraire il s'agit des êtres qui existent dans la Nature en nombre indé-

1. Dans les grandes bibliothèques il est d'usage d'adopter les lettres de l'alphabet comme indices des grandes divisions et les nombres comme indices de la place occupée par chaque ouvrage en particulier.

fini, et que nous n'avons pas sous la main. Dans le premier cas, rien ne vaut, pour le but proposé, une classification *absolument artificielle*, c'est-à-dire fondée sur des marques *extrinsèques* ou imposées par nous aux objets, et non pas intrinsèques ou prises des objets. En effet, les moyens de distinction créés par l'art humain sont bien autrement précis et rigoureux que ceux que nous offre la Nature. Les couleurs et les formes naturelles se fondent les unes dans les autres par degrés ou nuances insensibles; mais les formats que nous donnons à nos livres, les couleurs des étiquettes que nous collons sur nos échantillons, sont des signes absolument déterminés et distincts. Quant aux lettres et aux nombres, non seulement ils se distinguent absolument les uns des autres, mais encore ils occupent une place fixe dans les séries alphabétique ou numérique, et assignent une place fixe à l'objet que nous avons marqué de ces signes. Ainsi, dans une armée de cent mille hommes rangés en bataille, on sait exactement la place d'un soldat, dès qu'on connaît les numéros de son corps d'armée, de son régiment, de son bataillon, de sa compagnie et son numéro matricule. De telles classifications sont proprement des *classements* susceptibles d'être exposés sous forme d'index, de catalogues, etc.

2° S'il s'agit d'un nombre illimité, marques prises des objets. — Mais de tels procédés ne sont applicables qu'à des objets donnés et dont on est maître de disposer. Ils ne sont pas applicables aux êtres de la Nature en général. Nous pouvons mettre des étiquettes aux plantes d'un herbier ou d'un jardin, nous pouvons immatriculer des soldats; mais nous ne pouvons étiqueter toutes les plantes des champs et enrégimenter tous les animaux de la terre, de l'air et des eaux. Comment donc s'y prendre, étant donnée, par exemple, la description d'un animal, pour reconnaître aisément, dans l'immense variété des animaux que nous percevons, l'animal objet de cette description; ou inversement, étant donné un animal, pour reconnaître, parmi tous les noms et toutes les descriptions d'un dictionnaire, le nom et la description qui lui conviennent?

Forcément, il faut ici que les marques distinctives fournies par la classification se rencontrent dans l'objet même. Donc ces marques auront dû être prises des objets; et, par conséquent, en un sens, une telle classification sera *naturelle*, puisque les objets ne portent en eux-mêmes d'autres marques que celles que leur a données la Nature.

Cette classification reste encore artificielle. — Mais, à un autre point de vue, cette classification sera, ou du moins pourra être encore *artificielle*, et cela pour deux raisons. Faite uniquement pour cette fin pratique de retrouver les objets, elle n'est proprement qu'un instrument ou un *artifice*. — De plus, en raison même de cette fin pratique, elle n'a besoin d'emprunter aux objets qu'un nombre juste *suffisant* de caractères *suffisamment distincts* pour constituer les groupes. Mais il n'est nullement indispensable à cette classification ni que ces caractères choisis soient liés entre eux, ni qu'ils soient liés à la nature intime des êtres. Par exemple, rien n'empêcherait de faire une première division du règne animal fondée sur les couleurs. Puis de subdiviser les groupes généraux ainsi formés en prenant comme marques distinctives les différences de grandeur; puis de subdiviser les subdivisions ainsi obtenues en prenant comme marque distinctive le mode de locomotion, etc. Qu'en résulterait-il? Sans doute les animaux seraient de la sorte rapprochés dans les mêmes groupes *en vertu* de certaines ressemblances naturelles. Mais comme, d'autre part, ils se trouveraient rapprochés *en dépit* de différences bien plus nombreuses et bien plus profondes, une telle classification serait infiniment plus artificielle que naturelle.

Les classifications naturelles sont encore pratiquement les meilleures. — En réalité, des classifications à ce point artificielles ne sont guère usitées dans aucun ordre de sciences, même pour la fin pratique dont nous parlons. La raison en est que les différences et les ressemblances les plus *profondes* entre les êtres sont aussi, règle générale, les plus *frappantes*, et que, après tout, l'ordre vrai est ordinairement un fil conducteur plus sûr, parmi la multitude des choses de la Nature, qu'aucun ordre factice. Ainsi la classification des plantes en dicotylédones, monocotylédones et acotylédones, expression scientifique très exacte des rapports essentiels du règne végétal, a en même temps l'avantage pratique de le partager en groupes distincts au premier coup d'œil. De la sorte, l'avantage pratique de la classification, qui peut être obtenu sans doute par des rapprochements peu naturels, l'est mieux encore par les rapprochements les plus naturels. C'est pourquoi, mises à part les classifications qui se font par le moyen de signes extrinsèques et d'institution humaine, classifications qui demeurent toujours indispensables, il n'y a pas lieu de faire ou de maintenir des classifications simplement et exclusivement pratiques, à côté des classifications qui se proposent un but théorique : celles-ci peuvent servir à la fois à la théorie et à la pratique. — Parlons maintenant de ces classifications.

II. Classification théorique; son but; elle doit être naturelle. — La classification théorique est en elle-même une fin. Susceptible d'être utilisée, comme on vient de le dire, pour un but pratique, elle se propose essentiellement la *connaissance même des rapports sur lesquels elle est fondée*, et de l'ordre qu'elle met dans les choses. Or ces rapports, cet ordre, en quoi peuvent-ils être intéressants, sinon en ce qu'ils sont les rapports, l'ordre même de la Nature? C'est pourquoi la classification théorique aspire à reproduire, sans erreur et sans omission, les *vrais* rapports des choses. Une telle classification est donc **naturelle** dans la mesure où elle y réussit. Elle reste artificielle dans la mesure des rapports fictifs qu'elle suppose ou des rapports réels qu'elle ignore.

Conditions d'une classification naturelle. — A vrai dire, dans la Nature il n'y a pas deux êtres qui soient ni absolument différents, ni absolument semblables. Donc toute classification qui rapproche deux êtres quelconques, les rapproche en vertu de certaines ressemblances et en dépit de certaines différences. Donc toute classification est à la fois naturelle en un sens et, en un autre, artificielle. Mais, si les ressemblances l'emportent sur les différences, on pourra dire que la classification est naturelle. Dans le cas contraire, elle sera dite artificielle. — Ce n'est pas tout : pour qu'une classification puisse être dite naturelle, il faut, non seulement que les ressemblances qui fondent la classe l'emportent sur les différences qui tendent à la dissoudre; mais il faut encore que ces ressemblances l'emportent sur celles qui peuvent exister entre les êtres de la classe et ceux des autres classes[1]. — En deux mots, il faut, d'une part, que les êtres de la classe se ressemblent entre eux plus qu'ils ne diffèrent les uns des autres; et il faut, d'autre part, qu'ils se ressemblent entre eux plus qu'ils ne ressemblent à ceux des autres classes.

Procédé à suivre. Il ne suffit pas de nombrer les ressemblances. — Ceci posé, il peut sembler, au premier abord, que la méthode à suivre pour réaliser des classifications

---

1. « On nomme *méthode naturelle*, dit Cuvier (*Règne animal*, Intr., p. 12), un arrangement dans lequel les êtres du même genre seraient plus voisins entre eux que de ceux de tous les autres genres; les genres du même ordre plus voisins entre eux que de ceux de tous les autres ordres, et ainsi de suite. »

naturelles soit simplement de *compter* les ressemblances que ces êtres présentent entre eux. Tel est justement le procédé suivi par le naturaliste français Adanson dans sa classification des plantes.

« Adanson avait commencé par établir un grand nombre de systèmes sur chaque partie de la plante et sur les principales modifications de ces parties : chacun de ces systèmes constatait certains rapports entre certaines plantes. En les comparant entre eux, on pouvait donc évaluer la *somme* de ces rapports entre deux plantes données, et le système naturel général résultait ainsi de tous ces systèmes particuliers. »

Mais Adanson, en évaluant le *nombre* des points de ressemblance, avait négligé d'en considérer l'importance. « Avec beaucoup de raison, il avait employé concurremment tous les caractères de la plante pour les classer. Mais il avait eu le tort de les employer tous à peu près au même titre, et souvent la somme des rapports ainsi calculée se trouva fausse, comme le serait une somme de monnaie qu'on prétendrait évaluer en ayant égard seulement au volume et non au métal des pièces. » (Adrien de Jussieu, *Dict. des sc. nat.* de D'Orbigny, art. TAXONOMIE.)

Vrai procédé : subordination des caractères. — C'est Antoine-Laurent de Jussieu qui a posé (1789) le vrai principe de la classification naturelle, à savoir le **principe de la subordination des caractères.** D'après Jussieu, les caractères des êtres sont de valeur tout à fait inégale ; de telle sorte qu'un caractère du premier ordre équivaut à plusieurs du second ; un du second à plusieurs du troisième, et ainsi de suite. Les caractères doivent donc être, suivant sa propre expression, *pesés* et non pas seulement *comptés ;* car la ressemblance naturelle entre deux êtres est en raison non pas tant du nombre que de l'importance des points par où ils se ressemblent.

Nous avons expliqué plus haut en détail (chap. XI) le sens de cette règle ; nous avons dit comment, pour l'appliquer, il faut successivement dégager, par l'élimination des accidents, les caractères *constitutifs*, puis distinguer parmi les caractères constitutifs les caractères de même ordre ou *connexes* et les caractères d'ordres différents, c'est-à-dire *dominateurs* et *subordonnés*. Nous avons essayé d'indiquer avec précision le *criterium* scientifique de ces diverses distinctions. Or tout ce travail se résume dans un mot, la *constitution du type* ou *définition*. Donc, dire que la classification doit avoir pour base la subordination des caractères, c'est dire que la classification doit avoir pour base la définition. A cette classification naturelle ou essentielle s'oppose la classification fondée sur les caractères qui sont exclus de la définition, à savoir sur les accidents.

Profit pour la connaissance, résultant de la classification naturelle. — Si tels sont la nature et le principe de la classification naturelle, nous pouvons comprendre maintenant quel est l'intérêt scientifique, quels sont les avantages intellectuels que présente ce genre de classifications. Pour mieux nous en rendre compte, supposons la classification naturelle achevée et parfaite. On peut dès lors ramener ces avantages à trois principaux, qui concernent ce qu'on peut appeler la *quantité*, la *qualité*, la *fécondité* de la connaissance.

1° Quantité : réduction de nombre, accroissement de portée. — Au point de vue de la quantité, le nombre des connaissances qu'il s'agit d'acquérir se trouve infiniment réduit, tandis que, par cette réduction même, la portée ou extension de la connaissance est infiniment accrue. Nous avons insisté ailleurs sur les bornes de notre perception et l'impuissance de notre mémoire, eu égard au nombre et à la variété infinis des objets que la Nature nous présente (*Psych.*, ch. XXVI). Un exemple pris du sujet actuel rendra ces observations plus sensibles : il nous est fourni par l'histoire du *Prodromus* de De Candolle.

Commencée vers 1822 par Augustin Pyramus de Candolle, cette œuvre colossale a occupé trois générations de botanistes, aidés par trente-trois collaborateurs. Il a fallu cinquante ans pour composer dix-sept volumes où se trouvent décrites 58 975 espèces de dicotylédones (*Prodromi systematis naturalis Historia*, etc., auct. Al. de Candolle, Paris, 1873).— « Mais, ajoute un botaniste (Naudin, de l'Institut, *Les espèces affines et la théorie de l'évolution*, in *Rev. sc.*, mars 1875), ce nombre devra être accru de bien des milliers d'espèces introduites trop tardivement dans les collections pour avoir pu trouver place dans ces volumes, sans parler de celles qu'il y aura à récolter dans de vastes pays jusqu'ici peu ou point explorés. Cependant ce ne sont là encore que les dicotylédones ; il reste à y ajouter l'embranchement entier des monocotylédones, que les rédacteurs du *Prodromus* à bout de forces ont été obligés de laisser à leurs successeurs. Plus on y réfléchit, plus on arrive à conclure que la totalité des plantes phanérogames du monde entier atteint bien près de 200 000 espèces, si même elle ne dépasse ce nombre écrasant.... Resterait encore à décrire l'immense flore cryptogamique (200 000 espèces peut-être : algues, lichens, champignons, mousses, fougères, etc.), beaucoup plus difficile à étudier et à classer en espèces que les phanérogames. Le dépouillement en sera excessivement laborieux, tellement laborieux qu'on ose à peine espérer qu'il y aura des hommes assez courageux et assez favorisés des circonstances pour l'entreprendre. »

Le règne animal, d'autre part, ne compte probablement pas moins de 600 000 espèces.

Comment rendre accessible à notre connaissance un objet aussi étendu? — En poursuivant ce travail de systématisation qui commence par la réduction des individus en espèces, se continue par la réduction des espèces en genres, des genres en familles, etc. Faute de quoi, « ce serait le chaos dans les collections, dans les livres et dans les esprits ». Nul ne saurait percevoir ni tous les individus de toutes les espèces, ni même peut-être un individu de chacune des espèces; en tout cas, il n'en saurait garder l'image distincte dans sa mémoire. Mais à quoi bon charger la mémoire d'un tel fardeau? Aux images des individus on substituera le type des espèces formé par la définition de ce qu'il y a d'essentiel dans les individus; car, si les êtres diffèrent par les accidents, ils coïncident par leur essence; et dès lors la pensée unique de l'essence vaut pour tous les individus, qui par elle ne font qu'un. — Si ces types des espèces sont eux-mêmes trop nombreux, on y substituera le type des genres, formés de ce qu'il y a d'essentiel dans une pluralité d'espèces, etc. De la sorte, à l'inutile encombrement d'images individuelles dont le nombre est infini et dont la compréhension à chacune est infinie, succède dans la pensée un système de types dont le nombre est déterminé et dont la compréhension à chacun est déterminée.

Comparaison avec les classifications artificielles. — Dès lors on voit bien l'avantage de la classification naturelle sur la classification artificielle. La classification artificielle, formant des groupes fondés sur des ressemblances d'accidents, ne permet pas de penser les individus enfermés dans ces groupes par le moyen de ces ressemblances seulement, en négligeant le reste de leurs caractères ; car ces ressemblances sont des accidents, et ce reste c'est l'essentiel. Ce serait donc retenir l'accident et négliger l'essence : ce serait lâcher la proie pour l'ombre[1]. — Inversement, la classification naturelle, étant fondée sur la définition, c'est-à-dire sur les caractères constitutifs des êtres, permet de penser les êtres enfermés dans un genre au moyen de la seule compréhension du genre lui-même, en négligeant le reste; car penser cette compréhension c'est retenir l'essence, et négliger le reste c'est omettre ce qui est accidentel ou moins important. Par exemple, si de l'animal appelé

1. En d'autres termes, dans un tel système les propositions générales sont impossibles ou insignifiantes. (Cf. Cuvier, *ibid.*, préf., p. VIII.)

lion je retenais seulement les caractères indices de son groupe dans une classification tout à fait artificielle, comme la grandeur, la couleur, etc., que saurais-je du lion ? Mais si, du même animal, j'ai retenu ceci seulement : qu'il est carnassier, — avec les caractères liés à celui-ci, et qui en constituent la compréhension dans une classification naturelle, j'ai déjà une idée, non pas adéquate sans doute, mais du moins très substantielle du lion [1].

La classification artificielle n'est donc nullement, comme on le dit parfois, un soulagement pour la mémoire; elle ne permet de rien oublier sous peine de tout perdre. Elle est seulement, on l'a vu, un moyen abréviatif de *retrouver* les objets. Seule la classification actuelle est un moyen simplificatif de les *penser*. L'une économise le temps de la recherche, l'autre économise la pensée même.

Objection : la représentation de la Nature est appauvrie. — On peut faire observer, il est vrai, que cette simplification, cette économie de représentation est un appauvrissement. Que reste-t-il de l'admirable richesse, de l'inépuisable variété de la Nature dans les tableaux des classifications ? Les êtres y apparaissent bien plus desséchés et dénudés encore que les échantillons d'un herbier ou d'un musée. La collection des types schématiques d'une classification, c'est à peine une sorte de squelette de la Nature. Tel est, dans tous les domaines, le résultat de la considération scientifique des choses. De même que le monde physique sort des analyses des chimistes et des physiciens, dénudé de ses qualités sensibles, et que le phénomène de l'arc-en-ciel, par exemple, est réduit par l'optique à une formule numérique, ainsi les êtres de la Nature sont réduits par la classification à des formules en quelque sorte géométriques.

Compensations. — Sans doute; mais d'autre part quelle compensation du côté de l'*étendue* de la connaissance! En nous représentant ces formules, nous ne pensons pas, il est vrai, *le tout* de chaque individu, mais nous pensons à la fois *tous* les individus présents, passés ou futurs qu'elles représentent. Si la compréhension diminue, l'extension s'accroît d'autant. L'infini détail de la Nature nous échappe, mais l'infinie portée de ses lois nous est découverte (*Psych.*, ch. xxvi). Au point de vue *scientifique*, le gain certainement dépasse la perte. — Même au point de vue

<hr>

1. Les indices de classification sont, d'une part, vides de contenu, et, d'autre part, compréhensifs et par conséquent très significatifs.

esthétique, la perte n'est point sans compensation, puisque la Nature n'est guère moins admirable dans la simplicité de ses lois que dans la variété de ses effets.

2° Qualité : l'ordre de la Nature est dégagé. — Cette extension illimitée de la connaissance n'est pas d'ailleurs le seul avantage qui compense l'appauvrissement résultant de la transformation de la connaissance concrète ou sensible en connaissance abstraite ou scientifique; car, par cette transformation, la connaissance déjà simplifiée dans sa matière et accrue dans sa portée gagne en même temps en *qualité*. Ce que les *systèmes naturels* permettent de saisir, ce n'est pas seulement un *nombre* d'êtres infini, c'est aussi la parenté[1] à divers degrés de tous ces êtres entre eux. Une classification naturelle, c'est la systématisation des affinités naturelles. Ce qui apparaît dans les tableaux de la classification naturelle, ce n'est donc pas seulement l'immensité de la Nature résumée sous une forme concise: c'est aussi l'ordre, l'unité, l'harmonie de la Nature. Or n'est-ce pas principalement par l'ordre qu'elle renferme, que la Nature nous agrée?

Considérée à ce point de vue, elle nous apparaît plus *rationnelle*, car, s'il n'y avait en elle qu'une diversité sans limites, la Nature serait pour l'esprit comme un labyrinthe inextricable. — Elle nous apparaît en quelque façon comme *raisonnable*, car de cet ordre, de cette liaison, de cette parenté des choses entre elles, par où elles sont conformes aux exigences de notre raison, ressort pour nous comme un témoignage d'une secrète parenté de la Nature elle-même et de cette raison. — Elle nous apparaît plus *belle* enfin : car l'unité dans la variété est une des conditions déterminantes de la beauté. Et la science elle-même, qui nous dévoile cette beauté, revêt par là un caractère esthétique[2]. — L'expression systématique de la Nature, par le moyen de la classification naturelle, est donc

---

1. Parenté *réelle* et généalogique selon les transformistes ; pour tous, parenté au moins *idéale*.

2. On peut même dire que la satisfaction qu'elle nous procure est, en un sens, analogue à celle qui naît de la poésie. La poésie vit d'images, c'est-à-dire de l'expression de certaines affinités entre les choses. C'est surtout par ces rapprochements inattendus qu'elle nous enchante (*Psych.*, ch. xx). Or la science aussi par ses classifications nous fait saisir les ressemblances des choses. Seulement la poésie s'adresse à l'imagination, et les rapports qu'elle saisit et traduit dans ses images sont ordinairement fugitifs et souvent fictifs. La science, au contraire, s'adresse à la raison, et les rapports qu'elle exprime dans ses classifications sont les rapports vrais et essentiels. Au fond pourtant la satisfaction procurée est de même ordre. De part et d'autre elle naît de la perception de la ressemblance au milieu d'une grande diversité.

bien *qualitativement* supérieure à une représentation même coextensive à la totalité (chose impossible d'ailleurs) des êtres de la Nature, qui, embrassant sans en rien omettre les caractères individuels de chacun de ces êtres, nous laisserait ignorer les rapports plus ou moins éloignés de ces mêmes êtres entre eux. C'est pourquoi, une telle représentation fût-elle possible, la classification n'en resterait pas moins nécessaire[1].

3° Fécondité : les inférences par analogie sont rendues possibles. — Enfin, cette connaissance est féconde : car les ressemblances déjà constatées servent perpétuellement de base d'inférence pour induire par analogie des ressemblances nouvelles jusqu'alors inaperçues. « Par exemple, lorsque des plantes forment, en vertu de leur organisation, une famille vraiment naturelle, on est ordinairement bien fondé à leur attribuer les mêmes propriétés économiques ou médicales » (Ad. de Jussieu).

§ II

Valeur objective des classifications. — Pour mieux faire comprendre l'intérêt scientifique de la définition et de la classification, nous avons supposé que les types que nous dégageons et les classes que nous formons par le moyen de ces types, sont susceptibles de posséder une vérité, une fixité, en un mot une valeur objective absolue. Reste à savoir s'il ne faut pas rabattre quelque chose de ce postulat.

Leur imperfection. Elle résulte : 1° des défauts de l'observation. — Nous ne rappellerons que pour mémoire les lacunes et les méprises toujours possibles de l'expérience. L'analyse anatomique et la comparaison des organes ou des organismes sont une œuvre minutieuse, délicate et par nature illimitée. Il n'y a pas de preuve logique qu'elle ait été conduite sans erreur et jusqu'au bout. Or l'omission ou la méconnaissance d'un seul caractère peut entièrement fausser une définition et une classification.

2° De l'impossibilité d'une preuve rigoureuse des lois de coexistence. — Mais les erreurs et les omissions sont

---

1. De Blainville et d'autres naturalistes ont essayé de représenter par la classification la *hiérarchie* naturelle des êtres. L'expérience a prouvé qu'il fallait renoncer à cette idée. Les êtres ne forment pas, au point de vue de la perfection des organismes, une série linéaire. Par exemple, les espèces supérieures d'un groupe inférieur peuvent l'emporter de beaucoup en perfection sur les espèces inférieures d'un groupe supérieur.

possibles aussi dans les sciences physiques, qui ont pour objet les lois de succession. Il y a, pour les sciences naturelles, qui ont pour objet *les lois de coexistence*, une autre cause bien plus grave d'infériorité, à savoir : l'insuffisance logique de la preuve qu'elles peuvent administrer.

La preuve de l'existence d'une loi entre deux phénomènes résulte, on l'a vu (ch. VIII), de l'exclusion parfaite de tous les phénomènes concomitants, et d'une sorte de vide fait autour des deux phénomènes en question. Leur coïncidence, par cela même qu'elle est rendue « solitaire », est la preuve d'une loi. Or, cette exclusion parfaite, la Nature ne la réalise jamais pour nous; mais dans les sciences physiques, en beaucoup de cas, nous parvenons à la réaliser expérimentalement d'une manière assez approchée, pour légitimer au moins une certitude morale. — Dans les sciences naturelles, si l'expérimentation est possible tant qu'il ne s'agit que de déterminer les lois de succession des phénomènes physiologiques, elle nous est interdite dès qu'il s'agit de déterminer les lois de coexistence des organes. Nous ne pouvons pas réaliser par nous-même, à l'état d'isolement, telle pièce du type vertébré ou du type mammifère, pour voir si les autres pièces du type apparaîtront simultanément ou non. Nous n'avons d'autre ressource que d'observer les organes dans les conditions mêmes où la Nature les réalise, c'est-à-dire au milieu d'un amas d'organes et de circonstances de tout genre. — Or admettons un instant la Nature ainsi faite que l'observation, réalisée dans de telles conditions, nous donne des résultats parfaitement nets et concordants touchant les coexistences des caractères : une preuve de ce genre serait logiquement insuffisante, vu l'impossibilité d'opérer les exclusions nécessaires.

En d'autres termes, que deux caractères apparaissent et disparaissent *en fait* simultanément dans tous les cas constatés, on n'en saurait conclure logiquement, tant que ces caractères n'ont pas été isolés de tout ce qui les entoure, qu'ils ne *puissent* apparaître ou disparaître séparément. Tant aurait-il valu dire, avant la découverte de l'Australie, que les cygnes sont nécessairement blancs, parce qu'on n'avait pas eu jusqu'alors d'exemple du contraire[1]. — Par conséquent, même en mettant les choses au mieux,

---

1. Il est vrai que certains principes d'une haute valeur, tels que le *principe des corrélations* de Cuvier et le *principe des connexions* de Geoffroy, apportent ici, touchant la nécessité de certaines coexistences, un puissant supplément de

c'est-à-dire en admettant qu'il y ait dans la Nature des lois absolues de coexistence, et que l'observation en témoigne autant qu'elle peut le faire, la preuve que nous avons découvert les vraies lois de coexistence ne saurait jamais être fournie, vu l'impossibilité où nous sommes de recourir au raisonnement expérimental.

3° De la nature même des choses.—Mais ce n'est pas seulement notre faute à nous, et à nos méthodes, si nos définitions et nos classifications sont imparfaites et incertaines : c'est la conséquence forcée de la nature même des choses. On ne peut pas demander à la science de nous montrer dans le plan de la Nature une netteté de divisions, une inflexibilité de lignes, dont nous nous accommoderions fort sans doute, mais dont la Nature, qui a mieux à faire apparemment, ne s'accommode pas.

A. La valeur des organes varie suivant les espèces. — Tout d'abord, en effet, un même organe n'a pas, chez différents êtres, une valeur fixe et absolue.

« L'importance d'un organe peut varier considérablement *d'un animal à l'autre;* et telle partie qui maîtrise en quelque sorte toute l'économie chez certaines espèces, se trouve ailleurs déchue de son rang et réduite à un rôle secondaire » (Milne Edwards). Par exemple, la formule dentaire, si importante chez les mammifères, comme l'a montré Cuvier, perd une grande partie de son poids chez les vertébrés à sang froid. — Les caractères tirés des téguments et des productions de la peau, tellement importants chez les poissons, qu'Agassiz a pu les prendre pour les bases de ses ordres dans cette classe, est de si mince valeur chez les mammifères et les oiseaux, qu'ils servent tout au plus à en distinguer les races et les variétés. — Le mode de placentation entraîne ordinairement tout un ensemble organique; pourtant ici encore il y a des exceptions : ainsi le chevrotin, qui est un ruminant, devrait par sa placentation appartenir à l'ordre des carnassiers.

B. Dans une même espèce, suivant le stade de l'évolution. — Bien plus, un même caractère n'a pas la même importance *pour un même être* aux différentes périodes de son existence. Tel organe, indispensable à l'être vivant à un certain moment de son existence, devenant ensuite inutile, s'oblitère ou disparaît en totalité et fait place à des organes nouveaux. On sait les métamorphoses des animaux inférieurs. Or les animaux supérieurs eux-mêmes en subissent d'aussi profondes durant la période embryonnaire de

preuve. Mais on verra tout à l'heure que ces principes eux-mêmes n'ont pas une valeur absolue; donc les lois particulières qui s'en déduisent ne peuvent être considérées comme ayant une valeur absolue.

leur développement. Cuvier, il est vrai, voulait exclure la considération des *caractères transitoires* et fonder la classification uniquement sur les caractères définitifs de l'être parvenu à son entier développement. Mais on sait aujourd'hui que souvent les caractères transitoires sont précisément ceux qui révèlent le mieux la vraie nature et la vraie parenté des êtres.

« Sans l'embryogénie, dit M. de Lacaze-Duthiers (*Rev. sc.*, mars 1866, p. 267), la zoologie ne peut faire un pas. La connaissance d'un être est intimement liée à la connaissance de son développement : « *Embryologia ancilla zoologiæ.* » — « Les services rendus par l'embryogénie à la zoologie systématique, écrit M. Perrier (*la Philosophie zoologique avant Darwin*, p. 263), ne cessent de se multiplier. Les rapports les plus imprévus sont souvent établis entre des groupes dont il était impossible de supposer la parenté. Non seulement on se trouve obligé de reconnaître l'identité spécifique d'êtres que l'on plaçait dans des genres ou même des familles différentes, mais des classes entières d'animaux doivent être abolies [1]. Les naturalistes les plus éminents affirment l'impossibilité de déterminer la position systématique d'un animal quelconque si l'on ne s'est astreint à le suivre depuis les premières phases de l'évolution de l'œuf d'où il doit sortir, jusqu'à ce qu'il devienne capable lui-même de se reproduire par voie sexuée. »

Ainsi, la considération des formes transitoires doit s'ajouter à la considération des formes définitives. Mais, si l'observation des êtres en cours d'évolution, qu'on pourrait appeler l'anatomie *dynamique*, apporte un supplément de lumière à l'observation de l'être adulte et fixé, qu'on pourrait appeler l'anatomie *statique*, cette considération apporte aussi un surcroît de difficultés, puisque, en raison du compte à tenir des organes transitoires, un même être, selon les différentes périodes de son existence, réalise des types différents et se classe dans des groupes différents.

C. **Organes disparates dans un même organisme.** — Bien plus, ce n'est pas seulement aux divers stades de son développement qu'un même être peut présenter des caractères divers ou même contradictoires : c'est aussi *simultanément* et *d'une manière permanente*. A chaque pas se rencontrent dans la Nature des êtres disparates, réunissant les caractères de deux

1. C'est-à-dire que des formes organiques qu'on avait prises pour des animaux distincts ont été reconnues comme les phases successives du développement d'un même animal : ainsi les sertulariens, dont Cuvier avait fait la famille des sertulaires distincte de la famille des médusaires, ne sont que de jeunes méduses. Voilà donc des types qui, réels et distincts à un certain moment, s'évanouissent un peu plus tard.

groupes distincts. Tel est le Paresseux, que sa forme et certaines particularités rapprochent des Primates, tandis que sa dentition le met presque au dernier degré de l'échelle des Mammifères. — C'est surtout parmi les espèces éteintes que se trouvent les plus remarquables de ces types réunissant en eux des caractères disséminés ailleurs chez des êtres fort éloignés. Louis Agassiz les appelle ingénieusement les *types synthétiques* (*De l'Espèce et de la Classification en zoologie*, trad. fr., ch. xxvii). De ce genre était l'Archæopteryx, cet être paradoxal, qui avait le squelette d'un lézard et les plumes d'un oiseau.

Résumé : relativité des classifications. — De ces observations il résulte évidemment qu'un système parfait et définitif de définitions et de classes est chose impossible. Dans l'imperfection de toutes nos tentatives à cet égard, il y a deux parts à faire : l'une *adventice*, qui tient à nos ignorances et à nos erreurs ; l'autre essentielle et *irrémédiable*, qui tient à la nature même des choses. Les rapports de coexistence des caractères et les rapports de ressemblance des êtres sont trop *complexes* et aussi trop *flexibles* pour pouvoir se représenter exactement par des types et des divisions aussi simples, aussi rigides, aussi tranchés. La Nature, comme Protée, est insaisissable. Aucun système ne se superposera jamais exactement à la Nature, non plus qu'aucune droite à une courbe, non plus qu'aucune forme verbale de sens convenu et fixé à la pensée, chose de sa nature illimitée et fuyante : de part et d'autre, ce sont des incommensurables. Un à peu près provisoire et perfectible doit donc nous contenter [1].

1. On pourrait dire que, après tout, les types indécis et mobiles, les classes de limite incertaine, dont nous avons parlé, sont des exceptions et que nos systèmes sont exacts *en gros*. Mais si, par hasard, l'hypothèse transformiste, qui compte déjà parmi les savants de nombreux partisans, devait être un jour démontrée, il s'ensuivrait que, le changement étant la loi de la Nature vivante tout entière, nos systèmes n'auraient plus qu'une valeur en quelque sorte *historique*. Ils seraient comme un *arrêté de situation*, fait à une certaine date, d'une Nature qui ne s'arrête pas. — En toute hypothèse, on est bien forcé de reconnaître que des espèces se sont éteintes et que d'autres les ont remplacées dans les temps géologiques. Il y en a même qui s'éteignent actuellement. Donc les types ne sont pas éternels, et la science des formes animales a bien, de toute façon, un caractère historique. Elle est bien nommée *histoire* naturelle. Que resterait-il de vérité *actuelle* dans un système naturel qui aurait été fait à l'époque du plésiosaure ? — Il est vrai, comme on va le voir tout à l'heure, que la définition et la classification trouvent par compensation un nouvel objet dans les éléments anatomiques les plus simples, qui sont comme les atomes composants de tous les organismes.

§ III

De l'explication des lois de coexistence. — La constatation qui vient d'être faite force les sciences naturelles de poser aussitôt un autre problème, dont la Logique de ces sciences doit aussi s'occuper.

Les lois de coexistence que nous enregistrons dans nos définitions ne sont pas des lois fixes, universelles, absolues. Il s'ensuit qu'elles ne sont pas des lois primitives, mais des lois *dérivées*. Ce sont proprement des effets ordinaires de lois supérieures qui, par ces effets ordinaires, montrent leur *tendance naturelle*, mais dont l'action peut être, dans certains cas, empêchée par des circonstances diverses. Pareillement le système solaire, ensemble de lois de coexistence, est l'effet des lois de la gravitation, lesquelles, opérant sur d'autres données en d'autres régions du ciel, y ont engendré des systèmes tout différents. — De quelles lois initiales dérivent donc les rapports de coexistence constatés dans les êtres de la Nature? Tant que ce problème de l'**explication des lois de coexistence** n'est pas résolu, la science naturelle mérite à peine le nom de science, puisqu'elle ne peut rendre compte ni des rapports généraux qu'elle observe, ni des exceptions notables qu'ils présentent.

A l'heure actuelle, ce problème, attaqué à la fois des divers côtés, n'est encore qu'en partie résolu [1]. Parmi les explications dont il est resté un résultat positif, et qui certainement ont fait avancer la science vers la solution cherchée, il faut noter celle de Georges Cuvier et celle de son émule et rival de gloire, Étienne Geoffroy Saint-Hilaire.

Explication de Cuvier : principes des corrélations organiques et des conditions d'existence. — L'explication des lois de coexistence ou des types résulte, d'après Cuvier, du principe des corrélations organiques, qu'il formule ainsi :

« Les parties d'un être sont tellement liées entre elles qu'aucune d'elles ne peut changer sans que les autres changent aussi.... Il est tels traits de conformation qui en excluent d'autres; il en est, au contraire,

1. On lira avec intérêt sur cette question l'ouvrage de M. H. Milne Edwards, intitulé: *Introduction à la zoologie générale, ou considérations sur les tendances de la Nature dans la constitution du règne animal.* Paris, 1853.

qui en nécessitent. Quand on connaît donc tels ou tels traits dans un être,
on peut calculer ceux qui coexistent avec ceux-là, ou ceux qui leur sont
incompatibles. » (*Règne animal*, intr., p. 11, et *Disc. sur les révol. du
globe*, éd. Didot, p. 62.)

Mais il est évident que ce principe n'est par lui-même que
l'*énoncé* général du fait qu'il y a des types ou des lois de coexistence dans la Nature. Il n'est pas une explication. Aussi Cuvier
rattache-t-il lui-même ce principe à un autre qui en est la raison,
le principe des conditions d'existence ou des causes finales.

« L'histoire naturelle, dit-il (*Règne animal*, intr., p. 8), a un principe
rationnel qui lui est particulier, c'est celui des **conditions d'existence,**
vulgairement nommé des **causes finales.** Comme rien ne peut exister s'il
ne réunit les conditions qui rendent son existence possible, les différentes
parties de chaque être doivent être *coordonnées* de manière à rendre
possible l'être total, non seulement en lui-même, mais dans ses rapports
avec ceux qui l'entourent ; et l'analyse de ces conditions conduit souvent
à des lois générales tout aussi démontrées que celles qui dérivent du
calcul et de l'expérience [1]. »

1. Aussi Cuvier pensait-il qu'il est souvent possible de reconstruire *à priori*
un organisme tout entier d'après un fragment de cet organisme. On sait que
lui-même opéra plusieurs reconstitutions de ce genre, magnifiquement confirmées
plus tard par la découverte du type fossile dans son entier. Mais Cuvier reconnaissait qu'en beaucoup de cas le fil conducteur de la finalité ou des conditions d'existence est insuffisant pour permettre de déterminer *à priori* les
rapports des formes, et qu'il faut alors s'éclairer par l'observation.
En effet, les relations des organes sont, comme on l'a vu, de deux sortes,
dont l'une peut s'appeler *coordination* (griffes et dents du carnassier) et l'autre
subordination (vertèbres et griffes du carnassier). Le principe de Cuvier permet
bien de conclure d'un organe à un autre organe *coordonné* avec le premier,
mais il ne permet pas d'aller de l'organe dominateur à l'organe *subordonné*,
puisque plusieurs systèmes d'organes subordonnés peuvent coexister avec le
même organe dominateur. Dans le premier cas, la solution, quand elle est possible, est unique ; dans le second cas, la solution est multiple et indéterminée.
Le simple fait qu'un animal a des vertèbres ne saurait faire prévoir s'il est
mammifère, oiseau, reptile ou poisson.
En revanche, Cuvier tire de son principe un autre criterium pour déterminer,
sans recourir aux comparaisons multipliées dont nous avons parlé, les caractères dominateurs, à savoir: l'*utilité* de la fonction, l'*importance physiologique*
de l'organe. L'organe dominateur est celui dont la fonction, étant plus importante, appelle à sa suite, à titre de *causes auxiliaires*, tels ou tels groupes d'organes pouvant servir de moyens à ces fonctions, et exclut tous les autres. —
Quant à l'utilité de la fonction, c'est encore par une considération *à priori* que
Cuvier en juge, du moins pour celle qu'il estime la première de toutes en importance : « Quels sont, dit-il (*Règne animal*, intr., p. 52), dans les animaux les
caractères les plus influents dont il faudra faire la base de leurs premières divisions? Il est clair que ce doivent être ceux qui se tirent des fonctions animales,
c'est-à-dire des sensations et du mouvement, car non seulement ils font de l'être
un animal, mais ils établissent en quelque sorte le degré de son animalité. »
Or, le *système nerveux* étant l'organe des fonctions animales, c'est donc des
formes différentes de ce système que Cuvier tire le principe de sa classification.
« Le système nerveux, écrit-il (*Annales du Muséum*, t. XIX, p. 76, 1812), est

Explication de Geoffroy : principe des connexions organiques. — Geoffroy Saint-Hilaire, de son côté, propose, sous le nom de loi des connexions organiques, une autre explication des rapports de coexistence.

D'après lui, un type est, dans la Nature, une donnée absolument fixe sous le rapport du *nombre* et de la *position* des parties[1]. Donc, quelles que soient leurs variations de volume et leurs fonctions diverses, ces parties doivent se retrouver en égal nombre et semblablement placées, reconnaissables par conséquent, non à leur forme, non à leur fonction, mais à leurs connexions, dans tous les animaux construits sur ce type.

Différence de ces points de vue. — Ainsi, demande-t-on à Cuvier pourquoi tel organe déterminé se rencontre nécessairement chez un animal avec d'autres organes déterminés? C'est, répond-il, que cet organe exerce une fonction *utile* à la vie; par conséquent, il doit *s'accorder* avec tous les autres organes, comme tous les autres organes avec lui, de manière à permettre un certain genre de vie, carnivore, frugivore, etc. — A la même question, Geoffroy répond à son tour : C'est que cet organe *tient sa place dans un certain type* ou plan de composition. Comme tel, s'il peut être déformé, atrophié, employé à des fonctions diverses, ou même devenir inactif et inutile, il ne peut jamais être ni supprimé, ni transposé.

Ainsi, pour Cuvier, les lois de coexistence sont des conditions d'existence, des *lois de finalité;* et les types organiques sont conçus par lui, conformément à l'idée d'Aristote, comme des *systèmes de moyens* concourant à une fin totale, la vie.

Pour Geoffroy Saint-Hilaire, les lois de coexistence sont l'*expres-*

---

au fond, tout l'animal; les autres organismes ne sont là que pour l'entretenir et le servir. » — Ces vues *à priori* sont d'accord avec un grand nombre de faits, mais non pas avec tous. On sait aujourd'hui que quantité d'animaux n'ont pas de système nerveux. Et, règle générale, une même fonction peut être remplie par des organes très différents. « Ces *substitutions physiologiques,* dit Milne Edwards, se présentent à chaque instant chez les animaux inférieurs et se rencontrent même chez les animaux supérieurs. »

1. Geoffroy Saint-Hilaire, qui connaissait mal les animaux inférieurs, n'admettait qu'un seul et unique type pour tout le règne animal. Tous les animaux sont, au fond, composés, d'après lui, *sur un même plan,* c'est-à-dire de parties en égal nombre et semblablement placées, et que l'anatomiste doit pouvoir reconnaître sous les altérations et déformations diverses qu'elles ont subies : c'est la théorie de l'unité de plan de composition. Mais le principe des connexions est indépendant de celui de l'unité de plan de composition. Qu'il existe plusieurs plans de composition, comme on ne saurait le nier aujourd'hui, et non pas un seul, comme le pensait Geoffroy, le principe des connexions ne s'applique pas moins à chacun de ces types dans toute son étendue.

sion de l'immutabilité du type; et le type lui-même est conçu par lui, conformément à l'idée de Platon, comme un *ensemble de rapports géométriques et numériques.*

L'un envisage l'être vivant au point de vue *dynamique:* l'idée directrice est pour lui l'idée de *fonction.* L'autre envisage l'être vivant au point de vue *statique:* l'idée directrice est pour lui l'idée d'*ordre*[1].

On doit les associer. — Les savants reconnaissent aujourd'hui que ces deux explications, loin de s'exclure, peuvent être, doivent être concurremment adoptées.

La loi des conditions d'existence tenue en échec par la loi du plan. — Le principe des conditions d'existence est vrai comme *règle ordinaire* de la Nature; mais il n'est pas vrai comme règle unique et absolue. Par exemple, si ce principe expliquait à lui seul la constitution des êtres vivants, on ne devrait point trouver chez ceux-ci d'*organes inutiles :* or des organes de ce genre existent chez nombre d'animaux. Réduits à l'état rudimentaire, ils n'exercent aucune fonction et persistent cependant avec une extraordinaire ténacité. C'est que ces organes rudimentaires font partie intégrante d'un certain type. La loi de persistance du type se manifeste par la présence de ces parties, en tenant en échec la loi de l'usage des parties qui devrait les supprimer.

Réciproque. — Mais, d'autre part, et ici même, l'action de la loi de l'usage des parties est manifeste, et l'argument des *organes rudimentaires,* après avoir servi contre la théorie de Cuvier, pourrait se retourner contre celle de Geoffroy. Car, si la présence de ces organes est une défaite de la loi d'usage, l'état rudimentaire de ces organes, qui est bien comme une suppression partielle de ces organes, n'est-il pas aussi une défaite au moins partielle de la loi du plan?

Même conclusion à tirer de l'existence des organes transitoires : une larve peut acquérir des organes transitoires qui lui sont avantageux dans les conditions où elle doit vivre, et qui, plus tard, ces conditions d'existence étant changées, disparaissent complètement (voy. Perrier, *Col. animales,* p. 741). Ces organes transitoires, cet écart momentané du type ne sont-ils pas aussi un témoignage

---

1. L'idée de ce rapprochement de la conception de Cuvier avec le point de vue habituel d'Aristote, et de la conception de Geoffroy avec le point de vue habituel de Platon, est de M. Cournot (*De l'Enchaînement des idées fondamentales,* t. I, p. 353).

de l'influence de la loi des conditions d'existence? — Parfois même l'altération du type est persistante.

« Lorsqu'un animal vit en parasite sur un autre, sa forme primitive est ordinairement modifiée, quelquefois au point de devenir méconnaissable, et les deux sexes, lorsqu'ils ne mènent pas une existence identique, se modifient différemment.... La perte des organes locomoteurs et de ceux qui peuvent servir à la recherche et à la préhension des aliments est une des conséquences les plus habituelles du parasitisme. Cette perte est généralement compensée par un accroissement considérable du pouvoir reproducteur. » (Perrier, *ibid.*, p. 711-715.)

L'être vivant est une résultante de ces deux lois. — Il suit de ces remarques que les êtres vivants résultent du *concours* ou plutôt du *conflit* de ces deux lois des corrélations et des connexions, dont l'une a pour effet la *conservation de la vie* et l'autre la *conservation du type*. L'être vivant est, par rapport à ces deux lois, une résultante, et comme une sorte de compromis. On peut le définir : un type donné qui tend à se maintenir en subissant cependant, suivant les espèces, un minimum de modifications exigé par la diversité des conditions d'existence.

Explication générale des lois de coexistence qui en résulte. — Dès lors, les lois de coexistence constatées par l'anatomie *descriptive* peuvent, dans un très grand nombre de cas, recevoir une explication.

« Par la découverte de la loi des corrélations, dit M. Taine, la face du monde animal est devenue tout autre. Auparavant nous n'avions qu'une anatomie descriptive ; nous savions qu'en fait tels caractères s'accompagnent ; mais nous ignorions pourquoi ils s'accompagnent. Ils n'étaient que simplement juxtaposés ; à présent, ils sont forcément liés ; par delà leur rencontre constante, nous constatons leur connexion obligatoire. — (Il convient, d'après ce qu'on a dit plus haut, de ne pas prendre trop à la lettre ces expressions.) — Chaque organe, bien plus, chaque élément physique ou moral (instincts, sens) de l'animal vivant renferme, incluse en soi, une propriété répétée dans tous les autres, à savoir cette particularité qu'il tend à *s'accorder* avec tous les autres, de façon à concourir avec eux à tel effet final ou total ; et cet intermédiaire commun explique dans l'animal non seulement une prodigieuse quantité de caractères déjà énumérés par l'anatomie descriptive, mais encore une infinité d'autres caractères plus délicats et plus intimes que nos scalpels et nos microscopes trop grossiers n'ont pas encore atteints. — La loi des connexions est encore plus féconde en conséquences. » (*De l'Intelligence*, 1re éd., vol. II, p. 415. — Cf. p. 415-417.)

Ainsi, en invoquant tantôt la loi de Cuvier, tantôt celle de Geoffroy, on transforme en lois *dérivées* les lois de coexistence d'abord simplement *empiriques*.

Explication des exceptions. — Mais ce n'est pas tout : en invoquant le concours et le conflit de ces deux principes, on explique pourquoi ces lois de coexistence n'ont pas un caractère entièrement fixe et absolu, pourquoi il se rencontre tant d'espèces dont le type flottant, indécis, anormal rend si difficile l'œuvre de la définition et de la classification. C'est que, dans la production des types spécifiques, ces deux lois se composent l'une avec l'autre, et l'une et l'autre avec les données et circonstances diverses auxquelles elles s'appliquent; il n'est donc pas étonnant que le type résultant ne soit pas toujours également net et tranché.

C'est ainsi que les lois générales de l'organisation fournissent la raison des lois particulières de coexistence et de leurs exceptions.

§ IV

Explication de ces principes généraux. Ce sont des lois réelles. — Mais ces lois générales elles-mêmes, comment devons-nous les concevoir? comment faut-il se représenter leur mode d'action? — On peut se figurer la chose de deux façons : leur influence sur la formation des organismes est *idéale* ou *réelle*. Dans le premier cas, les types sont formés par le Créateur, conformément à ces lois. Vraies comme elles sont, elles entrent en ligne de compte dans le plan éternel; c'est dans l'intelligence divine qu'elles se composent. — Dans le second cas, les types se forment historiquement par le moyen de ces lois, et c'est dans la Nature même, dans l'élaboration des êtres vivants, qu'elles composent leur action. D'une part, ces lois sont proprement des *raisons idéales;* d'autre part, elles sont des *causes efficientes*.

Mais ces deux conceptions ne sont peut-être pas, comme on le suppose parfois, exclusives l'une de l'autre. Nous aurons à rechercher plus tard si les lois de la vie, en les prenant comme des données réelles et actuelles, ne nous forcent pas de supposer une Intelligence ordonnatrice. Ici, admettant au contraire ces lois à titre d'idées directrices de cette Intelligence, il est aisé de voir que cette conception appelle à sa suite, loin de l'exclure, la conception de ces mêmes lois comme agents naturels et efficaces. En effet, le monde réel ne doit-il pas être l'image de son prototype éternel? Si donc ces lois entrent en ligne de compte dans l'ordre éternel du monde, elles doivent aussi y entrer dans l'ordre naturel. — S'il n'en était ainsi, si des lois constantes. ne présidaient au cours des choses, comme moyens naturels par où la Cause suprême réalise les fins qu'elle s'est proposées, le cours des choses ne serait qu'un miracle perpétuel. A chaque corrélation particulière qui s'établit durant l'évolution d'un être vivant, il faudrait faire appel à l'intervention directe de la Providence [1]. Aucun partisan de la Providence n'entendra de cette manière le mode d'action providentiel.

Leur mode d'action. — Mais si la loi des corrélations et la loi des connexions sont des lois réelles, des tendances réelles de la Nature, immédiatement une nouvelle question se pose : quel est le *mode* de leur action? A proprement parler, la persistance des types, l'existence ou l'établissement des corrélations sont des *effets* plutôt que des causes, des *fins* plutôt que des moyens [2]. Comment ces effets sont-ils réalisés? comment ces fins sont-elles obtenues?

1° La persistance du type se réalise par l'hérédité. — La persistance du type est l'effet de l'hérédité.

En vertu d'une propriété primordiale de la matière vivante, chaque élément anatomique jouit de la faculté de se reproduire en se divisant en deux ou plusieurs parties égales qui constituent de nouveaux individus semblables entre eux et semblables à leur parent commun. Toute modification éprouvée par un élément anatomique se transmet donc nécessairement à sa descendance. Tel est le mode le plus simple de génération, la génération *agame*, ou *métagénèse*, ou *scissiparité*. — Dans les organismes supérieurs apparaît la génération *sexuée*. Le caractère de ce mode de génération, c'est la *reproduction de l'organisme total* par le germe qui s'en détache. Une cellule engendrée par une cellule reproduit simplement la cellule mère. Mais le germe emporte avec soi l'empreinte de l'organisme tout entier d'où il provient et reproduit cet organisme tout entier.

Or le germe résulte d'éléments provenant de deux individus différents; d'où une conséquence importante: dans la génération agame, chaque élément anatomique transmettant à sa descendance les modifications qu'il a subies, il n'y a pour ainsi dire pas de limite à l'étendue de ces modifications. « Mais la fécondation s'accomplit généralement entre éléments

1. Par exemple, quand un têtard, qui n'est pas carnivore, devient une grenouille carnivore, son intestin, conformément à la loi des corrélations, devient cinq fois plus petit. De deux choses l'une : ou il faut attribuer ici une action réelle à la loi des corrélations, ou il faut invoquer la Cause suprême; auquel cas le fait en question sort du cours naturel des choses et doit être rangé expressément au nombre des miracles.

2. Voy. Perrier, *la Philosophie zoologique avant Darwin*, p. 131.

provenant d'individus différents. Par suite, dans l'acte de la fécondation, les caractères personnels des individus tendent à se neutraliser ; les caractères qui leur sont communs, les caractères spécifiques tendent à primer les autres. A chaque génération nouvelle, les caractères communs prennent donc une fixité de plus en plus grande, et arrivent ainsi à se constituer des séries de formes en apparence immuables, tant les variations individuelles qu'elles présentent sont peu de chose relativement à l'ensemble des caractères qui demeurent constants. Ces séries de formes sont ce que nous appelons les espèces. Toutes les recherches récentes s'accordent à prouver que l'espèce n'existe pas dans les groupes du règne animal où la reproduction s'effectue sans fécondation préalable. Ainsi l'influence héréditaire, qui dans la génération agame conserve et accumule les variations individuelles, tend au contraire dans la génération sexuée à perpétuer la constance des formes. » (Perrier, *Col. an.*, p. 102-103 et 707.)

On voit aisément par là que les connexions primordiales seront aussi les plus résistantes et les plus générales. Ainsi s'explique par la loi d'hérédité la persistance des types fondamentaux (vertébrés, articulés, etc.).

2° La corrélation organique se réalise par l'adaptation. — Comment expliquer, d'autre part, cette corrélation des organes si conforme aux exigences des conditions d'existence ? Encore une fois, ou bien ces corrélations sont des effets surnaturels qui ont Dieu même pour cause prochaine, ou bien ces corrélations s'établissent en vertu d'une *faculté d'adaptation* inhérente à la matière vivante. Adaptation au milieu extérieur, adaptation réciproque des organes entre eux dans l'intérêt de l'être vivant : Cuvier, dans ces formules, ne voyait proprement que des *métaphores*. Ce sont, pour lui, des *vues simplement théoriques*. Les choses se passent, aurait-il dit, *comme si* la matière vivante avait une faculté d'adaptation ; mais, en réalité, ces corrélations, ces adaptations, sont pour lui des faits premiers qui ont Dieu même pour auteur. Ce sont les formules immuables de l'*être* et non les agents de son *devenir*. — Rien n'empêche, au contraire, de prendre ces mots *à la lettre*, d'accorder à la matière vivante cette faculté d'adaptation [1], et de voir, dans une partie au moins des corrélations que nous constatons chez les vivants, des *faits historiques*, des acquisitions de la vie, des témoignages de ses tendances, de ses efforts et de ses victoires.

« Les diverses parties associées, dit M. Perrier, réagissent les unes sur les autres en vertu de la loi d'adaptation réciproque, de manière que

---

1. Il suit de là naturellement que la matière vivante est autre chose qu'une matière aveugle et brute.

tout paraît combiné pour assurer le plus parfaitement possible l'existence de l'ensemble, dans les conditions où il doit vivre. C'est précisément ce qui rend si étroite la solidarité des divers éléments d'un organisme. Il en résulte finalement entre ces éléments des corrélations dont l'étude était considérée par Cuvier comme la base même de l'anatomie comparée. » (*Les Colonies animales*, p. 720.)

C'est donc dans l'hérédité et l'adaptation que les lois de Geoffroy et de Cuvier trouvent leur explication.

§ V

Questions dernières : les types fondamentaux sont-ils des effets de l'adaptation ? — Ici se posent enfin les *questions dernières* de la philosophie anatomique. Les types fondamentaux conservés par l'hérédité, avec une rigidité qui d'ordinaire résiste à tout, même aux exigences de la loi des conditions d'existence, sont-ils des données premières, et le rôle de la loi d'adaptation se réduit-il à expliquer les *variations* de ces types ? ou bien ces types eux-mêmes et leurs *connexions fondamentales* ne seraient-ils pas les premiers résultats, les plus anciens témoignages de la loi de corrélation et d'adaptation ?

Cette hypothèse n'annulerait pas l'œuvre de la classification. — Tel est le grand problème qui partage actuellement les naturalistes. Entre les deux solutions nous n'avons point qualité pour prendre parti : Faisons remarquer seulement, car ceci est bien de notre sujet, que l'explication génétique des types ne ferait pas, comme on est porté à le croire, de la définition et de la classification, une œuvre à peu près vaine, en ôtant la stabilité et la fixité à leur objet. En effet, tout d'abord, qu'ils soient ou non susceptibles de se former et de se déformer dans le cours du temps, l'expérience nous montre que les types ont une durée qui, relativement à celle de notre vie, peut être considérée comme *indéfinie;* d'où il suit que ces types méritent d'entrer dans la science au même titre, par exemple, que notre système solaire, qui a aussi commencé et qui est aussi destiné à périr.

Nouvelle tâche qui lui resterait assignée. — Mais ce qu'il est surtout intéressant de remarquer, c'est que si, de ce côté, par le fait du transformisme, l'œuvre de la définition et de la classification se trouvait malgré tout diminuée d'importance, d'un autre côté, et dès à présent, une compensation inattendue s'établit, car une nouvelle tâche surgit où peut s'employer toute la vertu de ces procédés, à savoir : la définition et la classification des premiers éléments de la vie, *les individus et les espèces protoplasmiques.*

On s'était figuré, jusqu'à ces derniers temps, la matière vivante élémentaire, qu'on nomme *protoplasme,* comme un corps de forme indéterminée, homogène, continu, impersonnel, susceptible de croître indéfiniment. Sur une telle matière, la définition et la classification n'avaient pas de prise. Mais, avec une semblable donnée pour point de départ, la création des formes, devant être tout entière rapportée à l'influence des agents extérieurs, devenait absolument incompréhensible. Quel ensemble de circonstances, opérant sur une matière indéterminée *quelconque,* en tirera jamais la forme si complexe et si harmonique du carnassier ? — Mais, après une étude plus attentive, la théorie et l'observation, d'accord entre elles, permettent d'exclure cette conception.

« Théoriquement, dit M. Perrier dans des pages du plus haut intérêt, comment concevoir dans l'hypothèse d'un protoplasme primitif unique et non fragmenté en masses individuelles, dans l'hypothèse d'un protoplasme impersonnel et continu, que la concurrence vitale et la diversification des formes ait pu s'établir sur la terre ? Nous voyons bien un tel protoplasme grandir indéfiniment, empruntant à la matière inorganique ce qui est nécessaire à son développement ; nous le voyons, toujours continu, envahir les mers, tandis que des mouvements incessants maintiennent l'homogénéité de sa substance ; nous comprenons bien que le hasard ait pu détacher momentanément quelques-unes de ses parties, mais ces parties elles-mêmes auraient dû bien vite, en grandissant, rejoindre la masse principale et s'unir à elle de nouveau. Comment croire qu'elles aient au contraire continué à se diviser de manière à former une foule de petits individus indépendants, ayant chacun des propriétés distinctes et désormais incapables de se confondre en une seule masse ? — Supposera-t-on qu'une multitude de petits centres d'attraction préexistaient dans ce protoplasme en apparence homogène ? Ce serait admettre déjà que ses diverses parties avaient une existence individuelle ; mais comment ces centres se seraient-ils séparés ? comment les individus résultant de cette séparation, aptes à s'unir entre eux à la première rencontre, sans cesse ramenés à l'identité par ces unions, fussent-elles temporaires, auraient-ils pu subir l'influence élective de la concurrence vitale ?...

« Ainsi, loin de conduire à la conception d'un protoplasme unique dont les parties se seraient graduellement isolées les unes des autres, auraient acquis une individualité et des caractères distinctifs de plus en plus marqués, la théorie nous mène directement à l'idée de *protoplasmes individualisés* d'emblée, et possédant, dès le moment de leur formation, les propriétés qui constituent ce qu'on pourrait appeler leur *devenir....* Tout ce que l'on sait aujourd'hui des Monères est parfaitement d'accord avec cette manière de voir.... Il se dégage des faits acquis une conséquence importante : c'est que, sous une identité apparente, les protoplasmes les plus semblables entre eux, tels que ceux des radiolaires, cachent *une diversité inouïe de propriétés et d'aptitudes*, aussi bien au point de vue chimique qu'au point de vue physiologique.... Il faut donc admettre non seulement des *individus protoplasmiques primitifs*, mais encore des *espèces protoplasmiques primitives*. (*Ibid.*, liv. I, ch. II et III, p. 76-82; ch. III, p. 99.)

Par conséquent, si tant est qu'on parvienne un jour à expliquer la genèse des organismes actuels, ce ne serait qu'en prenant pour point de départ et donnée première des *organismes élémentaires*, dont la détermination, dont la spécification au point de vue de la composition, de la forme, des propriétés, des aptitudes, des tendances, conditionnent, déterminent, spécifient d'avance, certaines circonstances aidant, la destinée et les développements ultérieurs[1]. — Sans doute, une part est toujours à faire au hasard de ces circonstances. Mais, qu'on le remarque, ces causes extérieures, si puissantes qu'on les suppose[2], ne sont toujours point les vraies créatrices des formes organiques, mais seulement les *occasions* qui, sollicitant la matière vivante à s'y adapter, la forcent à revêtir ces formes et à exprimer ainsi, sous ces apparences sensibles, quelques-unes des puissances qu'elle recèle. Ainsi, suivant les déclivités du terrain et la ligne de moindre résistance, le fleuve dessine son cours, poussé en avant par sa force propre, la pesanteur. Ainsi les figures admirables que la vapeur d'eau transformée en glace forme l'hiver sur les vitres, traduisent sous forme sensible les propriétés latentes dans les molécules de l'eau tout à coup mises en jeu par un abaissement de température. De même encore, dans la société, la division du travail, condition de variété et de progrès, ne crée point les aptitudes des travailleurs, mais leur permet de les exercer et de les traduire en œuvres visibles. Pareillement, dans la création des formes vivantes, les circonstances se bornent à faire appel aux puissances cachées de la vie. La vie seule peut les produire, parce que toutes les formes qu'elle engendre, avant d'apparaître au dehors, fermentaient pour ainsi dire en son sein.

1. *La vie*, dit encore M. Perrier en soulignant cette phrase (*Ibid.*, p. 80), s'est *montrée dès le début avec une grande variété.*

2. De toutes ces causes externes la plus puissante paraît être le mode d'association. Et le mode d'association lui-même n'est point un fait de hasard : il résulte de la nature même des éléments associés. C'est à la démonstration de cette thèse qu'est consacré le grand et bel ouvrage de M. Perrier, *les Colonies animales.*

Conclusion. — La définition et la classification ne risquent donc pas de manquer d'objet; si le transformisme devait un jour triompher, la dérivation même des types jusqu'à présent définis et classés n'aurait d'autre effet que de mettre la définition et la classification en présence d'un objet bien autrement ardu : les espèces élémentaires et primitives.

CHAPITRE XIII

DE L'HYPOTHÈSE

RÔLE DE L'HYPOTHÈSE; SES ESPÈCES

La logique de l'hypothèse. — Les théories logiques de l'induction et de la généralisation ont pour but de répondre à ces questions : Comment prouve-t-on une loi de succession? Comment prouve-t-on une loi de coexistence? Mais une chose donnée en fait n'a pas besoin de preuve ; on ne prouve qu'une idée. Donc toute loi scientifique, avant de devenir, par la preuve qu'elle reçoit, vérité de fait, est conçue par le savant à titre d'idée, d'anticipation, d'hypothèse à démontrer.

La Logique doit traiter de l'hypothèse : car, comme il y a un art de la preuve (*ars probandi*), il y a un art de la conjecture (*ars conjectandi* [1]); et s'il y a des règles pour la *solution* des problèmes, il peut aussi y en avoir pour la *position* même des problèmes. Certes, la Logique ne peut aspirer à suggérer au savant des hypothèses fécondes; aucune règle ne remplace le génie. Mais elle peut tout au moins déterminer les conditions des hypothèses sérieuses.

De plus, la preuve démonstrative des hypothèses n'est pas toujours possible. Ce n'est pas à dire que, dans ce cas, toute hypothèse soit interdite. A défaut de certitude, la probabilité, la simple possibilité même a son prix. La logique de l'induction et de la généralisation, c'est la logique de la vérité [2]. La logique de l'hypothèse, destinée à demeurer telle, c'est la logique de la probabilité [3].

---

1. *Ars conjectandi* est le titre d'un ouvrage de Jacques Bernoulli; il y traite des règles des jeux de hasard.

2. Car elle détermine les conditions idéales (non absolument réalisables d'ailleurs) de la preuve d'une loi de succession ou de coexistence.

3. « Je tiens, dit Leibniz (*Nouv. Ess.*, liv. IV, ch. II, *Erd.*, p. 342) que la recherche des degrés de probabilité serait très importante et nous manque encore, et c'est un grand défaut de nos Logiques.... Je ne sais si l'établissement de l'art d'estimer les vérisimilitudes ne serait pas plus utile qu'une bonne partie de nos sciences démonstratives, et j'y ai pensé plus d'une fois. » (Cf. *Ibid.*

§ 1

Rôle de l'hypothèse dans la science. — Faire une hypothèse, c'est conjecturer faute de savoir, et ordinairement pour arriver à savoir.

Le rôle légitime de l'hypothèse dans la science n'a pas toujours été bien compris : à certaines époques, on s'est cru tout permis en fait d'hypothèses; à d'autres, par réaction, on a prétendu mettre l'hypothèse en interdit [1].

L'analyse des conditions de la science démontre, et l'histoire des sciences montre pleinement l'utilité, la nécessité de l'hypothèse.

I. Rôle essentiel : la science est faite d'idées. — L'idée même de la science en général implique la nécessité de l'hypothèse. Qui dit science, dit explication; et qui dit explication, dit théorie [2]. Un fait par lui-même n'est qu'un fait; il n'est rendu intelligible que par une loi, c'est-à-dire par une formule idéale, un théorème, où la pensée saisit le fait et la raison d'être du fait. « Tout reste inintelligible, disait Platon, pour qui a peur de l'Idée. » Le firma-

p. 388.) La partie mathématique de cette Logique a été poussée fort loin depuis Leibniz. — Rapprochez de cette citation de Leibniz le passage de d'Alembert cité chap. XVII, 1re section, *sub fin.*

1. Descartes abuse singulièrement de l'hypothèse en physique. Les disciples de Bacon se prononcent énergiquement contre les hypothèses, encouragés par la réprobation dont Newton les a frappées en diverses occasions. « Je ne forge point d'hypothèses, *hypotheses non fingo*, dit-il (*Principia*, Scolie). Tout ce qui n'est pas déduit des phénomènes doit s'appeler *hypothèse;* et les hypothèses, soit métaphysiques, soit physiques, soit de qualités occultes, soit mécaniques, ne doivent pas avoir place dans la philosophie expérimentale. » — « Mais il ne faut pas, dit Dugald Stewart (*Elém.*, tr. fr., t. II, p. 283), prendre trop littéralement les expressions de ce grand homme dans les questions de Logique. Il convient de les interpréter et de les limiter d'après les exemples qu'il donne lui-même à l'appui de ses règles générales. En effet, bien que son assertion soit ici énoncée dans les termes les plus absolus, ses propres écrits offrent tant d'exceptions à la règle qu'il pose, qu'on est autorisé à croire qu'il supposait que ses lecteurs se chargeraient d'y joindre les restrictions et les commentaires convenables. » Loin d'être une autorité contre l'usage de l'hypothèse, Newton peut servir en tous points de modèle pour l'emploi qu'il convient d'en faire. — L'histoire de la découverte de la gravitation universelle, en particulier, nous le montre aussi hardi dans la conjecture qu'exigeant sur la preuve et réservé dans l'affirmation. On sait que cette loi, conçue par lui en 1666, n'ayant pu d'abord être démontrée, par suite d'une mesure incorrecte du rayon terrestre, qui entrait dans ses calculs, Newton abandonna cette hypothèse, jusqu'à ce que, une mesure exacte du rayon terrestre ayant été obtenue, il put reprendre ses calculs sur cette nouvelle base et cette fois la démontrer par la concordance des déductions qui s'en tiraient avec les données de l'observation.

2. On réserve spécialement le nom de *théories* aux explications les plus hautes de la science; mais entre les explications dernières et les premières explications il n'y a de différence que du plus au moins. Les lois les plus basses sont aussi des théories.

ment, tel qu'il est donné à la perception sensible, est un chaos obscur et inextricable; il ne s'éclaire et ne s'illumine que par la projection sur la voûte céleste de la lumière propre qui appartient au ciel théorique ou idéal que l'astronome porte dans sa pensée [1]. Ainsi de toutes choses. Obscur est le fait, claire est l'idée. La science ne consiste pas à entasser les faits, mais à élucider et s'assimiler les faits, en les résolvant en idées. En voici d'illustres témoignages :

« Décomposer tous les phénomènes en idées, dit Liebig (*Les idées dans les sciences naturelles*, *Rev. sc.*, t. IV, p. 106), telle est la tâche de la science. Son progrès dépend de la multiplication des faits; il n'est pas cependant en proportion de leur nombre, mais en proportion de la matière à pensée que l'on tire des faits. Mille faits ne changent pas par eux-mêmes le point de vue de la science, tandis qu'un seul fait devenu idée l'emporte en valeur sur tous les autres réunis. »

De l'empirisme. — On appelle **empirisme** la méthode scientifique qui prétend se borner aux faits et proscrire les idées. La science ainsi comprise n'est plus, comme l'entendait Bacon, l'*interprétation de la nature;* elle devient une pure constatation, un *simple enregistrement*. Magendie a été, à notre époque, le plus illustre représentant de l'empirisme [2]. « La découverte bien constatée d'un fait, disait Magendie (*Leçons sur les phénomènes physiques de la vie,* t. IV, p. 391), est plus précieuse pour moi que les rapprochements les plus brillants, rapprochements qui d'ailleurs ne servent à rien, ne mènent à rien qu'à faire ressortir le mérite, le talent oratoire du professeur. » — Voici quelle est au contraire, d'après le plus illustre disciple de Magendie, Cl. Bernard, la valeur comparée de l'idée et du fait dans la découverte :

« Ceux qui font les découvertes sont les promoteurs d'idées neuves et fécondes. On donne généralement le nom de découverte à la connaissance d'un fait nouveau; mais je pense que c'est l'idée qui se rattache au fait découvert qui constitue en réalité la découverte. Les faits ne sont ni grands, ni petits par eux-mêmes. Une grande découverte est un fait qui, en apparaissant dans la science, a donné naissance à des idées lumineuses dont la clarté a dissipé un grand nombre d'obscurités et montré des voies nouvelles. Il y a d'autres faits qui, bien que nouveaux, n'ap-

---

1. Voyez dans *le Matérialisme et la science* de M. Caro tout le chapitre II dont nous avons plus haut cité un passage.
2. Ainsi Magendie observa en 1822 que les racines rachidiennes antérieures étaient insensibles ; en 1839 il constata que les mêmes racines étaient très sensibles. Sans s'émouvoir de cette contradiction, il énonça purement et simplement les deux observations. Voy. Cl. Bernard, *ibid.,* p. 301 et suiv.

prennent que peu de chose ; ce sont alors de petites découvertes. Enfin il y a des faits nouveaux qui, quoique bien observés, n'apprennent rien à personne ; ils restent pour le moment isolés et stériles dans la science : c'est ce qu'on nomme le fait brut ou brutal[1]. »

« Quant à cette affectation de présenter les faits comme constituant seuls le domaine de la science, avait dit dans le même sens E. Geoffroy Saint-Hilaire (*Mémoire sur l'oreille osseuse des crocodiles et des téléosaures*, 1831, p. 136), il serait plus juste de dire qu'ils n'arrivent aux âges futurs que s'ils sont escortés et protégés par les idées qui s'y rapportent et qui seules par conséquent en font la principale valeur. Des faits même très industrieusement façonnés ne peuvent jamais valoir, à l'égard de l'édifice des sciences, s'ils restent isolés, qu'à titre de matériaux plus ou moins heureusement amenés à pied d'œuvre. »

Relevons enfin ce beau témoignage de H. Milne Edwards sur le même sujet : « Dans quelques écoles de physiologie (*Leçons de phys. et d'anat. comparées*, 1857, t. I, p. 2. — Cf. *Rapport sur les progrès des sc. zoologiques*, 1867, p. 417), on professe un grand dédain pour les vues de l'esprit et l'on répète à chaque instant que les faits seuls ont de l'importance dans la science ; que le philosophe véritable doit se borner à les enregistrer. C'est une grave erreur. Une pareille pensée serait excusable chez un ouvrier obscur qui, employé sans relâche à tailler dans le sein de la terre les matériaux d'un vaste édifice, croirait que le rôle de l'architecte ne consiste qu'à entasser pierre sur pierre, et ne verrait dans le plan tracé d'avance par le crayon de l'artiste qu'un jeu de son imagination, une fantaisie inutile. Mais l'ouvrier carrier lui-même, s'il ne restait pas dans son souterrain et s'il voyait les blocs informes qu'il en a tirés se réunir sous la main du maître, pour constituer le Parthénon d'Athènes ou le Colisée de Rome, comprendrait que la science de l'architecte n'est pas une science inutile, lors même que le monument créé par son génie ne devrait avoir qu'une durée éphémère et que les débris de l'édifice tombé en ruine ne serviraient plus tard que de matériaux pour des constructions nouvelles[2]. »

Vouloir se garder des théories, c'est vouloir se garder de la pensée. Comme l'a dit M. Wurtz en parlant de la chimie, « cet empirisme a fait son temps » (*Rev. sc.*, août 1874, p. 174).

L'idée n'est pas l'œuvre des faits. — Sans doute, dira-t-on, la science est faite d'idées ; mais les idées ne sont, ne doivent être rien de plus dans les sciences que le produit, l'expression, le

---

1. « On rencontre, dit de même H. Milne Edwards (*Leçons de physiologie et d'anatomie comparées*, t. I, p. 1 sqq.), maints exemples de faits qui, restés longtemps stériles et négligés, sont devenus tout à coup le germe d'une grande découverte, lorsque le moment était arrivé pour en comprendre la portée, et qu'un homme de génie était venu pour y apposer son cachet. »

2. Sur le rôle comparé de l'idée et des faits dans les sciences, voyez aussi une belle page de M. Naudin, de l'Institut (*Rev. sc.*, t. XV, p. 850).

décalque fidèle des *faits* dans l'esprit. L'esprit n'est que le lieu des idées, les faits mêmes en sont les agents. — Rien n'est plus faux: les faits ne dispensent pas de penser. S'il fallait attendre que les faits se convertissent d'eux-mêmes en idées, on attendrait long-temps. Qu'on regarde jusqu'au dernier jour du monde le soleil se lever à l'orient et se coucher à l'occident: on n'y découvrirait jamais la loi du mouvement de la terre si l'esprit ne savait voir plus et autre chose que les yeux. Les observations sans nombre amassées par Tycho-Brahé ne lui firent point voir les lois du mouvement des planètes; et dans ces lois elles-mêmes Képler ne sut pas voir la loi plus haute de la gravitation qui les expliquait. — Sans doute, la preuve de l'idée une fois donnée, il doit y avoir un parfait accord entre les faits et l'idée, qui passe dès lors à l'état de vérité acquise. Mais de cela même qu'une idée a besoin de démonstration et de preuve il résulte qu'elle n'était pas d'abord l'expression et la traduction des faits observés. Les faits qui donnent naissance à l'idée ne sont pas les prémisses suffisantes d'où l'idée se dégage à titre de consé-quence, mais seulement le point d'appui d'où la pensée prend pour ainsi dire son élan pour la concevoir en les dépassant. L'idée est moins encore l'expression des faits connus que l'anticipation de ceux qu'on ignore.

« Dans la science aussi bien que dans la vie ordinaire, dit Liebig (*Induction et déduction dans les sciences, Rev. sc.*, t. IV, p. 335), les opérations de l'esprit ne s'accomplissent pas selon les règles de la Logi-que; bien au contraire, l'idée d'une vérité, l'opinion qu'on a sur un phé-nomène ou une cause, précèdent ordinairement la démonstration: ce n'est pas par les prémisses qu'on arrive ordinairement à la conclusion, c'est la conclusion qui précède, et les prémisses lui servent ensuite de preuves. »

L'idée n'est pas l'œuvre de la méthode. — Mais, dira-t-on encore, les idées, si elles ne sont pas données toutes faites par les faits, sont du moins le résultat de l'élaboration des faits par le moyen des *méthodes*. — Pas davantage, et non plus que les faits ne dispensent de travail d'esprit, le travail d'esprit le plus méthodique ne saurait rendre inutile le génie. La méthode, loin d'engendrer l'idée, n'est au contraire mise en jeu que par elle.

« La méthode expérimentale, dit Cl. Bernard (*ibid.*, p. 60), ne donnera pas des idées neuves et fécondes à ceux qui n'en ont pas, elle servira seulement à diriger les idées chez ceux qui en ont et à les développer afin d'en retirer les meilleurs résultats possibles. L'idée, c'est la graine ; la méthode, c'est le sol qui lui fournit les conditions de se développer, de prospérer et de donner les meilleurs fruits, suivant sa nature. Mais, de même qu'il ne poussera jamais dans le sol que ce qu'on y sème, de même il ne se développera par la méthode expérimentale que ce qu'on lui soumet. La méthode par elle-même n'enfante rien, et c'est une erreur de certains philosophes d'avoir accordé trop de puissance à la méthode sous ce rapport[1]. »

L'idée est le moteur de la méthode. — Nous l'avons déjà dit (*Psych.*, ch. XIX), dans les découvertes scientifiques, si l'on met à part quelques rares découvertes, dues à un heureux hasard, on peut distinguer deux moments: la *suggestion* et la *vérification;* l'*idée* et la *preuve.* La méthode ne travaille que pour la preuve, c'est-à-dire pour l'idée. Il n'en peut pas être autrement : qui dit méthode, dit recherche conduite avec art et suivant des règles; mais peut-on chercher ainsi méthodiquement, si l'on ne sait pas même ce qu'on veut trouver? Ce n'est donc pas accidentellement, comme on l'a quelquefois prétendu, et après que toutes les ressources de la méthode ont été épuisées, que le savant peut recourir à l'hypothèse à titre de *pis-aller.* C'est au contraire la recherche sans idée préconçue qui n'est qu'une exception et un pis-aller, alors que, faute d'idée à vérifier par l'expérience, on tente, comme dit Bacon, les *sorts de l'expérience* (sortes experimenti), ou, comme dit Cl. Bernard, on fait des *expériences pour voir*, dans l'espoir que de quelque observation imprévue pourra surgir une idée susceptible d'ouvrir une voie de recherche. Mais, règle générale, l'expérience sans idée qui la dirige n'est, comme dit encore Bacon, qu'un « *pur tâtonnement*, capable d'étonner plutôt que d'instruire[2] », tandis que l'expérience qui pose adroitement une question à la nature « est déjà la moitié de la science[3] ». Donc, règle générale aussi, c'est l'idée qui est le principe de la recherche. « Toute l'initiative expérimentale est dans l'idée, car c'est elle qui provoque l'expérience. Sans elle on ne saurait faire aucune investigation ni s'instruire, on ne pourrait qu'entasser des observations stériles » (Cl. Bernard, *ibid.*, p. 57).

Utilité des hypothèses fausses. — Si ce qu'on vient de

1. « L'art de découvrir les causes des phénomènes, dit Leibniz (*Erd.*, p. 383, col. 2), ou les hypothèses véritables, est comme l'art de déchiffrer, où souvent une conjecture ingénieuse abrège beaucoup le chemin. »
2. Vaga experientia mera palpatio est et homines potius stupefacit quam informat (*Nov. org.*, liv. I, aph. 100).
3. Prudens interrogatio quasi dimidium scientiæ (*De aug.*, liv. V, ch. III).

dire est exact, il en résulte que les hypothèses utiles ne sont pas seulement les hypothèses *justes* et qui sont destinées à devenir par la suite vérités démontrées. L'hypothèse *fausse* elle-même sert à l'avancement de la science. — Tout d'abord, en effet, il y a des idées qui ne sont fausses que par l'exagération d'une vérité ou la manière dont elles la présentent. La conception de semblables idées constitue, par rapport aux idées antérieures, un réel progrès dans la science. « On doit quelquefois plus à une erreur singulière qu'à une vérité banale », a dit d'Alembert. Telle est, par exemple, la théorie des tourbillons de Descartes, de laquelle ce même d'Alembert jugeait « qu'il y a plus loin peut-être des formes substantielles aux tourbillons que des tourbillons à la gravitation », et où l'illustre savant Biot reconnaissait « une grande idée qui consiste à avoir tenté pour la première fois de ramener tous les phénomènes naturels à n'être qu'un simple développement des lois de la mécanique ». (Cf. Aug. Comte, *Cours de phil. positive*, 4ᵉ éd., t. II, p. 309.)

Mais, d'une manière générale, une hypothèse fausse peut profiter à la science, parce qu'elle suscite elle-même les recherches qui doivent l'éliminer. Or toute élimination d'une hypothèse fausse est un pas vers le vrai. Comme le marin pour entrer au port, c'est en louvoyant que l'esprit bien souvent arrive à la vérité.

« Les théories légitimes, dit Boscowich (voy. D. Stewart, *ibid.*, p. 289), sont généralement le résultat d'essais infructueux et d'erreurs qui ont mis sur la voie de leur propre correction. »

Fontenelle exprime plaisamment la même vérité : « Telle est la condition des hommes, qu'ils n'arrivent à se former une opinion raisonnable sur un sujet qu'après avoir épuisé toutes les idées absurdes qu'on s'en peut faire. Que de sottises ne dirions-nous pas aujourd'hui, si les anciens ne nous avaient pas devancés à l'égard d'un si grand nombre !... Ils nous les ont pour ainsi dire enlevées. Cependant il y a encore quelquefois des modernes qui s'en ressaisissent, peut-être parce qu'elles n'ont pas encore été dites autant qu'il le faut. » (*Dissertation sur les anciens et les modernes.*)

On a justement remarqué que « le système de Ptolémée est fondé sur un préjugé si irrésistible, que, s'il n'avait pas été présenté dans l'antiquité, il aurait infailliblement précédé dans les temps modernes le système de Copernic et retardé d'autant le moment de sa découverte ». Nous savons par Képler lui-même qu'avant de tomber sur l'idée d'une ellipse, il essaya *dix-neuf* autres lignes imaginaires, qu'il fut successivement obligé de rejeter.

Mais c'est surtout dans la recherche des causes que l'exclusion successive des fausses hypothèses mène à la vérité. Dans ce cas, l'exclusion complète ou exhaustive ne prépare pas seulement la démonstration de la vérité, elle constitue en soi la seule démonstration décisive (ch. VIII). La vérité résulte ici de la complète réfutation de l'erreur.

Résumé. — Ainsi, par les recherches qu'elle dirige et qu'elle anime, que ces recherches d'ailleurs la confirment ou l'infirment, l'hypothèse est le premier et le plus *essentiel* facteur de la science.

II. Rôle accessoire : l'hypothèse comme formule et symbole. — Accessoirement, elle est encore un *auxiliaire* utile, non plus à titre d'explication qui reste définitive ou qui prépare l'explication définitive, mais à titre de **mode de représentation**, ou, comme dit le logicien Whewel, à titre de **colligation** des phénomènes. Whewel appelle de ce nom l'opération qui consiste à exprimer une multitude de phénomènes par le moyen d'une proposition ou d'une formule générale. Ainsi entendue, l'hypothèse groupe des faits épars, permet de les envisager d'ensemble et d'un coup d'œil, de les retenir plus sûrement, de les manier plus commodément. — Il va de soi que cet avantage appartient au plus haut degré aux hypothèses qui sont en même temps des explications vraies. Mais une hypothèse fausse peut encore, à certains points de vue, constituer une excellente colligation. L'utilité de l'hypothèse est alors du même genre que celle qu'on peut retirer d'une classification en partie artificielle. Et même, à vrai dire, une classification artificielle n'est autre chose qu'une hypothèse ayant pour but un groupement, une colligation des objets classés. De telles hypothèses sont toujours nécessaires, parce qu'un ordre quelconque vaut mieux que le désordre absolu pour l'élaboration scientifique des phénomènes.

« On ne peut, dit Herschel (*Disc. sur l'ét. de la phil. nat.*, tr. fr., p. 204), faire un grand fond sur des hypothèses semblables. On ne peut les considérer que comme de simples échafaudages qui aident à formuler des lois générales. Mais, envisagées sous ce point de vue, les hypothèses sont souvent d'un immense usage. » — « La théorie de Fresnel sur la cause de la lumière présente au moins le système le mieux conçu que la science puisse offrir. Quoi qu'il en soit, du reste, tant qu'elle servira à grouper les faits les plus nombreux et les plus variés, qu'elle permettra de chercher des analogies, de déduire des rapports, quelle que soit l'hypothèse sur laquelle elle est basée, on l'envisagera toujours comme une conception qui tend à agrandir nos connaissances. » (*Ibid.*, p. 207.)

La théorie atomique des composés chimiques n'a pas, aux yeux de certains savants, une valeur absolue. Mais tous en reconnaissent la haute valeur comme *symbole* commode pour représenter les faits. Et à ce titre on s'en servirait encore, lors même qu'elle deviendrait *inadéquate* à la représentation convenable de certains faits.

De même façon, « l'anatomie moderne, dit Aug. Comte, en détruisant sans retour les hypothèses primitives, envisagées comme lois réelles du monde, a soigneusement maintenu leur valeur positive et permanente, la propriété de représenter commodément les phénomènes quand il s'agit d'une première ébauche. Nos ressources à cet égard sont même bien plus étendues, précisément à cause que nous ne nous faisons aucune illusion sur la réalité des hypothèses, ce qui nous permet d'employer sans scrupule, en chaque cas, celle que nous jugeons la plus avantageuse[1]. »

De même encore, « en optique, le mot *rayon*, si bien construit pour l'hypothèse de l'émission, continue à être employé par les partisans des ondulations » (*id.*, *ibid.*, t. II, p. 305, 4ᵉ éd.).

Résumé. — Ainsi, suivant une excellente formule de H. Milne Edwards, « les hypothèses donnent à la science à la fois le *mouvement* et la *forme;* d'une part, elles guident et excitent les explorateurs dans la voie des découvertes; d'autre part, elles servent de lien entre les faits, dont la réunion en un faisceau est une des conditions de leur emploi utile » (*Rapport sur les progrès des sciences physiologiques*, p. 417).

C'est ainsi qu'à titre de cause principale ou d'agent auxiliaire, l'hypothèse sert efficacement les intérêts de la science.

III. L'hypothèse comme ressource ultime de la pensée. — Mais en certains sujets la science proprement dite est impossible : l'hypothèse en est alors le *succédané*. Elle demeure comme l'unique recours, l'*ultima ratio*, de l'esprit, qui, ne pouvant atteindre à la certitude, ne se résigne pas au doute absolu. Bien des hypothèses demeureront toujours hypothèses, n'étant pas susceptibles de recevoir jamais une parfaite vérification : elles n'en sont pas moins précieuses. Quand se posent les questions dernières de la Morale et de la Métaphysique, combien de certitudes de l'ordre physique ou mathématique ne donnerait-on pas pour une humble probabilité?

---

1. « Les anciens épicycles survivent même dans quelques formules analytiques au moyen desquelles le calcul des mouvements célestes est effectué. » (Stallo, *La matière et la physique moderne*, p. 235.)

§ II

Trois espèces d'hypothèses. — Après avoir parlé de l'hypothèse en général, il faut distinguer les diverses espèces d'hypothèses.

On peut, semble-t-il, grouper les hypothèses en trois catégories, suivant qu'elles ont pour objet l'*existence* d'une loi; ou la *formule* précise d'une loi; ou l'*existence* et la *nature de l'un des termes* d'une loi, soit la cause, soit l'effet, soit le concomitant nécessaire.

Dans le premier cas, une pluralité de phénomènes étant donnée, on suppose que deux ou plusieurs de ces phénomènes sont liés entre eux par une loi de coexistence ou de succession. Exemple : l'homme pense et il a un cerveau : on suppose que le cerveau est une condition nécessaire de la pensée; ou même que telle partie du cerveau est la condition nécessaire de telle opération de la pensée. — Dans le second cas, une loi étant démontrée, on fait une supposition sur la nature précise de cette loi. Les planètes circulent autour du soleil : on peut supposer qu'elles décrivent des cercles, ou des paraboles, ou des ellipses, etc. — Dans le troisième cas, l'un des termes d'une loi est donné, l'autre ne l'est pas : par l'hypothèse on en suppose l'existence et la nature. Je perçois les actes physiques des animaux, je n'en perçois pas la cause : Descartes suppose que ces actes s'accomplissent en vertu d'un mécanisme intérieur; d'autres, que ces actes s'accomplissent en vertu de certaines impulsions psychologiques, sensations, imaginations, désirs, etc.

Les hypothèses du premier genre ont donc pour but de répondre à cette question : Cette coexistence ou cette succession de phénomènes est-elle une loi? — Celles du second à cette autre question : Quelle est exactement cette loi? — Celles du troisième à cette autre : A quel phénomène inconnu ce phénomène connu est-il lié par une loi?

Dans le premier cas, l'hypothèse est une **interprétation de l'expérience**; dans le second cas, elle est une formule de l'expérience; dans le troisième, une anticipation d'une expérience qui n'est pas encore faite, ou même le substitut d'une expérience impossible.

I. Hypothèses portant sur l'existence d'une loi. — Dans le premier cas, le rôle de l'hypothèse est, pour ainsi dire, au *minimum*[1]. Un phénomène est donné : l'hypothèse consiste simplement à lui attribuer le rôle de cause, d'effet ou de concomitant nécessaire d'autres phénomènes donnés. Quelle est l'*origine* psychologique, et quelle est la *valeur* logique de semblables hypothèses?

Leur origine. — L'origine psychologique de ces hypothèses est au fond la perception d'une *analogie*. L'existence d'une loi entre deux phénomènes entraîne comme conséquence leur coexistence ou leur succession; or les caractères en question ont cette ressemblance avec les caractères liés par une loi, d'être concomitants ou successifs ; donc on peut supposer qu'ils sont liés entre eux par une loi. Ou, en d'autres termes, toute coexistence, toute succession ont la forme ou apparence extérieure d'une loi; donc cette succession ou coexistence donnée est peut-être une loi : *post hoc* ou *cum hoc ergo propter hoc.*

Leur valeur : degrés de la preuve. — Quelle est maintenant la valeur logique des hypothèses de ce genre? — Une *simple coïncidence* peut être, même pour le savant, une raison de *concevoir* et d'*essayer* une hypothèse. Mais il est évident que, tant que l'hypothèse d'une loi n'est appuyée que sur une simple coïncidence, la valeur de l'hypothèse est tout juste au-dessus de zéro. — D'autre part, nous avons dit ailleurs en quoi consiste la preuve démonstrative de l'existence d'une loi, à savoir : dans la persistance d'une coïncidence, exclusion faite de tous les phénomènes concomitants. — Entre ces deux extrêmes, l'un où l'hypothèse se produit ayant à peine une raison d'exister, l'autre où elle se transforme en vérité démontrée, il y a place pour une infinité de degrés. La simple coïncidence devient-elle une coïncidence répétée de présence, d'absence, de variations? L'hypothèse d'une rencontre de hasard, qui faisait d'abord échec à l'hypothèse d'une loi, devient de plus en plus improbable. — La coïncidence se maintient-elle dans des circonstances variées? La probabilité s'accroît encore, à mesure que, par l'exclusion légitime de toutes les circonstances dont l'absence ou la variation est sans influence sur la coïncidence en question, on s'approche de la complète exclusion qui seule, rendant cette coïncidence « solitaire », en prouve rigoureusement la nécessité.

---

1. Il ne s'agit en effet que de répondre à la question *an*, c'est-à-dire *si* un rapport donné est ou n'est pas une loi. Dans les autres cas l'hypothèse a plus à suppléer, il s'agit de répondre aux questions *comment* et *par quoi.* Voy. Leibni-, *Erd.*, p. 311.

Autres facteurs de leur probabilité. — Mais, avant même tout essai de vérification, des considérations d'un autre ordre peuvent, en certains cas, entrer en ligne de compte comme facteurs de la probabilité. Supposons qu'un meurtre ait été commis dans une prison où aucun étranger n'a pu pénétrer. Toutes choses égales d'ailleurs, la probabilité que tel ou tel habitant de la prison est l'auteur du meurtre en question sera représentée par une fraction dont le numérateur sera égal à 1 et le dénominateur au nombre des habitants de la prison. De même, si nous connaissons toutes les propriétés d'un objet, la probabilité qu'un caractère présenté par cet objet se rattache à l'une d'elles comme à sa cause, est en raison inverse du *nombre* de ces propriétés. — Si nous ignorons certaines de ces propriétés, il faut dans notre évaluation tenir compte des propriétés *inconnues*. Il y a dans ce cas conflit entre le groupe des propriétés connues et le groupe des propriétés inconnues, chaque groupe attirant pour ainsi dire à soi, en raison de sa masse, le phénomène en question. — Enfin, il faut tenir compte de l'*importance* relative des propriétés. Il y a dans les êtres des caractères influents, des propriétés essentielles qui sont les points d'attache d'une multitude de caractères et de propriétés; d'autres sont des accidents sans conséquence. Rattacher un phénomène donné aux caractères du premier genre est plus naturel et plus légitime que de les rattacher à ceux du second. Ceux qui imitent les grands hommes par leurs petits côtés pèchent contre cette règle : car les habitudes extérieures, les façons de parler, de se vêtir, etc., des hommes de génie n'ont aucun rapport nécessaire avec le génie. — Nous verrons plus loin l'application de ces règles en traitant de l'analogie, car des hypothèses du genre de celles dont on vient de parler sont la base la plus ordinaire de l'inférence par analogie[1].

II. Hypothèses portant sur la forme des faits et des lois. — Les hypothèses du second genre laissent ordinairement plus à faire à l'imagination. Des phénomènes étant donnés, il s'agit de trouver le *mode* suivant lequel ils s'accomplissent; ou bien, une cause étant donnée, il s'agit de déterminer le *mode* précis de son action. D'une part, l'hypothèse des anciens astronomes, que les corps célestes se meuvent dans des cercles, et les hypothèses subsidiaires des excentriques et des épicycles; l'hypothèse héliocen-

---

1. L'inférence par analogie est, comme on verra, une application, ou extension hypothétique à un cas nouveau, d'une loi le plus souvent elle-même hypothétique, comme celles dont il vient d'être question ci-dessus.

trique de Copernic qui a remplacé les précédentes; les dix-neuf hypothèses sur la forme des orbites planétaires successivement imaginées et abandonnées par Képler, et l'hypothèse même de l'ellipse à laquelle il s'arrêta; les diverses hypothèses du même savant sur la relation exacte qui existe entre la distance de chaque planète au soleil aux divers moments de sa révolution et sa vitesse (deuxième loi), comme aussi sur la relation qui existe entre les distances moyennes des diverses planètes au soleil et leur vitesse (troisième loi); celles encore qu'il conçut touchant la loi de la réfraction, etc., — toutes ces hypothèses ont pour objet d'exprimer le **mode** constant, la **forme** commune de certains phénomènes. — D'autre part, lorsque, l'influence de la pression d'un fluide sur le poids d'un corps qui y est plongé étant déjà reconnue, Archimède cherchait la *mesure* de cette influence; ou que, l'action de la pression sur le volume d'un gaz étant reconnue, Mariotte cherchait l'expression exacte de cette action; ou que, la force de la gravitation étant démontrée, Newton essayait d'en déterminer l'intensité suivant les masses et les distances, — les hypothèses formées par ces savants avaient pour objet la **formule numérique** d'un rapport de causalité.

Leur origine. — La raison initiale des hypothèses de ce genre peut se trouver parfois dans l'aperception de quelque *analogie* entre l'ordre des phénomènes ou le genre d'action dont on cherche la loi et d'autres phénomènes, d'autres actions dont la loi a été antérieurement déterminée [1]. — Mais le plus souvent c'est des *faits observés* eux-mêmes que l'imagination tire le premier dessin des hypothèses de ce genre [2]. Ces hypothèses sont formelles, c'est-à-dire

---

1. Ainsi Newton, cherchant à déterminer l'intensité de l'attraction solaire sur les planètes, fut mis sur la voie de sa découverte en considérant d'abord les mouvements des planètes comme circulaires et uniformes, ce qui rendait l'action solaire ou centripète égale et contraire en tous points à la force centrifuge de la planète. Or, Huygens ayant d'autre part déterminé la loi de la force centrifuge dans un cercle, Newton put trouver dans cette assimilation approximative de la force centripète de la planète à la force centrifuge dans un cercle un premier indice de la loi qu'il cherchait. Voyez Aug. Comte, *Cours de philosophie positive*, 4ᵉ éd., t. II, p. 156.

2. « On avait depuis longtemps remarqué que la vitesse angulaire de chaque planète, c'est-à-dire l'angle plus ou moins grand décrit en un temps donné par son rayon vecteur, augmente constamment à mesure que l'astre s'approche davantage du centre de son mouvement. Mais on ignorait la relation exacte entre les distances et les vitesses. Képler la découvrit en comparant les deux cas extrêmes du *maximum* et du *minimum* de ces quantités, où leur vraie liaison devait être en effet plus sensible. Il reconnut ainsi que les vitesses angulaires de Mars à son périhélie et à son aphélie sont inversement proportionnelles aux carrés des distances correspondantes Cette loi, saisie par son génie

qu'elles ont pour objet une certaine forme : les faits en déterminent les premiers linéaments. Les faits sont alors comme des points distants qu'il s'agit de relier par une ligne continue : c'est l'imagination qui dessine la ligne, mais les points servent de jalons. En même façon, quelques mots épars, vestiges d'une inscription aux trois quarts effacée, permettent parfois d'en deviner approximativement le sens général [1]. Ces mots ne suppléent point à l'imagination, mais ils *limitent le champ* de ses hypothèses.

Leur valeur; conditions de probabilité. — Mais assez souvent, et surtout lorsque les faits observés sont encore peu nombreux, il arrive que plusieurs suppositions satisfont également à cette condition de s'accorder avec les faits observés, de même que quelques points discontinus peuvent entrer dans diverses figures, ou quelques mots épars s'interpréter en divers sens. Quelle est alors la règle à suivre?

1° La simplicité. — Toutes choses égales d'ailleurs, il faut préférer l'hypothèse *la plus simple*. Non pas parce que les voies de la Nature sont simples : car, bien qu'étant sans doute les plus simples possibles, elles n'en sont pas moins très souvent et ne peuvent pas ne pas être extrêmement compliquées; mais parce que, si une hypothèse relativement simple réussit, il est inutile de recourir à une hypothèse plus compliquée [2].

Pourtant, si la simplicité est une raison de préférence, la complication ne saurait à elle seule être une raison absolue d'exclu-

---

dans le simple rapprochement de deux seules observations, fut ensuite vérifiée pour toutes les positions intermédiaires de Mars, et plus tard étendue à toutes les autres planètes. » (Aug. Comte, *Cours de phil. posit.*, t. II, p. 127.)

1. « En général, dit M. Cournot (*Essai sur les fond. de nos conn.*, t. I, p. 82), une théorie scientifique quelconque imaginée pour relier un certain nombre de faits trouvés par l'observation peut être assimilée à la courbe que l'on trace d'après une définition mathématique en s'imposant la condition de la faire passer par un certain nombre de points donnés d'avance. »

2. Nous avons déjà dit (*Psych.*, p. 360-363) que ce principe *logique* n'a pas besoin d'être rattaché à l'idée *métaphysique* de la simplicité des voies de la Nature. Il faut au contraire l'en détacher, car l'un est toujours applicable, l'autre risque toujours de nous égarer. Admettons que la Nature soit l'œuvre d'un Dieu parfait: les voies de la Nature seront sans doute alors les plus simples possibles. Mais, pour déterminer à priori quelles sont ces voies les plus simples possibles, il faudrait savoir quel était le minimum de complication nécessaire. Or, les données nous faisant défaut pour résoudre ce dernier problème, la solution à priori du premier est tout à fait sans valeur. Tels ces politiques de rencontre, dont parle Descartes, qui, faute de savoir les difficultés des choses, ne se lassent pas d'inventer des moyens tous plus simples les uns que les autres d'assurer la prospérité des Etats. L'idée de la simplicité des voies de la Nature sans son correctif indispensable, à savoir l'idée des nécessités et des difficultés inévitables des choses, fait les esprits *simplistes* qui sont des esprits faux. — Condillac dit fort sagement à ce sujet dans un bon chapitre sur l'hy-

sion. Après tout, la Nature elle-même nous montre qu'elle réalise parfois une même fin par des moyens plus ou moins compliqués : ainsi une même fonction physiologique s'accomplit chez différents êtres tantôt au moyen d'organes très simples, tantôt au moyen d'appareils très complexes. C'est pourquoi l'hypothèse de Ptolémée sur le système du monde étant apte, avec les modifications convenables, à rendre compte des mouvements apparents des astres, aussi bien que l'hypothèse de Copernic, cette première hypothèse, quoique infiniment plus compliquée que sa rivale, n'a été définitivement bannie de la science qu'après l'analyse exacte des phénomènes de l'aberration de la lumière, absolument incompatibles avec l'immobilité de notre globe et déduits au contraire rigoureusement, par Bradley, de la théorie copernicienne.

2° Le nombre des faits expliqués. — La simplicité d'une hypothèse est donc une raison en sa faveur. Cette raison elle-même a d'autant plus de poids que le *nombre de faits* dont l'hypothèse rend compte est plus considérable. Quand les faits connus sont très peu nombreux, il est ordinairement facile de trouver une hypothèse simple qui les relie. Mais le plus souvent, l'hypothèse ne s'adaptant plus aux faits nouveaux qui se révèlent, on est obligé de la compliquer « jusqu'à ce qu'elle croule pour ainsi dire d'elle-même, par surcroît de complication ». — « Si, au contraire, les faits acquis à l'observation postérieurement à la construction de l'hypothèse sont reliés par elle aussi bien que les faits qui ont servi à la construire, la probabilité de l'hypothèse peut aller jusqu'à ne laisser aucune place au doute dans un esprit suffisamment éclairé » (Cournot, *ibid.*).

---

pothèse (*Art de raisonner*, liv. IV, ch. II) : « Ce principe, *la Nature agit toujours par les voies les plus simples*, est fort beau dans la spéculation, mais il est rare qu'on puisse l'appliquer. »

Voici comment un savant d'un esprit très philosophique s'exprime à ce sujet (Stallo, *la Mat. et la phys. mod.*, p. 80) : « Les véritables explications scientifiques sont généralement compliquées de forme, non seulement parce que la plupart des phénomènes, après analyse convenable, se trouvent être complexes, mais parce que le fait le plus simple n'est pas l'effet d'une seule cause, mais le produit d'un ensemble d'agents divers, le résultat du concours de nombreuses conditions. La théorie newtonienne du mouvement planétaire est beaucoup plus compliquée que celle de Képler, d'après laquelle chaque planète est conduite dans sa route par un *angelus rector*. L'explication de la précession des équinoxes donnée par la mécanique céleste moderne est bien inférieure en simplicité à la déclaration que, parmi les grandes périodes originairement établies par l'Auteur de l'univers, figurait le cycle d'Hipparque. Le vieil adage : *simplex veri indicium*, doit être interprété d'une manière libre avant de pouvoir être considéré comme une règle sûre dans la détermination de la validité ou de la valeur des doctrines scientifiques. »

3° La découverte de faits nouveaux. — Une autre présomption en faveur de l'hypothèse, légitime sans doute, mais à laquelle on est ordinairement porté à accorder trop de poids, résulte du fait que, les conséquences qui s'en déduisent ayant été vérifiées par l'observateur, l'hypothèse a pu servir de *principe de découverte.* « Ces prévisions et leur accomplissement, dit justement Stuart Mill, sont assurément faits pour impressionner les personnes étrangères à ces matières, dont la foi à la science ne se fonde que sur les coïncidences entre les prédictions et l'événement; mais il est étrange que des hommes de science y attachent tant d'importance » (*Log.*, t. II, p. 19). — Si l'hypothèse concorde avec les phénomènes connus jusqu'à présent, il n'est pas étonnant qu'elle concorde encore avec un autre qu'on en déduit[1]. Au fond, que le phénomène ait été connu avant l'hypothèse, ou qu'il ait été découvert postérieurement, et par déduction de l'hypothèse, cela ne fait rien à l'affaire. Dans les deux cas, la preuve réside exclusivement dans l'accord du fait avec l'hypothèse; et la manière dont cet accord a été découvert, soit par induction, soit par déduction, n'ajoute pas un iota à la preuve. Or cette preuve, nous l'avons vu, est insuffisante[2].

4° Vraie preuve de l'hypothèse. — Puisque ni la simplicité de l'hypothèse, ni le nombre de faits déjà connus qu'elle explique ou de faits encore inconnus qu'elle fait découvrir ne sont des preuves rigoureuses de sa vérité, en quoi donc consiste la *démonstration parfaite* d'une hypothèse de ce genre ?

« La vérification de l'hypothèse équivaudra, dit Mill (*ibid.*, p. 10), à une parfaite induction dans le cas seulement où *aucune autre loi que la loi supposée ne pourra conduire aux mêmes conclusions.* Et c'est ce qui se

---

1. « Quand une hypothèse explique avec succès plusieurs phénomènes pour lesquels elle a été construite, il n'est pas étrange qu'elle explique aussi d'autres phénomènes liés avec les premiers et qui sont subséquemment découverts. Presque toutes les théories physiques abandonnées peuvent se vanter d'avoir prévu des phénomènes qui ont été ensuite observés; citons parmi elles la théorie de l'électricité à un seul fluide et la théorie des corpuscules lumineux. » (Stallo, *ibid.*, p. 86.)

2. Leibniz remarque (*Nouv. Ess.*, liv. IV, ch. xvii, *Erd.*, p. 397) que la vérité de la conséquence ne prouve la vérité du principe que lorsque les propositions sont *réciproques*, c'est-à-dire lorsque de la conséquence vraie prise comme principe on peut déduire à son tour le principe en question à titre de conséquence. « Il est bon de remarquer, ajoute-t-il, que dans les hypothèses astronomiques ou physiques le retour n'a pas lieu; *mais aussi le succès ne démontre pas la vérité de l'hypothèse.* Il est vrai qu'il la rend probable,... surtout lorsqu'une hypothèse simple rend compte de beaucoup de vérités, ce qui est rare et se rencontre difficilement. »

réalise souvent. » Ainsi la preuve fournie par Newton, que la force qui détourne la planète de sa route rectiligne tend directement vers le soleil, résulte non seulement de ce que, cette force étant supposée, on en déduit la loi de Képler, que le rayon vecteur décrit des aires égales en des temps égaux, mais aussi de ce qu'aucune autre hypothèse ne s'accorderait avec les faits. « De même, ayant supposé que cette force varie en raison inverse du carré de la distance, Newton montra que les deux autres lois de Képler se déduisaient de cette supposition, et en même temps que toute autre loi de variation donnerait des résultats inconciliables avec ces lois et par conséquent avec le mouvement des planètes dont les lois de Képler étaient indubitablement l'expression exacte.... De même toute autre loi que la loi véritable touchant la réfraction conduirait nécessairement à de faux résultats.... Dans tous ces cas la vérification est preuve. »

En effet, la vérification, en ce cas, n'est qu'une application particulière de la *méthode de différence*. Puisque, en supposant la loi en question supprimée et remplacée par une autre loi quelconque, les phénomènes donnés cessent d'être ce qu'ils sont, cette loi est donc la vraie loi de ces phénomènes.

III. Hypothèses portant sur un terme inconnu d'une loi. — Nous arrivons aux cas du troisième genre, ceux où il s'agit d'imaginer la cause, ou l'effet, ou le concomitant nécessaire de phénomènes donnés. Ces cas sont les plus nombreux sans doute et aussi les plus intéressants, puisque ce sont ceux où l'imagination a le plus à suppléer. Quel est le principe déterminant de la conception de semblables hypothèses ?

Leur matière : un objet analogue à quelque objet connu. — Pour le découvrir, il est nécessaire de dire d'abord en quoi consiste en pareil cas la *matière* ou le contenu de l'hypothèse. Nous avons à imaginer, par exemple, la *cause* inconnue qui explique un phénomème donné. Notre imagination va-t-elle créer de toutes pièces l'idée de cette cause ? — Non, elle en est absolument incapable. L'imagination, à proprement parler, n'invente rien ; la matière de ses inventions, même les plus originales, est toujours empruntée au souvenir. Donc la cause imaginée sera nécessairement *analogue à quelque cause déjà connue*. — Stuart Mill et la plupart des logiciens insistent sur une règle donnée par Newton et qui porte que la cause supposée par hypothèse doit être une *vera causa*, c'est-à-dire une cause dont la *réalité* ait été antérieurement attestée par l'expérience, en d'autres circonstances, — l'hypothèse ne devant proprement porter que sur la *présence* de cette cause dans le cas en question, sur ses degrés, son mode d'action, etc. Le précepte est sans doute excellent; mais, en un sens, on pourrait dire qu'il est tout à fait superflu. Qui donc a jamais pu concevoir une cause absolument en dehors des données de l'expérience? Les physiciens, pour expliquer la lumière, ont inventé l'éther. Mais, fait observer justement M. Stallo (*ibid.*, p. 82), l'élément réel de l'explication, c'est un phénomène bien connu de l'expérience, l'*ondulation*. Et l'éther lui-même, peut-on ajouter, n'est pas quelque chose d'absolument fictif, puisqu'il n'est, après tout, qu'une sorte d'atmosphère subtilisée à l'infini. — L'hypothèse Dieu, par où l'on explique le monde, n'est pas davantage une invention absolue; car, lorsque nous concevons Dieu, nous ne faisons qu'élever à l'infini l'idée de l'intelligence, de la puissance, de l'amour, dont nous prenons en nous-mêmes la matière réelle [1].

Même chose à dire si, au lieu d'une cause, il s'agit d'imaginer un effet, ou un phénomène concomitant d'un autre phénomène.

Donc, en général, toute hypothèse du genre actuellement en question a pour matière quelque chose d'analogue à ce que l'on connaissait déjà, et assimile sous ce rapport le cas en question avec d'autres cas antérieurement connus. Une hypothèse qui n'a pas pour objet quelque analogie est une hypothèse *inconcevable*, puisqu'elle dépasse les limites assignées à l'imagination humaine.

Leur principe : une analogie constatée. — Ceci posé, nous sommes en état de déterminer la raison initiale de semblables hypothèses [2]. C'est de l'*observation*, dit Claude Bernard, que jaillit

1. Une hypothèse absolument fictive, dit M. Stallo, est totalement vaine. Elle est pire que vaine : elle n'a pas de sens; c'est une pure collection de mots ou de symboles sans signification. Comme le dit Stanley Jevons (*Princ. of science*, II, 141) : « Aucune hypothèse ne peut même être conçue dans l'esprit, si elle n'est plus ou moins conforme à l'expérience. Comme la matière de nos idées est sans aucun doute dérivée de la sensation, nous ne pouvons nous figurer aucune existence, aucun agent qui ne soit doué de quelques-unes des propriétés de la matière. Tout ce que l'esprit peut faire en créant de nouvelles existences, c'est de changer les combinaisons, ou par analogie de changer les propriétés sensibles. » Stuart Mill est donc évidemment dans l'erreur quand il dit : « Nous pouvons imaginer si nous voulons, pour rendre compte d'un effet, quelque cause d'une nature complètement inconnue, agissant d'après une loi absolument fictive. » Le défaut de la dernière partie de cette proposition est évidemment senti par Stuart Mill lui-même, car il ajoute à la fin de la phrase suivante : « Il n'y a *probablement* pas d'hypothèse, dans l'histoire de la science, dans laquelle l'agent lui-même et la loi de son action soient absolument fictifs. — Il n'y a *certainement* aucune hypothèse semblable » (*Ibid.*, p. 82.)

2. « Le principe directeur de toutes les hypothèses scientifiques, dit M. Naville dans sa savante étude sur la *Logique de l'hypothèse* (p. 139), c'est la recherche de l'unité. » — Rien n'est plus vrai, mais rien n'est plus vague. Il est très vrai que, dans toutes les directions, la science tend à l'unité; car son but c'est l'explication, et expliquer c'est identifier l'inconnu avec ce qui était déjà connu (voy. *Psych.*, p. 227) en lui attribuant la même nature, les mêmes causes, les mêmes

tout à coup l'hypothèse, qu'on vérifie ensuite par de nouvelles observations. — La formule est trop concise ; pour qu'elle soit juste, il faut entendre qu'il s'agit d'une observation éclairée et fécondée par le souvenir d'une science antérieurement acquise.

En effet, l'hypothèse doit ici précisément suppléer aux lacunes de l'observation : or comment l'observation elle-même pourrait-elle fournir l'idée de ce qui n'est pas donné dans l'observation ? Mais voici ce qui se passe : l'observation met en jeu l'*association des idées*. L'association des idées rapproche tout à coup de l'objet observé un objet qui, sous quelque rapport, lui ressemble, et qui est en outre mieux connu que le premier précisément sous le point de vue qui fait l'objet de notre recherche. Nous constatons l'analogie ; puis, en raison de cette analogie constatée, nous supposons que l'analogie se continue sur les points qui font l'objet de notre recherche. Nous transférons au premier objet ce que nous savons appartenir au second ; nous éclairons le premier par le second. Quelle autre raison qu'une analogie constatée, sous certains rapports, entre deux objets, pourrait en effet nous induire à leur attribuer, sous d'autres rapports, une analogie qui n'a pas été constatée ? Toute hypothèse du genre dont nous parlons, se résout dans la supposition d'une analogie motivée par l'aperception d'une analogie.

Nous avions (*Psych.*, ch. xix) ramené l'hypothèse à l'*intuition d'une analogie*, ou, comme dit Helmholtz, à la *divination d'une uniformité*. Nous précisons ici cette explication en résolvant l'intuition d'une analogie en deux opérations consécutives : l'aperception d'une analogie, et la supposition d'une autre analogie.

Exemples. — Justifions cette explication par l'analyse de quelques-uns des « cas éclatants » d'hypothèse rapportés au chapitre indiqué.

Watt *remarque* une analogie entre le soulèvement du couvercle d'une bouilloire par la vapeur et le soulèvement d'un poids quel-

---

lois (cf. Stallo, *ibid.*, p. 77). Mais ce principe n'est en soi qu'une tendance, une sorte de désir ; il peut bien imprimer à l'esprit une direction générale, il ne saurait suggérer aucune solution déterminée. Il est très bien de se dire qu'il faut unifier. Mais la question est de savoir comment et avec quoi il convient d'unifier. La recherche de l'unité c'est bien, si l'on veut, le principe directeur, ce n'est pas le principe inspirateur des hypothèses. — M. Naville le reconnaît lui-même d'ailleurs un peu plus bas (p. 139) : « La recherche de l'unité est une direction de la pensée purement formelle qui ne fournit aucune loi, mais le caractère général de toutes les lois, qui ne produit directement aucune théorie, mais qui met la pensée sur la voie qui conduit aux théories vraies. »

conque par une force motrice quelconque : par suite, il *suppose* l'analogie de la vapeur et des autres forces motrices. — Franklin *remarque* la ressemblance des effets de l'étincelle électrique et de la foudre : il *suppose* l'identité des deux causes, la foudre et l'électricité. — Pascal *remarque* l'identité de l'effet produit dans les pompes quand le piston se soulève, avec celui que produirait une pression exercée sur la surface libre de l'eau : il *suppose* que l'air exerce en effet une pression sur cette surface. — Cuvier *remarque* l'analogie de certains organes fossiles avec les mêmes organes de certaines espèces vivantes : il *suppose* une analogie générale de l'organisme. — Newton *remarque* l'analogie entre la chute des corps sur la terre et la chute des planètes sur le soleil, qui se produirait si la force de gravitation n'était composée avec la force tan gentielle : il *suppose* l'identité de la gravitation et de la pesanteur. — L'homme *remarque* une analogie entre l'ordre qu'il met dans ses ouvrages et l'ordre de l'univers : il *suppose* que l'ordre de l'univers est aussi l'œuvre d'une intelligence, etc., etc.

Toute hypothèse de ce genre est une analogie. — La supposition d'une analogie, inférée de l'aperception d'une analogie, constitue ce qu'on nomme un raisonnement d'analogie, ou simplement une **analogie**.

Peut-être les hypothèses du premier et du second genre ne sont-elles pas toutes réductibles à l'analogie. Mais, s'il s'agit des hypothèses qui portent sur une cause, un effet, un caractère soustrait à l'observation, alors une hypothèse qui n'aurait pas pour *matière* une analogie est une hypothèse *inconcevable;* et une hypothèse qui n'aurait pas pour *base* une analogie est une hypothèse *gratuite* ou sans raison d'être. Il n'y a donc et il ne peut y avoir, en ce genre, d'autres hypothèses que les analogies. « L'analogie, a dit d'Alembert, c'est-à-dire la ressemblance plus ou moins grande des faits, le rapport plus ou moins sensible qu'ils ont entre eux est l'unique règle des physiciens, soit pour expliquer les faits inconnus, soit pour en découvrir de nouveaux [1] » (*Élém. de phil.*, ch. v, § 6).

Des deux opérations dont l'analogie se compose, nous avons déjà

---

1. « Le Sage, de Genève, dit D. Stewart (*Élém.*, t. II, p. 230, note), met la méthode d'hypothèse en contraste avec la méthode d'analogie, comme si elles étaient radicalement distinctes, ou même opposées dans leur esprit ; tandis qu'il est évident, ce me semble, que toute hypothèse qui possède un degré suffisant de plausibilité pour mériter quelque attention, doit avoir été suggérée d'abord par la considération d'une analogie. » — L'étude très intéressante de Le Sage se trouve à la fin du second volume des *Essais de philosophie* de Prévost, de Genève.

analysé la première, l'aperception de la ressemblance (*Psych.*, ch. xix). Nous avons dit que cette aperception résultait d'une association d'idées par ressemblance[1], et nous avons cherché l'origine, les conditions de semblables associations : c'était faire la **Psychologie de l'analogie**.

Il nous faut ici considérer la seconde de ces opérations, la supposition d'une analogie, et la considérer dans ses rapports avec la première ; ce sera étudier l'analogie à titre d'inférence : ce sera faire la **Logique de l'analogie**.

1. A parler rigoureusement, on peut, dans cette première opération elle-même, distinguer trois opérations élémentaires : 1° perception d'un certain objet ; 2° conception, par le moyen d'une association, d'un objet qui présente avec le premier quelque analogie ; 3° aperception de ce rapport d'analogie. On a vu aux chapitres sur l'association et sur le jugement que l'aperception des rapports ne précède pas l'association, qu'elle ne se confond pas avec l'association, mais qu'elle la suit.

CHAPITRE XIV

L'ANALOGIE; SES RAPPORTS AVEC L'INDUCTION

Divers sens du mot analogie. — Le mot *analogie* signifie à la fois une propriété des choses et un procédé de l'esprit.

Comme propriété des choses, l'analogie est une espèce, ou mieux un degré de ressemblance. La ressemblance en général peut être ou absolue, auquel cas elle se nomme *identité;* ou imparfaite, c'est-à-dire mêlée de différence, auquel cas on la nomme *analogie.* L'usage applique spécialement ce mot aux cas où les différences sont très sensibles et les ressemblances éloignées.

Par suite, dans le sens le plus étroit, on réserve le nom d'*analogie* aux cas où les objets mêmes que l'on compare sont différents, mais où certains *rapports* qu'on découvre en chacun d'eux sont semblables. Ainsi on appelle *analogues* des organes qui, appartenant à deux classes d'êtres distinctes, n'ont pas la même forme, mais remplissent les mêmes fonctions, ou sont composés d'un même nombre de parties, ou présentent les mêmes connexions. — Entre l'esprit et la matière, il n'existe pas de ressemblance, mais seulement des analogies. — Entre des langues de souches différentes, le vocabulaire est distinct; mais l'ordre syntaxique présente souvent des analogies. — Toute ressemblance est un rapport. L'analogie est un *rapport* (de ressemblance) *de rapports* (quelconques : nombre, position, finalité, etc.).

Comme procédé de l'esprit, l'analogie est un *raisonnement* qui, d'une analogie, c'est-à-dire d'une ressemblance donnée sur certains points, infère une analogie, c'est-à-dire une ressemblance sur d'autres points. Il n'est pas d'ailleurs nécessaire de distinguer les cas où l'analogie constatée ou inférée est une ressemblance dans les *termes*, de ceux où elle est une ressemblance dans les *rapports :* les mêmes observations s'appliquent à l'un et à l'autre cas [1].

1. Si d'une ressemblance de nature entre deux organes on infère la ressemblance des fonctions, l'analogie constatée est une ressemblance de termes, l'ana-

Distinction de l'analogie et de l'induction. — Ayant parlé ailleurs de l'*aperception* des analogies, nous n'avons à nous occuper ici que de l'inférence analogique. En quoi se distingue-t-elle de l'inférence proprement inductive?

Elle s'en distingue par deux endroits : 1° l'analogie est proprement *une déduction fondée sur une induction préalable;* 2° l'analogie est *toujours hypothétique,* tandis que l'induction, théoriquement, sinon toujours dans l'application, est certaine.

1° L'analogie va en apparence du particulier au particulier. — L'induction consiste essentiellement à affirmer la liaison universelle de deux termes dont on a démontré que leur succession ou leur concordance, dans les cas constatés, était une liaison causale. Par exemple, si l'on a démontré, pour certains cas observés, que les phénomènes A et B étaient entre eux dans le rapport de cause à effet, on infère par induction que la liaison de A à B est universelle.

Maintenant, comment procède l'analogie? — Soient deux objets : A, B. Entre ces deux objets je constate une analogie : par exemple, qu'ils possèdent en commun les caractères *a, b, c.* Dans le premier, A, je constate de plus la présence du caractère *f.* De l'analogie constatée sous le rapport des caractères *a, b, c,* j'infère qu'une analogie existe aussi entre les deux objets sous le rapport du caractère *f,* c'est-à-dire que j'infère la présence de *f* dans le second objet, B.

L'induction procède donc *du particulier au général,* des faits à la loi; l'analogie procède *du particulier au particulier,* du fait au fait. Ainsi, dans l'argument appelé **exemple,** et qui n'est autre chose qu'un raisonnement par analogie, on allègue un fait comme preuve d'un autre fait. Dans l'usage mémorable qu'il faisait de l'analogie, Cuvier alléguait de même le fait de l'organisation des espèces vivantes comme preuve de l'organisation des espèces fossiles.

En réalité, du général au particulier; c'est une déduction. — Mais ceci même est-il bien exact? Nous avons dit ailleurs (ch. VI, p. 82), contrairement à l'opinion de Stuart Mill, qu'il n'y a pas de raisonnement du particulier au particulier; qu'un fait n'acquiert force de *preuve* que parce qu'on lui prête force de *loi;* et nous avons trouvé la reconnaissance implicite de cette vé-

logie inférée est une ressemblance de rapports. C'est l'inverse si, de la ressemblance des fonctions, on infère la ressemblance de nature.

rité dans cet aveu même de Stuart Mill, que si un fait peut servir de preuve à un autre fait, il peut aussi bien servir de preuve à un nombre illimité de faits de la même espèce. Donc tout raisonnement par analogie implique, outre l'allégation du cas, ou des cas particuliers, A, dans lesquels on a constaté la présence des caractères *a*, *b*, *c*, plus la présence du caractère *f*, *la supposition que ces caractères sont liés par une loi*. Otez cette supposition, la rencontre de *f* avec *a*, *b*, *c*, dans A, est alors conçue comme un fait de hasard. Et si cette rencontre est conçue comme un pur hasard, comment pourrait-elle servir de fondement à l'inférence qui s'en tire touchant la rencontre de ces mêmes caractères dans B ? — Par conséquent, le raisonnement analogique peut s'exprimer sous cette forme : la rencontre des caractères *a*, *b*, *c* et *f* dans A est une loi ou peut se présumer telle ; donc *a*, *b*, *c* étant donnés dans B, *f* doit y être aussi donné.

Donc *l'induction procède du particulier au général; l'analogie procède du général au particulier :* elle est une **déduction** appuyée sur une inférence inductive préalable[1].

2° L'analogie est hypothétique. — En second lieu, l'analogie se distingue de l'induction par son *caractère hypothétique.* — En fait, sans doute, aucune induction n'est absolument certaine, puisque toute induction présuppose l'expérience, et que l'expérience est toujours susceptible d'erreur. Mais, si nous supposons toute erreur écartée du côté de l'expérience, et la détermination de la cause rigoureusement faite, l'induction qui généralise ce rapport reconnu pour un rapport de causalité n'est affectée d'aucun autre doute que celui même qui peut affecter le principe des lois, fondement de toute induction, doute qui est, comme on l'a vu, infinitésimal. Donc, sous ces réserves, on peut dire que l'induction est en soi absolument certaine.

Au contraire, toute analogie est hypothétique. Elle l'est au moins pour une raison, elle l'est quelquefois pour deux.

A. A cause de la différence des cas. — Dans tous les cas, une cause d'incertitude qui affecte l'analogie, c'est la *différence* qui existe entre le cas qui fait l'objet de l'inférence et le cas, ou mieux la loi, qui sert de fondement à l'inférence. Cette cause d'incertitude ne pèse pas sur l'induction. En effet l'induction, comme on l'a vu,

1. Le raisonnement appelé exemple implique donc une induction suivie d'une déduction. P'erre a joué et s'est ruiné ; donc les joueurs se ruinent. Les joueurs se ruinent, donc toi, qui joues, tu te ruineras.

va du même au même ; lorsqu'elle généralise un rapport reconnu comme un rapport causal, elle suppose expressément que les termes de ce rapport resteront rigoureusement identiques et qu'aucune circonstance concomitante n'interviendra pour entraver le fonctionnement de la loi. Des cas observés aux cas inférés les termes de la loi doivent être égaux, et *toutes choses d'ailleurs doivent être égales*. — Ou, plus exactement, l'induction proprement dite n'a pas à s'inquiéter des circonstances concomitantes, parce qu'elle ne procède que dans l'abstrait. Les cas qu'elle embrasse sont proprement des cas idéaux, des cas théoriques, entre lesquels on suppose une parfaite identité, sauf la différence du temps et de l'espace, qui ne tire pas à conséquence, vu que le temps et l'espace, étant homogènes dans toutes leurs parties, constituent des milieux neutres et indifférents[1]. Voilà pourquoi l'induction est certaine, c'est que, procédant dans l'abstrait, elle se donne à elle-même par hypothèse les conditions idéales qu'elle requiert.

Mais l'analogie, au contraire, va du particulier, ou mieux du général au particulier. Or tout cas particulier qui se présente diffère plus ou moins et des autres cas particuliers précédemment observés, et du cas abstrait de la formule inductive qui les résume. Donc, si l'induction affirme le même du même absolu, l'analogie affirme le même de ce qui est simplement semblable ou analogue, c'est-à-dire à la fois semblable et différent. Et comme l'identité fait la force de l'induction, la différence qui se mêle à la ressemblance fait la faiblesse plus ou moins grande de l'analogie[2].

1. Le temps entre, il est vrai, dans l'énoncé de certaines lois, par exemple dans l'énoncé de la loi de la pesanteur. Mais le temps représente ici la continuité, l'accumulation d'influence d'une cause positive. La preuve que, même alors, le temps, en soi, ne fait rien à l'affaire, c'est que, si l'on suppose toutes choses restant les mêmes, l'énoncé de la loi de la pesanteur, tel que l'a formulé Galilée, sera valable pour *tous les temps*.

2. Par ce qui vient d'être dit, on voit que nous prenons ici le mot *induction* dans un sens précis et rigoureux qu'on ne lui donne pas d'ordinaire dans la pratique. Dans la pratique on appelle *induction* : 1° la généralisation par laquelle on s'élève du fait à la loi ; 2° l'application que l'on fait de cette loi à des cas particuliers supposés de la même espèce ; 3° l'extension de cette loi à des cas que l'on sait être plus ou moins différents et éloignés des cas visés par la loi. C'est particulièrement cette dernière inférence que les *savants* appellent induction (voy. Cournot, *Essai sur les fonds de nos conn.*, t. I, ch. IV), « ne croyant pas nécessaire de donner un nom à une opération d'esprit aussi stérile en apparence que celle-ci : Toutes les pierres abandonnées à elles-mêmes sont tombées, donc toutes les pierres tomberont » (P. Janet, *Traité élém.*, p. 404) ; ou encore à celle-ci : « Toutes les pierres tomberont, donc cette pierre tombera ». — Mais le logicien voit en tout ceci des difficultés théoriques qui n'arrêtent pas le savant ; c'est pourquoi il doit avec soin noter et distinguer ces diverses opérations. Or dans la rigueur logique du terme, c'est la première seule

B. A cause de l'incertitude de la loi supposée. — A cette cause générale d'incertitude qui pèse sur l'analogie, peut s'en ajouter une seconde : la loi qui sert de fondement à l'inférence analogique, au lieu d'être une loi démontrée, peut être une loi simplement *supposée*[1]. Dans ce cas, le raisonnement par analogie enferme une double hypothèse : 1° l'hypothèse que le caractère qui fait l'objet de l'inférence est uni aux autres, dans le cas qui sert de base à l'inférence, en vertu d'une loi ; 2° l'hypothèse que cette loi vaut pour un autre cas en partie semblable, en partie différent du premier. C'est une déduction hypothétique fondée sur une induction elle-même hypothétique. L'incertitude du raisonnement par analogie est alors en raison composée de ces deux causes d'incertitude.

§ II

Influence de cette dernière cause d'incertitude ; exemples. — Nous avons parlé plus haut des hypothèses qui consistent à supposer qu'une loi relie des termes donnés, et de la probabilité plus ou moins élevée de semblables hypothèses. Il n'y a pas à y revenir.

En fait, c'est à cette cause d'incertitude qu'il faut, dans la plu-

de ces opérations, à savoir la généralisation par où le fait est érigé en loi, qu'il nomme *induction*. Les deux autres sont proprement des *déductions*.

De plus, entre la déduction qui applique la loi à un cas particulier et la déduction qui étend la loi à des cas nouveaux, il n'y a pas une différence spécifique, mais seulement de degré. Car tout cas réel diffère par quelque endroit du cas abstrait formulé dans la loi, comme aussi des cas observés qui ont servi de base à la loi : il n'y a, dans le monde réel, ni deux êtres ni deux faits de tous points identiques. Ainsi l'*application* de la loi est aussi une *extension* de la loi à des cas nouveaux et différents, en dépit des différences. Par conséquent la seconde et la troisième opération, dans le fond, s'identifient. — Or, maintenant, l'analogie est une inférence qui se tire de la ressemblance des cas *en dépit de leurs différences*. Donc le logicien qui veut attacher des mots distincts à des choses distinctes doit appeler exclusivement du nom d'*induction* la généralisation qui pose la loi, et désigner du nom commun d'*analogie* à la fois la déduction par où l'on applique une loi aux cas particuliers visés par la loi sans doute, et *sensiblement identiques* au cas abstrait formulé dans la loi, mais qui réellement en diffèrent, — comme aussi la déduction par laquelle on étend une loi à des cas *sensiblement différents* du cas abstrait de la loi et des cas concrets qu'elle vise. Autrement, il n'y a pas moyen d'établir une théorie logique consistante ni de l'induction, ni de l'analogie.

1. C'est à ce dernier cas que Mill et Bain réservent le nom d'*analogie*. A notre sens, c'est donner comme la caractéristique du raisonnement d'analogie ce qui n'en est qu'un *accident*. Du moment qu'entre le cas qui sert de point de départ au raisonnement et celui qui en est le terme il y a analogie, c'est-à-dire ressemblance mêlée de différence, et que c'est précisément cette analogie qui motive l'inférence d'un cas à l'autre, il importe peu que la loi impliquée dans le raisonnement soit certaine ou hypothétique, le raisonnement est toujours un raisonnement par analogie, et *analogie* est le nom qui lui convient.

part des cas, faire remonter l'improbabilité des conclusions par analogie. Deux hommes ont la même écriture : j'en infère qu'ils ont le même caractère; deux plantes appartiennent à la même famille : j'en infère qu'elles ont les mêmes propriétés médicinales; deux animaux appartiennent à la même classe : j'en infère qu'ils sont susceptibles d'être empoisonnés par la même substance ; la terre a une atmosphère, certaines planètes ont une atmosphère : j'en infère que, ainsi que la terre, elles sont habitées, etc. A quoi tient avant tout et surtout, dans tous ces cas, l'incertitude de la conclusion? A l'incertitude de la supposition que le caractère (f) qui fait l'objet de l'inférence se trouve présent dans le cas (A) qui sert de base à l'inférence précisément en vertu d'une loi qui le relie aux caractères (a, b, c) observés des deux parts (A, B)[1].

Ainsi toute incertitude inhérente à la loi supposée qui sert de prémisse à l'inférence analogique passe nécessairement dans la conclusion qui s'en tire. Cette incertitude pourra s'augmenter du fait même de l'inférence, par suite de la différence des cas; il ne se peut pas qu'elle soit jamais diminuée.

Influence de la première cause. — Laissons maintenant de côté cette cause d'incertitude; supposons, au contraire, que la loi qui sert de prémisse à l'inférence analogique soit certaine, et considérons l'incertitude qui résulte, pour l'inférence elle-même, de la différence des cas.

Cas où elle supprime toute inférence. — Il va de soi que toute inférence analogique est impossible si l'on sait de science certaine que la différence est précisément de nature à empêcher la loi en question. De ce qu'un homme a été tué par un certain poison, on n'en conclura point qu'un autre homme sera tué par le même poison si l'on sait que celui-ci a pris en même temps un contre-poison efficace, ou qu'il s'est, comme Mithridate, habitué par avance à ce poison au point de le rendre inoffensif.

Cas où elle est nulle : on l'apprend par l'expérience. — De même, par une raison inverse, si l'on sait de science certaine qu'aucune des différences présentées par le cas en question n'est susceptible d'empêcher le fonctionnement de la loi, le raisonnement par analogie est hors de cause. Les différences

---

1. Cette incertitude elle-même varie, comme on l'a vu, suivant que le *nombre* des caractères observés auxquels on rattache par hypothèse le caractère inféré est plus ou moins considérable, suivant que ces caractères sont plus ou moins *importants*, et aussi suivant le nombre et l'importance des caractères *ignorés*.

étant connues comme de *nul effet* peuvent être considérées comme *nulles*. Par cette annulation, le cas en question est rigoureusement identifié aux cas observés ou au cas abstrait de la loi. On ne procède plus alors de l'analogue à l'analogue, mais de l'identique à l'identique : le raisonnement devient une induction ou mieux une déduction pure et simple. En voici un exemple : c'est une loi que l'homme est mortel. Pierre n'est pas l'*homme* abstrait; il possède des caractères qui le différencient et des hommes morts jusqu'à présent et de l'homme abstrait. Mais, comme je sais par une expérience plus que suffisante qu'aucune de ces différences n'est de nature à empêcher l'effet de la loi, l'inférence : *Donc Pierre est mortel*, est une déduction rigoureuse et non une analogie.

Ou par la connaissance de la raison de la loi. — Dans certains cas, cette expérience peut être suppléée par la connaissance de la *raison de la loi*. Car on peut alors, dans certains cas, prévoir à priori et avec certitude que certaines différences ne seront pas capables d'empêcher l'effet de la loi. Par exemple, en géométrie, la raison dernière des propriétés ou lois qui concernent le cercle, c'est l'essence ou la *forme* de cette figure. Mais il est évident que les propriétés inhérentes à la forme ne sont point modifiées par la nature de la *matière*. C'est pourquoi, qu'un cercle soit de bois ou de fer, s'il est un cercle, tous ses rayons sont égaux. De même, en physique, la connaissance de la cause permet souvent de prévoir avec certitude si la loi se maintiendra en dépit de certaines différences déterminées. Par exemple, ignore-t-on la cause de l'ascension de l'eau dans les corps de pompe? La loi n'est alors qu'une loi empirique; aussi n'est-on pas certain, avant l'épreuve, que la loi se vérifiera pour toute espèce de liquide. Au contraire, dès que l'on connaît la raison de la loi, à savoir : la pression atmosphérique, on sait aussi qu'aucune raison tirée de la nature propre du liquide n'empêchera le fonctionnement de la loi[1]. — Pareillement, supposons que nous ne connaissions pas les raisons causales de la succession des nuits et des jours. Nous ne saurions étendre avec certitude cette loi à des temps éloignés. Au contraire, sachant que la succession des jours et des nuits dépend de l'éclat du soleil, de la rotation de la terre et de l'absence d'un corps opaque interposé, nous sommes en état d'affirmer, étant donnée d'ailleurs notre connaissance du système solaire, qu'aucune cause, d'ici à des temps

____

1. On peut prévoir aussi les différences dans la hauteur de l'ascension des différents liquides suivant leur poids spécifique.

prodigieusement éloignés, n'empêchera l'action ordinaire de ces causes, c'est-à-dire la succession du jour et de la nuit.

Cas où elle rend l'inférence douteuse. — Ainsi l'incertitude de l'inférence analogique tient exclusivement, tantôt à l'ignorance de la *raison* de la loi, d'où résulte l'impossibilité d'apprécier l'influence en sens contraire des différences données, tantôt à l'ignorance des *différences* qui sont ou peuvent être données; ou encore à l'ignorance de l'action possible de ces différences. C'est dans de tels cas seulement qu'il y a proprement raisonnement par analogie, puisque, encore une fois, si les différences sont certainement de nul effet, elles sont comme nulles; et si elles sont comme nulles, les cas ne sont plus seulement analogues, mais identiques, — ce qui ramène l'inférence au type du raisonnement inductif.

Supposons donc que, faute de connaître la raison de la loi, ou faute de connaître les différences, ou leur puissance adverse de causation, nous raisonnions par analogie : qu'est-ce qui rend notre conclusion plus ou moins probable?

Degrés de probabilité de l'analogie; ses conditions. — Trois considérations doivent entrer alors en ligne de compte.

1° La première, c'est le nombre ou l'étendue, en un mot la quantité des différences reconnues : par exemple, si, après avoir reconnu par l'expérience que la loi de Mariotte est vraie pour les pressions de une à dix atmosphères, on étend par analogie cette loi à des pressions supérieures ou moindres, la probabilité de l'inférence décroît en raison de l'écart entre les pressions supposées et celles qui ont servi de limites extrêmes à l'expérience.

2° En second lieu, il faut considérer l'importance générale des différences reconnues. Il est clair que plus ces différences sont fondamentales, plus il y a de chances pour que l'une d'elles, ou plusieurs, ou toutes réunies aient assez d'efficacité pour empêcher le fonctionnement de la loi.

3° Reste enfin à tenir compte des différences inconnues. C'est ici la considération capitale. En effet, quand des différences sont bien déterminées, il est souvent possible d'apprécier assez exactement la nature et le degré de leur influence. Mais comment faire quand ces différences elles-mêmes sont inconnues? Comment savoir quelle sera la tolérance d'un malade pour un certain remède, quand on ignore les particularités de sa constitution?—De là vient qu'en général l'improbabilité de l'analogie croît avec l'intervalle d'*espace* ou de *temps* qui sépare les cas d'où part l'inférence de ceux auxquels elle aboutit. Non que le temps ou l'espace aient par eux-mêmes aucune efficacité. Mais le temps et l'espace peuvent envelopper des différences inobservables, recéler des causes inconnues, ouvrir des possibilités d'interventions inattendues. C'est pourquoi le doute croît en raison de la quantité d'espace ou de temps franchi par l'analogie. C'est à cause de l'énorme distance qui sépare la terre des autres planètes, et des différences rendues invisibles par cette distance que l'analogie touchant la présence d'êtres vivants dans les planètes est, logiquement, tout à fait puérile. C'est à cause de l'intervalle de temps et des différences qu'il enveloppe, que les inférences des espèces vivantes aux espèces fossiles sont toujours sujettes à caution. Pour ces mêmes raisons, il est toujours périlleux d'étendre des lois révélées par la statistique à d'autres temps et à d'autres lieux, etc.

Résumé : induction, déduction, analogie. — En résumé, l'induction rigoureuse et la déduction rigoureuse ont ceci de commun qu'elles concluent l'une le général du particulier, l'autre le particulier du général, en raison de l'identité. L'analogie conclut le particulier du général en raison d'une simple *analogie* et en dépit de la différence.

Pour l'induction, qui procède dans l'abstrait, il n'y a pas à tenir compte des différences : une cause théoriquement identique à une autre cause produit nécessairement le même effet.

Pour la déduction, lorsqu'elle applique une loi générale à des cas particuliers, elle rencontre sur son chemin des différences réelles ; mais, ces différences pouvant, grâce à une science antérieure, être considérées comme nulles, les cas particuliers se trouvent, par cette abstraction légitime, identifiés avec la formule même de la loi, et la déduction, à ce point de vue, se ramène en quelque façon à l'induction.

Considérées de la sorte, l'induction et la déduction reposent donc au fond sur le même principe, à savoir : *des conditions identiques justifient des affirmations identiques ;* ou, en d'autres termes : si toutes les conditions restent identiques, il n'y a pas de raison d'admettre un changement dans le conséquent.

Pour l'analogie, se heurtant à des différences qu'elle ne peut annuler, elle nombre et apprécie autant que possible ces différences, les compare avec les ressemblances, et sur cette évaluation fonde une conjecture plus ou moins probable. Elle n'est, en définitive, qu'un cas du *calcul des probabilités*. Le principe de ce calcul, c'est l'axiome *æqualibus æqualia, inæqualibus inæqualia*, pour des suppositions égales il faut avoir des considérations égales, pour des suppositions inégales il faut avoir des considérations inégales (cf. Leibniz, *Nouv. Ess.*, liv. IV, ch. XVI, *Erd.*, p. 388). Et cet axiome lui-même n'est qu'une forme particulière et dérivée du principe de raison. Le même principe explique donc la certitude rigoureuse qui appartient à l'induction et à la déduction rigoureuses et la probabilité plus ou moins haute qui appartient à l'analogie.

§ III

Vérification de l'analogie. — Reste à dire un mot sur la *vérification* des inférences par analogie.

En soi, une inférence par analogie est plus ou moins probable, mais toujours hypothétique. Cette probabilité peut par diverses voies se changer en certitude.

1° Par la transformation de l'analogie en induction. — Tout d'abord, si la loi dont la supposition sert de base à l'analogie, et qui n'était peut-être qu'hypothétique, vient à être *démontrée*; si, de plus, elle vient à être *expliquée*, c'est-à-dire si on en découvre la raison; si, en outre, les différences qui séparent les cas peuvent être exactement reconnues; et si enfin on peut démontrer qu'aucune de ces différences n'est susceptible d'empêcher le fonctionnement de la loi, l'analogie se transforme, comme on l'a expliqué, en induction; et dès lors la vérification, quoique toujours bonne à faire vu les *lapsus* possibles de toute expérience humaine, devient théoriquement superflue.

2° Par l'expérience. — Mais, sans se transformer en induction, une inférence par analogie peut encore recevoir de deux manières une confirmation décisive.

En premier lieu, l'expérience, si elle vient à constater la réalité de la cause, de l'effet, du caractère supposés en vertu de l'analogie, remédie du coup à toute l'insuffisance de la preuve. La découverte du paléothérium mettait fin à toute controverse sur le bien fondé de l'inférence analogique par laquelle Cuvier avait à priori reconstitué tout l'organisme de cette espèce. Les analogies même les plus hardies et tirées des plus légers indices peuvent quelquefois recevoir de l'expérience une immédiate et éclatante confirmation,

3° Par la vérité reconnue des conséquences. — A défaut de la vérification directe, il faut recourir, s'il se peut, à la vérification indirecte, qui consiste à tirer par déduction les conséquences de l'hypothèse faite, puis à voir si ces conséquences concordent avec les faits. Ainsi, par analogie, nous supposons que les animaux, qui ont des organes semblables à ceux qui nous procurent des sensations, doivent aussi éprouver des sensations. La vérification directe de cette inférence nous est à jamais interdite, car nous ne pouvons faire l'expérience de sensations qui ne sont pas les nôtres. Mais, si ces sensations supposées chez l'animal, à titre d'effets de ses organes, existent en réalité, elles doivent, à titre de causes, produire les mêmes effets que chez nous; par exemple, un animal que l'on frappe, que l'on pique, que l'on brûle, doit manifester sa douleur par les signes qui chez nous manifestent la douleur. L'observation confirme cette déduction et vérifie ainsi l'inférence analogique. — Comme les vibrations de l'air expliquent le son, on suppose par analogie que les vibrations d'un fluide plus subtil, l'éther, expliquent la lumière. Une vérification directe est impossible, vu la subtilité du fluide en question. Mais l'accord des conséquences déduites de l'hypothèse avec les faits fournit une vérification indirecte d'une très haute valeur. — Il faudrait répéter ici ce qu'on a dit au sujet des hypothèses qui ont pour objet la formule d'une loi; une vérification de ce genre n'est preuve décisive que s'il est en outre démontré qu'aucune autre hypothèse n'est capable de conduire aux mêmes résultats. Ici comme partout, en dehors de l'expérience, il n'y a de preuve parfaite que la *parfaite exclusion.*

A cet égard, la vérification obtenue dans les deux exemples rapportés ci-dessus est insuffisante; il est infiniment improbable, mais il n'est pas démontré impossible qu'un simple mécanisme intérieur explique, comme l'entendait Descartes, les actes des animaux que nous croyons être des effets d'états de conscience. Il n'est pas démontré non plus qu'aucune autre hypothèse, en dehors de celle de l'éther, ne puisse rendre compte des propriétés de la lumière.

Conclusion : Il y a des hypothèses scientifiques invérifiables par expérience directe. — Quoi qu'il en soit, on voit par ce qui précède combien est excessif ce scrupule des savants et des logiciens, qui interdisent de supposer jamais ce qui n'est pas susceptible de tomber un jour ou l'autre sous notre expérience directe. Dans l'hypothèse sur la nature des animaux, l'objet supposé, la sensation, est du même genre, il est vrai, qu'un objet connu de nous, nos sensations; mais sa présence dans le cas en question ne pourra jamais être constatée. Pourtant, qui osera contester la haute valeur de l'hypothèse? — Dans l'hypothèse sur la cause de la lumière, l'objet supposé, l'éther, non seulement ne sera sans doute jamais directement constaté, mais en outre cet objet est, par nature, différent au plus haut point de tous ceux que nous connaissons. Tous les fluides connus de nous n'ont avec l'éther supposé qu'un petit nombre d'analogies. On *dépasse* donc ici l'expérience dans la *conception*, et on *se passe* de l'expérience pour la *vérification*. Pourtant, bien peu de physiciens aujourd'hui se font scrupule d'admettre l'existence de l'éther.

Il nous importait de prendre acte de cet usage hardi, et pourtant scientifique, de l'analogie. En effet, comme on verra, c'est principalement sur l'analogie que la métaphysique se fonde; dans l'usage que nous en ferons en traitant les questions de cet ordre, nous prendrons quelquefois moins de liberté[1]; il ne sera peut-être pas nécessaire d'en prendre davantage[2].

---

1. Par exemple, dans la démonstration de l'Existence du monde extérieur, bien que l'objet soit par définition en dehors de la conscience et par conséquent en dehors de toute expérience, la conclusion est certaine, parce qu'elle peut se fonder sur une parfaite exclusion. Si je cherche la cause d'une sensation, il est aisé d'exclure, comme on verra, par l'emploi rigoureux des quatre méthodes expérimentales tous les antécédents donnés dans ma conscience, d'où la conséquence irrésistible que la cause est située en dehors de la conscience.

2. Voyez les chapitres sur la Nature du monde extérieur, sur l'Existence de Dieu.

CHAPITRE XV

MÉTHODE DES SCIENCES MATHÉMATIQUES

NOMBRES ET FIGURES; AXIOMES ET DÉFINITIONS; DÉMONSTRATION

§ I

Origine des notions des nombres et des figures. — Les sciences mathématiques diffèrent des sciences physiques par deux endroits : 1° par leur **objet**, qui est *idéal* et non pas réel ; 2° par leur **méthode**, qui est *démonstrative* et non pas expérimentale.

Les sciences mathématiques ont pour objet ou pour matière les nombres et les figures. Comment cette matière leur est-elle fournie ? — Si nous laissons de côté l'hypothèse de l'innéité, qui, sur ce point, ne mérite pas d'être discutée, trois opinions sont possibles sur ce sujet : 1° la matière des sciences mathématiques est une donnée sensible ; — 2° elle est extraite, par abstraction, des données sensibles ; — 3° elle est une création de l'esprit.

Nombres : 1° Sont-ils des données sensibles ? — Les nombres, matière de l'arithmétique, sont-ils des données immédiates de l'expérience ?

Certains nombres ne le sont pas. — Tout d'abord on peut remarquer que nous opérons souvent en arithmétique sur des nombres qu'aucune expérience ne nous a jamais présentés. Nous parlons de billions, de trillions, etc. : aucune expérience sensible de tels nombres n'est possible ; car, de tels groupes d'objets fussent-ils sous nos yeux, nos yeux ne sauraient aucunement en saisir le nombre. Pour cela, tout au moins faudrait-il, en effet, avoir simultanément une impression distincte de chacun d'eux. Or le sens ne peut recevoir simultanément qu'un fort petit nombre d'impressions distinctes. Pour la perception sensible, il n'y a pas de différence appréciable entre un groupe de vingt objets et un groupe de vingt et un objets. A plus forte raison, les groupes d'objets plus nombreux ne peuvent-ils dévoiler aux sens quel nombre ils renferment.

De plus, nous avons une idée de la croissance illimitée du nombre ; nous concevons que la série des nombres est indéfinie. Or l'expérience n'a pu nous fournir qu'une série finie de nombres finis.

De là résulte tout au moins que certains des nombres sur lesquels nous opérons en arithmétique ne sont pas de simples données sensibles.

Aucun ne l'est. — Allons plus loin maintenant : aucun nombre n'est proprement une donnée sensible, et le nombre est, dans tous les cas, une création de l'esprit. La couleur, la forme même sont, en un sens, des propriétés des choses, qui leur sont inhérentes, qui font partie de leur compréhension. C'est pourquoi, pour en avoir l'idée, il suffit d'ouvrir les yeux et de recevoir l'impression des objets. Mais le nombre n'est pas une propriété intrinsèque des choses comme la forme et la couleur. A vrai dire, en dehors de nous le nombre n'est rien : car tout dans la Nature est individuel et singulier. C'est pourquoi il n'y a pas d'impression de nombre. On peut regarder avec la plus grande attention un groupe d'objets : on ne verra pas proprement leur nombre. Le nombre ne peut pas plus se voir, qu'il ne se touche ou ne s'entend.

Si la simple projection d'une pluralité d'objets sur la rétine et dans la conscience est déjà l'idée de leur nombre, qu'on parcoure d'un coup d'œil la voûte étoilée, puis qu'on essaye de dire le nombre d'étoiles qu'on a aperçues. — Si la simple perception est l'idée du nombre, pourquoi l'animal qui perçoit les objets comme nous, qui connaît comme nous leur couleur, leur forme, etc., n'a-t-il pas l'idée de leur nombre ? Pourquoi l'idiot ne l'a-t-il pas davantage ? Pourquoi certains sauvages n'ont-ils l'idée que des premiers nombres ? Donc, en réalité, l'expérience sensible ne donne pas le nombre tout fait, mais elle donne seulement une pluralité qui nous sert de matière et d'occasion pour former le nombre.

2° Ils ne sont pas obtenus par abstraction. — Mais s'il est ainsi vrai que le nombre n'est pas tout formé dans les données sensibles, s'il n'y est pas inclus, il en résulte qu'on ne saurait non plus obtenir le nombre par voie de simple abstraction, comme l'expression usitée de *nombres abstraits* tendrait à le faire croire. En effet, l'abstraction ne dégage de l'expérience que ce que l'expérience enfermait en soi. C'est pourquoi, pour apprendre aux enfants ce que c'est que *cinq*, par exemple, on ne leur dit ni de regarder attentivement leurs doigts pour que le nombre cinq leur entre dans les yeux, ni de faire abstraction des caractères sensibles de leurs doigts pour obtenir le nombre cinq comme reste, mais on leur fait former le nombre cinq en leur faisant lever ou baisser successivement chacun des doigts de la main. Il n'y a de nombre que pour qui sait nombrer. Tout nombre est une construction de l'esprit.

Figures : 1° Il en est qui ne sont pas des données sensibles. — Quant aux figures, on peut de même faire d'abord remarquer que la géométrie opère sur des figures dont l'expérience ne nous offre aucun exemple. Nul n'a vu de ses yeux des chiliogones, des lignes asymptotes, etc. Pourtant la géométrie détermine les propriétés de ces figures. Donc, dans certains cas tout au moins, en géométrie, l'esprit doit créer pour lui-même les objets de la science.

Certaines le sont. — Mais, dira-t-on, il est tout au moins certaines figures dont l'expérience nous présente des exemples : nous voyons dans la Nature des lignes droites, des cercles, etc. — Il est vrai, et il faut ici reconnaître une différence entre les nombres, objet de l'arithmétique, et les figures, objet de la géométrie. Aucun nombre n'est jamais une donnée immédiate de l'expérience. C'est pourquoi un animal n'a sans doute aucune idée expresse d'aucun nombre ; mais un animal qui regarde le soleil ou la lune dans son plein a une représentation concrète, sinon l'idée abstraite de la forme circulaire.

Mais n'ont pas le caractère voulu d'abstraction. — Mais, ceci reconnu, il faut reconnaître aussi que les figures dont nous voyons dans la Nature des réalisations concrètes n'ont pas les caractères de celles dont la géométrie détermine les propriétés.

« Il y a infiniment loin, dit un mathématicien (M. Boussinesq, *Rev. phil.*, 1879, t. VIII, p. 350), des résultats incomplets et grossiers de l'expérience aux données de l'intuition géométrique une fois exercée, qui se présentent à nous avec des caractères de simplicité, de précision, de généralité que la Nature physique ne comporte guère et que certainement nous n'y avons pas vus.... Ces données consistent : 1° dans la notion de points *sans étendue ;* dans celle de droites *sans largeur, ni épaisseur*, mais *indéfiniment* divisibles en longueur, qui joignent ces points deux à deux ; 2° dans l'idée d'angles divisibles aussi *indéfiniment*, espaces plans, illimités d'un côté, qui relient deux droites issues d'un même point ; 3° dans l'idée de lignes *courbes* qui, bien que n'étant pas réductibles à des droites, le deviennent, comme on dit, *à l'infini*, grâce à une certaine vue transcendante de la raison, vue sans laquelle, d'après le mot de Pascal, on n'est pas géomètre, etc. Voilà pourquoi la tournure d'esprit du mathématicien et celle du physicien sont si différentes, et pourquoi leur langage, leur manière de voir se trouvent en opposition au moins apparente. »

L'abstraction pourrait le leur donner. — Mais ne pourra-t-on obtenir, par le moyen de l'abstraction, des figures telles que la géométrie les suppose? Il n'est point sans doute dans la réalité de lignes sans largeur, de surfaces sans épaisseur; mais rien n'empêche de faire abstraction par la pensée de la largeur des lignes et de l'épaisseur des surfaces. Du moment qu'on admet que ces figures sont incluses dans les données concrètes de l'expérience, l'abstraction doit suffire à les dégager dans leur pureté.

2° Mais l'abstraction ne peut leur donner la perfection qui leur manque. — Cela est vrai, mais, par malheur, les figures concrètes réalisées dans la Nature ont un autre défaut auquel on ne peut si aisément remédier. Elles n'ont pas l'*exactitude* ou la *perfection* que la géométrie est tenue de leur attribuer.

« Si le cercle, dit d'Alembert (*Élém. de phil.*, XV), n'est pas supposé rigoureux, il faudra autant de théorèmes différents sur le cercle, qu'on imaginera de figures différentes plus ou moins approchantes du cercle parfait…. De même il est nécessaire de supposer des lignes parfaitement droites, ou parfaitement courbes, des surfaces parfaitement planes ou curvilignes pour arriver à des vérités fixes et déterminées dont on puisse faire ensuite l'application plus ou moins exacte aux vérités physiques. »

Or on ne saurait ici recourir à l'abstraction, car l'abstraction, qui a pour fonction d'exclure certaines données d'un tout d'expérience, est incapable de rien ajouter aux données de l'expérience. L'abstraction peut donc bien éliminer de la représentation d'une ligne, par exemple, la représentation de l'épaisseur qui y est jointe; mais l'abstraction ne peut pas donner à cette ligne la rectitude qu'elle n'a pas. — Pour corriger une irrégularité, il ne faudrait pas seulement faire abstraction de cette irrégularité même, mais encore substituer une portion exacte de figure à la portion inexacte qu'on aurait enlevée : c'est ce dont l'abstraction est par elle-même incapable. La correction d'une figure est une œuvre de *reconstruction* pour laquelle la Nature ne nous fournit pas de modèle, mais nous sert seulement d'occasion et de stimulant[1].

Résumé. — Donc, en résumé, les nombres ne sont jamais ni des données de l'expérience, ni des produits de l'abstraction; les figures ne sont pour la plupart ni des données de l'expérience, ni des données de l'abstraction, et en aucun cas elles ne sont données par l'expérience ou obtenues par la simple abstraction à l'état de perfection requis pour la science.

3° Une telle origine des nombres et figures rendrait la démonstration impossible. — On peut aller plus loin : supposons que les nombres et les figures soient donnés tout faits dans l'expérience, et que le travail de l'esprit se borne à les dégager par abstraction de la matière concrète où ils se trouvent inclus : de tels nombres et de telles figures, tant que nous ne les aurons pas nous-mêmes dissous en leurs éléments, puis reconstruits par la pensée, sont radicalement impropres à servir de matière aux sciences mathématiques. En effet, opérant sur des nombres et des figures tout faits, que nous ne saurons ni défaire ni refaire, qui par suite seront pour nous irréductibles, nous ne pourrons procéder à la détermination de leurs propriétés que par voie de constatation expérimentale; par exemple, en comparant les impressions produites par le nombre 5 et par les nombres 3 et 2, en mesurant des angles au rapporteur, etc. Une telle méthode transforme les mathématiques en sciences physiques et naturelles. — Comme on le verra tout à l'heure, les sciences mathématiques, en tant que distinctes des sciences physiques et naturelles, procèdent par *démonstration*, et non par constatation. Or la démonstration se fait par le moyen de la décomposition et de la recomposition des nombres et des figures. Elle suppose donc que les nombres et les figures soient pour nous réductibles à leurs éléments composants ou à leurs parties constituantes. Elle suppose, en d'autres termes, que nous savons avec

---

1. On peut dire, il est vrai, que dans certains cas la Nature réalise des figures qui *pour nous* sont d'une perfection vraiment idéale. Sans doute aucune figure réelle n'est véritablement parfaite ; mais, vu la grossièreté de nos sens, nous ne remarquons pas, nous ne pouvons pas même en apercevoir les imperfections. Ainsi, dans un cercle rigoureusement tracé avec un compas, nous ne saisissons aucune irrégularité. Fût-il tracé sur un plan idéal par le souverain géomètre, il ne nous semblerait pas plus parfait. De même certaines lignes sont *pour nous* parfaitement droites, etc. Lorsque les imperfections des figures ne sont pas trop grossières, elles s'éliminent naturellement; nous n'avons pas besoin d'en faire abstraction, elles s'abstraient d'elles-mêmes en échappant à nos sens. — Mais on va voir que de pareilles figures, données ainsi toutes faites, ne peuvent servir à la démonstration.

quoi et comment se construisent les nombres et les figures. Par conséquent, l'expérience nous donnât-elle les nombres et les figures tout faits, nous n'en serions pas moins tenus, pour pouvoir en démontrer les propriétés, de procéder à la reconstruction idéale de tous les nombres et de toutes les figures.

Donc en fait et en droit les nombres et les figures sont et doivent être des **créations de l'esprit.**

Création des nombres par l'esprit. Élément: l'unité. — De quoi et comment sont-ils créés ?

Les notions des nombres supposent comme élément la notion d'unité; et la notion d'unité, telle que l'entendent les mathématiciens, implique elle-même la notion de **pluralité** et en est extraite. Soit une pluralité d'objets quelconques de même espèce : chacun de ces objets, considéré à titre d'élément ou de facteur de cette pluralité, est une unité. L'unité mathématique ne désigne donc pas nécessairement, comme l'unité métaphysique, quelque chose de simple et d'indivisible : c'est proprement l'*idée d'un rapport*, à savoir : du rapport d'un objet faisant partie d'une multitude avec cette multitude même. Des objets quels qu'ils soient pouvant affecter un semblable rapport, des objets quels qu'ils soient peuvent nous servir de matière pour former l'idée d'unité. Un arbre dans une forêt peut être pris comme unité, aussi bien qu'un point mathématique par rapport à une pluralité de points[1].

Opérations. — Le nombre, qu'il faut bien distinguer de la simple multitude non évaluée, est défini par Euclide *une collection d'unités ;* et par Newton, *l'expression du rapport d'une quantité à une autre quantité de la même espèce que l'on prend pour unité :* par exemple, le rapport d'une ligne droite prise comme unité à une autre ligne droite est un nombre. — Les deux définitions sont justes et doivent être réunies. La définition de Newton indique bien ce que le nombre exprime, son *origine mathématique.* Il est très vrai que le nombre exprime une *quotité* et résulte d'une comparaison de grandeurs de même espèce, c'est-à-dire d'une *mesure.* En ce sens, on peut dire que, de même que l'idée de l'unité résulte du rapport d'une quantité à une pluralité d'autres quantités de même espèce, réciproquement le nombre exprime le rapport de

1. L'unité mathématique implique si peu l'indivisibilité métaphysique qu'on peut fort bien prendre pour unité une pluralité que l'on sait telle. Ainsi un bataillon peut, aussi bien qu'un soldat, être considéré comme une unité. L'unité mathématique n'est qu'un point de vue de l'esprit, une dénomination extrinsèque.

cette pluralité à cette unité. — D'autre part la définition d'Euclide indique le mode de formation du nombre et son origine psychologique : à savoir cette opération originale qu'on nomme **addition**. Pour former un nombre, il ne suffit pas en effet d'appliquer, par exemple, un mètre contre un mur, et de dire *un* [1] chaque fois qu'une nouvelle partie du mur est recouverte par le mètre ; on n'aurait encore après cela que les éléments du nombre et non pas le nombre. Il faut en outre que ces éléments séparés soient collectionnés, de façon à former un seul tout, une notion unique ; et pour cela il faut que ces éléments soient additionnés par la pensée.

L'addition est une opération indéfinissable. On peut dire seulement les conditions qu'elle implique. La première de ces conditions c'est la *mémoire*, grâce à laquelle l'idée de l'unité, origine ou point de départ du nombre, et celle des unités successivement ajoutées à la première restent constamment présentes à l'esprit : faute de quoi, on serait toujours réduit à l'unité. — La seconde, c'est un *mouvement continu de l'esprit* qui, à l'unité d'où l'on part ou au total déjà formé, ajoute successivement des unités nouvelles.

Création des figures : éléments. — Pour la formation des figures, trois éléments sont indispensables : 1° l'idée de l'espace ; — 2° l'idée du point, qui n'est que l'idée de l'unité absolue ou indivisible imaginée dans l'espace [2] ; — 3° le mouvement. En effet, avec l'espace et le point, comment former les différentes figures géométriques, et tout d'abord une simple ligne ? Dira-t-on que la ligne est constituée par une pluralité de points juxtaposés dans l'espace ? Il n'en est pas ainsi, car, pour former une ligne, il faut que ces points soient reliés entre eux et forment un tout continu. N'est-il pas absurde d'ailleurs de concevoir une ligne étendue comme formée de points supposés inétendus ? Un troisième élé-

---

1. On peut distinguer deux sortes d'unité en mathématiques : l'unité de mesure, qui sert à former le nombre, et l'unité qui exprime le résultat de la mesure lorsque la quantité mesurée se trouve égale à l'unité de mesure. Ainsi, lorsqu'on dit : « Cette table a 1 mètre », le mètre est l'unité, et l'unité est aussi l'expression de la mesure. Dans le premier sens, l'unité est l'instrument ou moyen du nombre ; dans le second sens, l'unité elle-même est un nombre.

2. Cette idée du point, qui n'est qu'une convention ou hypothèse, — car on peut se demander s'il n'est pas contradictoire de concevoir une chose dans l'espace, et de la concevoir en même temps comme indivisible ou inétendue, — nous est probablement suggérée par le *minimum visibile*. Il n'y a pas sans doute de points réels dans la Nature, mais pour l'œil il y a des impressions qui ont l'apparence de points. Les étoiles fixes, par exemple, n'ont pour l'œil aucun diamètre apparent, elles sont quelque chose de visible et en apparence d'indivisible ; elles pourraient donc suffire à nous suggérer l'idée du point mathématique.

ment est donc nécessaire : le mouvement. Le mouvement est à la fois un et multiple. Il est un, puisque tout mouvement, tant qu'il dure, est continu. Il est multiple, puisqu'il se déploie dans la diversité de l'espace.

Opérations. — Avec l'espace, le point et le mouvement, nous avons tout ce qui est nécessaire pour engendrer la ligne : la ligne c'est le tracé idéal ou imaginaire d'un point en mouvement dans l'espace. Telle est justement la définition profonde qu'en donne Leibniz : *lineam fluxu puncti fieri dicimus, quoniam in hoc puncti vestigio diversæ positiones conjunguntur.*

« Soient deux points : si le premier se meut, pendant une fraction appréciable de son mouvement vers le second et vers le second seulement, la ligne qu'il décrit est droite. — S'il se meut pendant une fraction appréciable de son mouvement vers le second point et ensuite, pendant une autre fraction appréciable, vers un troisième, un quatrième, etc., la ligne qu'il décrit est brisée ou composée de droites distinctes. Si à chaque instant de son mouvement il se meut vers un point différent, la ligne qu'il décrit est courbe. Voilà pour les différentes espèces de lignes. — A présent, si deux droites parties du même point vont chacune vers un point différent, elles s'écartent l'une de l'autre, et cet écartement plus ou moins grand s'appelle un angle.... — Avec des droites qui se coupent deux à deux en formant certains angles, on construit tous les triangles, tous les quadrilatères et en général tous les polygones. — Si on impose à une courbe l'obligation d'avoir tous ses points à égale distance d'un autre point intérieur, on a la circonférence. » (Taine, *l'Int.*, t. II, p. 274.) — « La surface plane ou plan (Duhamel, *Méth. dans les sc. de raisonnement*, 2ᵉ part., p. 12) est engendrée par une droite perpendiculaire à une autre, et tournant autour d'elle en passant toujours par un même de ses points. » Avec des plans terminés par certains polygones et formant certains angles par leur inclinaison l'un sur l'autre, on construit tous les polyèdres. — Avec la révolution du demi-cercle autour de son diamètre, du rectangle autour d'un de ses côtés, du triangle rectangle autour d'un des côtés de l'angle droit, nous fabriquons la sphère, le cylindre, le cône ; avec des sections du cône, l'ellipse, la parabole et l'hyperbole ; avec des combinaisons diverses des éléments primitifs et de ces premiers composés, toutes les espèces possibles de lignes, de surfaces et de solides[1].

§ II

Méthode des sciences mathématiques. — Les sciences mathématiques se distinguent en second lieu des sciences phy-

---

1. Sur la variété tout à fait infinie de ces espèces, voy. A. Comte, *Cours*, t. I, ch. x, p. 269 sqq. ; 4ᵉ édition.

siques par leur **méthode**. Cette méthode résulte elle-même de l'objet ou de la fin de ces sciences.

Les sciences mathématiques ont pour fin de déterminer les propriétés des grandeurs. La grandeur est ou calculable ou mesurable. Dans le premier cas, elle est représentée par des *nombres*; dans le second, par l'*étendue*. Le calcul est l'objet de l'arithmétique; la **mesure**, l'objet de la géométrie[1].

Par son objet, la géométrie paraît expérimentale. — Au premier abord, cet objet assigné à la géométrie suggère l'idée d'une science expérimentale ou même d'un art.

« La question de mesurer une grandeur, dit Auguste Comte (*Cours*, 3e leçon, p. 91), ne présente par elle-même à l'esprit d'autre idée que celle de la simple comparaison immédiate de cette grandeur avec une autre grandeur semblable supposée connue, qu'on prend pour *unité* entre toutes celles de la même espèce. Ainsi, quand on se borne à définir les mathématiques comme ayant pour objet la mesure des grandeurs, on en donne une idée fort imparfaite, car il est même impossible de voir par là comment il y a lieu, sous ce rapport, à une science quelconque et surtout à une science aussi vaste et aussi profonde qu'est réputée l'être avec raison la science mathématique. Au lieu d'un immense enchaînement de travaux rationnels très prolongés, qui offrent à notre activité intellectuelle un aliment inépuisable, la science paraîtrait seulement consister, d'après un tel énoncé, dans une simple suite de procédés mécaniques pour obtenir directement, à l'aide d'opérations analogues à la superposition des lignes,

---

1. Ce n'est pas l'unique objet de ces sciences. « L'arithmétique supérieure, celle qui étudie les propriétés des nombres en eux-mêmes, n'a, dit M. Cournot (*De l'ench. des idées fond.*, t. I, p. 25), rien ou presque rien de commun avec l'idée de grandeur ou de quantité. Les figures de géométrie offrent de même une foule de propriétés qui tiennent à la *situation* et à l'*ordre*. » M. Chasles, l'éminent géomètre, a insisté plus d'une fois sur cette vérité (voy. en particulier *Discours d'inauguration du cours de géométrie supérieure*, et *Aperçu historique sur l'origine et le développement des méthodes en géométrie*, p. 22 et p. 289). Il distingue la *géométrie des mesures* et la *géométrie des formes et des situations*. « Ces deux divisions, ajoute-t-il, sont celles de toutes les sciences mathématiques qui ont pour but, suivant l'expression de Descartes, la recherche de l'*ordre* et de la *mesure*. » — « Toutes les sciences, dit Descartes, qui ont pour but la recherche de l'ordre et de la mesure se rapportent aux mathématiques » (*Règles pour la dir. de l'esprit*, 4e règle). — Aristote avait déjà émis la même pensée en ces termes : « De quoi s'occupent les mathématiciens si ce n'est de l'ordre et de la proportion ? » (*Mét.*, liv. XI, ch. III.) « La mesure proprement dite n'est qu'une partie des propriétés de l'étendue qui font l'étude des géomètres.... l'idée de mesure et d'ordre est indispensable pour donner au mot *géométrie* un sens vrai et complet. » (Voy. sur le même sujet les remarques d'Aug. Comte, *ibid.*, t. I, ch. X, p. 272 sqq.)

Mais ceci reconnu, pour simplifier et pour fortifier en même temps la démonstration qui va suivre, on considérera seulement dans les mathématiques cette partie plus pratique et qu'on pourrait croire plutôt que l'autre de nature expérimentale, à savoir : la mesure et le calcul.

les rapports des quantités à mesurer à celles par lesquelles on veut les mesurer. »

Mais la mesure des grandeurs est indirecte. — Mais on remarque bientôt que la mesure des grandeurs n'est le plus souvent qu'indirecte. Pour mesurer une grandeur d'une certaine espèce, on ne peut pas ordinairement la comparer à une grandeur de même espèce prise comme unité. Soit à trouver le volume d'un cylindre donné. Le procédé direct consisterait à prendre un certain cylindre pour unité et à voir combien de fois il est contenu dans le premier. La chose est impossible. Même impossibilité s'il s'agit de la mesure d'un cube, d'un prisme, etc. — S'agit-il des surfaces, le procédé direct de mesure consisterait à rechercher combien de fois une certaine surface prise pour unité est contenue dans telle surface donnée. Or, si parfois on peut le faire, par exemple pour le rectangle, le plus souvent la chose est impossible. — S'agit-il de lignes courbes, les parties de circonférences de même rayon peuvent seules se comparer entre elles; les courbes en général ne le peuvent pas. — Finalement, les lignes droites seules sont toujours susceptibles d'être directement mesurées par d'autres lignes droites prises comme unité. — Ainsi la plupart des grandeurs que nous désirons connaître ne sauraient être déterminées par une mesure directe.

« C'est ce fait général qui nécessite la formation de la science mathématique. Car, renonçant dans presque tous les cas à la mesure immédiate des grandeurs, l'esprit humain a dû chercher à les déterminer indirectement, et c'est ainsi qu'il a été conduit à la création des mathématiques.

« La méthode générale qu'on emploie constamment, la seule qu'on puisse concevoir pour connaître des grandeurs qui ne comportent point une mesure directe, consiste à les rattacher à d'autres, qui soient susceptibles d'être déterminées immédiatement, et d'après lesquelles on parvient à découvrir les premières, au moyen des relations qui existent entre les unes et les autres. Tel est l'objet précis de la science mathématique envisagée dans son ensemble. — Pour s'en faire une idée suffisamment étendue, il faut considérer que cette détermination indirecte des grandeurs peut être indirecte à des degrés fort différents... en sorte que, dans beaucoup de cas, l'esprit est obligé d'établir une longue suite d'intermédiaires entre le système des grandeurs inconnues qui sont l'objet définitif de ses recherches, et le système des grandeurs susceptibles de mesure directe, d'après lesquelles on détermine finalement les premières, et qui ne paraissent d'abord avoir avec celles-ci aucune liaison. » (Comte, *ibid.*, p. 03.)

Le procédé général de la géométrie est donc de réduire les comparaisons de toutes les espèces de figures, de volumes, de surfaces, ou de lignes, à de simples comparaisons de lignes droites.

De même, le calcul des valeurs. — D'autre part, le calcul a pour unique objet de déterminer la valeur de quantités inconnues par celle de quantités connues, en exécutant sur les nombres qui représentent celles-ci certaines opérations.

Nature de la mathématique. — On comprend par ces remarques la vraie nature de la science mathématique.

« Nous sommes donc parvenus maintenant à définir avec exactitude la science mathématique en lui assignant pour but la mesure *indirecte* des grandeurs, et en disant qu'on s'y propose constamment de *déterminer les grandeurs les unes par les autres d'après les relations précises qui existent entre elles*. Cet énoncé, au lieu de donner seulement l'idée d'un *art*, caractérise immédiatement une véritable *science*, et la montre sur-le-champ composée d'un immense enchaînement d'opérations intellectuelles qui pourront évidemment devenir très compliquées, à raison de la suite d'intermédiaires qu'il faudra établir entre les quantités inconnues et celles qui comportent une mesure directe.... D'après cette définition, l'esprit mathématique consiste à regarder toujours comme liées entre elles toutes les quantités que peut présenter un phénomène quelconque, dans la vue de les déduire les unes des autres [1]. » (Comte, *ibid.*, p. 98.)

La méthode mathématique est donc déductive. — La détermination des grandeurs mesurables est donc constamment

---

1. Suivent des considérations aussi justes qu'élevées sur les rapports de la mathématique avec les autres sciences : « Les explications précédentes établissent clairement la justification du nom employé (*mathématique*) pour désigner la science que nous considérons. Cette dénomination, qui a pris aujourd'hui une acception si déterminée, signifie simplement par elle-même la *science* en général. Une telle désignation, rigoureusement exacte pour les Grecs qui n'avaient pas d'autre *science* réelle, n'a pu être conservée par les modernes que pour indiquer les mathématiques comme la *science* par excellence. Et, en effet, la définition à laquelle nous venons d'être conduits n'est autre chose que la définition de toute véritable science quelconque, car chacune n'a-t-elle pas nécessairement pour but de déterminer les phénomènes les uns par les autres d'après les relations qui existent entre eux ? *Toute science consiste dans la coordination des faits ;* si les diverses observations étaient entièrement isolées, il n'y aurait pas de science. — On peut même dire généralement que la science est essentiellement destinée à dispenser, autant que le comportent les divers phénomènes, de toute observation directe, en permettant de déduire du plus petit nombre possible de données immédiates le plus grand nombre possible de résultats. N'est-ce point là, en effet, l'usage réel soit dans la spéculation, soit dans l'action, des lois que nous parvenons à découvrir entre les phénomènes naturels ? La science mathématique ne fait, d'après cela, que pousser au plus haut degré possible, tant sous le rapport de la quantité que sous celui de la qualité, sur les sujets véritablement de son ressort, le même genre de recherches que poursuit, à des degrés plus ou moins inférieurs, chaque science réelle dans sa sphère respective. » (Comte, *ibid.*, p. 98-99.)

indirecte en mathématique, c'est-à-dire, semble-t-il, constamment déductive.

Objections : l'expérience enseigne les relations des grandeurs. — Pourtant, il faut y regarder de plus près. N'est-ce pas, dira-t-on, par l'expérience qu'ont été successivement établies ces relations au moyen desquelles nous rattachons une grandeur inconnue à une grandeur connue, et déterminons un nombre inconnu par des nombres connus? Par exemple, en géométrie, n'est-ce pas l'expérience qui nous a appris le rapport entre la circonférence et le diamètre, entre le carré de l'hypoténuse et le carré des deux autres côtés? Dans la science du calcul, toutes les opérations se réduisent, en fin de compte, à l'addition et à la soustraction : or n'est-ce pas l'expérience qui nous a appris que deux et deux font quatre, et que de douze, si l'on ôte trois, il reste neuf?

Part de vérité : ce qu'on peut attendre de l'expérience. — Il faut reconnaître qu'un grand nombre de vérités mathématiques ont pu primitivement être découvertes par cette voie. Il n'est point douteux qu'on a dû connaître la valeur des angles du triangle et la mesure de la circonférence par le diamètre, comme vérités expérimentales, longtemps avant d'avoir, par la démonstration, transformé ces vérités en vérités rationnelles. De même pour les nombres : souvent le rapport a pu être *constaté* par des expériences faites *in concreto* (comme on procède encore aujourd'hui pour enseigner le calcul aux enfants), avant d'avoir été *démontré in abstracto*.

Qu'on ne dise pas que des vérités mathématiques ainsi établies ne sauraient en aucune façon être tenues pour exactes, universelles et nécessaires.

1° En comptant un certain nombre de fois les doigts des deux mains, on peut être moralement certain que cinq doigts et cinq doigts font *exactement* dix doigts. En mesurant un certain nombre de fois, avec les précautions voulues, les angles d'un triangle, et en prenant la moyenne des résultats obtenus, pour corriger les erreurs commises tantôt dans un sens, tantôt dans un autre, on peut s'assurer de même que la mesure des angles du triangle mesuré est *exactement* égale à deux angles droits.

2° D'autre part, si en opérant sur des groupes de natures différentes de cinq objets (cailloux, arbres, etc.), on constate que, quelle que soit la nature des objets, deux groupes de cinq objets font toujours dix objets; et pareillement si en mesurant les angles de triangles de toutes formes et de toutes grandeurs, on constate que, quelle que soit la nature propre du triangle mesuré, la somme des angles est toujours égale à deux angles droits, on sera en droit d'inférer que le résultat de ces deux opérations est indépendant de la nature des objets comptés ou des triangles mesurés et par conséquent, en excluant la considération de cette nature propre des objets et des triangles, on conclura *généralement :* Cinq et cinq font dix ; — La mesure des angles d'un triangle est égale à deux angles droits.

3° Enfin, puisque ces vérités apparaissent comme universelles et indépendantes de la nature propre des objets comptés ou mesurés, on pourra inférer encore légitimement qu'il doit y avoir dans la nature même du nombre cinq, dans la nature même de la forme triangulaire, quelque *raison* cachée qui fait que cinq et cinq font dix et que les angles d'un triangle valent deux droits. D'où l'on conclura légitimement la *nécessité* de ces vérités.

Insuffisance : la science perd son caractère absolu. — A coup sûr, de semblables résultats ne sont point à dédaigner. Mais les mathématiques sont ainsi mises au niveau des sciences physiques et naturelles. Comme telles, elles pourront bien prétendre, de même que ces sciences, à des vérités exactes, universelles, nécessaires ; mais elles devront, comme ces sciences, se contenter d'une exactitude, d'une universalité, d'une nécessité *relatives :* or les sciences mathématiques prétendent à une exactitude, à une universalité, à une nécessité *absolues.*

1° Avec la méthode expérimentale, *point de certitude absolue.* Par exemple, aucune mesure concrète d'une grandeur continue ne peut être pratiquée sans erreur. La méthode des moyennes pourra rendre l'erreur infinitésimale. Nous ne serons jamais certains de l'avoir absolument éliminée. — Là même où, par suite de la nature des choses, une mesure exacte est de toute façon impossible, par exemple lorsqu'on cherche le rapport du diamètre à la circonférence, tandis qu'une mesure réelle s'arrête nécessairement à un résultat relativement grossier, la mesure proprement mathématique peut pousser l'approximation aussi loin qu'on voudra et rendre l'erreur moindre que toute quantité assignable.

2° et 3° Avec la méthode expérimentale, *point d'universalité et de nécessité absolues :* car, non seulement on peut se dire à la rigueur que le hasard nous a fait tomber sur une série de cas dont la concordance fortuite simule une loi qui n'existe pas, ou témoigne seulement d'une loi empirique susceptible de se démentir, mais encore, puisque toute mesure expérimentale et tout calcul expérimental se font dans cet espace donné où nous vivons, on peut se demander si les résultats obtenus ne tiennent pas à la nature particulière de cet espace, et si ces résultats ne changeraient pas au cas où nous opérerions dans d'autres régions de l'espace, par exemple dans les régions des étoiles fixes.

Pour bien faire sentir la différence entre les résultats de la méthode expérimentale et inductive et les résultats de la méthode mathématique, supposons qu'un malin génie, comme celui que suppose Descartes, se plaise à nous embrouiller dans nos opérations, à créer ou à annihiler un objet entre nos doigts au moment où nous comptons quel nombre d'objets font deux groupes de cinq objets, à faire varier les angles du triangle que nous mesurons ou les angles du rapporteur qui nous sert d'unité de mesure : nous n'aurons aucun moyen de découvrir la supercherie ; nous enregistrerons ingénument les divers résultats obtenus, et nous conclurons, en toute sécurité de conscience, que les angles d'un triangle valent tantôt deux droits, tantôt plus, tantôt moins ; et que cinq et cinq font, suivant les cas, dix, douze, ou tout autre nombre.

Mais, si nous avons une fois *démontré* rationnellement que cinq et cinq font dix, que les angles d'un triangle valent deux angles droits, alors, quand même un malin génie, intervenant lorsque nous voulons vérifier expérimentalement ces vérités, brouillerait nos comptes et nos mesures, nous n'en maintiendrions pas moins la vérité absolue de notre démonstration faite dans l'abstrait, et nous en conclurions seulement que, pour des raisons à nous inconnues, ces vérités se trouvent modifiées dans le concret par l'association, dans les objets réels, de propriétés de divers genres aux propriétés mathématiques.

Résumé. — Ainsi, quoique historiquement beaucoup de vérités mathématiques aient été suggérées par l'expérience, c'est en dehors de l'expérience et d'une autre preuve que l'expérience qu'elles ont reçu cette consécration immuable et définitive qui leur a conféré l'exactitude, l'universalité, la nécessité absolues qui leur appartient désormais et pour toujours [1].

1. Cf. Leibniz, *Erd.*, p. 301, col. 2, et p. 212, col. 1. « Quelquefois même un fort habile mathématicien, ne sachant point la source de la découverte d'autrui, est obligé de se contenter de cette méthode de l'induction…. Mais la démonstration nous dispense de ces essais qu'on pourrait toujours continuer sans être jamais parfaitement certain. Cela même, savoir l'imperfection des inductions,

La méthode mathématique est-elle l'intuition ? — Quelle est donc cette preuve? Ne serait-elle pas l'intuition? Il faut en effet distinguer deux sortes d'expériences : l'expérience *externe* ou *matérielle*, qui résulte des constatations faites sur les objets sensibles, et l'expérience *interne* ou *idéale*, qui peut se faire au moyen de cet espace intérieur dont l'image réside dans notre imagination, et où nous pouvons nous représenter à volonté les nombres au moyen de points, et toutes les figures, ainsi qu'on l'a expliqué, en nous figurant le tracé idéal de points assujettis à se mouvoir suivant certaines lois. Nous avons déjà dit que les nombres et les figures qui servent de matière à l'arithmétique et à la géométrie ne sont point les nombres réels, les figures réelles, mais bien les nombres idéaux, les figures idéales. Reste à savoir si ce n'est pas par le moyen de l'*intuition*, que nous saisissons entre ces nombres et entre ces figures, ou les parties de ces figures, les rapports abstraits ou idéaux qui constituent les vérités mathématiques.

Avantages de l'intuition sur l'expérience. — Reconnaissons d'abord un grand avantage de l'intuition sur l'expérience : l'espace objectif ne nous est donné que par fragments; nous n'en pouvons parcourir des yeux ou des mains qu'une partie infinitésimale, eu égard à son infinité. Nous ne pouvons donc être assurés de l'*homogénéité* de cet espace dans toutes ses parties : d'où l'impossibilité de *généraliser* les résultats constatés dans une partie seulement de cet espace. — Mais l'espace intérieur qui réside dans notre imagination est *homogène* dans toutes ses parties, car s'il est, comme le pense Kant, une forme constitutive de notre imagination, il ne peut pas plus changer de nature que notre imagination elle-même; et s'il n'est, comme le pense Leibniz, avec raison croyons-

peut encore être vérifié par des exemples. Car il y a des progressions où l'on peut aller fort loin avant de remarquer les changements et les lois qui s'y trouvent. »

« Pour rendre plus sensible la différence des déterminations expérimentales avec les véritables mesures géométriques, je citerai la manière dont Galilée évalua le rapport de l'aire de la cycloïde ordinaire à celle du cercle générateur. La géométrie de son temps étant encore trop inférieure à la solution rationnelle d'un tel problème, Galilée imagina de chercher ce rapport par une expérience directe. Ayant pesé le plus exactement possible deux lames de même matière et d'égale épaisseur, dont l'une avait la forme d'un cercle, et l'autre celle de la cycloïde engendrée, il trouva le poids de celle-ci constamment triple de celui de la première, d'où il conclut que l'aire de la cycloïde est triple de celle du cercle générateur : résultat conforme à la véritable solution obtenue plus tard par Pascal et Wallis. Un tel succès, sur lequel d'ailleurs Galilée n'avait pas pris le change, tient évidemment à l'extrême simplicité du rapport cherché; et on conçoit l'insuffisance nécessaire de semblables expédients, même lorsqu'ils seraient effectivement praticables. » (A. Comte, *Cours*, 10ᵉ leçon.)

nous, qu'une sorte de décalque de l'étendue sensible sur notre imagination, nous pouvons à volonté, par l'abstraction, le supposer ou même le rendre homogène dans toutes ses parties. Donc, sous ce rapport tout au moins, l'intuition interne aurait sur l'expérience externe un grand avantage, puisque aucune raison tirée de la différence des régions de l'espace ne s'opposerait à la généralisation des vérités constatées par cette intuition.

Rôle de l'intuition. — Et certes on ne saurait nier le rôle de l'intuition, ainsi définie, en géométrie et même dans toutes les parties des mathématiques [1]. On peut difficilement l'exagérer.

Elle n'est qu'un auxiliaire. — Mais au moins faut-il le bien comprendre. L'intuition ne saurait suppléer à la démonstration proprement dite. Avant la démonstration, elle peut *suggérer* l'idée de la vérité qu'il s'agira ensuite de démontrer ; pendant la démonstration, elle *éclaire* et *soutient* le raisonnement

---

1. Kant, mathématicien distingué, a souvent insisté sur cette vérité. M. Boussinesq, de l'Institut, a exposé récemment des vues analogues avec beaucoup de force et de clarté (*Rev. phil.*, t. VIII, p. 363 sqq.) : « Que resterait-il, surtout en géométrie, du raisonnement pur sans la vue idéale de l'espace et des figures, qui conserve aux idées leur vie et aux mots leur sens ? Rien évidemment, pas même des cases vides. Le flambeau de l'intuition une fois éteint, les notions qu'il éclaire et qui ne subsistent que par lui s'évanouiraient aussitôt ; et avec elles disparaîtraient tous leurs rapports, tous les enchaînements qu'elles forment....

« Mais la géométrie ne serait pas la seule science atteinte par la suppression de l'intuition géométrique. Le cerveau pensant tout entier semble, à quelques égards, n'être qu'une extension du système visuel. C'est par des formes, des constructions idéales, que nous condensons et précisons toutes nos idées, que nous parvenons à les fixer, à les voir nettement; et on dirait que c'est précisément dans la mesure où leur assimilation à des images réussit que nous pouvons en faire l'objet de connaissances positives.

« Par exemple, l'idée du temps ne se présente pas à nous sans celle du mouvement.... De même, nous ne pensons pas nettement à des nombres sans qu'à l'instant divers points ou objets disséminés viennent se placer sous l'œil de l'esprit.

« De même encore nous ne raisonnons jamais clairement, ce me semble, sur la quantité algébrique continue, sans voir à l'instant une étendue qui nous la représente, notamment la plus simple des étendues, la ligne droite. Celle-ci, supposée commencer à l'infini et prolongée d'abord jusqu'à une origine choisie arbitrairement, peut être, en partant ensuite de cette origine, augmentée ou diminuée de longueurs quelconques. Ces longueurs sont justement pour nous les images naturelles de toutes les quantités positives et négatives,... toutes les fois que nous transformons, par exemple, une équation, et que, craignant une erreur et nous défiant du mécanisme algébrique, nous tenons notre attention en éveil....

« Il semble que si l'on nous ôtait le sens de l'espace et des figures, nous n'entendrions plus même la branche de l'analyse qui paraît la moins géométrique, je veux dire celle où l'on opère sur de purs symboles algébriques sans leur attribuer aucune signification de quantité continue ou de nombre. En effet, les mots *arrangement, disposition, substitution, permutation*, etc., dont il faut bien se servir, supposent les idées d'étendue et de groupement dans l'espace.

« Il y a donc tout lieu de croire que, sans le concours apporté au raisonnement par l'intuition géométrique, les mathématiques seraient impossibles. »

en le traduisant à mesure en images visibles; mais elle ne saurait par elle-même *constituer* la démonstration.

Elle est souvent impuissante. — En arithmétique, d'abord, il serait visiblement encore plus difficile d'opérer sans erreur sur des nombres simplement imaginés, par le moyen de points dans l'espace, que sur des nombres concrets représentés par des objets réels. Il n'y a probablement pas d'imagination humaine assez forte pour maintenir devant soi la représentation distincte d'une vingtaine de points et les additionner correctement. Que sera-ce si les opérations à exécuter deviennent plus compliquées? Sans doute le calcul peut souvent se faire de tête, mais par le moyen de *signes*. En opérant d'*intuition*, le plus simple calcul devient absolument impossible.

Pour la géométrie, il faut reconnaître que certaines vérités fondamentales qu'on appelle *axiomes* n'ont et ne peuvent avoir d'autre preuve que l'intuition. Mais, à partir de ces axiomes, tout doit se démontrer par le raisonnement. En effet, tout d'abord, dans la plupart des cas, l'intuition, comme en arithmétique, serait impuissante à saisir immédiatement le rapport cherché. Comment reconnaître par simple intuition le rapport de la circonférence au diamètre, ou de la somme des angles d'un triangle à l'angle droit?

Le raisonnement est-il une série d'actes d'intuition? — Sans doute, dira-t-on, l'intuition, en ce cas, n'est pas, comme dans le cas de l'axiome de la ligne droite, un acte simple d'intuition; mais ce que vous appelez la démonstration, est-il autre chose qu'une *série d'actes d'intuition*? Par exemple, n'est-ce pas par une série d'intuitions qu'on ramène tous les angles d'un triangle à ceux faits autour d'un point du même côté d'une droite? Et n'est-ce pas enfin par un dernier acte d'intuition qu'on aperçoit l'égalité de tous ces angles ensemble à deux angles droits?

Réponse : vraie nature de la méthode de superposition. — A cette objection on pourrait répondre, tout d'abord qu'une série d'actes intuitifs coordonnés de façon à mettre en évidence une vérité dernière à laquelle ils conduisent, n'est, après tout, qu'un raisonnement. Mais il y a plus à dire: en tout ceci, l'intuition est *commandée par le raisonnement*. Il est aisé de le faire voir.

L'objet de la géométrie, au point de vue où nous considérons ici cette science, c'est la mesure. Or toute mesure en géométrie se ramène, au fond, à la mesure de certaines lignes droites par d'autres lignes droites. Et comment mesure-t-on? Par le procédé de **superposition**. Ce mot peut faire illusion, mais il faut bien entendre la méthode dont il s'agit. Nous avons déjà vu que la superposition matérielle d'une longueur sur une autre longueur, telle qu'on peut la pratiquer à l'aide du mètre ou du compas, ne présente pas les garanties de rigueur absolue à laquelle prétendent les mathématiques. Trouvera-t-on par hasard cette garantie dans une superposition purement imaginaire? L'imagination sera-t-elle un instrument de mesure plus exact que les instruments de précision les plus parfaits? — Non, évidemment. En quoi donc consiste précisément cette méthode de superposition? D'Alembert la définit à merveille :

« La superposition réelle, telle que les mathématiciens la conçoivent, ne consiste pas à appliquer grossièrement une figure sur une autre, pour juger par les yeux leur égalité ou leur différence, comme un ouvrier applique son pied sur une ligne pour la mesurer : elle consiste à imaginer une figure transportée sur une autre, et à *conclure* de l'égalité supposée de certaines parties des deux figures la coïncidence de ces deux parties entre elles, et de leur coïncidence la coïncidence du reste ; *d'où résulte* l'égalité et la similitude parfaite des figures entières. Cette manière de démontrer a donc l'avantage, non seulement de rendre les vérités palpables, mais d'être encore la plus rigoureuse et la plus simple qu'il est possible : en un mot, de satisfaire l'esprit en parlant aux yeux[1]. » (*Élém. de phil.*, XV.)

Comme on voit, l'intuition ne constitue pas la preuve. On ne peut même pas dire qu'elle soit proprement une vérification de la preuve. Elle en est seulement une sorte d'*illustration*. Aucune partie de la preuve n'est fondée sur l'intuition pure et simple : mais au contraire l'intuition est toujours *commandée* par le rai-

---

[1]. Soit, par exemple, à démontrer ce théorème, que deux triangles qui ont un angle égal compris entre côtés égaux chacun à chacun sont égaux. De l'hypothèse concernant l'un des côtés on *conclut* que, si les deux triangles sont superposés l'un à l'autre, ce côté du triangle superposé coïncidera exactement avec le côté correspondant de l'autre triangle. — De l'hypothèse concernant l'angle on *conclut* que l'autre côté de cet angle du triangle superposé prendra la même direction que le côté correspondant de l'autre triangle. — De l'hypothèse concernant ce côté on *conclut* que ce côté du triangle superposé coïncidera exactement avec le côté correspondant de l'autre triangle. — Enfin, de la coïncidence parfaite des côtés supposés égaux dans les deux triangles, de la définition du triangle et de l'axiome que d'un point à un autre on ne peut mener qu'une seule ligne droite, on *conclut* la coïncidence du troisième côté. D'où résulte l'égalité des deux triangles.

sonnement et résulte, *à titre de conséquence*, des hypothèses, ou des définitions, ou des axiomes, ou de vérités antérieurement démontrées.

L'intuition, cause possible d'erreur. — Ajoutons enfin que l'intuition est si peu le vrai fondement des vérités géométriques, que l'on tient pour certaines en géométrie des vérités qui sont de flagrants démentis donnés à l'intuition : par exemple, cette vérité, que deux lignes, nommées pour cela *asymptotes*, peuvent s'approcher continuellement sans se rencontrer jamais [1].

Conclusion : la démonstration, vraie méthode mathématique. — Concluons donc que les mathématiques ne sont ni des sciences d'expérience ni des sciences d'intuition, mais des sciences *démonstratives*.

§ III

Principes de la démonstration. — « Tout syllogisme, dit Aristote, n'est pas une démonstration, mais toute démonstration est un syllogisme. » Dans un syllogisme, les prémisses peuvent être douteuses ou même fausses ; le syllogisme n'en est pas moins bon si la conclusion est tirée légitimement de ces prémisses. Une démonstration est un syllogisme dans lequel les prémisses sont vraies ou même nécessaires.

Les principes des démonstrations mathématiques sont les définitions et les axiomes.

Des définitions mathématiques. — La définition dont il s'agit ici est l'explication d'un concept. Du caractère et de l'origine des concepts ou notions mathématiques dérivent les caractères des définitions mathématiques, et les différences qui les distinguent des définitions empiriques [2].

Elles se font par génération. — 1° Les choses qui sont la matière des sciences physiques ou psychologiques existent par elles-mêmes, indépendamment de nous et de notre esprit. Par suite, bien qu'il soit toujours utile de fournir, quand la chose est possible, dans la définition, la preuve de la *possibilité* de

1. Sur l'insuffisance de la géométrie expérimentale ou intuitive, voy. une fort belle page de Leibniz, *Nouv. Ess.*, l. IV, ch. xii, *Erd.*, p. 381-382.
2. Voy. la thèse de M. Liard, sur les *Déf. géométriques et les définitions empiriques*. Voy. aussi les *Prolégomènes phil. de la géom.*, par M. Delbœuf, ouvrage plein d'érudition et d'idées originales, comme tous ceux de cet esprit curieux et inventif.

l'objet défini, puisqu'on montre par là que la définition n'est pas purement nominale, on peut, dans les définitions empiriques, se contenter de faire connaître la *nature* de l'objet défini. En effet, l'expérience vient ici au secours de la définition : faisant voir que la chose *est*, elle dispense de prouver qu'elle *peut être* [1]. Les définitions empiriques sont donc en général simplement *descriptives* ou *exponibles*.

Mais les objets mathématiques, les nombres, les figures, tels que les entend le mathématicien, ne *sont* pas proprement dans la réalité. Or, ceci reconnu, supposons qu'on définisse une figure par une de ses propriétés caractéristiques ; par exemple, qu'on définisse la circonférence la ligne dont tous les points sont également distants d'un point intérieur : qu'est-ce qui nous garantit qu'une semblable figure, qui n'existe certainement pas dans la nature, soit du moins *possible* idéalement ? Qui sait si cette conception ne recèle pas quelque contradiction intrinsèque ? — Tant que l'on n'a pas dissipé ce doute, la définition ne peut donc être considérée que comme une sorte de supposition et d'*hypothèse*. Et, par suite, toutes les conséquences qui s'en déduisent n'auront d'autre vérité qu'une vérité logique et hypothétique. *Si l'on suppose une figure conforme à la définition, tels et tels théorèmes s'ensuivront* ex hypothesi. — Sans doute cette manière d'envisager les mathématiques ne les rendrait point, tant s'en faut, vaines et inutiles [2]. Mais pourquoi se réduire au moins quand on peut avoir le plus ? Pourquoi se contenter de la vérité logique et hypothétique quand on peut avoir la vérité *catégorique*, au moins dans l'ordre idéal ? Or les vérités mathématiques deviennent des vérités *catégoriques* dès que les définitions d'où elles dérivent font comprendre la possibilité du défini ; et c'est à quoi l'on arrive en donnant comme définition des nombres et des figures la loi même de génération idéale des nombres et des figures. Ainsi définir les nombres et les figures, c'est dire le procédé par lequel on les obtient : $2 = 1 + 1$; $3 = 2 + 1$, etc. ; la sphère est le volume engendré par le mouvement d'un demi-cercle qui tourne autour de son diamètre, etc.

On peut ajouter que, les diverses propriétés caractéristiques des figures trouvant leur fondement commun dans la loi de génération

1. Cf. Leibniz, *Erd.*, p. 306.
2. Voy. Leibniz, *Erd.*, p. 381, col. 1 ; et d'Alembert, *ibid.*, p. 268. Les vérités mathématiques n'en seraient pas moins applicables aux objets de l'expérience, dans la mesure où ces objets réels s'approcheraient des conditions de l'hypothèse.

de ces figures, définir les figures par la loi de génération, c'est faire
dériver les vérités géométriques de leur source la plus élevée, et
porter au plus haut point la systématisation et l'élégance de l'exposition géométrique. Leibniz indique ces diverses raisons dans le
passage suivant :

« La définition *réelle* fait voir la possibilité du défini, et la *nominale*
ne le fait point. La définition de deux droites parallèles, qui dit qu'elles
sont dans un même plan et qu'elles ne se rencontrent point, quoiqu'on
les continue à l'infini, n'est que nominale, car on pourrait douter d'abord
si cela est possible. Mais, lorsqu'on a compris qu'on peut mener une droite
parallèle dans un plan à une droite donnée, pourvu qu'on prenne garde
que la pointe du style qui décrit la parallèle demeure toujours également
distante de la donnée, on voit en même temps que la chose est
possible et *pourquoi* elles ont cette propriété de ne se rencontrer jamais,
qui en fait la définition nominale. » (*Erd.*, p. 300, col. 2. — Mêmes
remarques au sujet de la parabole, p. 331, col. 2.)

Ainsi, en résumé, les définitions empiriques sont des définitions
descriptives, et les définitions mathématiques sont des définitions
constructives. En d'autres termes, les définitions empiriques sont
à posteriori; les définitions mathématiques sont *à priori*. Des
objets mathématiques on peut dire ce que Bossuet dit des choses
en général par rapport à la connaissance divine[1] : Ces objets
sont parce que l'esprit les voit. La réalisation de ces objets résulte
de l'opération imaginative qui les crée.

Autres caractères de ces définitions. — A cette différence fondamentale entre les définitions empiriques et les définitions mathématiques s'en rattachent d'autres[2].

2° Dans les êtres de la nature, l'essence est le résultat des propriétés ; la connaissance des propriétés est elle-même le résultat
de l'expérience. Or l'expérience est toujours sujette à l'erreur. On
peut confondre les caractères accidentels et les caractères essentiels ;
on peut méconnaître la véritable subordination des caractères. Sans
doute, notre connaissance des êtres devient chaque jour plus exacte
et plus profonde ; mais cette connaissance n'épuise jamais son objet.
D'autre part, l'objet même n'est peut-être pas immuable : les
espèces vivantes, par exemple, sont susceptibles de changements
plus ou moins profonds. Par conséquent, dans les définitions, qui
suivent la science pas à pas, qui expriment l'état actuel de la

1. « Les choses sont parce que Dieu les voit. »
2. Voy. Liard, *ibid.*, p. 97 sqq.

science, une partie doit demeurer pour ainsi dire en blanc, registre ouvert aux découvertes futures. Toute définition empirique est *progressive* et partant *provisoire.*

Mais, dans les objets mathématiques, l'essence résulte de la loi de génération de ces objets, puisque toutes les propriétés ne sont que des conséquences de cette loi de génération. Pour définir, il n'est donc pas besoin de connaître toutes ces propriétés : il suffit de connaître le principe qui les engendre, c'est-à-dire la loi de génération. Or, cette loi, nous la connaissons sans erreur possible, puisqu'elle est une création de notre esprit. — D'autre part, aucune cause d'erreur ne peut ici provenir des changements de la matière elle-même. Car l'espace abstrait et les unités abstraites, tels que les conçoit le mathématicien, sont, par leur caractère même d'abstractions et de fictions imaginaires, soustraits à tout changement. — Donc, par cette double raison, les définitions mathématiques sont *définitives* et *immuables.*

3° Enfin « les définitions géométriques sont des *principes de connaissance ;* les définitions empiriques ne sont que des *résumés.* Les unes et les autres contiennent la science à l'état virtuel, mais avec cette différence, que les premières en précèdent le développement et que les secondes le suivent » (Liard, *ibid.*, p. 207).

§ IV

Des axiomes. — Les mathématiciens ne s'entendent pas toujours sur la nature des axiomes. Ainsi, Legendre met au nombre des axiomes de la géométrie (*Éléments de géométrie*, 14ᵉ édit., p. 6) ces deux propositions : « Le tout est égal à la somme des parties dans lesquelles il a été divisé ». — « Deux grandeurs sont égales lorsque, étant placées l'une sur l'autre, elles coïncident dans toute leur étendue. » Ces deux propositions ne sont évidemment que des *définitions* : la première est la définition du tout ; la seconde est la définition ou la marque de l'égalité.

Les axiomes proprement dits ne sont pas de la nature des définitions, mais de la nature des théorèmes. Les définitions font connaître l'essence ; les axiomes et les théorèmes, une propriété particulière qui résulte de l'essence.

Caractère propre : indémontrables. — Quel est maintenant le caractère distinctif des axiomes parmi les théorèmes ? — On donne ordinairement comme marque des axiomes que, étant évidents par eux-mêmes, ils n'ont pas besoin de démonstration. Mais en mathématiques tout a besoin de démonstration, et l'appel à l'évidence intuitive ne doit être, suivant Leibniz et Pascal, qu'un pis-aller. Si l'évidence intuitive dispensait de démonstration et permettait d'ériger une proposition en axiome, on pourrait mettre au nombre des axiomes ce théorème, que *dans un triangle un côté est toujours plus petit que la somme des deux autres.* Pourtant Leibniz approuve Euclide d'en avoir donné la démonstration. Nombre d'autres théorèmes donneraient lieu à une remarque du même genre.

Pour qu'un théorème mérite le nom d'*axiome*, il faut qu'il énonce une vérité qui, non seulement paraisse, à raison de son évidence immédiate, n'avoir pas besoin de démonstration, mais qui *ne soit pas susceptible de recevoir de démonstration.*

Les axiomes sont donc des *théorèmes fondamentaux* d'où dérivent les autres théorèmes et qui ne peuvent dériver d'aucun. Conditions suprêmes de la démonstration, ils en sont aussi les limites extrêmes.

Leur origine. — S'il en est ainsi, quel est donc le fondement des axiomes ? D'où vient que nous les considérions sans démonstration comme des vérités, et même des vérités nécessaires ? — Il faut ici distinguer deux sortes d'axiomes : d'une part, il y a des **axiomes communs** qui dominent toutes les sciences mathématiques; d'autre part, il y a des **axiomes** propres à la géométrie.

Axiomes communs. — Les mathématiques sont la science des grandeurs en général. Les axiomes généraux des mathématiques énoncent donc des propriétés entre des grandeurs ou quantités *quelconques.* Tels sont ces axiomes qui dominent à la fois l'arithmétique et la géométrie : Le tout est plus grand que la partie. Deux quantités égales à une même troisième sont égales entre elles. Les sommes de quantités égales sont égales, etc.

Ils sont analytiques et dérivent du principe d'identité. — Dans ces axiomes il faut remarquer que le sujet et l'attribut sont de même nature : ils appartiennent l'un et l'autre à la catégorie de la *quantité.* — Ceci donne à supposer que, dans les axiomes de ce genre, l'attribut peut être obtenu par une *analyse* du sujet. En effet, étant donnée la définition du sujet de ces axiomes, il est possible, en s'appuyant sur le *principe d'identité,* d'en déduire analytiquement l'attribut. Par exemple, dire que deux quantités sont égales, c'est dire que l'une est la même chose que l'autre; si donc, après cela, une troisième quantité est égale à l'une des deux prémières, elle sera aussi égale à l'autre, puisque ces deux quantités sont, par hypothèse, la même chose. Ou, en d'autres mots, si deux quantités sont égales à une même troisième, il suit analytiquement de l'hypothèse que ces deux quantités sont égales entre elles. — Il en est de même pour les autres axiomes du même genre. Donc tous les axiomes de cette catégorie paraissent susceptibles de démonstration ; et peut-être que l'unique axiome indémontrable de cet ordre est, comme le pense Leibniz, le principe d'identité [1].

Axiomes propres à la géométrie. — La géométrie est la science des propriétés de l'étendue *figurée*, propriétés parmi lesquelles se placent au premier rang les relations de quantité des figures, c'est-à-dire la mesure des grandeurs figurées les unes par les autres. Considérée à ce point de vue, la géométrie a pour objet de rattacher à des rapports de *forme* ou de *position* des rapports de *quantité*. En d'autres termes, dans les propositions géométriques, le sujet sera, en général, de la catégorie de la position ou de la forme, l'attribut sera de la catégorie de la quantité. Exemples : les angles droits (sujet de la catégorie de la position) sont tous égaux entre eux (attribut de la catégorie de la quantité); l'aire du parallélogramme (position) est égale au produit de la base par la hauteur (quantité). — Or, nous l'avons dit, ce n'est pas par l'expérience ni par l'intuition qu'on prouve les vérités géométriques : c'est par la démonstration. Mais la démonstration ne peut aller à l'infini. Donc les propositions géométriques, où les rapports de quantité sont rattachés par démonstration aux rapports de position, supposent, comme conditions et comme moyens, des propositions fondamentales, dans lesquelles la liaison des rapports de position à des rapports de quantité est faite *par une synthèse primitive indémontrable*. Tel est justement le caractère des axiomes particuliers à la géométrie.

Ils sont synthétiques. — Les axiomes de la géométrie ne peuvent être relatifs à la seule catégorie de la figure ; ils ne peu-

---

1. Pour en tirer les axiomes proprement mathématiques, il suffit de remarquer que l'*égalité* équivaut à l'*identité* ; c'est l'identité sous le rapport de la grandeur : d'où la possibilité de substituer les unes aux autres des valeurs égales dans les formules mathématiques.

vent être relatifs à la seule catégorie de la quantité : car alors en quoi serviraient-ils à la démonstration géométrique, qui a pour but de lier à la forme la quantité ? Les axiomes de la géométrie sont donc des propositions *synthétiques* qui affirment certains rapports indémontrables de la forme avec la quantité.

Exemples : rôle de quelques axiomes. — On discute sur le nombre de ces axiomes. Il suffira ici d'indiquer quelques-uns des axiomes incontestés et d'en faire saisir le caractère, le rôle et l'origine. — Au premier rang se place l'axiome de la ligne droite : *la ligne droite est le plus court chemin d'un point à un autre.*

Au fond, toutes les mesures, en géométrie, se ramènent à des mesures de lignes : c'est par le moyen de lignes qu'on mesure les surfaces, les volumes. Toutes les mesures de lignes se ramènent elles-mêmes à des mesures de droites. Or d'où vient ce privilège de la ligne droite de pouvoir seule servir de mesure universelle ? C'est qu'à l'idée de ligne droite seule s'attache intuitivement et d'une manière indissoluble l'idée d'un rapport invariable de quantité, à savoir : l'idée de *la plus courte distance* entre deux points. Cela étant, toute ligne droite vaut une autre ligne droite qui se termine aux mêmes points. Et voilà pourquoi on peut mesurer les lignes droites par le moyen des lignes droites. Toutes les droites ou fractions de droites qui se terminent aux mêmes points que la droite prise comme unité, sont nécessairement égales entre elles et égales à l'unité, étant toutes la plus courte distance entre ces points. — Au contraire, deux lignes courbes qui se terminent aux mêmes points ne sont pas nécessairement égales ; et c'est pourquoi aucune ligne courbe ne peut être prise comme unité de mesure applicable à toutes les courbes [1].

Un autre axiome est celui de la perpendiculaire, qui sert à la mesure de la direction : la perpendiculaire à une droite est la droite qui forme avec la première deux angles adjacents égaux. « Il y a là la synthèse d'une *direction constante* et d'une *quantité constante d'écartement*, et l'on conçoit que l'angle droit soit l'unité de mesure des angles, c'est-à-dire des directions » (Liard, *ibid.*). — Un troisième axiome est celui des parallèles, qui lie une *égalité de grandeur* (équidistance) à l'*identité d'orientation* : Deux parallèles sont toujours également distantes si loin qu'on les prolonge ; ou, suivant la formule de M. Renouvier : L'équidistance et l'identité de

---

1. Sur tous ces points voy. Renouvier, *Logique*, t. I, p. 297 sqq. ; Liard, *la Science positive et la Métaphysique*, p. 342 sqq.

direction appartiennent à un seul et même groupe de deux droites sur un plan.

Leur caractère. — Toutes ces propositions sont synthétiques. Par exemple, il est évident, comme le fait remarquer Kant, que l'idée de *droit* (position) est d'un autre genre que l'idée de *plus court* (quantité); l'idée d'*identité d'orientation* (position), d'un autre genre que l'idée d'*équidistance* (quantité), et que, par suite, celles-ci ne sont point partie intégrante de celles-là, bien que liées à celles-là. C'est pourquoi toutes ces propositions sont indémontrables par le principe d'identité (voy. Liard, *ibid.*, 247).

Fondement des axiomes propres; l'intuition. — Quel est donc le fondement des axiomes de la géométrie? Ces propositions, bien qu'indémontrables, ne nous paraissent pas arbitraires; elles nous semblent au contraire *évidentes* et *nécessaires*. Comment donc et par quoi se justifient-elles à nos yeux? — Comme toutes les propositions synthétiques, elles ne sauraient avoir d'autre fondement que l'*expérience*. Seulement l'expérience dont il s'agit n'est pas l'expérience externe ou sensible, qui permettrait seulement de constater *comme un fait contingent* la liaison des rapports de position et des rapports de quantité affirmés comme nécessaires dans les axiomes. C'est l'expérience interne ou *intuition*, qui, procédant sur la forme pure de l'espace, au moyen de figures par nous construites, nous fait reconnaître, nous fait voir que la supposition de la rectitude d'une ligne entraîne immédiatement comme conséquence nécessaire le caractère de distance la plus courte, inhérent à cette ligne; comme aussi la supposition du parallélisme de deux lignes, l'équidistance de ces lignes. — Et, quelque effort que nous fassions pour nous représenter les choses autrement, nous n'y pouvons réussir. La claire vision de ces propriétés fondamentales de la ligne droite, des parallèles, etc., jointe à l'impossibilité de nous représenter ces mêmes figures dépouillées de ces propriétés, est l'origine des axiomes et des caractères d'évidence et de nécessité que nous leur attribuons, bien que nous n'en puissions fournir la raison et la preuve démonstrative.

§ V

Rôle des définitions : sources des propriétés démontrées. — Quel est maintenant le *rôle* des définitions et des axiomes dans la démonstration?

On est généralement d'accord pour reconnaître le rôle des définitions dans les démonstrations mathématiques. Les propriétés des
figures dérivent nécessairement de leur essence ou propriété principale, qui résulte elle-même du mode de génération de la figure.
Que l'on définisse la figure par sa propriété essentielle ou par son
mode de génération, de toute façon, les propriétés secondaires résultent de la définition. Donc, nécessairement, dans les syllogismes mathématiques la définition fournit l'une des prémisses,
à moins qu'elle ne soit remplacée par un théorème précédemment
dérivé lui-même de la définition [1]. — Il en est de même en arithmétique ; c'est de la définition des nombres que résultent les rapports
des nombres entre eux. — Ainsi de la définition constructive du
cercle se déduit cette propriété du cercle d'avoir tous ses rayons
égaux; et de cette propriété essentielle, qu'on donne souvent
comme définition du cercle, se déduisent les autres propriétés du
cercle. De même, c'est de la définition des nombres deux, trois et
quatre que l'on déduit syllogistiquement que deux et deux font
quatre [2].

Rôle des axiomes; discussion. — Au contraire, on est
loin de s'entendre sur le rôle qu'il convient d'attribuer aux axiomes
dans la démonstration. Mais les désaccords qui se sont produits à ce
sujet nous paraissent résulter, en grande partie, de ce qu'on ne
s'est pas entendu sur le sens des mots et de ce qu'on n'a pas suffisamment distingué plusieurs questions différentes.

On soutient (Locke, D. Stewart, d'Alembert) que les axiomes ne
sont point les principes des raisonnements mathématiques.

Division de la question. — Avant de répondre, il faut
distinguer deux sens du mot *principe* et deux sortes d'axiomes.

Par *principe de raisonnement* on peut entendre une donnée
fondamentale, *de laquelle* dérivent certaines conséquences. Un
principe, en ce sens, c'est une notion ou une vérité qui enferme en
soi implicitement d'autres notions ou d'autres vérités. Ainsi cette
proposition : *Dieu est l'être infini* sert de principe à ces autres vérités que l'on en déduit : *Dieu est éternel, immuable*, etc.

Par *principes de raisonnement* on peut entendre aussi des vérités
qui, dans certains cas, servent de *conditions* exprimées ou sous-

---

1. Voy. d'Alembert, *ibid.*, p. 132.
2. Nous avons déjà dit ailleurs (p. 175) que le caractère des définitions mathématiques d'être *adéquates* et *exemptes* d'erreurs est une des raisons de la
certitude des conclusions du raisonnement mathématique.

entendues à la déduction et *par le moyen desquelles* on dégage des principes, au sens tout à l'heure indiqué, les vérités secondaires qu'ils renferment.

Dans le premier sens, le principe est *l'origine* ou le point de départ du raisonnement; dans le second sens, il en est comme le *moyen* ou le ressort.

Maintenant il faut distinguer, comme on l'a vu, deux sortes d'axiomes : les axiomes universels des mathématiques, qui énoncent certains rapports entre des quantités quelconques; et les axiomes géométriques, qui énoncent certaines propriétés évidentes et indémontrables de certaines figures, comme l'axiome de la ligne droite et l'axiome des parallèles.

Ceci posé, reprenons la question en la divisant. Les axiomes sont-ils les principes des raisonnements mathématiques au premier sens du mot *principe*? — La réponse à faire sera : *non*, s'il s'agit des axiomes de la première classe; *oui*, s'il s'agit des axiomes de la seconde.

Les axiomes communs ne sont pas les sources des démonstrations. — En effet, les vérités mathématiques énoncent des propriétés des nombres et des figures; or il est clair que des axiomes dont le sujet est indéterminé ne sauraient renfermer les propriétés de nombres et de figures déterminés. En ce sens, Locke a cent fois raison de dire que « la méditation la plus assidue de cet axiome : *le tout est plus grand que la partie*, et autres semblables, ne mènera jamais à ce théorème, que le carré de l'hypoténuse est égal au carré des deux autres côtés ». Dans les idées abstraites de *tout*, de *partie*, de *quantités égales* ou *inégales* entre elles, etc., il est trop clair que les idées de *triangle*, d'*hypoténuse*, etc., ne sont pas contenues, et qu'en scrutant ces idées abstraites, on n'y découvrira pas les propriétés de ces figures. Leibniz abonde ici dans le sens de Locke : « Il ne sert de rien, écrit-il, de ruminer sur les axiomes si on n'a de quoi les appliquer[1]. » (*Erd.*, p. 383.)

Les axiomes propres peuvent l'être. — Mais pose-t-on la même question au sujet des axiomes du second genre? Alors la réponse à faire n'est plus la même. En effet, les axiomes ne sont ici proprement rien autre chose que des *théorèmes* énonçant une pro-

---

1. « Si des grandeurs déterminées n'étaient pas données, écrit M. Liard, l'axiome ne produirait par lui-même aucune conséquence » (*Logique*, p. 95). Nous ne pensons pas que personne ait pu jamais contester cela.

priété essentielle de certaines figures déterminées. Or ces propriétés peuvent être, et sont l'origine, la source, la raison d'autres propriétés. Par conséquent, ces axiomes pourront, en certains cas, jouer dans la démonstration le même rôle que les définitions elles-mêmes. Et c'est là, sans doute, une des raisons pour lesquelles certains de ces axiomes, comme ceux de la ligne droite et des parallèles, sont parfois mis au rang des définitions [1].

Les axiomes propres sont les conditions des démonstrations. — Maintenant, demande-t-on si les axiomes sont les principes du raisonnement, au second sens du mot *principe*, c'est-à-dire les *conditions* ou les *moyens* du raisonnement? En ce cas, il ne paraît pas qu'aucun désaccord puisse non plus se produire *s'il s'agit des axiomes du second genre*. Incontestablement ces axiomes interviennent sans cesse dans le cours des déductions à titre de majeure ou de mineure des syllogismes : par exemple l'axiome que d'un point à un autre on ne peut mener qu'une ligne droite, est, en ce sens, indispensable à la démonstration du théorème que deux triangles qui ont un angle égal compris entre deux côtés égaux chacun à chacun sont égaux (voy. plus haut, p. 276, note).

Les axiomes communs peuvent-ils l'être? — Mais en sera-t-il de même *s'il s'agit des axiomes du premier genre*, énonçant des rapports entre des quantités indéterminées? Ces axiomes sont-ils aussi des conditions du raisonnement? C'est sur ce point et sur celui-là seulement, à ce qu'il semble, que des désaccords peuvent se produire et existent en réalité.

Trois opinions ont été émises. La plus radicale est celle de Locke : Ces axiomes ne sont *d'aucun secours* au raisonnement; ils n'en sont point les conditions exprimées ou sous-entendues. La raison qu'il en donne est celle-ci : c'est que les vérités énoncées par les axiomes d'une manière abstraite et générale sont d'abord perçues dans des cas particuliers, et que la marche naturelle de l'esprit, c'est de s'élever des cas particuliers aux axiomes et non de démontrer par les axiomes les cas particuliers.

1. N'est-ce pas précisément aux axiomes de ce genre que d'Alembert fait allusion, lorsqu'il dit : « Quels sont donc dans chaque science les vrais principes d'où l'on doit partir? Des faits simples et reconnus qui n'en supposent point d'autres, et *qu'on ne puisse par conséquent ni expliquer ni contester;* en physique, les phénomènes journaliers que l'observation découvre à tous les yeux ; en géométrie, les propriétés sensibles de l'étendue. » (*Elém. de phil.*, ch. IV, p. 131.) Que sont ces propriétés sensibles ou intuitives de l'étendue, que l'on peut considérer comme des faits qu'on ne peut ni contester ni expliquer, sinon justement les propriétés exprimées par les axiomes géométriques ? Ainsi, sur ces deux points, tout le monde paraît d'accord.

Ainsi, dit-il, nous reconnaissons d'abord que les lignes A et B, qui sont égales à la ligne C, sont égales entre elles ; d'où nous nous élevons à cette vérité générale, que deux quantités égales à une troisième sont égales entre elles. Il est donc inutile de recourir à l'axiome pour démontrer des vérités particulières, qui sont aussi évidentes ou plus évidentes que l'axiome.

Critique. — A quoi l'on peut répondre : Il est incontestable que c'est dans un cas particulier que l'axiome général nous est révélé tout d'abord. Donc, au point de vue de l'origine *psychologique*, il est incontestable que nous dégageons l'axiome du cas particulier. — Mais au point de vue *logique* il n'est pas moins incontestable qu'au moment même où nous passons de l'exemple à l'axiome, l'axiome nous apparaît comme la *raison, l'explication du fait particulier.* Par exemple, nous reconnaissons l'égalité des deux lignes A et B égales à une troisième C : c'est d'abord pour nous un simple fait, une vérité particulière. Mais vient un moment où nous reconnaissons aussi que deux lignes quelconques égales à une même troisième sont égales. Et dès ce moment l'égalité particulière des lignes A et B, qui n'était d'abord pour nous qu'un *fait*, devient une *conséquence* nécessaire d'une *loi générale.* — Or la géométrie n'a pas pour objet d'exposer les vérités géométriques dans l'ordre *historique* de leur découverte, mais bien dans leur ordre de dépendance *logique* ; c'est pourquoi les axiomes doivent dominer les vérités particulières qui en dépendent, bien que celles-ci puissent sembler aussi évidentes.

« Celui qui connaît que dix est plus que neuf, que le corps est plus grand que le doigt, et que la maison est trop grande pour pouvoir s'enfuir par la porte, connaît chacune de ces propositions particulières *par une même raison générale, qui y est comme incorporée et enluminée,* tout comme l'on voit des traits, chargés de couleurs, où la proportion et la configuration consistent proprement dans les traits, quelle que soit la couleur. Or *cette raison commune est l'axiome même,* qui est connu pour ainsi dire implicitement, quoiqu'il ne le soit pas d'abord d'une manière abstraite et séparée. Les exemples tirent leur vérité de l'axiome incorporé, et l'axiome n'a pas son fondement dans les exemples[1]. » (Leibniz, *Nouv. Ess.,* liv. IV, ch. XII, *Erd.,* p. 330 ; cf. ch. VII, § 10, p. 363, et liv. I, ch. I, § 20, p. 211.)

____

[1]. On peut d'ailleurs ajouter que l'égalité de deux choses égales à une même troisième peut sauter aux yeux comme un fait lorsque les deux quantités sont elles-mêmes de nature à pouvoir être saisies par les sens. Mais, lorsque cette égalité ne peut pas être reconnue d'intuition, parce que les quantités elles-mêmes ne sont pas susceptibles d'être reconnues et comparées par les sens ou l'imagi-

Ainsi les axiomes communs sont au moins les conditions latentes ou sous-entendues des raisonnements[1].

Ils sont les conditions sous-entendues ou exprimées. — Reste à savoir s'ils sont des conditions seulement *externes* et *sous-entendues* du raisonnement, ou s'ils peuvent entrer à titre de *parties intégrantes* dans les raisonnements. Les deux opinions peuvent se soutenir et, à notre sens, ne se contredisent point.

On peut, par exemple, raisonner comme il suit : $A = B$, $B = C$, donc $A = C$, en sous-entendant l'axiome général : deux quantités égales à une troisième sont égales entre elles. Dans ce cas, l'axiome est considéré, ainsi qu'on a envisagé plus haut les divers principes des trois figures du syllogisme, comme la formule abstraite qui exprime une fois pour toutes un certain mode général de raisonner, et qui sert de garantie à tous les raisonnements particuliers conformes à la formule.

Mais, à notre avis, rien n'empêche de faire entrer l'axiome dans les syllogismes eux-mêmes. On soutient (MM. Lachelier et Liard), il est vrai, que de tels syllogismes ne seront pas corrects. Par exemple, si l'on dit : Deux quantités égales à une même troisième sont égales entre elles ; or A et C sont égaux à B ; donc A et C sont égaux, — le syllogisme est incorrect et la conclusion, quoique vraie en soi, ne dérive pas *logiquement* des prémisses. En effet, dit-on, le moyen terme est double, puisque dans la majeure ce moyen est : *égal à une quantité quelconque*, et que dans la mineure il devient : *égal à une quantité déterminée*, B. — La remarque est juste ; mais il n'est pas malaisé d'éviter la faute signalée en développant le syllogisme incriminé en un polysyllogisme, ainsi qu'il suit : Deux quantités égales à B sont deux quantités égales à une même troisième ; or A et C sont des quantités égales à B ; donc A et C sont deux quantités égales à une même troisième. — Deux quantités égales à une même troisième sont égales entre elles ; or A et C sont deux quantités égales à une même troisième ; donc A et C sont deux quantités égales entre elles.

nation, l'axiome général et abstrait n'est-il pas alors indispensable pour affirmer l'égalité de ces quantités ?

« Il y a des cas, dit Leibniz, où l'évidence ne se remarque pas dans l'exemple même et où l'affirmation de l'exemple est une conséquence et non pas seulement une subsomption de la proposition universelle ; comme il peut arriver à l'égard des axiomes. » (*Erd.*, p. 263.)

1. Dugald Stewart se sépare de Locke sur ce point. Il affirme comme Locke que les axiomes ne sont pas les principes féconds du raisonnement, mais il reconnaît que les axiomes sont au moins les conditions ou les « éléments » du raisonnement. Voy. *Élém.*, tr. fr., t. II, p. 23 et 31.

Par conséquent, les axiomes communs, loin d'être inutiles au raisonnement, sont les *conditions nécessaires* et peuvent être les *éléments intégrants* des raisonnements mathématiques.

Résumé. — Donc en résumé : 1° Les axiomes propres à la géométrie, mais ceux-là seulement, peuvent être les *principes* ou sources du raisonnement mathématique ;

2° Tous les axiomes, quels qu'ils soient, sont les *conditions*, soit sous-entendues, soit exprimées, du raisonnement mathématique.

§ VI

Caractère du raisonnement mathématique. — Reste à considérer le raisonnement mathématique lui-même [1].

Outre les raisonnements communs, qui tiennent une grande place, principalement dans la mise en équation des problèmes, on peut distinguer en mathématiques deux sortes de raisonnements ou deux applications du raisonnement : 1° la **déduction géométrique** ; 2° la **déduction analytique** (arithmétique ou algébrique).

Déduction géométrique. — En quoi consiste d'abord la déduction géométrique ?

« Ce qui fait le fond d'une exposition géométrique, dit M. Renouvier (*Logique*, t. II, p. 172), c'est un mode d'argumenter qui revient et se continue sans cesse : *Telle figure a telle propriété* (antérieurement démontrée) ; *or cette figure est telle figure ; donc cette figure a telle propriété.* C'est bien là un syllogisme, mais qui tout d'abord semble puéril comme une identité pure, tant on a l'air de dire ainsi que les attributs d'une chose sont les attributs de cette chose. Et cependant on avance. »

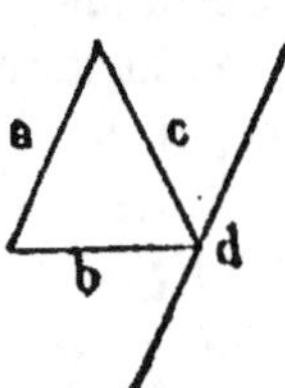

Pour le montrer, M. Renouvier analyse la démonstration du théorème concernant la somme des angles d'un triangle.

Il y distingue : 1° une construction ; 2° un appel à l'intuition pour remarquer la position du triangle par rapport à la droite construite (*d*) et l'agencement des trois angles formés par ce triangle et par cette droite à celui des sommets où elle est menée ; 3° six syllogismes, pas moins,

---

1. « La Logique des géomètres, ou les manières d'argumenter qu'Euclide a expliquées et établies sont une extension ou promotion de la Logique générale » (Leibniz, *Erd.*, p. 342, col. 2). Telle est aussi l'opinion de Wallis et de Huygens. Voy. dans l'*Encyclopédie* l'art. DÉMONSTRATION. Cf. Cournot, *Essai*, t. II, p. 84. M. Lachelier (*De nat. syll.*) a pourtant signalé de profondes différences entre le raisonnement ordinaire et le raisonnement mathématique.

pour dégager de l'intuition ce qu'elle contient de démonstratif, savoir : que la droite construite ne peut avoir avec le périmètre du triangle aucun point commun outre le sommet indiqué (Nous passons pour abréger ces six syllogismes). — Après ces préliminaires liés à la construction, et qui amèneraient d'intolérables longueurs si le géomètre devait les détailler, fût-ce sans syllogisme en forme, vient la démonstration proprement dite, qui se compose des cinq syllogismes suivants :

1° Deux angles alternes internes formés par deux parallèles et une transversale sont deux angles égaux ; deux angles formés par a et b, d'une part, et b et d, de l'autre, sont alternes internes de cette façon, donc ces deux angles sont égaux ;

2° Il est pareil au précédent en remplaçant le côté b par le côté c ;

3° Les sommes faites de quantités égales sont égales ; le triangle proposé a ses trois angles égaux respectivement aux trois angles formés d'un côté de la droite d, au sommet du triangle (l'un desquels angles est un des angles mêmes de ce triangle, et les deux autres sont égaux aux siens en vertu des deux syllogismes précédents) ; donc la somme des angles du triangle est égale à la somme des angles énumérés sur d ;

4° La somme des angles consécutifs formés en un même point, du même côté d'une droite, est égale à deux angles droits ; or la somme des angles énumérés sur d est une somme d'angles consécutifs formés au même point, du même côté d'une droite ; donc la somme des angles énumérés sur d est égale à deux angles droits ;

5° La somme des angles énumérés sur d est égale à deux angles droits ; or la somme des angles du triangle est égale à la somme des angles énumérés sur d ; donc la somme des angles du triangle est égale à deux angles droits.

Déductions analytiques. — Dans le raisonnement analytique on peut distinguer deux parties : 1° la mise en équation du problème ; 2° les transformations successives de l'équation primitive. Or, d'une part, la traduction de l'énoncé sous forme d'équation est le résultat de raisonnements qui ne diffèrent pas des raisonnements ordinaires. D'autre part, la transformation d'une équation en équations équivalentes s'opère constamment par le procédé de la substitution de quantités égales à des quantités égales, en vertu de l'axiome : si l'on substitue des choses égales, l'égalité demeure. Toute transformation d'une équation en une autre équation se fait donc en vertu d'un syllogisme dont cet axiome est la majeure exprimée, ou la condition sous-entendue.

Par exemple, si, d'une part, je suppose $y = x + 8$, et si, d'autre part, j'ai l'équation $x + y = 80$, cette dernière équation peut se transformer, en raisonnant comme il suit :

Majeure : En substituant des choses égales, l'égalité demeure ;

Mineure : Or en substituant à y, dans le premier membre de cette équation, sa valeur $x + 8$, on substitue des choses égales (par hypothèse);

Conclusion : Donc, en substituant $x + 8$ à y, l'égalité demeure, et l'on peut écrire $x + x + 8 = 80$.

Théorie de Condillac : part de vérité. — Par où l'on voit ce qu'il y a tout à la fois de vrai et d'excessif dans la théorie célèbre de Condillac, d'après laquelle le raisonnement algébrique va du même au même, de l'identique à l'identique. Il y a du faux dans cette thèse, car évidemment ces deux équations, par exemple : $2x + 8 = 80$ et $2x = 80 - 8$, dont la seconde se déduit de la première, ne sont point identiques, puisqu'elles enferment des idées et indiquent des opérations différentes. — Mais d'autre part il y a du vrai et, quoi qu'on en ait dit, beaucoup plus de vrai que de faux dans cette thèse, puisque ce qui permet de substituer une équation à une autre équation, c'est la persistance ou l'*identité du rapport* exprimé dans les deux équations, à savoir : le rapport d'égalité entre les membres de chacune d'elles. Tout l'art ou le secret du maniement des équations consiste à maintenir toujours le même rapport, en faisant subir aux membres de l'équation toutes les modifications jugées nécessaires. Les modifications opérées sur les termes sont des éclaircissements et font l'*utilité* de la transformation des équations; la persistance ou l'identité d'un même rapport en font la *légitimité*.

C'est donc bien une *identité latente* qui constitue le lien des équations entre elles; et ceux mêmes qui ont prétendu réfuter la thèse de Condillac n'ont fait après tout que la modifier dans la forme, en substituant, comme l'a fait M. Duhamel, le mot *équivalence* au mot *identité*. Qu'est-ce que l'équivalence sinon l'identité *sous un certain rapport?*

Ajoutons seulement que cette identité ou équivalence n'est pas, comme Condillac est trop porté à le croire, immédiatement évidente, et que le raisonnement mathématique a précisément pour objet de la démontrer. Ce raisonnement toujours le même se sous-entend sans inconvénient dans la pratique. Mais la théorie des opérations mathématiques est obligée de le rétablir et d'en définir la nature [1].

---

1. Sur l'analyse et la synthèse mathématiques, voy. le chap. XVI.

CHAPITRE XVI

LA MÉTHODE GÉNÉRALE

ANALYSE ET SYNTHÈSE

§ I

Méthode générale. Unité du problème scientifique.
— Après avoir fait connaître les caractères particuliers des diverses méthodes mises en œuvre dans les diverses sciences, il importe d'en indiquer les rapports généraux et la parenté intime.

La diversité des objets de la science entraîne la diversité des méthodes ou des moyens de la science. Mais l'objet général de la science, qui ne varie point d'une science à l'autre, commande l'unité fondamentale des méthodes. — Or le but général de la science, c'est d'expliquer ; son objet constant, c'est la recherche des raisons. La cause ou la loi est raison par rapport à l'effet ; le principe est raison par rapport à la conséquence. La science consiste à saisir *le rapport ou la liaison de la cause à l'effet, du principe à la conséquence.*

Deux moyens de le résoudre. — Pour y parvenir, deux voies sont ouvertes à l'esprit : partir de la cause ou du principe, et descendre à l'effet ou à la conséquence ; ou bien, inversement, partir de l'effet ou de la conséquence et remonter à la cause, au principe. D'une manière comme de l'autre, le but est atteint dès que la jonction des deux termes qu'il s'agit de rattacher l'un à l'autre est opérée.

Avantage du premier. — Pourtant, le premier de ces procédés a, par nature, une évidente supériorité sur le second. Naturellement la cause est, dans l'ordre réel, avant l'effet qui en résulte ; et le principe est, dans l'ordre logique, avant la conséquence qui en découle. Donc, l'opération de l'esprit par laquelle on va de la cause à l'effet et du principe à la conséquence a l'avantage de se conformer à l'ordre naturel. Le cours du raisonnement suit alors le cours des choses, et la pensée par son mouvement et sa logique intérieure imite et reproduit le mode de génération et la logique réelle de ses objets. C'est l'idéal même de la science.

Analyse et synthèse. — Cette marche *progressive* de la pensée se nomme **synthèse**; la marche en sens inverse ou *régressive*, c'est-à-dire qui remonte le cours des choses, se nomme analyse. Puisque la science a toujours en définitive le même objet, l'explication des choses par leurs raisons, et puisqu'il n'y a d'autre manière d'expliquer que de *rattacher*, par voie analytique, les choses à leur raison, ou d'*engendrer*, par voie synthétique, les choses par leurs raisons, l'analyse et la synthèse sont le double procédé auquel se ramènent en définitive toutes les méthodes particulières.

Autre manière de les entendre. — Mais on donne souvent aux mots *analyse* et *synthèse* un autre sens que celui que nous venons de leur assigner. Le plus ordinairement on entend par analyse une méthode de *décomposition* d'un tout en ses parties intégrantes ou ses éléments composants[1], et par synthèse une méthode inverse de *composition* d'un tout par ses parties ou ses éléments. C'est en ce sens qu'on parle le plus souvent d'analyse et de synthèse chimiques. C'est dans ce sens aussi que le mot *analyse* est employé par l'école de Condillac, laquelle fait de l'analyse la méthode unique et universelle.

Réduction à l'unité : l'analyse est essentiellement une explication régressive. — Il est aisé pourtant de réduire à l'unité ces deux espèces d'analyse et de synthèse. Mais, pour y parvenir, il est indispensable de maintenir comme sens premier et fondamental du mot *analyse* le sens que nous avons indiqué tout d'abord, et qui historiquement est bien en effet le sens primitif. Que si, au contraire, on entend essentiellement par *analyse* une méthode de décomposition, on se met dans l'impossibilité de saisir aucun rapport entre l'analyse ainsi définie et l'analyse géométrique, et l'on perd de vue l'unité de la science.

Pour les anciens, l'analyse est une méthode géométrique : conformément au sens étymologique du mot, cette méthode est proprement pour eux une *solution à rebours* ou *en remontant*. Elle consiste en effet à partir de la chose proposée, pour remonter, par

---

1. « Telle est la résolution d'une phrase en mots, d'un mot en syllabes, d'un accord en notes détachées, d'un raisonnement en propositions. »

voie régressive, jusqu'aux principes antérieurement établis d'où elle peut dériver à titre de conséquence.

La décomposition est une régression. — Or, maintenant, n'est-il pas vrai que, logiquement et réellement à la fois, les parties existent avant le tout, les éléments avant le composé? Donc la méthode de décomposition ou de résolution est, comme la méthode d'analyse en géométrie, une méthode à rebours ou régressive. Par exemple, faire l'analyse de l'eau, ce n'est pas autre chose que remonter de l'objet proposé aux éléments antérieurs d'où cet objet résulte à titre d'effet et comme une sorte de conséquence. Pareillement, analyser un drame, un discours, c'est, en suivant la marche inverse de celle qu'a suivie l'auteur, remonter jusqu'à cette première période qui fut pour lui le point de départ de la création de l'œuvre : la conception des idées élémentaires du drame ou du discours. — Inversement, la méthode de composition est évidemment progressive. Faire la synthèse de l'eau par le moyen de ses éléments, c'est aller des causes aux effets, et comme des principes à la conséquence.

Ainsi l'analyse de décomposition et la synthèse de composition ne sont qu'une variété, qu'un cas particulier de la méthode d'analyse régressive et de synthèse progressive [1].

En d'autres mots, toute régression n'est pas décomposition; et c'est pourquoi, si l'analyse est essentiellement et avant tout considérée comme une méthode de décomposition, il n'y aura aucun rapport entre l'analyse chimique, anatomique, psychologique, etc., qui décompose, et l'analyse géométrique, qui ne décompose point. Mais toute décomposition est aussi régression, et c'est pourquoi, si l'analyse est essentiellement régression, l'analyse géométrique et

---

1. « On pourrait sans fausse subtilité, dit D. Stewart (*Élém.*, tr. fr., t. II, p. 260), retrouver l'empreinte plus ou moins marquée de la valeur primitive de cette proposition ἀνά dans tous les cas où le mot *analyse* peut être employé avec propriété. Par exemple, dans la séparation d'un corps composé en ses parties composantes, nous partons de la supposition que ces parties ont été préalablement combinées ou réunies ensemble, de manière à constituer l'agrégat soumis à l'examen du chimiste, et, par conséquent, que le procédé analytique prend une marche inverse ou rétrograde par rapport à celle qui a été suivie dans la formation primitive du composé. La même remarque s'applique, *mutatis mutandis*, à d'autres cas, en apparence différents. » — Par là, D. Stewart réfute lui-même ce qu'il a dit une page plus haut : « Le sens du mot *analyse* dans la physique, dans la chimie et dans la philosophie de l'esprit humain est radicalement différent de celui qu'il avait chez les géomètres grecs. »

La réduction à l'unité telle que nous la proposons ici des diverses espèces d'analyses se trouve contestée dans une étude intéressante de M. Fonsegrive (*Rev. phil.*, t. XIV, p. 313). Nous persistons à trouver valable la raison que nous donnons d'accord avec D. Stewart.

l'analyse chimique, anatomique, physiologique, etc., sont une seule et même méthode, qui, tout en se modifiant sans doute pour s'adapter à ses divers objets, demeure toujours foncièrement identique. — Une vérité parallèle doit se dire de la synthèse.

Distinction de l'analyse et de la division. — Mais il y a plus : non seulement, en comprenant de la sorte le rôle de l'analyse, on a l'avantage de saisir dans son unité l'essence des diverses méthodes applicables aux diverses sciences, mais encore on saisit la vraie portée scientifique, le véritable objet de la méthode analytique ; tandis qu'à le prendre autrement, on n'en a qu'une idée tout à fait incomplète. Réduire l'objet de l'analyse à la décomposition, c'est-à-dire à la reconnaissance des parties ou des éléments, c'est réduire l'analyse à la *division*. Beaucoup d'auteurs ne voient en effet dans l'analyse qu'un procédé qui nous est imposé par la faiblesse de notre esprit, lequel, incapable de se faire d'un seul coup une idée nette d'un tout complexe, est obligé, pour y parvenir, de fractionner sa besogne et d'étudier l'objet morceau par morceau. Mais l'analyse est plus que cela : l'analyse est, au fond, la science même ; et, comme la science, elle a pour objet la recherche des raisons. Ce que poursuit l'analyse, c'est l'*explication* de la chose. Son œuvre n'est donc pas seulement de dégager les éléments, mais encore et surtout de saisir le *rapport* de l'objet proposé avec ces éléments mêmes, c'est-à-dire d'expliquer l'objet par ses éléments. Autrement dit, une décomposition n'est proprement analytique que si elle est accompagnée d'une *réduction*, c'est-à-dire si dans les éléments elle sait trouver les *principes*. Donc l'analyse même qui décompose, en tant qu'elle se distingue de la simple division, est essentiellement une méthode régressive, analogue à la méthode géométrique du même nom.

§ II

L'analyse et la synthèse sont chacune en soi une méthode complète. — Si tel est bien l'objet de l'analyse, il suit de là, comme on l'a déjà vu plus haut, qu'il ne faut pas considérer l'analyse et la synthèse comme deux moments successifs et également nécessaires de la méthode, et leur assigner à chacune un rôle partiel et spécial dans la solution du problème scientifique. Au contraire, chacune de ces méthodes est en soi pleinement suffisante à la solution du problème scientifique tout entier.

Tellement que là où l'une d'elles réussit pleinement, elle ne laisse plus rien d'essentiel à faire à l'autre.

Il en serait tout autrement si, au lieu d'entendre par *analyse* l'explication d'un tout par son rapport à ses éléments, on réduisait le rôle de l'analyse à la simple distinction des éléments impliqués dans le tout. Dans ce cas, l'œuvre de l'analyse étant achevée, l'œuvre proprement scientifique serait parfois à peine commencée. On n'a point, par exemple, une idée scientifique d'une machine par le seul fait de connaître de combien de roùages elle est composée. L'analyse n'est alors que la préparation de la synthèse, à qui seule, en ce cas, il appartiendrait de faire la science, en montrant comment le tout *dérive* des éléments. — Mais, encore une fois, telle n'est point la vraie nature de l'analyse au sens où les Anciens et les plus grands des modernes, Newton par exemple, l'ont entendue, soit dans son application à la mathématique, soit dans son application à la physique. En géométrie, en physique, l'analyse se pose exactement le même problème que la synthèse ; et, là où elle est parfaite, elle le résout aussi complètement que la synthèse, bien que par une marche opposée. L'analyse en un mot est une *synthèse renversée* [1].

Elles se suppléent réciproquement. — Est-ce à dire que la synthèse soit inutile ? — Il s'en faut bien ; et Condillac est ici complètement dans l'erreur. Seulement il faut bien comprendre en quoi et à quel titre ces deux méthodes sont appelées à se prêter

1. Telle était au fond probablement l'idée de Condillac, lorsqu'il soutenait que toute la méthode se réduit à l'analyse: Seulement la manière dont il a présenté ses vues à ce sujet n'est pas nette et paraît même parfois contradictoire. D'une part, en effet, en maint passage il semble réduire l'analyse à la division et à la distinction des parties ; auquel cas on ne s'explique pas comment il peut nier l'utilité de la synthèse. Mais, d'autre part, on remarque que, d'après lui, quiconque a achevé l'analyse d'un tout, d'une machine par exemple, doit être capable *ipso facto* de refaire ce tout par la pensée (voy. *Log.*, ch. III, § 2). Or comment en serait-on capable en effet, si, tout en distinguant les pièces de la machine, on n'avait simultanément remarqué la *liaison* de chacune de ces pièces avec les pièces voisines, et soigneusement noté tout cet ensemble de *rapports*, desquels, et non pas des seuls éléments, résulte le tout ?

Parfois, d'ailleurs, il s'exprime catégoriquement sur ce sujet. « Analyser, écrit-il, c'est décomposer, comparer et *saisir les rapports*. L'analyse ne décompose que pour faire voir l'origine et la génération des choses. Elle doit donc présenter les idées partielles dans le point de vue où l'on voit se reproduire le tout qu'on analyse.... Celui qui ne présente pas ses idées abstraites dans l'ordre qui peut facilement faire connaître la génération des objets, fait des analyses peu instructives. L'analyse est donc la décomposition entière d'un objet, et la distribution des parties dans l'ordre où la génération devient facile. » *(Art de penser*, part. II, ch. IV.) « Le secret de l'analyse, dit-il encore, est la liaison des idées. » C'est apparemment parce qu'il se faisait une telle idée de l'analyse que Condillac a pu justement soutenir que l'analyse est en soi une méthode complète.

un mutuel concours. Elles n'ont point, nous l'avons dit, à se *compléter* proprement l'une l'autre, lorsque l'une ou l'autre a pu résoudre pleinement le problème qui lui était proposé. Mais elles ont perpétuellement à se *suppléer* l'une l'autre, lorsque, par la nature du problème à résoudre, l'une ou l'autre se trouve momentanément empêchée et en défaut.

Cas où l'analyse est imposée. — La méthode synthétique est *en soi* la plus naturelle, la plus claire, puisqu'elle se conforme à l'ordre naturel et logique, en allant des principes aux conséquences et des causes aux effets. Cependant la méthode analytique est *pour nous* ordinairement la méthode la plus naturelle et la plus facile. Il est certes plus facile de descendre de la montagne dans la vallée que de monter de la vallée sur la montagne. Mais celui qui est dans la vallée ne peut faire autrement que de prendre la peine de monter sur la montagne, s'il veut avoir le plaisir de redescendre dans la vallée. Or telle est justement notre situation la plus ordinaire dans le travail scientifique. L'œuvre de la science se présente à nous sous la forme de questions ou problèmes à résoudre : c'est, par exemple, un effet qu'il s'agit d'expliquer, un théorème qu'il s'agit de démontrer, etc. Tel est notre point de départ. Or, cela étant, comment saisir d'emblée les principes qui doivent nous fournir la solution de la question ? Entre ces principes et l'objet proposé, souvent l'intervalle est immense. Prétendre le franchir d'un coup, c'est, comme le dit Descartes au sujet de la méthode en général, vouloir s'élever au faîte d'une tour, en négligeant l'escalier destiné à cet usage. — Il est clair qu'à moins d'un hasard extraordinaire, au lieu de tomber juste sur les vrais principes, nous tomberons à côté. La synthèse essayée en partant de ces principes échouera ; il faudra en essayer une autre, qui peut-être échouera de même ; et nous irons ainsi d'essai en essai, incertains de jamais réussir, « comme quelqu'un, dit encore Descartes, qui serait possédé d'un si furieux désir de découvrir un trésor, qu'il irait errant par tous les chemins pour voir si par hasard quelque voyageur n'en aurait pas laissé un ». — Encore est-il à craindre que, les conditions exactes du problème étant perdues de vue, et l'imagination aidant, ces essais hypothétiques nous apparaissent indûment comme des solutions suffisantes. La plupart des faux systèmes sont les conséquences de synthèses prématurées.

Donc, si la méthode idéale c'est la synthèse, la méthode appropriée à nos moyens, c'est le plus souvent l'analyse, qui, au lieu de passer immédiatement, d'un élan que rien ne règle et ne mesure, de la question à résoudre à ses principes les plus éloignés, résout d'abord la question par ses principes les plus proches, puis dérive ces principes mêmes de leurs principes les plus proches, et qui s'élevant toujours, sans jamais perdre le contact de la question posée, laquelle s'élève elle-même en se transformant, parvient ainsi, en assurant tous ses pas, jusqu'aux principes suprêmes, les premiers dans l'ordre de l'être, les derniers dans l'ordre du savoir.

Cas où la synthèse est seule possible : 1° Recherche des effets. — Mais si le plus souvent l'analyse ou synthèse renversée est l'indispensable substitut de la synthèse directe trop incertaine, dans quelques cas pourtant, la synthèse directe supplée à son tour heureusement l'analyse trop lente ou tout à fait impuissante. Supposons qu'au lieu de chercher les causes d'effets donnés, nous cherchions les effets de causes données. Si, pour résoudre la question, nous supposions d'abord un effet déterminé quelconque, afin de chercher analytiquement s'il peut se rattacher aux causes données, nous procéderions avec la même incertitude que tout à l'heure en voulant expliquer synthétiquement un effet donné par des causes supposées au hasard. Ainsi, tandis que le juge, le moraliste, etc., qui cherchent les causes et les motifs de certaines actions, emploient la méthode d'analyse, — le législateur, le politique, l'économiste, le pédagogue, qui cherchent à prévoir les effets de causes données ou qu'ils créent et introduisent eux-mêmes dans un milieu donné, doivent procéder par synthèse.

2° Recherche de vérités non désignées. — A ce genre de recherches se rapporte ce que M. Duhamel (*Méth. dans les sc. de raisonnement*, vol. I, p. 32 et 37) appelle la déduction *sans but déterminé*, ou la recherche de *vérités nouvelles non désignées*.

« Lorsqu'on connaît un certain nombre de propositions, on peut, en les combinant, en déduire de nouvelles, dont on n'avait aucune idée, et que l'on conservera si elles paraissent avoir quelque importance. Beaucoup de découvertes utiles se sont faites et se feront encore de cette manière ; c'est un moyen d'accroissement pour la science, qu'il ne faut pas négliger ; et, bien qu'il ne soit pas susceptible d'être dirigé par une méthode régulière, tout n'est pas dû au hasard dans les résultats auxquels il conduit. »

Nous avons vu, en parlant de la déduction dans les sciences physiques, comment, par la combinaison synthétique d'une loi donnée avec une autre loi ou des circonstances particulières, on arrive à certaines découvertes tout à fait inattendues. Ainsi Pascal combinant la loi de la pression atmosphérique avec les différences de hauteur au-dessus du niveau de la mer arrive à prévoir les variations de la colonne barométrique.

Qui peut dire combien de découvertes sont dues, dans tous les ordres de sciences, à ce jeu fécond du génie scientifique, s'exerçant en quelque sorte en artiste, librement et sans but déterminé, à des rapprochements, à des combinaisons de tout genre, et suivant ensuite les conséquences de ses propres hypothèses, sans autre but que de voir ce qui en sortira? C'est à l'analyse sans doute que l'on doit la solution de la plupart des questions une fois posées. Mais c'est à la synthèse, probablement, que l'on doit le plus grand nombre de vues fécondes et originales, qui font connaître et expliquent du même coup des faits ou des lois qui n'étaient même pas encore en question. Si l'analyse est par excellence la méthode des *solutions*, la synthèse est par excellence la méthode des *découvertes*.

3° Cas de la composition des causes. — Mais, alors même qu'il s'agit de problèmes déterminés à résoudre, et alors même que le problème consiste à trouver la cause d'effets donnés, — problème qui par nature relève de l'analyse, — il est des cas où la synthèse seule peut en fournir la solution. C'est le cas de la *composition des causes* et du *mélange des effets*. Impossible ici, nous l'avons vu (ch. x), de rattacher l'effet à sa cause par voie de réduction, vu que, l'effet étant un et indivisible, on ne peut le résoudre en ses éléments, pour rapporter ensuite par régression chacun de ces éléments à une cause déterminée. C'est pourquoi on est obligé de transformer le problème à résoudre en ce problème équivalent : chercher la combinaison de causes qui, si elle était donnée, pourrait engendrer un effet équivalent à l'effet donné. Nous attaquons ainsi le problème par la méthode synthétique. Au lieu d'analyser l'effet, nous essayons de le *construire*, et, dans les cas les plus simples tout au moins, grâce à l'exacte connaissance des principes fondamentaux de la composition des forces, grâce aussi au puissant secours que nous prête l'emploi du calcul, nous y réussissons en effet.

Résumé. — Ainsi l'analyse et la synthèse nous apparaissent comme deux outils différents susceptibles de donner l'un et l'autre à la matière ouvrée une même forme achevée et parfaite. Seulement, suivant la qualité propre des diverses espèces de matières, l'un de ces outils mord, l'autre ne mord pas : d'où la nécessité de choisir celui qui convient le mieux ou qui convient seul au cas proposé.

La synthèse comme contre-épreuve. — Maintenant supposons un cas où l'analyse suffise à elle seule à l'œuvre proposée. La synthèse n'a alors ni à compléter, ni à suppléer l'analyse. Mais elle sera utile encore comme **moyen de contrôle** et de vérification : ainsi, quand on a fait une addition dans un sens, on la recommence dans l'autre; non pas que le résultat donné par la première opération soit soupçonné d'être *incomplet* et insuffisant, mais parce qu'il y a lieu de se demander s'il est *exact*. Ce n'est pas de la nature de l'opération elle-même que vient le doute, puisque en soi elle est aussi bien que la seconde susceptible de résoudre absolument le problème proposé; mais le doute vient de la faillibilité de l'opérateur. Pareillement, là même où, par la nature du cas, l'analyse est apte à la solution complète du problème, il est toujours bon de recourir à la synthèse. La synthèse n'ajoutera rien de nouveau aux résultats de l'analyse; mais elle fournira une garantie collatérale de ces résultats. C'est dans la chimie et la physiologie principalement qu'on reconnaîtra l'importance de cette règle.

La synthèse comme mode d'exposition. — Enfin, supposons une solution analytique achevée et parfaite : par cela seul que l'analyse est une méthode de solution à rebours, la solution du même problème par voie synthétique ou directe donnera toujours à l'exposition scientifique un supplément d'élégance, et apportera toujours à l'esprit une satisfaction en quelque sorte esthétique. Si, par exemple, nous avons pu, en partant du dernier effet d'une machine et en suivant pas à pas la série des mouvements intermédiaires, remonter jusqu'à la force motrice elle-même, notre esprit se complaît ensuite à suivre dans l'ordre naturel toutes les transformations de cette puissance mécanique, jusqu'à son dernier effet. C'est pourquoi la synthèse est généralement considérée comme la méthode la plus propre à l'enseignement[1].

---

1. Disons cependant que cette règle n'est point absolue. Là où les principes sont parfaitement clairs, comme en géométrie, il vaut mieux procéder par la synthèse; mais là où les principes sont plus obscurs et plus difficiles à saisir, comme en métaphysique, il vaut mieux, selon la remarque de Descartes (*Rép. aux secondes obj.*, Éd. Cousin, t. I, p. 449), procéder analytiquement, en remontant des conséquences aux principes. — En outre, dans l'enseignement on peut se proposer deux choses : enseigner une vérité découverte, et aussi enseigner, au-

§ III

L'analyse et la synthèse dans les diverses sciences.
— Il nous reste à éclaircir et à compléter ces vues générales en
considérant l'application de l'analyse et de la synthèse aux divers
ordres de sciences.

Mathématiques. Analyse géométrique. — En quoi
consistent d'abord l'analyse et la synthèse géométriques ?

« L'analyse géométrique, dit M. Duhamel (*ibid.*, p. 39), s'applique à la
démonstration de propositions énoncées et à la solution de questions
proposées. On en trouve la première trace dans les *Éléments* d'Euclide,
et Pappus, d'Alexandrie, la fait remonter à Platon. Pappus[1] donne la
définition précise et fait l'exposé de cette méthode : Τὴν τοιαύτην ἔφοδον
ἀνάλυσιν καλοῦμεν, οἷον ἀνάπαλιν λύσιν, nous appelons cette méthode *analyse*,
comme pour dire solution à rebours[2]. »

Voici maintenant l'exposé de l'analyse :

« Il y a deux genres d'analyse : l'un a pour objet la démonstration de la
vérité et se nomme *théorétique;* l'autre, l'exécution d'une chose proposée
et se nomme *problématique.*

» Dans le genre théorétique (démonstration des théorèmes), supposant
vraie la chose en question, et regardant comme vraies les conséquences
qui s'en déduisent, comme elles le sont en effet d'après l'hypothèse, nous
avançons jusqu'à ce que nous parvenions à quelque chose de connu. Si
cette chose est vraie, la proposée le sera aussi.... Mais si nous sommes
parvenus à une chose reconnue fausse, la proposée sera fausse elle-même.

— Dans le genre problématique, nous regardons comme exécuté ce qui
est proposé, et, en suivant les conséquences qui en résultent, nous tâchons
de parvenir à quelque chose qui soit connu. Si cette chose est possible et
exécutable, la proposée le sera aussi. Mais, si la chose à laquelle nous
sommes parvenus est reconnue impossible, le problème sera impossible
lui-même. »

Descartes a résumé la méthode d'analyse dans cette courte formule :
« Dans l'analyse on déduit de l'inconnu le connu en traitant l'inconnu
comme connu et le connu comme inconnu. »

Voici un exemple très simple et très clair de l'emploi de cette méthode

tant que faire se peut, à inventer et à découvrir. Or, pour ce dernier objet,
mieux vaut procéder analytiquement, si c'est analytiquement que la vérité ensei-
gnée a été découverte. L'élève assiste alors, pour ainsi dire, à la découverte et la
refait lui-même par la pensée. Il acquiert par là non seulement un savoir tel
que celui qu'on peut puiser dans les livres, mais encore quelque chose de cette
aptitude scientifique que les maîtres de la science savent communiquer aux
disciples privilégiés qu'ils admettent, dans leur laboratoire, à la participation
de leurs recherches.

1. Au septième livre des *Collections mathématiques*, traduites en latin par
Halley.

2. « Hic processus *analysis* vocatur, quasi dicas inversa solutio » (Halley)

dans la solution des problèmes. Pour résoudre le problème de l'inscription d'un hexagone régulier dans une circonférence donnée, Legendre (liv. IV, proposit. 4), raisonne ainsi : « Supposons le problème résolu, et soit AB un des côtés de l'hexagone inscrit. Si on mène les rayons aux extrémités de ces côtés, le triangle ainsi formé sera équiangle (chacun des angles étant égal à deux tiers d'angle droit), donc il sera équilatéral ; donc le côté de l'hexagone inscrit est égal au rayon. Il suit de là que, pour inscrire un hexagone régulier dans une circonférence donnée, il faut porter le rayon six fois sur la circonférence. »

Imperfection logique de cette méthode. — Telle qu'elle est définie et pratiquée par Euclide, telle qu'elle est exposée par Pappus, la méthode d'analyse, suivant une remarque de Leibniz, n'est pas absolument rigoureuse. En effet, la possibilité de déduire une chose reconnue vraie d'un principe supposé vrai ne prouve pas rigoureusement la vérité de ce principe, car il est reconnu en Logique que du faux il est possible de déduire le vrai [1].

Pour que la démonstration soit rigoureuse, « il faut, ajoute Leibniz (*Nouv. Ess.*, IV, ch. xvii, *Erd.*, p. 397), que les propositions soient *réciproques*, afin que la démonstration puisse repasser à rebours par les traces de l'analyse. » Déjà Pappus, après avoir exposé la méthode d'analyse, demandait que la démonstration se fît en sens inverse de l'analyse. Mais il considérait comme nécessairement vraie la proposition où s'arrête l'analyse, et croyait toujours possible la démonstration inverse ou synthétique. C'est en quoi Leibniz a raison de dire qu'il est dans l'erreur.

M. Duhamel (*ibid.*, p. 66 sqq.) fait la même objection au procédé analytique ainsi entendu, et y apporte la même correction : « A chaque pas en avant de la déduction analytique il est nécessaire de s'assurer si la réciprocité a lieu. »

Autre mode d'analyse. — Mais en outre, d'après M. Duhamel, la vraie méthode d'analyse ne consiste pas à *déduire* de la proposée une conséquence, de celle-ci une autre, et ainsi de suite, jusqu'à ce qu'on arrive à quelque chose de connu ; mais bien à *réduire* la proposée à une autre proposition d'où elle puisse dériver à titre de conséquence, celle-ci à une autre, et ainsi de suite jusqu'à ce qu'on arrive à quelque chose de connu. D'une part on a : de la proposée D se déduit C ; de C se déduit B ; de B se déduit A, qui est reconnu vrai : donc D est vrai. D'autre part on a, au contraire :

1. Ex.: Tout homme est médecin, donc quelque homme est médecin.

D, la proposée, peut se déduire de C; C se déduit de B; B se déduit de A, qui est reconnu vrai : donc D est vrai [1].

L'analyse ainsi entendue « consiste donc à établir une chaîne de propositions commençant à celle que l'on veut démontrer, finissant à une proposition connue, et telle que, en partant de la première, chacune soit une conséquence nécessaire de celle qui la suit; d'où il résulte que la première est une conséquence de la dernière et par conséquent vraie comme elle. Cette analyse n'est autre chose qu'une méthode de réduction.... Ainsi présentée, l'analyse se suffit à elle-même et n'a pas besoin d'être suivie de la démonstration synthétique [2] ».

Synthèse. — La méthode synthétique consiste « à partir de propositions reconnues vraies et à en déduire d'autres comme conséquences nécessaires; de celles-ci de nouvelles, et ainsi de suite, jusqu'à ce qu'on arrive à la proposée, qui se trouve alors reconnue elle-même comme vraie ». Par où l'on voit que, si l'on entend l'analyse comme M. Duhamel, la démonstration analytique d'un théorème étant connue, on obtient immédiatement la démonstration synthétique en renversant l'ordre des propositions. Mais la démonstration synthétique ne sera pas toujours possible, si on entend l'analyse à la façon d'Euclide et de Pappus.

Avantages de l'analyse sur la synthèse. — On voit aisément par ce qui précède quelle est la supériorité de l'analyse sur la synthèse, du moins tant qu'il s'agit de la démonstration de propositions *données* ou de la solution de problèmes *désignés*. Considérons le cas d'un théorème à démontrer. Le procédé synthétique

1. L'analyse d'Euclide est une régression par *déduction*, et l'analyse de Duhamel une régression par *réduction*. L'analyse géométrique telle que l'entend M. Duhamel a plus de rapport que l'analyse euclidienne avec l'analyse physique. Car en physique on procède en *réduisant* les faits aux lois, et non pas en *déduisant* des faits les lois, comme Euclide déduit de la proposée les principes mêmes qui serviront à la démontrer.

2. L'analyse d'Euclide et de Pappus a toujours besoin d'être suivie de la démonstration synthétique, pour deux motifs. Le premier, c'est que, pour la raison qu'on a dite, l'analyse ainsi comprise n'est pas en elle-même une preuve suffisante de la vérité de la proposition. Le second, c'est que, alors même que la preuve serait suffisante, ce mode de démonstration, par la possibilité de déduire une proposition vraie de la proposée, ne montre pas *comment* la proposée elle-même dérive de cette proposition vraie. Cette démonstration a donc le même inconvénient que la démonstration par l'absurde : elle prouve et n'explique pas. C'est pour cette raison sans doute que Pappus, bien que considérant la démonstration analytique comme une preuve rigoureuse, demande que la démonstration se fasse néanmoins synthétiquement. — Au contraire, l'analyse par réduction de M. Duhamel est à la fois une preuve parfaite et une explication ; la synthèse n'ajoute ici rien de nouveau à l'analyse : elle n'est que l'analyse renversée.

consisterait à prendre pour point de départ un théorème admis,
pour essayer d'en déduire le théorème proposé. Mais lequel choisir
parmi tous les théorèmes admis? Si rien ne le désigne particulièrement et qu'on le choisisse au hasard, on pourra faire un nombre
infini d'essais infructueux. — Ce n'est pas tout : d'un théorème admis
peuvent se déduire plusieurs conséquences prochaines, dont chacune en renferme une série d'autres. De ces *diverses lignes de
déduction* partant d'un même point, j'ignore celle qui me conduira
au but proposé, et je suis encore réduit à les essayer successivement. Même embarras à chaque pas du raisonnement. — Ainsi je ne
sais ni par où commencer, ni quelles conséquences tirer : comme
dit Leibniz, c'est la mer à boire (*Erd.*, p. 342). Un pareil procédé
ne mériterait pas le nom de méthode.

Au contraire, le procédé analytique me donne un point de départ
fixe : la proposée. — Maintenant, si je procède à la façon d'Euclide,
je déduis les conséquences de ce principe. Or, pour que la preuve
soit faite, il n'est pas nécessaire que ma déduction aboutisse, comme
tout à l'heure, à un point *unique déterminé d'avance*. Il suffit
qu'elle aboutisse à un théorème *quelconque* déjà démontré, avec
cette réserve que ce théorème puisse à son tour servir de point de
départ pour la déduction de la proposée. Mais d'ordinaire plusieurs
théorèmes peuvent remplir cette condition. On a donc à la fois la
fixité dans le point de départ et une certaine latitude pour le point
d'arrivée. « Dans la synthèse, dit ingénieusement D. Stewart
(*ibid.*, p. 252), la conduite de l'entendement ressemble à celle d'un
étranger qui, débarqué sur un point quelconque de notre île, aurait
à trouver par sa propre sagacité la route de Londres; dans l'analyse on peut la comparer à celle d'un habitant de la capitale qui
projetterait de s'évader sur le continent par quelqu'un de nos ports
de mer. »

Que si je procède comme le demande M. Duhamel, la marche
analytique consiste à ramener la proposée à une autre proposition
dont elle soit la conséquence *immédiate* : il y a bien là quelque
incertitude, mais encore ici le point de départ est fixé, et de plus
la preuve est faite et parfaite dès que la réduction aboutit à l'un
quelconque des théorèmes déjà démontrés.

Donc, s'il s'agit de théorèmes donnés, la démonstration analytique est la méthode ordinaire de découverte, et la démonstration
synthétique ne peut guère servir qu'à démontrer aux autres une
proposition que l'on connaît.

Autre usage de l'analyse : démonstration par l'absurde. — Mais on peut faire un autre usage de la méthode analytique. Au lieu de supposer la vérité de la proposée et d'en déduire les conséquences, on peut supposer la vérité de la proposition contradictoire à la proposée [1]. On déduit alors les conséquences de cette contradictoire. Or, dès que l'une de ces conséquences est reconnue fausse, la fausseté de cette contradictoire prise comme principe est démontrée. Car, si parfois le faux peut, comme on l'a vu, engendrer le vrai comme conséquence, le vrai ne donne jamais le faux comme conséquence ; et par suite, si la vérité de la conséquence n'est pas toujours la preuve de la vérité du principe, la fausseté de la conséquence est toujours la preuve de la fausseté du principe. La contradictoire de la proposée étant ainsi reconnue fausse par la fausseté de ses conséquences, la vérité de la proposée est par là même démontrée, en vertu de cet axiome, que, de deux contradictoires, toujours l'une est fausse, l'autre vraie.

C'est presque uniquement sous cette forme de réduction à l'absurde que, pour la démonstration des théorèmes, le procédé analytique subsiste dans l'exposition doctrinale en géométrie.

Cette méthode est rigoureuse. Mais elle est aussi fort imparfaite, car, si elle démontre la vérité d'une proposition, elle n'explique pas cette vérité en la dérivant d'un principe qui l'engendre. Elle fournit la *preuve* et laisse ignorer la *raison* [2] ; elle convainc sans éclairer. La démonstration indirecte ou par l'absurde ne doit donc être qu'un pis-aller.

§ IV

Sciences du réel. Physique : l'induction est une analyse régressive. — Dans les sciences du réel on procède par induction ou déduction. Or l'induction et la déduction ne sont, sous d'autres termes, que l'analyse et la synthèse.

Le but de l'induction est la découverte des lois, dont les faits

1. Il faut remarquer que la contradiction peut renfermer plusieurs cas différents. Soit cette proposition : A = B ; la contradictoire renferme deux cas : A est plus grand que B, A est plus petit que B. Chacun de ces cas doit être alors considéré successivement. C'est seulement la fausseté des deux ensemble qui prouve la vérité de la proposée.

2. A vrai dire, beaucoup de démonstrations directes sont dans le même cas. La démonstration ordinaire du théorème concernant la valeur de la somme des angles du triangle est dans ce cas. Elle ne fait nullement saisir la *raison* pour laquelle les angles d'un triangle quelconque valent toujours deux angles droits.

sont comme des conséquences particulières. Donc, aller des faits aux lois par induction, c'est remonter des conséquences aux principes. L'induction est donc une méthode d'*explication régressive,* c'est-à-dire une analyse. Tel est l'avis de Newton, dans ce passage de l'*Optique* où il met en parallèle l'analyse physique et l'analyse géométrique :

« En physique, dit-il, la recherche des choses difficiles par la méthode analytique devrait toujours, comme dans les mathématiques, précéder la méthode de composition. Cette analyse consiste à faire des observations et des expériences et à en tirer des conclusions par inductions.... Par cette analyse on peut aller des composés aux composants, des mouvements aux forces qui les produisent, et en général des effets aux causes et des causes particulières aux causes les plus générales, jusqu'à ce que le raisonnement s'arrête aux plus générales de toutes. C'est là la méthode d'analyse. »

L'induction procède en outre par décomposition. — L'induction suit donc une marche régressive. Mais par quels moyens réalise-t-elle cette marche? — Par la *méthode de décomposition.* En effet, ce qui fait que les lois des phénomènes ne sont pas immédiatement évidentes, et que leur découverte exige tant de prudence et de soins, c'est, on l'a vu, que, dans tous les faits particuliers qui se présentent, les rapports de causalité se dissimulent au milieu d'une multitude innombrable de rapports de simple succession. D'où la nécessité de *dissoudre* d'abord, pour ainsi dire, la masse confuse des antécédents ou des conséquents, puis, au moyen d'exclusions successives, d'*isoler* et de mettre en évidence les vrais rapports de causalité : *Facienda est naturæ dissolutio et separatio.*

Stades successifs. — Mais l'induction ne s'arrête pas à ce premier pas. Quand, par l'élimination des circonstances accidentelles, une loi de causalité a été ainsi découverte, et un ordre de faits expliqué, il est souvent possible d'expliquer encore régressivement cette loi elle-même par d'autres lois supérieures. Et comment y parvient-on? Par une nouvelle résolution. Le plus souvent, en effet, le phénomène cause et le phénomène effet sont eux-mêmes des tissus de phénomènes agglomérés, et la loi qui les relie l'un à l'autre est une loi complexe résultant de plusieurs lois plus simples qui relient entre eux chacun des éléments de la cause à chacun des éléments de l'effet. Par exemple, l'analyse met d'abord en évidence cette loi, que l'air entretient la respiration. Mais la respiration est un phénomène complexe; et la loi qui rattache ce phénomène cause à ce phénomène effet est une loi complexe. Une analyse plus savante fait remonter plus haut l'explication en résolvant tout ensemble l'effet, la cause et la loi en leurs éléments composants (influence de l'azote, influence de l'oxygène, influence de l'acide carbonique, etc.).

Dans d'autres cas, on l'a vu (ch. x), ce n'est pas dans la cause même, mais dans l'intervalle qui sépare la cause de l'effet que l'analyse saisit et dégage les lois élémentaires qui sont les facteurs de la loi d'abord découverte. Ainsi, c'est une loi que la mort peut être causée par l'oxyde de carbone. Claude Bernard, en dégageant par l'analyse tous les intermédiaires entre cette cause et cet effet, a résolu cette loi en ces autres lois plus simples : La mort est causée parce que les éléments anatomiques de l'animal sont tous frappés individuellement; ils meurent individuellement parce qu'ils sont privés d'une condition essentielle de leur vie, l'oxygène; l'oxygène manque autour d'eux parce que les globules rouges du sang sont devenus incapables de le convoyer dans tout l'organisme; et enfin l'impuissance du globule a sa raison dans la combinaison chimique de l'hémoglobine avec l'oxyde de carbone que l'oxygène ne peut plus déplacer.

Résumé. — De la sorte, à mesure que se dégagent les éléments enfermés dans la cause, ou les intermédiaires enveloppés dans l'intervalle qui sépare la cause de l'effet, les lois se superposent aux lois, les explications aux explications. L'analyse résolutive fraye ainsi le chemin à l'analyse explicative : les phénomènes plus simples sont reliés par des lois plus simples; et les lois plus simples sont aussi plus hautes et plus générales. Si l'analyse résolutive, en décomposant les phénomènes en leurs derniers éléments, atteignait enfin les lois les plus élémentaires, ces lois seraient, pour l'analyse régressive, le dernier mot de l'explication.

Rapports de la déduction et de la synthèse : la déduction est progression. — L'induction qui fournit les principes rend possible la déduction qui en tire les conséquences. Comme la méthode inductive est assimilable à l'analyse géométrique, parce qu'elle est *régressive* comme elle, de même la méthode déductive est assimilable à la synthèse géométrique, parce qu'elle est *progressive* comme elle. Tel est encore l'avis de Newton : « La synthèse consiste à prendre les causes découvertes et constatées pour principes, et à expliquer par elles les phénomènes qui en naissent et qui prouvent la vérité de l'explication. »

Elle est aussi composition : préjugé contraire. — Mais, si la déduction, en physique, peut s'appeler une synthèse en ce sens qu'elle suit une marche progressive de la cause à l'effet, est-elle aussi une *synthèse de composition ?* Au premier abord, le contraire paraît plus vrai. Le mot même de *déduction* crée ici un préjugé ; il semble indiquer une opération analytique. De là vient sans doute que plusieurs savants ou philosophes ont souvent appliqué le nom d'analyse à la méthode déductive. Mais l'opinion vulgaire qui fait de la déduction un procédé de résolution est une erreur.

Le syllogisme est une synthèse. — Cette opinion serait fondée si, comme on est trop porté à l'admettre, la conclusion d'un syllogisme était donnée toute faite dans la majeure, ou la mineure, ou les deux prémisses réunies, de telle sorte que tout l'effet du raisonnement consistât seulement à la dégager. Mais nous avons établi la fausseté de cette théorie. La conclusion n'est pas un *élément*, mais une *résultante* des prémisses, qui doivent, pour ainsi dire, fusionner pour la produire. A l'une des prémisses elle emprunte son sujet, à l'autre son attribut ; et le rapport qu'elle énonce entre ces deux termes est la résultante du rapport qui lie chacun d'eux au même moyen terme. De telle sorte que, bien loin qu'on puisse, en analysant les prémisses, y découvrir la conclusion, c'est bien plutôt par une analyse de la conclusion qu'on retrouverait les prémisses, qui en sont comme les éléments ou *facteurs constituants*.

La même vérité peut être mise encore autrement en évidence. Comment procède généralement la déduction ? Elle consiste à faire l'application d'une loi générale à un cas particulier. Par exemple, à appliquer cette loi : *Tout mammifère est vivipare*, à l'espèce *baleine*. Mais qui dit application, dit composition. La déduction procède donc en composant une loi générale avec une donnée particulière [1].

A fortiori, les déductions complexes. — Ce qui est vrai d'une déduction simple est encore plus évident d'une déduction complexe, alors que plusieurs lois et plusieurs données particulières concourent à la formation de la conséquence dernière. Ainsi l'explication déductive du mouvement des planètes consiste à composer ensemble la loi de la force tangentielle, la loi de la

1. Dans le syllogisme de la troisième figure la conclusion résulte de la composition de deux données particulières : Socrate est vertueux, Socrate est païen, donc quelque païen est vertueux.

force centripète, et l'une et l'autre avec la masse propre des diverses planètes, leur distance au soleil, la masse du soleil, etc. L'explication déductive de la rosée consiste à combiner entre elles les lois de Dalton sur la suspension de la vapeur d'eau dans l'air, la loi de la liquéfaction de la vapeur par le refroidissement, la loi de la pesanteur, et toutes ces lois ensemble avec certaines circonstances particulières par lesquelles ces lois sont mises en jeu.

Résumé. — Ainsi, comme l'induction dans les sciences physiques est à la fois une décomposition et une régression, de même, inversement, la déduction est à la fois une composition et une progression. Donc, à tous égards, l'assimilation de l'induction avec l'analyse et de la déduction avec la synthèse se trouve justifiée. Ce qu'on a dit ailleurs touchant le rôle de la déduction dans les sciences physiques pourrait donc se répéter ici en remplaçant partout le mot *déduction* par le mot de *synthèse*[1].

Mécanique : elle procède naturellement ou nécessairement par synthèse. — Le problème général de la mécanique consiste à déterminer l'effet produit sur un corps donné par différentes forces agissant simultanément, lorsqu'on connaît le mouvement simple qui résulterait de l'action isolée de chacune d'elles ; — ou, en sens inverse, à déterminer les forces et mouvements simples dont la combinaison donne lieu à un mouvement composé connu. Toute cette science porte donc sur la composition ou la décomposition des forces. Or le premier de ces problèmes est synthétique de sa nature. Le second est analytique. Mais, comme on l'a dit plus haut, ce dernier problème n'est pas susceptible d'être résolu directement par analyse, vu la confusion complète des effets particuliers dans l'effet total. On laisse donc l'effet

---

1. Dans le cas particulier où le procédé déductif est employé pour vérifier une hypothèse par le moyen de ses conséquences, il présente sur un point une grande analogie avec l'analyse géométrique : des deux parts on considère l'inconnu comme connu, ou l'incertain comme certain, et l'on en tire des conséquences, jusqu'à ce qu'on arrive à quelque chose de reconnu comme vrai ou comme faux ; d'où suit la vérité ou la fausseté de la proposée. — Mais cette analogie ne doit pas faire perdre de vue les différences : en géométrie la déduction va vers des *principes* antérieurs et supérieurs, d'où la proposée puisse résulter à son tour à titre de conséquence. En physique, la déduction va de l'hypothèse, qui est une loi, c'est-à-dire un principe, aux faits, qui sont des effets, c'est-à-dire des conséquences. D'où il résulte que, ces faits ne pouvant à leur tour être pris comme principes, il n'y a pas ici de retour logique possible. C'est pourquoi, dit Leibniz (*Erd.*, p. 381, col. 1), en physique, la preuve d'une hypothèse par ses conséquences n'est pas démonstrative. — Ainsi dans la géométrie la démonstration de l'hypothèse suit une marche *régressive*, en physique une marche *progressive*. C'est pourquoi l'une peut s'appeler analyse et l'autre synthèse.

réel proposé et l'on cherche, par la combinaison théorique de forces et de mouvements élémentaires *supposés*, à construire un effet *idéal* identique à l'effet proposé. La réussite de la synthèse est alors considérée comme équivalant à l'analyse[1]. C'est ainsi que Newton a pu découvrir les deux lois élémentaires du mouvement des planètes.

La mécanique est donc, par essence ou par accident, une science constamment déductive ou synthétique. Mais à toute déduction il faut des principes. Les principes supérieurs de la mécanique sont au nombre de trois : la loi dite d'*inertie*, découverte par Kepler; la loi de l'*égalité de l'action et de la réaction*, découverte par Newton; et la loi de l'*indépendance* ou de la *coexistence des mouvements*, découverte par Galilée. Or c'est vainement qu'on a essayé de démontrer ces lois à priori (*Psych.*, p. 404, note); « elles ont été dégagées, par l'analyse, de certains phénomènes où chacun d'eux se manifeste d'une manière spéciale, et confirmées ensuite par l'exactitude des conséquences déduites de ces lois au moyen d'une suite de raisonnements rigoureux ». (Cf. A. Comte, *Cours de phil. posit.*, xv° leçon.)

Chimie : difficulté et nécessité de la synthèse. — Dans la chimie, contrairement à ce qui a lieu en mécanique, l'analyse est ordinairement bien plus facile que la synthèse. Pourtant la synthèse est ici plus que partout ailleurs nécessaire à titre de *contre-épreuve* de l'analyse. En voici la raison :

L'analyse chimique résout un corps composé en ses éléments; mais elle est le plus souvent impuissante à expliquer les propriétés du composé par les propriétés des éléments composants. Par exemple, dans l'état actuel de la science, il est impossible de rattacher logiquement les propriétés de l'eau aux propriétés de ses éléments, l'hydrogène et l'oxygène.

Pareillement « l'analyse du sel marin conduit à le décomposer en deux éléments : le chlore et le sodium; mais les propriétés de ces deux éléments ne présentent aucune analogie avec celle du sel marin. En effet, d'une part, le chlore est un gaz jaune, doué de propriétés décolorantes et d'une extrême activité chimique; d'autre part, le sodium est un métal argentin, plus léger que l'eau, apte à décomposer ce liquide dès la température ordinaire. On voit combien ces éléments ressemblent peu au sel marin,

---

1. La preuve rigoureuse exige en outre qu'il soit démontré qu'aucune autre supposition touchant les causes n'est susceptible d'aboutir au même résultat (cf. ch. xiii).

matière solide, blanche, cristalline, dissoluble dans l'eau, etc. » (Berthelot, *La synthèse chimique*, p. 7.)

Ainsi l'analyse chimique *décompose*, mais *n'explique* pas ; *résout*, mais ne *réduit* pas. Par suite « il est au premier abord difficile de concevoir comment des corps doués de propriétés aussi peu semblables à celles du sel marin en sont cependant les seuls et véritables éléments ; on serait porté à croire à l'intervention de quelque autre composant que l'analyse a été impuissante à nous révéler ». La résolution n'ayant pas donné lieu à une réduction, la résolution même reste douteuse.

La synthèse lève toute espèce de doutes à cet égard. « Elle établit en effet que le chlore et le sodium peuvent de nouveau entrer en combinaison, perdre leurs qualités et reconstituer le sel marin avec ses caractères primitifs. Il est donc démontré que le composé se trouvait réellement en puissance avec toutes ses qualités dans les éléments mis en évidence par l'analyse. Mais la synthèse seule a pu donner cette démonstration. »

C'est surtout dans la chimie organique que cette contre-épreuve fournie par la synthèse est nécessaire.

L'analyse appliquée à un être vivant, à un fruit, le citron, par exemple, le résout d'abord en un certain nombre d'éléments dits *principes immédiats*, tels que le sucre de raisin, le sucre de canne, l'acide citrique, une substance analogue à l'albumine, une huile volatile et essentielle, etc. « L'étonnement redouble (*ibid.*, p. 10) si l'on songe que les principes immédiats des êtres vivants, premiers termes isolés par l'analyse chimique, peuvent être à leur tour détruits par une analyse ultérieure et ramenés à quelques corps élémentaires pareils à ceux que révèle l'analyse minérale : l'oxygène, l'azote, l'hydrogène et le carbone. Ces quatre corps simples fondamentaux, unis à de faibles proportions de soufre, de phosphore et de diverses autres matières, sont les seuls éléments que la nature mette en œuvre dans la formation de l'infinie variété des substances végétales et animales. Leur combinaison donne naissance à des millions de substances distinctes et définies.... Mais on ne savait point remonter cette échelle, partir des corps élémentaires, pour former par le jeu seul des affinités que l'on a coutume de mettre en jeu dans la nature inorganique, des carbures d'hydrogène ; puis des alcools et des composés de plus en plus compliqués. Aussi les lois de la combinaison observées en chimie minérale semblaient-elles insuffisantes pour expliquer les faits observés dans la nature organique, comme si quelque chose de vital demeurait jusqu'au bout dans les principes organiques, et leur imprimait ce cachet originel qui donne à ces corps un air de famille et les fait reconnaître à l'instant. » (Cf. p. 270.)

La synthèse des substances organiques, où s'est illustré M. Berthelot, « a levé ces doutes, en établissant d'une manière définitive l'identité des forces qui agissent dans la chimie minérale avec celles qui agissent dans la chimie organique, en montrant que les premières suffisent pour reproduire tous les effets et tous les composés auxquels les secondes donnent naissance [1]. »

Ni l'analyse ni la synthèse n'y sont explicatives. — Ainsi la synthèse est en chimie la contre-épreuve indispensable de l'analyse. — Mais si elle *démontre* que les éléments distingués par l'analyse sont bien les vrais et seuls éléments, elle est d'ailleurs aussi inhabile que l'analyse à *expliquer* le composé par ces éléments. L'analyse chimique n'est pas une *réduction;* la synthèse chimique n'est pas une *déduction.* Mettant en présence certains éléments, dans des conditions déterminées, celle-ci provoque le jeu spontané de lois naturelles, d'où résulte un composé qui, par ses propriétés, diffère souvent du tout au tout de ses composants. Mais quel est le mécanisme de ces lois, et comment les propriétés du composé dérivent-elles des propriétés des composants? C'est ce que la synthèse *chimique* nous laisse ignorer [2]. En chimie, dit avec profondeur M. Berthelot, « notre puissance va plus loin que notre connaissance » (*Ibid.*, p. 275).

Biologie : l'analyse matérielle n'y est pas explicative. — Tous les matériaux constitutifs des corps vivants ou organisés se réduisent à ces substances organiques dites *principes immédiats,* dont on vient de parler. Mais ici il est encore plus difficile à l'analyse de *rattacher logiquement* le tout dont elle part aux éléments auxquels elle aboutit. En effet, entre les propriétés de l'eau, par exemple, et celles de ses composants, la différence est considérable; mais, si ces propriétés ne sont pas de même nature, elles sont

---

1. « La synthèse des corps gras neutres par exemple ne permet pas seulement de former artificiellement les quinze ou vingt corps gras naturels connus jusque-là, mais elle permet encore de prévoir la formation de plusieurs centaines de millions de corps gras analogues et qu'il est désormais facile de produire de toutes pièces, en vertu de la loi générale qui préside à leur composition. » (*Ibid.*, p. 274.)

2. « Lorsque l'hydrogène et l'oxygène sont mélangés en certaines proportions et qu'on fait passer au travers de ce mélange une étincelle électrique, ils disparaissent, et à leur place apparaît une certaine quantité d'eau. Il n'y a pas la plus légère ressemblance entre les propriétés physiques ou chimiques de l'eau et celles des deux corps qui lui ont donné naissance.... Mais nous n'hésitons pas à croire que d'une manière ou de l'autre ces propriétés résultent de celles des éléments composants. Nous ne supposons pas une force mystérieuse entrant en scène et prenant possession de l'oxyde d'hydrogène aussitôt qu'il est formé.... Nous vivons au contraire avec l'espoir et la confiance que quelque jour, grâce aux progrès de la physique moléculaire, nous pourrons passer des constituants de l'eau aux propriétés de l'eau elle-même, aussi facilement que nous pouvons aujourd'hui déduire la marche d'une montre de la forme de ses parties et de la manière dont elles sont agencées. » (Huxley, *la Base physique de la vie,* in *Rev. sc.*, 17 juillet 1839, p. 518.)

pourtant de même ordre : ce sont de part et d'autre des propriétés physico-chimiques. — Au contraire, entre les matières organisées, une cellule, par exemple, et les substances organiques qui la composent, ou les matières minérales qui composent ces substances elles-mêmes, il y a une différence radicale. Dans la cellule apparaît tout à coup un ensemble de propriétés qu'on désigne par ce mot : *la vie*, et qui n'ont absolument rien d'analogue avec les propriétés physico-chimiques auxquelles, dans la cellule même, elles se superposent : telles sont les propriétés de la **nutrition** et de la **génération**. Vainement a-t-on essayé certaines assimilations entre les propriétés des organismes et les propriétés du cristal. Ces comparaisons, comme on le verra plus loin, pèchent par la base. — Par conséquent, l'impuissance actuelle de la science à dériver les propriétés physico-chimiques des corps composés, y compris les matières organiques, des propriétés physico-chimiques de leurs composants, n'est peut-être que provisoire ; et l'on peut espérer qu'un jour l'analyse matérielle de ces corps deviendra une réduction logique et explicative. Mais l'impuissance de la biologie à dériver les propriétés vitales des organismes, des propriétés physico-chimiques de leurs composants paraît absolue et définitive.

Elle doit être incomplète. — Ceci revient à dire que l'analyse *matérielle* des organismes est une analyse incomplète. Ce que cette analyse pourra un jour expliquer, c'est ce qui, dans l'organisme vivant, est d'ordre physico-chimique, c'est-à-dire ce qui n'est pas l'organisation, ce qui n'est pas la vie. L'explication de l'organisation et de la vie elles-mêmes semble devoir échapper pour toujours à l'analyse matérielle [1].

Confirmation : impossibilité de la synthèse. — L'impossibilité d'opérer la synthèse matérielle vient confirmer cette opinion. On opère la synthèse des substances *organiques*, mais rien ne permet d'espérer qu'aucun artifice de laboratoire arrive

1. Qu'on le remarque bien, ce qui résulte de ce qu'on vient de dire ce n'est pas l'impuissance de l'analyse en général à expliquer la vie. C'est seulement l'insuffisance de l'analyse *matérielle* ou *physique*. Il est clair d'ailleurs que la vie, comme tout au monde, a ses conditions nécessaires et suffisantes. Trouver ces conditions est un problème d'analyse. Il y a donc une analyse *possible en soi* de la vie. Mais cette analyse est peut-être impossible pour nous. — En tout cas cette analyse paraît devoir être à la fois physique et métaphysique, — à moins qu'au fond la physique ne s'identifie avec la métaphysique, c'est-à-dire à moins que la matière, loin de se réduire à l'inerte étendue, comme le conçoit le matérialisme, ne soit, comme l'entend Leibniz, jusqu'en ses derniers éléments, force, âme et vie. Si l'on commence par animer et spiritualiser la matière, il est clair qu'une explication matérialiste de la vie n'est plus à priori insuffisante.

jamais à reproduire le plus petit vestige d'*organisation*. Imprimer à la matière minérale la forme et le souffle de la vie, c'est un art dont les organismes vivants savent seuls le secret. « La vie seule engendre la vie », ont dit les plus grands maîtres de la biologie. Cette haute proposition paraît aujourd'hui plus que jamais incontestable.

CHAPITRE XVII

MÉTHODE DES SCIENCES MORALES

1° TÉMOIGNAGE, CRITIQUE HISTORIQUE. 2° APERÇU SUR LA MÉTHODE DE LA SCIENCE SOCIALE

Division des sciences morales : science du réel, science de l'idéal. — Toute science a pour fin la recherche du général. Mais nos idées générales sont de deux sortes : il en est qui sont des **copies**, il en est qui sont des **modèles**. Telles sont, d'une part, l'idée générale du *vertébré* avec les éléments et les rapports de ces éléments qu'elle implique, et, d'autre part, l'idée du *cercle* géométrique avec les éléments et les rapports de ces éléments qu'elle implique. — Les sciences se subdivisent donc en sciences du réel, qui procèdent par *analyse*, et sciences de l'idéal, qui procèdent par *construction* : telles sont, pour les sciences de l'ordre physique, d'une part, la physique ; d'autre part, la géométrie.

La même subdivision s'applique aux sciences de l'ordre moral. Dans ces sciences on peut aussi se proposer deux fins différentes : dégager les *formes* et les *lois réelles* de la nature humaine et de la vie humaine dans ses différentes manifestations ; ou bien construire le *type idéal* de la nature et de la vie humaine dans ses différentes manifestations. Telles sont les fins respectives que se proposent, d'une part, la Psychologie, l'Histoire, etc. ; d'autre part, la Morale, la Politique, etc.

L'idéal est ici pratique. — Mais ici l'idéal présente un caractère particulier. Les formes parfaites conçues par le géomètre sont bien comme des prototypes, dont les formes des objets concrets s'écartent plus ou moins. Mais il ne nous paraît pas autrement *désirable* que ces formes parfaites soient réalisées dans les objets naturels. Nous ne songeons point, sauf quand il est nécessaire pour les besoins de notre industrie, à façonner les objets d'après ces formes idéales, non plus qu'à mouler notre propre corps dans un cadre géométrique. Le monde, semble-t-il, aurait plus à perdre qu'à gagner à devenir plus géométrique qu'il n'est. — Au contraire, les formes d'action, de vie, de conduite, conçues par le moraliste et le politique, sont présentées par celui qui les conçoit comme des modèles que l'on doit imiter, comme des buts que l'on doit poursuivre. C'est à titre de *fins* qu'il les propose, parce qu'il les conçoit comme des *biens*. Si, comme le pense Aristote, l'idée de beauté n'est pas étrangère aux sciences mathématiques, à coup sûr les idées de fin et de bien ne sont pas de leur domaine. Au contraire, la Morale et la Politique sont précisément des sciences de la fin ou du bien. C'est pourquoi leur objet dernier n'est pas la connaissance, mais l'action conforme à cette connaissance.

Donc, en résumé, dans les sciences de l'ordre physique on peut, comme dans les sciences de l'ordre moral, distinguer des sciences du réel et des sciences de l'idéal; mais, dans l'ordre physique, les sciences du réel et de l'idéal sont également *théoriques*[1]; dans l'ordre moral seulement, les sciences de l'idéal sont en même temps des sciences *pratiques*.

PREMIÈRE SECTION : SCIENCES DU RÉEL, L'HISTOIRE.
TÉMOIGNAGE, CRITIQUE HISTORIQUE

L'histoire : trois éléments. — Les principales sciences morales théoriques sont la Psychologie, les Sciences historiques, les Sciences philologiques.

Nous avons traité ailleurs de la méthode de la Psychologie; les Sciences philologiques sont d'un ordre trop spécial pour qu'il soit nécessaire d'en parler dans un traité de Logique générale. Il nous suffira de dire ici quelques mots de la méthode de l'Histoire.

L'Histoire est la science du passé des sociétés humaines; c'est en quelque sorte, comme on l'a dit, la mémoire de l'humanité.

Elle implique : 1° la Critique historique, qui recueille et discute les témoignages; — 2° l'Histoire proprement dite, qui raconte les faits passés et, autant qu'il se peut, les explique par leurs causes particulières ou générales; — 3° la Philosophie de l'histoire, qui essaye de discerner ces deux sortes de causes dont l'action composée fait la vie des peuples, élimine les premières, dégage les secondes et

---

1. Il se peut d'ailleurs qu'à ces sciences théoriques se rattachent des arts pratiques : par exemple à la physique, à la chimie, à la biologie, l'agriculture; à la physiologie et à l'anatomie, la médecine.

extrait ainsi de l'infinie variété dont l'Histoire présente le tableau, un corps de vérités proprement scientifiques, c'est-à-dire générales et susceptibles d'être formulées en lois.

§ I

Du témoignage : son importance. — La Critique historique est un cas de la critique du témoignage.

Le témoignage est le rapport verbal ou écrit d'un ou de plusieurs témoins sur un fait. Le témoin est celui qui a vu ou entendu quelque fait et qui en peut faire un rapport. On ne confondra pas le *témoignage* proprement dit, qui s'exerce en matière de faits, avec l'*autorité*, qui s'exerce en matière de doctrines.

L'importance du témoignage comme moyen d'information est immense. La vie sociale est en grande partie fondée sur le témoignage. En outre, comme individus, nous recourons plus de cent fois par jour au témoignage d'autrui. Grâce au témoignage, notre expérience personnelle s'étend et se multiplie; chacun collabore avec tous et tous avec chacun. Pour remédier à l'imperfection de leurs organes sensibles, les savants imaginent des appareils enregistreurs de tout genre, témoins scrupuleux qui font pour eux les observations. Les témoins sont pour nous tous comme des appareils enregistreurs qui notent les faits et nous les rapportent. Grâce au témoignage, nous avons tous, pour ainsi dire, des milliers d'yeux, d'oreilles et de mains, et des yeux, des oreilles, des mains qui peuvent voir, entendre, ou toucher à la fois dans les temps et les lieux les plus divers.

Principe de la foi au témoignage. — Comment justifier la foi au témoignage? — Reid ne perd pas l'occasion de recourir ici une fois de plus à des instincts innés : il invoque un *instinct de véracité* et un *instinct de crédulité*. — Il n'est nul besoin d'admettre l'existence primitive de ces instincts. La véracité et la crédulité sont des faits généraux qui s'expliquent eux-mêmes par un fait antérieur, lequel suffit à justifier l'usage du témoignage : en fait, l'homme parle pour exprimer sa pensée; c'est l'utilité naturelle du langage; ce n'est pas pour un autre usage qu'il existe. C'est à cette fin que nous parlons nous-mêmes. Une induction toute naturelle nous fait juger que c'est à cette même fin que les autres parlent, et cette induction se vérifie à chaque instant. D'où il suit que ce n'est pas, à proprement parler, notre croyance au témoignage

qui a besoin d'explication, c'est bien plutôt notre défiance à l'égard
du témoignage. Mais cette explication n'est d'ailleurs pas difficile
à trouver : en fait, aussi, tout homme se trompe ; et en fait également, une fois ou l'autre, tout le monde cherche à tromper. De là
il résulte que, si l'on peut ordinairement se fier au témoignage, il
est sage de ne pas s'y fier toujours, sans réserve et sans précaution.

Difficulté : principe proposé. — Mais ici surgit une difficulté : puisque l'erreur est possible, puisque le mensonge est possible, jamais aucun témoignage ne pourra nous procurer une parfaite certitude. Or en fait, dira-t-on, il est bien des cas où, sur la
foi du témoignage, nous croyons une chose en toute certitude. Ne
suis-je pas absolument certain de l'existence de la ville de Londres,
que je n'ai pourtant jamais vue ? Il y a donc un écart, une dispro-
portion entre les raisons de croire et la croyance. Les raisons de
croire ne sont pas absolues, la croyance est absolue. D'où, suivant
quelques philosophes [1], la nécessité d'admettre, pour expliquer la
confiance accordée au témoignage, un certain *principe de trans-
cendance* qui nous donne du mouvement pour dépasser le degré de
certitude que la valeur raisonnée du témoignage autorise, et qui
nous porte jusqu'à l'extrême limite de la certitude absolue [2].

Réponse : 1° Il est inutile ou impuissant. — A cette
théorie on peut répondre, ce semble : d'abord, qu'elle ne résout
pas le problème qu'elle pose ; et, en second lieu, que le problème
tel qu'elle le pose n'existe pas.

Elle ne résout pas le problème qu'elle pose, car si la valeur raisonnée d'un témoignage est réellement insuffisante, à nos propres
yeux, pour justifier une certitude absolue, aucun principe, qui ne
fournira pas lui-même une garantie collatérale de ce témoignage, ne
saurait justifier une certitude absolue. Or le principe de transcen-
dance ne peut évidemment fournir cette garantie. Il n'apporte
aucune preuve, aucune raison de croire précisément applicable au
cas en question. Il n'est donc qu'une sorte de tendance vague, générale, aveugle de l'esprit [3]. Comme tel, il peut bien avoir, en fait,

1. Voyez sur ce sujet un très intéressant mémoire de M. Naville (*Comptes
rendus de l'Acad. des sc. mor. et pol.*, avril 1873).

2. C'est le même principe, dit-on, qui autorise en géométrie l'induction qui
se fait du polygone régulier à la circonférence sa limite.

3. En géométrie, lorsqu'on passe du polygone régulier à la circonférence, on
a une raison précise d'étendre d'un cas à l'autre les propriétés démontrées
pour le polygone seulement : c'est que, comme dit Leibniz, on aperçoit clairement que *les mêmes raisons subsistent toujours*. Mais ici, un témoignage d'an

l'influence qu'on lui prête pour qui ne raisonne pas ses croyances. Il sera nul et non avenu pour quiconque veut fonder sa croyance sur des motifs raisonnés. Or c'est seulement de croyance raisonnée qu'il est ici question.

En deux mots, ou celui qui fait usage du témoignage raisonne sa croyance, ou il ne la raisonne pas. S'il ne la raisonne pas, un témoignage supposé sensiblement très probant, est pour lui une preuve pleine et entière, parce qu'il n'en perçoit pas le défaut; auquel cas, nul besoin d'un principe auxiliaire pour expliquer sa parfaite certitude. — S'il la raisonne, et s'il perçoit le défaut du témoignage, aucun principe qui ne complète pas la preuve ne saurait compléter sa certitude. Dans le premier cas, le principe allégué est inutile; dans le second, il est impuissant.

2° La difficulté signalée n'existe pas. — Mais le problème lui-même est mal posé. En effet, l'écart allégué entre la valeur raisonnée du témoignage et la certitude engendrée n'existe pas. Il n'y a pas proprement de certitude rationnelle absolue qui soit engendrée par le témoignage. Les exemples qu'on apporte sont mal interprétés. Ou bien il s'agit en effet d'une certitude rationnelle, auquel cas la certitude absolue dont on parle a d'autres fondements que le témoignage; ou bien il s'agit d'une certitude fondée sur le seul témoignage, auquel cas on n'a affaire qu'à une certitude morale, c'est-à-dire à une certitude qui, pratiquement, équivaut à une certitude absolue, mais qui, rationnellement, n'est pas une certitude absolue et qui admet la possibilité d'un doute, précisément dans la mesure où le témoignage lui-même demeure affecté d'un doute possible. Ces distinctions sont bien mises en évidence dans le passage suivant :

« M. Naville (Pillon, *Crit. phil.*, 1873, t. II, p. 102), voulant citer un cas de témoignage propre à engendrer la certitude, c'est-à-dire un état d'esprit qui exclut tout élément de doute, croit pouvoir prendre l'existence de la ville de Londres.... Mais, quand je me consulte sur le motif qui me fait croire à l'existence de faits de ce genre, je trouve que ce qui me touche n'est pas précisément la circonstance qu'ils me sont attestés par tels voyageurs, tels écrivains et telle transmission de témoignages. Voici ce que c'est :

» 1° Le fait supposé est en général de nature à tomber sous l'obser-

supposé incertain en soi et destitué de garanties collatérales, quelle raison peut-on tirer soit de ce témoignage même, soit de la raison en général, de l'estimer plus certain qu'il n'est reconnu?

vation des hommes, sans mélange d'interprétation et de commentaires, sans influence d'idées préconçues, etc.

» 2° Les hommes ne se portent pas seulement témoins vis-à-vis de moi ; ils font plus, tous ceux d'entre eux qui s'occupent et se sont occupés de ce fait, à ma connaissance, agissent comme s'ils en avaient la plus parfaite certitude.

» 3° L'admission du fait rend raison (jugement de causalité) d'une foule d'autres faits contemporains ou postérieurs auxquels je crois déjà et qui manqueraient de fondement ou ne se relieraient plus entre eux si l'on supprimait cet anneau nécessaire.... L'existence historique de Napoléon, pour citer un exemple, est la cause que nous envisageons pour nous expliquer le nombre immense, harmonique et prolongé des phénomènes à notre connaissance qui impliquent cette existence, et nous n'apercevons aucun motif imaginable d'avoir recours à d'autres causes qui soient différentes ou exclusives de celle-là, pour rendre compte de ces mêmes phénomènes. En un tel cas, la certitude humaine atteint vraiment son apogée quant aux faits de l'ordre empirique et non directement saisis. »

Que si, au contraire, la parole d'un témoin [1] est notre seule garantie de la réalité d'un fait attesté, alors, par cela même qu'il n'est jamais rigoureusement démontré, ni démontrable, que le témoin ne peut ni s'être trompé, ni chercher à tromper, la croyance engendrée peut bien équivaloir en fait et pratiquement à la certitude (au point par exemple de faire condamner un homme à mort) ; mais, en tant que croyance raisonnée et philosophique, elle n'est pas, elle ne peut pas être absolue. — Et cette adhésion morale sans réserve à des choses qui sont pour nous seulement probables, n'a rien qui doive étonner. Elle n'est point particulière au cas du témoignage, et il n'y a pas à en chercher bien loin l'explication. Elle est exigée par la vie. « L'homme le plus attaché à la vie met son existence au hasard à toute heure du jour. Chacun sait bien qu'il ne peut faire un pas en sûreté dans la rue sur une meilleure assurance que celle d'une probabilité, et même très calculable » (Pillon, *ibid.*). Or on peut souvent compter sur des probabilités aussi considérables au sujet de faits non observés qu'on affirme sur la foi seule du témoignage.

Résumé. — L'explication de la foi au témoignage n'a donc rien de bien mystérieux, elle ne repose ni sur des *instincts spéciaux*, ni sur un *principe spécial ;* elle s'explique et tout ensemble se justifie

---

1. Je dis un témoin, car l'accord de plusieurs témoins est un *fait* distinct du témoignage lui-même, un fait en quelque sorte physique ou psychologique, qui peut fournir une preuve bien supérieure à la somme des probabilités résultant des dépositions de chaque témoin pris séparément.

par le principe de raison. En effet, trois causes, sans plus, peuvent être assignées à un témoignage : la mauvaise foi, une illusion, la réalité du fait attesté. Dans la mesure où les deux premières hypothèses sont jugées improbables, le principe de raison fonde la probabilité de la troisième.

Critique du témoignage : méthode générale. — De là ressort la méthode à suivre dans la critique du témoignage. Au fond, cette critique n'est qu'*un cas de la recherche de la cause*; et, comme toute recherche de la cause, celle-ci procède par la **méthode des exclusions.**

Règles particulières. — Deux cas doivent être distingués : le témoin est *unique*, ou il y a *plusieurs* témoins.

I. Dans le premier cas, pour éliminer les deux causes qui peuvent vicier un témoignage, à savoir : l'erreur ou le mensonge, on n'a d'autre ressource que la connaissance que l'on peut avoir du témoin lui-même, de son intelligence en général, de sa compétence dans le cas particulier dont il s'agit, de son caractère, de sa véracité habituelle, de ses passions, de ses intérêts. Bien souvent la plupart des données nécessaires pour se prononcer avec quelque sécurité sur ces différents points font défaut. L'assertion d'un témoin unique demeure alors fort sujette à caution. En aucun cas, on ne possède toutes les données nécessaires pour se prononcer sans aucune chance d'erreur[1]. L'assertion d'un témoin unique ne saurait donc jamais justifier une absolue certitude.

II. Dans le cas de plusieurs témoins, on procède de même pour chacun d'eux. — Mais ici, indépendamment du témoignage de chacun, un nouvel élément de preuve est donné : à savoir l'accord des témoins eux-mêmes. Cet accord est un fait nouveau et distinct qu'il faut expliquer, et si aucune entente, aucune cause générale d'illusion, aucune passion, aucun intérêt communs n'ont existé qui puissent en rendre compte (ce qu'il est souvent assez facile d'établir), l'assertion des témoins peut être à bon droit tenue comme vraie. Il n'est même pas nécessaire pour cela que le nombre des témoins soit très grand.

« Si je demande à un homme qui chemine le long d'une voie ferrée s'il a vu passer tel train, et si j'adresse un peu plus tard la même question à un second passant dans les mêmes conditions, et puis à un

1. Il s'agit de prouver un fait négatif, à savoir l'*absence* de cause susceptible de produire l'illusion ou le mensonge. Or, règle générale, il est fort difficile de prouver un fait négatif.

troisième, etc., et si tous répondent affirmativement, dès les premiers témoins j'arrive à une probabilité extrêmement élevée et qui ne peut plus que croître bien moins rapidement au delà. Mon vrai motif de croire vient de ce que, n'ayant nulle raison de faire des hypothèses sur le plus ou moins de véracité de personnes inconnues, et le fait en question étant de nature toute matérielle et d'observation élémentaire et désintéressée, je rapporte, dès mes premiers interrogatoires, la circonstance de l'accord des réponses obtenues à une cause, de probabilité rapidement croissante, savoir la réalité d'un fait observé. » (Pillon, *ibid.*)

Que si, au contraire, les témoins sont *en désaccord*, on les partage en groupes ; on compte, on pèse les témoignages contradictoires, et l'on choisit s'il y a lieu. Il va de soi d'ailleurs qu'un nombre même très petit de témoignages de haute valeur doit l'emporter sur un nombre même très grand de témoignages suspects.

Probabilité intrinsèque des faits : règles. — Mais ce n'est pas seulement par un témoignage contraire qu'un témoignage donné peut être affecté d'un certain déchet, c'est aussi par la *nature même du fait* rapporté. Un témoignage qui paraîtra suffisant pour un certain fait de nature vulgaire paraîtra à bon droit insuffisant pour un autre fait de nature extraordinaire. On peut dire que, avant tout témoignage, chaque fait porte en soi un certain **coefficient de probabilité** ou d'improbabilité, résultant de sa nature même. Dans certains cas, la probabilité du fait et la probabilité du témoignage *s'additionnent;* mais, dans d'autres cas, l'improbabilité du fait et la probabilité du témoignage *se détruisent;* et il peut se faire que celle-là soit assez forte pour annuler entièrement celle-ci. D'où cette remarque de Cournot (*Exposition de la théorie des chances*, p. 413) : « Il faut admettre pour le témoignage d'un même témoin des probabilités variables pour chaque catégorie de faits [1]. » Que le témoin le plus autorisé vienne dire qu'il a vu tout à l'heure un rocher se détacher du sol et s'élever spontanément vers le ciel, tout homme de sens tiendra son témoignage en pareil cas pour nul et non avenu.

1. Cité par M. Pillon, *ibid.* L'opinion de Poisson et de Laplace est aussi rapportée : « Dans les questions de doute et de critique, dit Poisson, auxquelles s'applique le calcul des probabilités, lorsqu'il s'agira de savoir si un fait attesté par un témoin est vrai ou faux, on devra tenir compte, non seulement de la chance d'erreur du témoin, mais encore de nos connaissances antérieures à son témoignage » ; et, dans tout le cours de son analyse du problème mathématique des témoignages, ce géomètre attribue une place essentielle à « la probabilité de la vérité du fait avant qu'il fût attesté par le témoin », ce qui le conduit à faire descendre extrêmement bas la probabilité de certains faits pourvus d'attestations extrêmement nombreuses (voy. Poisson, *Recherches sur la probabilité des jugements*, p. 98 et suiv.).

En jugeant de la sorte, nous ne faisons, en quelque façon, comme l'a remarqué Hume dans son *Essai sur les miracles*, qu'opposer témoignage à témoignage, car quel est le fondement de cette croyance que les rochers ne s'élèvent pas spontanément dans les airs, sinon le témoignage de l'humanité tout entière, dans tous les temps et tous les lieux, autant qu'il nous est possible de le connaître, et aussi le témoignage de nos propres facultés perceptives[1] ?

Ces règles quoique peu sûres sont bien fondées. — Ces règles, d'ailleurs, sont bien loin de nous mettre à l'abri de l'erreur. Car cette sorte de témoignage antécédent, que nous opposons au témoignage touchant un fait jusqu'alors ignoré de nous, peut être un témoignage fort incomplet. En d'autres termes, l'état actuel de nos connaissances, duquel nous inférons l'impossibilité du fait attesté, peut être lui-même plein de lacunes et d'erreurs. Ainsi, avant la découverte de l'Australie, le fait qu'il y avait des cygnes noirs devait paraître fort improbable ; ainsi ce roi de Siam, dont parle Locke, devait tenir pour incroyable le fait que l'eau puisse se durcir au point de supporter des éléphants.

Pourtant ces règles sont légitimes, comme celles que donne en général le calcul des probabilités. Ce calcul conduit souvent à attribuer un certain degré d'improbabilité à des choses certaines et nécessaires, et un certain degré de probabilité à des choses réellement impossibles. Il n'en est pas moins fort légitime, ayant pour but de mesurer non pas tant une qualité des événements en eux-mêmes, que le degré de confiance que nous pouvons avoir dans leur arrivée *d'après ce que nous en savons actuellement*. Le calcul des probabilités a simplement pour objet de rendre notre attente raisonnable et scientifique, en la mettant d'accord dans sa nature et dans ses degrés avec les données que nous possédons. Il en est exactement de même, pour la même raison, des règles concernant les faits attestés par le témoignage. Il est légitime, il est nécessaire de s'appuyer sur les faits que l'on connaît pour juger de la probabilité ou de l'improbabilité de ceux qu'on ne connaît pas. La seule réserve à faire, c'est de ne pas ériger la science que l'on possède en science absolue et en mesure absolue du vrai et du faux, du possible ou de

---

1. Il est juste de remarquer cependant que la contradiction n'est pas directe, car les témoignages opposés ne portent pas sur les mêmes faits. Le témoignage en question contredit seulement la croyance en une loi générale *induite des témoignages concernant des faits antérieurs*. — Il faut remarquer aussi que l'on peut soutenir, comme on l'a expliqué ailleurs (*Psych.*, ch. XXXIX, § 4), la réalité d'un miracle sans admettre aucune violation d'une loi naturelle.

l'impossible. « Il faut toujours, dit Claude Bernard, garder sa liberté d'esprit et croire que dans la nature, l'absurde, suivant nos théories, n'est pas toujours impossible » (*Introd. à l'ét. de la méd. exp.*, p. 66).

§ II

Critique historique : sources de l'histoire. — Les règles de la Critique historique ne sont qu'une application particulière des règles générales du témoignage.

Les sources de l'histoire sont : 1° les traditions orales ; 2° les monuments ; 3° les écrits.

Critique des traditions. — La tradition est la transmission orale d'un fait réel ou imaginaire. Il y a des traditions dont le fond et la forme sont également fictifs. On assiste perpétuellement, même de nos jours, à l'éclosion de traditions de ce genre. — Dans certains cas, le noyau primitif de la tradition est un fait réel. Mais l'imagination, une imagination que ne retenait aucune connaissance des lois de la nature, s'exerçant sur ce fait pendant une suite plus ou moins longue de générations, l'a rendu méconnaissable. « De là vient que toutes les origines des peuples sont absurdes. » Parfois la tradition amplifie démesurément les choses ; d'autres fois elle les rapetisse, et condense par exemple une dynastie dans un règne, des siècles dans une année. Aucune analyse au monde n'est capable de dégager *sûrement*, dans une tradition, la réalité, de la légende. C'est pourquoi, en l'absence de témoignages d'un autre genre, aucune tradition ne doit être tenue comme preuve de son contenu, mais seulement comme indice de l'état mental, religieux, politique, social, etc., du milieu où elle s'est formée et accréditée. Ainsi les légendes touchant la guerre de Troie n'apprennent avec certitude aucun fait historique, mais révèlent beaucoup de choses sur la civilisation primitive de la Grèce et de l'Asie.

Critique des monuments. — Touchant les **monuments** (tombeaux, statues, arcs de triomphe, etc. [1]), il faut se demander s'ils sont *authentiques*, c'est-à-dire s'ils appartiennent bien à tel peuple ou à telle époque, et s'ils sont *sincères*, c'est-à-dire s'ils ne sont

---

1. Parmi les monuments, il faut distinguer les monuments de la vie privée (maison, meubles, bijoux, etc.), qui nous renseignent sur les mœurs, les arts, l'industrie, etc.

pas l'œuvre de la flatterie, du mensonge, etc. « N'a-t-on pas, pendant la guerre de 1740 des Anglais contre le roi d'Espagne, frappé une médaille qui attestait la prise de Carthagène par l'amiral Vernon, tandis que cet amiral levait le siège ? » (*Encycl.*, art. Histoire.)

Critique des écrits. — Pour les écrits (procès-verbaux, journaux, mémoires, histoires proprement dites, etc.), la critique doit porter d'abord sur l'*ouvrage* dont il faut vérifier l'*authenticité* et l'*intégrité*, puis sur l'*auteur* lui-même. Raconte-t-il ce dont il a été le témoin : on le traite comme un témoin ordinaire : on apprécie sa compétence, sa bonne foi, etc. — Écrit-il d'après d'autres témoignages : il faut alors savoir quelles sont ses sources, et ce qu'elles valent.

La certitude de l'histoire décroît-elle ? — Au sujet de la certitude historique telle qu'elle peut résulter de la critique des témoignages, on s'est posé la question de savoir si cette certitude ne va pas diminuant à mesure qu'on s'éloigne des faits rapportés. Un géomètre anglais, Craig, a répondu affirmativement, et, appliquant ce principe à la certitude des faits du siècle d'Auguste, il a calculé que ces faits cesseraient d'être croyables à partir de l'an 3153. Daunou et avant lui d'Alembert (*Éléments de phil.*, ch. v, § 6, *de l'Art de conjecturer*) ont surabondamment réfuté ce sophisme, et montré que, si l'affaiblissement de la probabilité d'un fait est incontestable quand ce fait est appuyé seulement sur le témoignage verbal, il n'en est pas de même quand le fait est transmis par écrit. Le témoignage une fois fixé dans un livre, sa probabilité demeure fixe. « Dès qu'on ne pourra douter, par exemple, que Tite Live n'ait écrit son histoire, l'existence de Scipion ne sera pas plus douteuse dans dix siècles qu'elle ne l'est aujourd'hui. »

§ III

Histoire proprement dite : ce qu'elle ajoute aux témoignages : inférences. — La Critique historique n'est pas l'Histoire, et Pascal se trompe en mettant l'Histoire au nombre de ces sciences qui ont uniquement pour but de savoir *ce que les auteurs ont écrit (Frag. d'un traité du vide)*. « Elles consistent bien plutôt, dit M. Havet, à démêler, à travers ce qu'ils ont écrit, ce qui a été. » Or les témoignages qui nous restent du passé sont toujours incomplets et discontinus. Le travail de l'historien consiste à reconstituer le tout d'après des parties, ou la suite d'après des moments. Son œuvre est analogue, d'une part, à celle de l'anatomiste qui, d'après quelques vestiges d'une espèce fossile, essaye de se figurer l'ensemble de son organisme; d'autre part, à celle de l'astronome qui, ayant relevé quelques positions d'un astre dans le ciel, essaye de les relier par un tracé continu. — On ne remarque pas assez combien, dans les livres d'Histoire même les plus recommandables, est petite la part des faits bruts dûment établis, combien grande la part d'interprétation, d'explication, d'inférence, qui sert à les mettre en œuvre et sans laquelle la lecture de l'Histoire ne serait même pas tolérable. Rien n'est plus difficile, même dans les sciences des faits matériels, que de dégager les faits réellement observés de toute interprétation associée (ch. VII, § 2) : que sera-ce s'il s'agit de faits de l'ordre moral? Le récit des faits de cet ordre, même contemporains, est inévitablement composé en grande partie d'inférences personnelles surajoutées aux faits constatés; il en est de même, à plus forte raison, s'il s'agit du récit des faits passés : « Que Charles Ier a été exécuté, c'est un fait; mais la question de savoir quels motifs déterminèrent Cromwell et les puritains à l'exécuter ne peut être résolue que par une induction, et une induction difficile » (Bain, *Log.*, t. II, p. 490).

Point de garantie certaine. — Or maintenant quelles peuvent être la base et la garantie de semblables inférences? L'astronome, pour relier les positions d'un astre relevées dans le ciel, s'appuie sur des lois certaines et d'une précision rigoureuse; le naturaliste, pour reconstituer une espèce fossile, sur des lois de coexistence constatées chez les espèces vivantes. — De plus, l'un peut, quand il lui plaît, vérifier ses déductions en observant le ciel; l'autre attend la vérification des siennes des découvertes de la géologie, qui d'un jour à l'autre peuvent se produire.

Mais l'historien, pour suppléer aux lacunes des témoignages qui lui restent du passé, ne peut s'appuyer que sur la connaissance générale de la nature humaine, qui, vague comme elle est, peut fournir des principes aux déductions les plus opposées, et sur la Philosophie de l'histoire, ou Science sociale, dont les premiers éléments se dessinent à peine. — D'autre part, point de vérification rigoureuse à attendre de l'avenir, qui ne reproduit jamais exactement le passé; et point de vérification complète non plus à attendre de fouilles nouvelles dans le passé : car jamais aucun témoignage ne rend le passé tout entier, et pour bien des périodes immenses de ce passé il faut, dès à présent, renoncer à tout espoir d'en retrouver jamais plus que de rares et douteux vestiges.

L'Histoire ne peut prétendre à la certitude absolue. — L'Histoire est donc de toutes les sciences du réel celle qui serait la moins fondée à prétendre en général à la certitude. Mais ce n'est certes point une raison pour dédaigner, comme l'ont fait parfois certains savants habitués à un haut idéal de preuve [1], la probabilité dont elle doit se contenter. Il faut au contraire, en de tels sujets, comme en tout ce qui touche l'humanité, dans les questions métaphysiques [2] par exemple, attacher le plus haut prix aux moindres probabilités [3], et l'historien doit, pour sa part, travailler à les

1. Descartes par exemple. Voyez sur ce point le discours de réception de M. Pasteur à l'Académie française et la réponse de M. Renan.

2. Sur le genre particulier de preuve et le degré de certitude des vérités métaphysiques et morales, voyez dans la *Revue des Deux Mondes* (mars 1865) le bel article de M. Caro sur *Jouffroy et ses œuvres*, particulièrement p. 36) suq.

3. Au dédain de certains savants pour la probabilité et les sciences morales qui y sont réduites, on peut opposer l'estime d'autres savants moins exclus..s, tels que d'Alembert et Leibniz. La page suivante de d'Alembert, qui vaut un traité de Logique, nous dispensera d'insister sur ce sujet.

« Il serait sans doute à souhaiter qu'on n'employât jamais que des démonstrations rigoureuses ; mais dans la plupart des sciences, telles que la physique, la médecine, la jurisprudence et l'histoire, il est une infinité de cas où, sans être éclairés ni convaincus, nous sommes forcés d'agir et de raisonner comme si nous l'étions. Ne pouvant alors atteindre au vrai, ou du moins s'assurer qu'on y est parvenu, il faut en approcher le plus qu'il est possible. On imite les mathématiciens qui n'ayant pas, pour résoudre exactement un problème, ou assez de choses données, ou une méthode assez complète, essayent de le résoudre à peu près. Mais, comme dans ces solutions mêmes le mathématicien connaît les limites qui l'éloignent ou qui l'approchent du vrai, ainsi on doit apprendre dans les matières purement conjecturales à ne pas confondre avec le vrai rigoureux ce qui est simplement probable, à saisir dans le vraisemblable même les nuances qui séparent ce qui l'est davantage de ce qui l'est moins. Tel est l'usage de cet *esprit de conjecture* plus admirable quelquefois que l'esprit même de découverte, par la sagacité qu'il suppose dans celui qui en est pourvu, par l'adresse avec laquelle il fait entrevoir ce qu'on ne peut parfaitement connaître, suppléer par des *à peu près* à des déterminations rigoureuses, et substituer, lorsqu'il est nécessaire, la probabilité à la démonstration, avec les restrictions d'un pyrrhonisme raisonnable.

« L'art de *conjecturer* est donc une branche de la Logique, aussi essentielle que l'art de démontrer et trop négligée dans les Logiques ordinaires. Néanmoins, plus l'art conjectural est imparfait de sa nature, plus on a besoin de règles pour s'y conduire.... Ajoutons que les règles sont insuffisantes si par un fréquent usage on n'apprend à les appliquer avec succès. Pour acquérir cette qualité première d'esprit, deux choses sont nécessaires, s'exercer aux démonstrations rigoureuses et ne pas s'y borner. Ce n'est qu'en s'accoutumant à reconnaître le vrai dans toute sa pureté qu'on pourra distinguer ensuite ce qui en approchera plus ou moins. La seule chose qu'on ait à craindre, c'est que l'habitude trop grande et trop continue du vrai absolu et rigoureux n'émousse le sentiment sur ce qui ne l'est pas ; des yeux ordinaires, trop habituellement frappés d'une lumière vive, ne distinguent plus les graduations d'une lumière faible, et ne voient que des ténèbres épaisses où d'autres entrevoient encore quelque clarté. L'esprit qui ne reconnaît le vrai que lorsqu'il en est directement frappé est bien au-dessous de celui qui sait non seulement le reconnaître de

augmenter sans cesse, en mettant à profit, soit pour élargir sa base d'inférence, soit pour fortifier ses inférences mêmes, toutes les découvertes de l'Archéologie, tous les progrès de la Critique historique, de la Psychologie générale, de l'Ethnologie, de la Science sociale.

Philosophie de l'Histoire. — Nous parlerons plus bas de la Philosophie de l'Histoire en la considérant à titre d'élément de la Science sociale prise dans son ensemble.

DEUXIÈME SECTION : LA SCIENCE SOCIALE, SA NATURE,
SA MÉTHODE : L'INDUCTION ET LA DÉDUCTION

§ I

La science sociale : ses divisions. — Parmi les sciences pratiques, nous laisserons ici de côté la Morale, dont nous aurons à parler plus tard, ainsi que le Droit, la Jurisprudence, l'Économie politique, qui sont des parties détachées de la Science sociale ou Sociologie, que l'on appelle aussi Politique, dans le sens le plus général du mot.

La Politique se divise naturellement et nécessairement en deux parties, la **Politique** pratique et la **Politique** théorique, celle-ci comportant elle-même une subdivision, en **Politique** réelle et **Politique** idéale.

Politique pratique. — Cette division résulte naturellement et nécessairement de la fin même de cette science. La Politique est essentiellement une science *pratique*. Elle vise à formuler un ensemble de préceptes ou de règles susceptibles d'améliorer la condition des hommes vivant en société. Elle doit être au corps social ce que la médecine et l'hygiène sont au corps humain, une conseillère et une directrice apte à conserver, à fortifier, à guérir.

« La science sociale, dit Schaeffle (*Structure et vie du corps social* [all.], t. IV, appendice), cherche non seulement ce qui est, mais ce qui doit

près, mais encore le pressentir et le remarquer dans le lointain à des caractères fugitifs. C'est là ce qui distingue principalement l'esprit *géométrique*, applicable à tout, d'avec l'esprit *géomètre*, dont le talent est restreint dans une sphère étroite et bornée. Le seul moyen d'exercer avantageusement l'un et l'autre est de les faire marcher comme d'un pas égal, et de ne pas borner ses recherches aux seuls objets susceptibles de démonstration ; de conserver à l'esprit sa flexibilité, en ne le tenant point toujours courbé vers les lignes et les calculs, et en tempérant l'austérité des mathématiques par des études moins sévères ; de s'accoutumer enfin à passer sans peine de la lumière au crépuscule. » (*Éléments de phil.*, V, Logique.)

être.... Ce serait un esprit bien pauvre et bien timide qu'un serviteur de la Science sociale qui n'emploierait pas la science à la conduite des événements, qui ne pourrait pas ou qui n'oserait pas de la connaissance du présent et du passé rien induire scientifiquement qui pût aider la direction du progrès.... La Science sociale s'achève en devenant la conseillère du progrès. »

Elle suppose : 1° la Politique théorique réelle. — Mais toute pratique suppose une théorie. La Médecine suppose la connaissance de la Physiologie et de l'Anatomie; l'Agriculture suppose la connaissance de la Physique, de la Chimie et de l'Histoire naturelle. « On ne commande à la nature, dit Bacon, qu'en se soumettant à ses lois. » Cette règle n'est pas moins vraie de l'ordre moral que de l'ordre physique : pour agir avec discernement et chance de succès sur le corps social, il est indispensable de connaître les lois de l'organisation et de l'évolution du corps social. La Politique pratique suppose donc la Politique théorique. Celle-ci fait connaître les lois de la société, celle-là s'inspire de ces lois pour diriger les actes politiques. L'une dégage de l'étude de la réalité un ensemble de vérités qu'elle exprime dans le mode *indicatif*. L'autre, de ces vérités mêmes, dégage un ensemble de préceptes parallèles qu'elle formule sous le mode *impératif*.

2° La Politique théorique idéale. — Mais si tout précepte formulé suppose la connaissance d'une *loi* qui le justifie, il suppose aussi et tout d'abord la conception d'une *fin* qui l'inspire. Pour agir sur le corps social, il faut d'abord avoir bien fixé le but à atteindre, défini l'idéal à réaliser. Donc la Politique pratique suppose, outre la Politique théorique *réelle* qui étudie les lois de la société, une **Politique théorique idéale** qui détermine les fins désirables de la société.

Dans les sciences médicales, économiques, etc., aucune science ne correspond à la Politique idéale. C'est que, dans ces sciences, tout le monde est d'accord sur le but qu'il s'agit d'atteindre. Pas de discussion sur le but idéal de l'Hygiène et de la Médecine : c'est la santé. Pas de discussion sur le but idéal de l'Économie politique : c'est le bien-être, la richesse. Nul ne conteste qu'en cet ordre de choses, ces fins ne soient des biens, les vrais biens, les seuls biens. Il s'en faut de beaucoup qu'on s'entende de la sorte sur l'idéal social et le but de la Politique pratique. La fin de la Société est-elle le bien de l'État, ou le bien des individus ? Y a-t-il des classes vouées par nature au travail grossier et aux jouissances vulgaires, tandis qu'à d'autres sont réservées, par droit naturel, toutes les joies du pouvoir, de la science, de l'art, etc., etc.? Sur tous ces points, les avis diffèrent. Or toute action politique cohérente et suivie suppose une solution à ces questions. Donc, à moins de dire que toutes les solutions se valent, ou d'abandonner le choix d'une solution à la passion et au préjugé, il faut bien que la science discute et compare rationnellement ces diverses solutions. C'est l'objet de la Politique idéale.

Concours nécessaire de la Politique réelle et de la Politique idéale. — Ce mot de *Politique idéale* effraye parfois les politiques. C'est que l'on confond l'idéalisme et l'idéologie. « Nous revendiquons hautement le titre d'*idéalistes*, dit Schaeffle, mais nous repoussons celui d'*idéologues.* » L'idéologue en Politique, c'est celui qui, ayant conçu une Politique idéale, veut la mettre en œuvre sans prendre conseil de la Politique réelle. C'est celui qui prétend réaliser son idéal *hic et nunc*, sans tenir compte ni des faits, ni des lois qui lui apprendraient dans quelle mesure la réalisation de cet idéal est possible. Tant vaudrait un architecte qui, ayant construit dans sa tête des palais enchantés, entreprendrait de les édifier sur le sol sans se soucier ni de la nature des matériaux employés, ni de la pesanteur. Dans la Politique comme dans la Morale, comme dans l'Art, comme en tout, l'idéal ne se réalise qu'en triomphant graduellement des résistances que lui oppose la réalité. Qui connaît ces résistances peut donc réussir dans une certaine mesure à composer l'idéal avec le réel ; qui les ignore va inévitablement les heurter de front et prépare un échec certain à l'idéal.

Mais, si la Politique idéale ne doit pas s'isoler de la Politique réelle, la réciproque n'est pas moins vraie. Car, si l'on veut interdire la partie de la Politique qui discute des fins et de l'idéal, de deux choses l'une : ou bien l'on se passe de tout idéal, auquel cas la Politique, désormais sans but, sans préoccupation d'avenir, n'est plus que la stérile consécration des faits acccomplis et l'inerte expectation des faits à venir ; — ou bien on se forge *à priori* un idéal qu'on refuse de soumettre à la discussion et au contrôle de la science, auquel cas on a comme prémisse de la Politique pratique, au lieu de la raison et de la science, la passion et le préjugé. Empirisme passif qui laisse les choses aller, ou fanatisme aveugle qui s'arroge sans discussion le droit de les mener où il lui plaît, telle est l'alternative inévitable qui résulte de la suppression de la

Politique idéale. On n'a pas, ce semble, beaucoup plus à craindre de la Politique idéologique qui prétend atteindre un but excellent peut-être, mais sans s'être informée des voies et moyens.

Résumé : syllogisme politique. — En résumé donc, on peut figurer toute la Science politique par une sorte de syllogisme analogue au syllogisme du désir dont parle Aristote[1]. La majeure, résultant des discussions de la Politique idéale, est un **optatif**; elle pose le but qu'il serait *désirable* d'atteindre : *Telle chose est le vrai bien de la société, c'est le but auquel il faut tendre.*

La mineure, résultant de la connaissance des lois de l'ordre réel obtenue par la Politique réelle, est un **indicatif**; elle exprime ce qu'il est *possible* et *utile* de faire : *Voici, dans les circonstances données, jusqu'à quel point et par quels moyens la fin proposée peut être réalisée.*

La conclusion, résultant de la synthèse de la majeure et de la mineure, applique la forme optative de l'idéal à l'acte matériel indiqué et fait de cet acte un **impératif** pratique : *C'est donc ces moyens qu'il faut réaliser.*

L'idéal politique peut ainsi se comparer à un rayon de lumière qui, se heurtant à un milieu trouble et réfringent, n'en sort que dévié dans sa direction et diminué dans son éclat.

§ II

Politique idéale : deux parties. — La politique idéale se divise elle-même en deux parties : l'une générale, l'autre particulière. D'une part, en effet, il faut déterminer la fin générale de la société ; d'autre part, cette fin générale une fois fixée, il s'agit de définir conformément à cette fin toutes les fins particulières à poursuivre dans tout le champ d'action de la Politique[2].

A. Méthode de la seconde : déduction. — La partie de la Politique idéale qui traite des fins particulières est manifeste-

---

1. Voici ce syllogisme : J'ai soif, dit la passion ; voici la boisson, dit le sens; et l'animal boit.

2. De même en Morale, dans la partie assez improprement appelée *Morale théorique* ou *spéculative* et qui serait bien mieux nommée *Morale idéale*, on cherche quel est pour l'homme le bien général et absolu; puis, dans la partie appelée bien plus improprement encore *Morale pratique*, et qui n'est à vrai dire que la seconde moitié de la Morale idéale, on détermine pour tout le domaine des actions morales ce qui, dans chaque cas particulier, est le vrai bien pour l'homme, conformément au bien général préalablement défini.
La partie de la Morale qui correspond à la Politique théorique réelle, c'est ce

ment *déductive*. Posez, par exemple, comme fin suprême de la société, la liberté et la justice, c'est-à-dire l'exercice et l'accord des droits de tous et de chacun : les règles directrices concernant l'organisation de la propriété, du travail, du commerce, de la pénalité, etc., etc., en découleront naturellement. Posez une autre fin, par exemple le règne de la vertu et du bien : tout un système politique, radicalement distinct du précédent, en découlera avec la même nécessité. Le problème général de la Politique, une fois résolu, fournit la solution de tous les problèmes particuliers.

En tout ceci, l'expérience intervient sans doute; mais à quel titre? Elle fournit à la Politique son objet, sa matière; elle pose les questions; elle indique les problèmes à résoudre. Mais la solution idéale de ces problèmes se tire toujours de l'idéal. Pareillement dans le Droit, un principe étant établi, ce sont les faits qui fournissent la matière, les cas multiples et variés auxquels il doit s'étendre; mais c'est toujours de ce même principe que se dérivent les lois particulières établies pour chacun de ces cas.

B. Méthode de la première : déduction, ses principes. — Quant à la partie de la Politique qui traite de la fin suprême de la société, elle ne saurait non plus se fonder, à notre sens, sur l'expérience. L'expérience peut bien nous apprendre qu'en fait tous les hommes cherchent le bonheur et que la société n'est autre chose qu'une des conditions indispensables du bonheur. Mais la même expérience nous apprend aussi que tous les hommes sont loin de chercher leur bonheur dans les mêmes objets. Les uns voient le bonheur dans le repos, les autres dans l'activité; les uns dans la richesse, les autres dans la vertu; les uns dans l'obéissance, les autres dans la liberté. Qui donc résoudra la question de la nature du bonheur? Cette science seule le peut qui connaît la nature de l'homme. Aussi Aristote lui-même, le plus empiriste des moralistes et des politiques, après avoir reconnu comme un fait d'expérience que tous les hommes se proposent pour fin le bon-

qu'on pourrait appeler la *Physique des mœurs*, la *Psychologie morale*, dont divers naturalistes, Descartes (*Traité des Passions*), Spinoza (*Éthique*), dans l'antiquité Socrate et principalement Aristote ont donné de si admirables échantillons. — Enfin la partie de la Morale qui correspond exactement à la Politique pratique, et qui constitue la vraie Morale pratique, c'est la *Pédagogie morale* ou *Science de l'éducation* de soi-même et des autres. — En fait, dans la plupart des traités de Morale de notre temps, la Morale se trouve réduite à la Morale idéale, à la détermination du devoir et des devoirs.

heur, *déduit* de la Psychologie, au lieu de la demander à l'expérience, la définition du bonheur.

D'autre part, s'il y a un devoir, s'il y a une morale, peut-être ce devoir et cette morale ont-ils leur mot à dire sur les fins de la société. Non que la Politique ait le même objet que la Morale : les fins de ces deux sciences sont bien distinctes. Mais il ne s'ensuit pas que la Politique puisse se constituer indépendamment de la Morale, et dans l'ignorance ou l'indifférence de la Morale. La Morale n'est pas tout, mais elle n'est rien ou elle s'étend à tout et surveille tout. Les principes de la Morale ne sont pas *constitutifs*, mais ils seront *limitatifs* pour la Politique. « Le premier devoir de la Politique, a-t-on dit, c'est d'être aux genoux de la Morale. »

Par conséquent, c'est par la Psychologie et la Morale réunies que doit se déterminer déductivement la fin suprême de l'homme vivant en société. L'une fournit en quelque sorte à la Politique ses premières *définitions*, l'autre ses premiers *axiomes* [1].

§ III

Politique réelle; division. — La Politique réelle pourrait s'appeler Physique sociale. Elle a deux sortes de lois à connaître : les *lois de coexistence* qui lient les uns aux autres les divers organes et les diverses fonctions du corps social, et les *lois de succession* qui en déterminent l'évolution. La partie de la Politique qui recherche les lois de coexistence est heureusement nommée par Aug. Comte **Statique sociale**, et la partie qui recherche les lois de succession **Dynamique sociale**.

Difficulté. — La difficulté de ces recherches est extrême; il est même permis de se demander si elles ont quelque chance d'aboutir. Deux raisons de douter : y a-t-il réellement des lois de la société, matière d'une science possible? — Et si ces lois existent, si cette science est possible en soi, ces lois sont-elles accessibles à nos moyens d'investigation et de preuve, et cette science est-elle possible à l'homme?

1° Y a-t-il des lois de la société? — **Réponse affirmative.** — Que les phénomènes sociaux soient subordonnés à des

---

1. Les définitions sont, comme on l'a vu en géométrie, les sources des vérités, et les axiomes les conditions limitatives du vrai. — Voy., dans la Morale, le chapitre sur l'État.

lois naturelles, c'est, en dépit de la première apparence, ce qui ne peut être nié[1].

a. Ils sont soumis à des *lois de coexistence*, car le principe des **conditions d'existence** (Cuvier) s'applique nécessairement à l'organisme social. La société, comme tout organisme, ne subsiste que par l'accomplissement de certaines fonctions maîtresses, lesquelles supposent des organes propres à les accomplir. Et ces organes ont entre eux « des rapports nécessaires d'incompatibilité ou de coexistence » (Cuvier), en vertu desquels ils s'appellent ou s'excluent naturellement. Il y a donc des états de société, des types sociaux plus ou moins complexes et perfectionnés, comme il y a des types de plantes et d'animaux[2].

b. D'autre part, il est certain aussi que les phénomènes sociaux sont soumis à des *lois de succession*, car apparemment ils ne se produisent pas sans causes, et les causes de ces phénomènes ne peuvent, non plus que d'autres, produire que les effets déterminés qu'il est dans leur nature de produire. Admettons, si l'on veut, une exception pour les volontés humaines, qui, si elles sont libres, ont précisément ce privilège de pouvoir, dans les mêmes circonstances, se produire en divers sens et engendrer des effets divers : mais, en tous cas, les volontés humaines ne sont pas les seules causes des phénomènes sociaux; or toutes les autres causes sont incontestablement soumises au déterminisme universel. — Il y a donc, dans les sociétés, la matière d'une science possible.

2° Est-il possible de les reconnaître? — Mais cette science possible, est-il donné à l'homme de pouvoir la réaliser? — A coup sûr, la difficulté de la réaliser n'est pas médiocre. Cette difficulté tient à la fois à des causes **objectives** et **subjectives**, c'est-à-dire à la nature spéciale des phénomènes, comme aussi à la nature et à la position de l'observateur.

A. Difficultés objectives : *a.* **complexité des causes; causes générales.** — Parmi les difficultés naissant de la nature même des phénomènes, il faut signaler en première ligne l'extraordinaire variété des causes qui les déterminent. Ce sont

---

1. Voy. la démonstration détaillée de cette vérité dans l'*Hist. de la civ. en Angleterre*, de Buckle, ch. I-VI.

2. Le principe des connexions (G. Saint-Hilaire), qui témoigne de la résistance du type une fois donné, trouve aussi une sorte de vérification dans l'organisme social. Car bien souvent on constate qu'une société, après une évolution qui l'a profondément modifiée, garde encore de son état antérieur des organes qui ne lui sont plus utiles, qui lui sont même nuisibles actuellement.

d'abord des *causes générales* ; par exemple, le climat, les tendances générales de la nature humaine ; le caractère particulier de la race et de la nation ; le passé historique, héritage des siècles antérieurs, et qui, dans une proportion notable, détermine l'avenir ; l'état actuel des mœurs, des connaissances, de l'industrie, etc., etc. — Chacune de ces causes se résout elle-même en une multitude innombrable d'influences diverses qui agissent sur les actes de tous et de chacun. D'où il suit que l'influence d'ensemble de chacune d'elles ne peut être appréciée qu'en gros et d'une manière vague. — Enfin toutes ces causes, agissant simultanément, combinent leur influence, mélangent et masquent leurs effets particuliers.

Causes particulières. — Pourtant la tâche de la Science sociale serait encore relativement facile, si les phénomènes sociaux dépendaient uniquement de ces causes relativement stables et générales. Mais il faut aussi tenir compte des *causes particulières*, locales, accidentelles. La Philosophie de l'Histoire a parfois considéré cette influence comme une quantité négligeable. C'est trop de philosophie ; et les faits protestent contre cette arbitraire élimination. Une invention dans la physique ou la chimie bouleverse les conditions d'une industrie, ruine ou enrichit une contrée ; le caprice d'un monarque jette un peuple dans une guerre qui change pour des siècles le cours de ses destinées ; quelques voix de majorité décident du mode de gouvernement ; un peuple, aussi bien qu'un individu, rencontre parfois des assassins qui le tuent, etc. Ces événements apparemment ne sont pas négligeables ; or nous n'avons aucune difficulté à concevoir que les causes qui les amènent soient autres qu'elles ne sont, ou tout au moins nous n'avons aucun moyen de les prévoir telles qu'elles doivent être.

Influence des grands hommes. — Parmi ces causes particulières dont il est impossible soit de prévoir, soit de déterminer exactement l'influence, il faut noter au premier rang *l'influence des grands hommes* dans tous les genres. Selon Macaulay, l'action des grands hommes est à peu près nulle. Il les compare à des hommes qui se tiennent simplement sur des lieux plus élevés et qui de là reçoivent les rayons du soleil un peu plus tôt que le reste de la race humaine. « Le soleil, dit-il, illumine les collines quand il est encore au-dessous de l'horizon, et les hauts esprits découvrent la vérité un peu avant qu'elle se manifeste à la multitude. Telle est la mesure de leur supériorité. »

« Il en serait ainsi, répond Stuart Mill[1], si les vérités se levaient comme le soleil par leur mouvement propre et sans effort humain. Mais je crois que si Newton n'avait pas vécu, le monde aurait dû attendre la philosophie newtonienne jusqu'à ce qu'il arrivât un autre Newton ou son équivalent. Ni un homme ordinaire, ni une suite d'hommes ordinaires n'auraient pu accomplir son œuvre.... Les hommes éminents ne se contentent pas de voir briller la lumière au sommet de la colline, ils montent sur ce sommet et appellent le jour, et, si personne n'était monté jusque-là, la lumière, dans bien des cas, aurait pu ne luire jamais sur la plaine. Il y a bien des causes générales pour la religion et la philosophie, et cependant peu de gens doutent que, s'il n'y avait pas eu de Socrate, de Platon, ni d'Aristote, il n'y aurait pas eu de philosophie pendant les deux mille ans qui se sont écoulés ensuite, ni même après, selon toute probabilité, et que, s'il n'y avait eu ni Christ, ni saint Paul, il n'y aurait pas eu de christianisme. »

De même, dans un autre ordre, « un bon ou mauvais conseiller dans une ville, à un moment de crise, peut influer sur la destinée ultérieure du monde. Il est aussi certain que peut l'être un jugement contingent relatif aux événements historiques, que, s'il n'y avait pas eu de Thémistocle, il n'y aurait pas eu de victoire de Salamine, et, s'il n'y en avait pas eu, que serait devenue notre civilisation ?... « La conquête normande (ceci est une « citation faite par Stuart Mill) a été l'œuvre d'un seul homme, absolument « comme la rédaction d'un article de journal, et en connaissant comme « nous la connaissons l'histoire de cet homme et de sa famille, nous pouvons « rétrospectivement prédire avec une certitude presque infaillible qu'aucun « autre homme n'aurait pu accomplir cette entreprise. Et si elle n'avait pas « été accomplie, y a-t-il quelque raison de supposer que notre histoire ou « notre caractère national auraient été ce qu'ils sont ? »

L'influence des causes particulières est donc indéniable.

Les causes générales sont souvent effets de causes particulières. — Bien plus, les causes générales elles-mêmes, qu'on oppose aux causes particulières, que sont-elles bien souvent, à l'origine, sinon une cause particulière, qui s'est ensuite graduellement étendue dans l'espace et prolongée dans le temps ? Une vibration éthérée partie du soleil traverse en se répétant d'atome en atome des espaces infinis ; lorsque la fermentation s'établit sur un point dans une masse matérielle, toute la masse est bientôt modifiée jusque dans sa constitution moléculaire : les phénomènes sociaux présentent des cas analogues[2].

Le calendrier des Européens, qui sert de cadre à leur vie sociale tout entière, et dont ils ont répandu l'usage sur toute la surface du globe,

1. *Logique*, t. II, p. 512 sqq. Ces pages sont des plus belles qu'il ait écrites.
2. L'importation de quelques plants de vignes américaines chargés de phylloxera est pour la France actuellement une cause d'appauvrissement général.

tire son origine d'une petite cité du Latium. « Mais la destinée a voulu
que le calendrier des prêtres de cette cité devint celui des peuples du
midi et du centre de l'Europe, soumis plus tard à son empire; que des
croyances religieuses toutes contraires à celles qui avaient présidé à la
rédaction primitive le fissent ensuite adopter par les autres nations euro-
péennes que Rome, dans sa puissance, n'avait pu dompter, et qu'enfin
les développements de la civilisation européenne portassent ce calendrier
par toute la terre. » (Cournot, *Essai*, t. II, p. 198.)

Qu'est-ce qu'une invention à son origine? Un éclair instantané
qui jaillit inopinément dans un cerveau de la rencontre de deux
idées. Or cette invention partout répétée, tirée pour ainsi dire à des
milliards d'exemplaires, devient une des conditions les plus fondamentales de la vie sociale. « Celui qui inventa la charrue, dit
M. Fouillée (*la Propriété sociale*, p. 21), laboure encore invisible
à côté du laboureur. » Tout le grand commerce maritime a pour
promoteur celui qui inventa la boussole. La diffusion des lumières
par le moyen du livre prend naissance dans l'obscur atelier de
Gutenberg. Les religions comptent apparemment parmi les causes
les plus générales et les plus profondes de la vie sociale : or toutes
les grandes religions dont on connaît l'origine, le bouddhisme, le
christianisme, le mahométisme, sont écloses dans une conscience
individuelle, qui a fait éclore à son tour des myriades de consciences pénétrées du même idéal.

Le caractère même d'un peuple, que l'on compte parmi les
causes les plus stables, se compose en grande partie d'acquisitions
successives dues à des causes accidentelles et surtout à l'influence
d'hommes éminents. Confucius, depuis des siècles, pétrit en
quelque sorte comme une argile la cervelle des Chinois. Ainsi le
caractère se forme, se déforme et se transforme[1]. Qui reconnaîtrait
aujourd'hui des fils de même race dans l'Anglais et l'Hindou qui,
eux-mêmes, ne se reconnaissent plus? Au dix-septième siècle, le
peuple français était « conservateur », le peuple anglais, d'après
Bossuet, avide de changements. Aujourd'hui on entend sans cesse

---

1. « L'esprit mène le monde, mais le monde n'en sait rien. Le tumulte des
intérêts et des passions étouffe le bruit imperceptible des idées. Ces actives et
silencieuses ouvrières n'en sont pas moins toujours occupées à leur tâche ; elles
font ou défont, dans leur travail infatigable, la trame vivante des consciences.
Tout d'un coup on s'aperçoit que l'opinion publique, l'éducation, les mœurs sont
en train de se modifier profondément. On cherche les causes de ces grands
changements; où les trouverait-on, si ce n'est dans ces mille influences actives
et variées à l'infini qui descendent des hautes sphères où s'élabore la science? »
E. Caro, *Problèmes de morale sociale*, Préface.)

vanter l'esprit de conservation des Anglais et accuser les Français d'un besoin immodéré de révolutions [1].

Résumé. — Ainsi, les causes particulières sont si peu négligeables, que les causes dites *générales* ne sont souvent rien de plus que la répétition indéfinie d'un fait accidentel, l'écho multiplié d'une idée personnelle, et, comme l'a dit Emerson, « *l'ombre allongée* d'un homme [2] ».

Si donc aux causes relativement stables s'associent de la sorte des causes particulières, imprévisibles et capables d'en balancer, d'en dévier, d'en modifier totalement l'influence, peut-on espérer dégager les lois générales des effets, si compliqués et si variables, qui doivent en résulter?

b. **Nature des effets.** — La difficulté naissant de cette complexité des causes s'accroît encore de la nature même des effets.

« La nature des faits sociaux, dit Spencer (*Introd. à la sc. sociale*, p. 418), en rend la perception plus difficile que celle des autres faits, parce que chacun d'eux, au lieu d'être observable dans un seul objet ou dans un acte isolé, n'est atteint que par la constatation et la comparaison de beaucoup d'objets et de beaucoup d'actes. La diffusion des phénomènes sociaux dans l'espace empêche de les apprécier avec équité, et un obstacle encore plus grand résulte de leur distribution dans le temps, — distribution telle que beaucoup de faits dont on s'occupe mettent des siècles à se développer et que pour en saisir l'ensemble il faut combiner par la pensée des changements innombrables, lents, compliqués et difficiles à suivre. »

B. **Difficultés subjectives.** — Des difficultés d'un autre ordre sont créées par la nature même de l'observateur. M. Spencer, partisan convaincu de la Science sociale, les a lui-même longuement et loyalement exposées. Nous renvoyons sur ce point à son ouvrage [3].

Possibilité de la Science sociale. — Pourtant, de toutes ces difficultés, qui semblent accumulées comme pour décourager la recherche, on aurait tort de conclure à l'impossibilité absolue de la Science sociale. D'une part, les difficultés naissant de la nature

1. Voyez sur ce point dans la *Revue politique et littéraire* (mai 1886) la savante et éloquente étude de M. P. Janet sur la *Déclaration des droits de l'homme.*

2. Cité par M. Pillon dans une belle étude sur les doctrines historiques au dix-neuvième siècle (*l'Année philosophique*, 1887; voy. p. 511 sqq.).

3. Il distingue les difficultés intellectuelles et émotionnelles; spécialement les préjugés de l'éducation, du patriotisme, de la classe, etc., etc. — Cf. Fustel de Coulanges, *Rev. polit. et litt.*, fév. 1879, p. 717.

de l'observateur peuvent être sensiblement atténuées par une préparation et une discipline spéciales qui donneront au savant l'aptitude et l'impartialité. D'autre part, les difficultés objectives elles-mêmes ne sembleront plus absolument insurmontables, si l'on sait faire une distinction nécessaire et borner ses prétentions.

Distinction des événements historiques et des faits sociaux. — Les phénomènes que présentent les sociétés humaines sont de deux sortes : les uns accidentels, les autres normaux. Ceux-là sont les événements proprement *historiques*; ceux-ci peuvent s'appeler proprement phénomènes *sociaux*. Les premiers forment les accidents de la vie des peuples; ce sont des faits de cet ordre que les historiens se complaisent surtout à raconter : guerres, conquêtes, révolutions, etc. Les seconds, moins éclatants et plus profonds, composent pour ainsi dire la trame continue de la vie des nations : régime de la propriété, relations des classes, développement ou décadence progressifs, etc. Les uns sont comparables aux événements notables qui distinguent les jours ou les années d'un individu; les seconds au travail de la vie, à la lente évolution organique qui se poursuit silencieuse et sensiblement régulière à travers ces crises diverses. — Sans doute ces deux ordres de faits ne sont pas indépendants l'un de l'autre, ni dans la vie des individus, ni dans la vie des peuples; et souvent, comme on l'a vu plus haut, pour les peuples comme pour les individus, un accident imprévu trouble profondément et pour longtemps, ou même pour toujours, les conditions d'existence. Malgré tout, par la comparaison des sociétés, la distinction de ces deux ordres de phénomènes finit par apparaître assez nettement.

Les premiers sont réfractaires à la science. — Or, de ces deux ordres de phénomènes sociaux, les premiers sont, à notre avis, et pour toujours, radicalement réfractaires à la science. Ces phénomènes résultent soit exclusivement de causes accidentelles, soit de la composition de causes accidentelles avec les causes générales. Or la prétention de prévoir ces causes accidentelles est tout à fait chimérique. Donc il est tout à fait chimérique aussi de prétendre prévoir à coup sûr les effets qui résulteront, à tel moment, en tel lieu, de leur action isolée ou combinée avec celle de causes plus générales. Tant vaudrait aspirer à prévoir l'issue soit d'un coup de dés, qui dépend presque exclusivement de causes accidentelles, soit d'une partie d'écarté, où les causes accidentelles se composent pourtant avec l'habileté des joueurs. — Sans doute on pourrait, s'il s'agissait d'un très grand nombre d'épreuves, hasarder sur leur résultat général une prédiction raisonnable, en tenant compte seulement des causes constantes, savoir : d'une part, la forme des dés; d'autre part, l'habileté des joueurs. Mais, en histoire, il s'agit de prévoir des faits singuliers, et non des séries de faits de la même espèce : par exemple, l'issue d'une guerre et non de quelques centaines de guerres. C'est ce qui paraît généralement impossible[1]. — Certes l'histoire des faits proprement historiques est l'une des plus nobles études de l'homme. Dans cet ordre de faits, la cause des causes, après tout, c'est la volonté; et c'est pourquoi l'histoire a ce singulier privilège et cette haute vertu de mettre en évidence le rôle éminent de la personne humaine, soit pour le bien, soit pour le mal. Mais, précisément à cause de cela, l'histoire n'aura jamais, quoi qu'on fasse, le caractère et l'utilité d'une science proprement dite.

Les seconds sont matière de science. Cas analogues. — Les phénomènes sociaux, au contraire, étant produits par des causes relativement permanentes, il est possible, en quelque mesure, d'en déterminer les lois naturelles, et par là de prévoir au moins la direction générale et normale de leur évolution.

« De même, si on écarte de la vie d'un enfant les faits biographiques et quasi biographiques, comme interdisant ou limitant les prévisions, il nous restera plusieurs classes de faits qu'on peut prévoir, les uns avec certitude, les autres avec une grande probabilité; tantôt avec précision, tantôt d'une façon plus ou moins vague. Nous voulons parler de ceux qui sont relatifs à la croissance, au développement, à la structure et aux différentes fonctions du corps humain. » (Spencer, *ibid.*, p. 60.)

De même encore, quoi de plus libre que l'art, création des hommes de talent et de génie[2]? « Pourtant l'art est assujetti dans son développement à des lois tant de fois observées qu'on n'hésiterait pas à les tenir pour nécessaires lors même qu'on ne verrait pas ce qui en fait la nécessité. Une foule d'exemples en tout genre nous montrent que la marche naturelle du génie humain est de débuter dans les arts par la raideur et de finir par le maniéré de l'exécution. On va de la grossièreté à la naïveté; de la naïveté à l'élégance, et de l'élégance à l'affectation. Le simple mène au grand et le grand passe au boursouflé.... Peu importe que des noms d'artistes ou d'écrivains éminents servent ou non à jalonner ces périodes. Les progrès et la décadence de l'art suivent les mêmes lois et tiennent

1. On a pu très légitimement croire, à deux ou trois reprises, lors de la guerre de 1870, au succès final de la défense. Des causes très particulières l'ont peut-être seules empêché.

2. Sur le rôle des grands hommes dans l'art, voy. les *Problèmes de morale sociale* de M. Caro, p. 390 sqq.

aux mêmes causes dans les monuments de l'Égypte et dans les cathédrales du moyen âge, comme dans les productions de la Grèce antique et de l'Italie moderne. » (Cournot, *De l'ench. des id. fond.*, t. II, p. 282.)

Méthode à suivre. Observation. — Comment donc procède le politique pour dégager les lois de la société ? — Comme le physicien, comme le naturaliste, il commence par recueillir des faits. Aristote, dans un ouvrage malheureusement perdu, avait rassemblé et analysé les constitutions de deux cent cinquante-huit États. Ces faits, le Politique les doit en partie à ses observations personnelles ; mais il les demande surtout à l'histoire comparée, à l'ethnographie comparée, à la statistique (moyennes, grands nombres)[1].

Expérimentation. — Les faits expérimentaux ne sont pas refusés à la science sociale.

« Évidemment, dit Bain, on ne peut amputer une société humaine de façon à isoler artificiellement telle ou telle institution, en écartant toutes ses autres circonstances : 1° Néanmoins, quelques-uns des avantages de l'expérimentation dériveront de ce qu'une cause nouvelle fera son apparition chez un peuple, — par exemple, une famine, une crise commerciale, une insurrection, une épidémie, une invention nouvelle, une révolution religieuse ; 2° c'est la loi d'un gouvernement, surtout d'un gouvernement progressif, de faire sans cesse des expériences. Toute loi nouvelle est une expérience. Toute innovation importante est un nouvel agent social, suivi de certains effets définis. » (*Log.*, t. II, p. 490.)

Raisonnement expérimental. — Ces matériaux rassemblés doivent être ensuite élaborés par l'analyse et le raisonnement expérimental, à l'aide des quatre méthodes ordinaires de l'induction : les méthodes d'accord, de différence, des variations et des résidus. Il va de soi, d'après ce qui a été dit plus haut de la multiplicité et de la complexité des causes qui concourent à la production des faits sociaux, que l'emploi de ces diverses méthodes est ici plus que partout ailleurs sujet à caution[2].

Vérification déductive. — Les résultats fournis par l'usage

---

1. La science sociale peut aussi faire appel aux sciences naturelles. Il y a de profondes analogies entre les organismes et la société. Par exemple la loi de la division du travail s'applique ici et là. — L'étude des sociétés animales est aussi une introduction féconde à l'étude des sociétés humaines. Voyez l'ouvrage si riche de faits de M. Espinasse sur les *Sociétés animales.*

2. Stuart Mill pourtant nous paraît pousser trop loin le scepticisme à l'égard des résultats qu'on en peut attendre. « L'opinion vulgaire, écrit-il (*Log.*, t. I, p. 508), que les bonnes méthodes d'investigation dans les matières politiques

des méthodes inductives étant incertains, ils doivent être soumis à la vérification déductive.

« L'Histoire fournit, quand elle est judicieusement étudiée, les lois *empiriques* de la société; et le problème de la Sociologie générale est de les constater et de les rattacher aux *lois de la nature humaine* par des déductions montrant que telles étaient les lois dérivées qu'on devait naturellement attendre comme conséquences de ces lois primaires.... Cette vérification par la méthode déductive est aussi indispensable que l'est (voy. le chapitre x) la vérification par l'expérience spécifique dans les cas où la conclusion est originairement obtenue par le procédé de déduction. » (Mill, *Log.*, t. II, p. 515.)

Concours des procédés inductifs et déductifs. — Réduite à elle-même, la déduction ne serait pas plus sûre que l'induction, parce que les facultés et tendances de la nature humaine sont des principes si vagues et si généraux, et donnent à la déduction tant de latitude qu'on peut, semble-t-il, en tirer à peu près tout ce qu'on voudra [1]. C'est donc la concordance des résultats obtenus par les deux méthodes qui peut seule conférer à ces résultats une valeur vraiment scientifique. « Le fondement de notre confiance dans une science déductive concrète, dit Mill, n'est pas le raisonnement *à priori* même, mais l'accord de ses résultats avec ceux de l'observation *à posteriori* [2]. »

sont celles de l'induction baconienne, que le vrai guide en ces questions n'est pas le raisonnement mais l'expérience spéciale, sera un jour citée comme un des signes les moins équivoques de l'abaissement des facultés spéculatives de l'époque où elle a été accréditée. » Voyez t. II, p. 468 sqq., la critique de ces méthodes appliquées aux questions sociales. — MM. Bain et Schaeffle nous semblent à cet égard dans le juste milieu, à égale distance de cette défiance absolue et d'illusions trop optimistes.

1. Descartes reconnaissait le même inconvénient aux principes de sa physique. « J'avoue, dit-il, que la puissance de la nature est si ample et si vaste et que ses principes sont si simples et si généraux que je ne remarque quasi plus aucun effet particulier que d'abord je ne connaisse qu'il peut en être déduit en plusieurs façons. » (*Discours*, part. VI.) D'où la nécessité reconnue par lui de faire concourir l'expérience avec la déduction.

2. La déduction, pour être possible et féconde, ne doit pas s'attacher principalement à déterminer *à priori* l'ensemble des conséquences résultant de l'ensemble des divers agents dont la combinaison détermine les phénomènes sociaux. La tâche serait trop ardue. La déduction doit s'appliquer à déterminer les effets particuliers de chaque agent essentiel pris à part. « De même, malgré le *consensus* universel des phénomènes vitaux, il est indispensable d'étudier séparément la physiologie et la pathologie de chacun des principaux organes et tissus. C'est sur cette considération qu'est fondée la division de la théorie sociologique en sciences distinctes quoique non indépendantes » (Mill, *ibid.*, t. II, p. 495). C'est ainsi que l'économie politique a construit déductivement tout son système sur le penchant égoïste de l'individu pour la richesse et sur la concurrence de tous les égoïsmes individuels. On peut de même étudier les effets de la sympathie, de l'amour de la liberté, de l'amour du pouvoir, etc.

Résultats possibles : exemples. — C'est ainsi que Stuart Mill considère comme dignes de prendre rang parmi les vérités scientifiques, les lois suivantes de statique sociale, obtenues par la comparaison de différentes formes et de divers états de sociétés, et rattachées ensuite aux lois générales de la nature humaine. Ces lois expriment les conditions *minima* de stabilité politique. Ce sont : 1° un système d'éducation et de discipline coercitive s'opposant à la tendance naturelle de l'humanité à l'anarchie ; 2° l'existence d'un sentiment d'allégeance ou loyauté, s'adressant soit à un Dieu ou des dieux communs gardiens de l'État, soit à certaines personnes, soit à des lois, à des libertés, à des coutumes anciennes [1] ; 3° l'existence d'un principe vivant et actif de cohésion entre les citoyens qui leur fasse sentir qu'ils ne forment qu'un seul peuple (voy. *Log.*, t. II, p. 516-525).

Parmi les lois de succession, objet de la **dynamique sociale**, on peut citer en première ligne la loi d'évolution intellectuelle dite *des trois états*, qu'Aug. Comte considère comme la loi directrice du mouvement social, et qui peut, selon lui, s'établir à la fois inductivement et déductivement, comme les précédentes.

D'après cette loi, l'esprit tend d'abord à expliquer tous les phénomènes par des agents surnaturels, puis par des entités métaphysiques (vertus soporifiques, calorifiques, horreur du vide, *vis medicatrix naturæ*, etc.), et enfin il se borne à constater leurs lois de succession et de similitude.

« Cette généralisation, dit Mill, me paraît avoir ce haut degré d'autorité scientifique qui résulte du concours des indications de l'histoire et des probabilités tirées de la constitution de l'esprit humain. Et l'on concevrait difficilement sur le simple énoncé de cette proposition quels flots de lumière elle jette sur tout le cours de l'histoire quand on en a fait ressortir les conséquences, en rattachant à chacun des trois états de l'intelligence l'état corrélatif d'autres phénomènes sociaux [2]. »

---

1. « Dans toutes les sociétés politiques qui ont eu une longue existence il y a eu, dit-il, un point établi, quelque chose que le peuple s'accordait à tenir pour sacré.... Lorsque la mise en question de ces principes essentiels est, non un malaise accidentel ou un remède salutaire, mais la condition habituelle du corps politique et lorsque les animosités violentes que produit naturellement une telle situation sont déchaînées, la nation est virtuellement en état de guerre civile, et ne peut jamais y échapper longtemps en fait. »

2. La loi d'Aug. Comte est vraie pourvu qu'on n'en exagère pas la portée et qu'on ne soutienne pas, par exemple, que la recherche d'une explication par les lois naturelles, qui constitue *l'état positif*, est inconciliable avec l'idée d'une explication par la finalité, qui se rattache à *l'état théologique* ou *métaphysique*. Bacon et Leibniz ont bien quelque idée, je crois, de la science *positive* ; l'un

L'ouvrage d'A. de Tocqueville sur la *Démocratie en Amérique*, dans lequel il recherche les *tendances* naturelles de la démocratie, est plein de vérités générales sug..rées par l'observation et vérifiables par la déduction. Relevons seulement, comme exemples, ces deux propositions générales, extraites de l'admirable introduction de l'ouvrage :

« De longues observations et des méditations sincères m'ont amené à reconnaître que le développement graduel et progressif de l'égalité est à la fois le passé et l'avenir de l'histoire. » — « Ce n'est point l'usage du pouvoir ou l'habitude de l'obéissance qui dégrade les hommes, c'est l'usage d'une puissance qu'ils considèrent comme illégitime, et l'obéissance à un pouvoir qu'ils regardent comme usurpé et comme oppresseur. »

Il ne faut donc pas désespérer de l'avenir de la Science sociale.

§ IV

Politique pratique. — Bien que cette science d'ailleurs ne puisse guère prétendre qu'à des généralisations approximatives, conditionnelles, sans indication précise ni de date, ni de lieu ; bien qu'elle puisse seulement prévoir des *tendances* naturelles de causes *supposées*, sans pouvoir affirmer catégoriquement ni que ces causes seront données, ni même, au cas où elles seraient réellement données, que leurs effets s'accompliront sûrement, il n'en faut pas moins lui reconnaître une sérieuse utilité pour l'Art politique, ou Politique pratique. En effet, une connaissance très insuffisante pour la prédiction certaine et précise peut être cependant éminemment utile pour la pratique. La médecine en fournit la preuve.

« Il n'est pas nécessaire pour la sage administration des affaires de la société, pas plus que pour celle de nos affaires privées, d'être en état de prévoir infailliblement les résultats de nos actions. Il nous faut tendre à notre but par des moyens qui peuvent ne pas réussir et prendre des précautions contre des dangers qui ne se réaliseront peut-être jamais. Le but

et l'autre pourtant ont dit que la recherche des lois naturelles était la meilleure initiation à la connaissance de Dieu. Aug. Comte lui-même, modifiant sa manière de voir sur ce point, avait, paraît-il (de Lombrail, *Aperçus gén. sur la doct. pos.*, p. 41, Paris, 1858. Cf. Littré, *A. Comte et la phil. pos.*, p. 578), formulé sa pensée dernière dans ce vers connu seulement après sa mort :

Pour expliquer les lois, il faut des volontés.

des politiques pratiques est d'entourer une société donnée du plus grand nombre possible de circonstances à tendances avantageuses, et d'écarter ou de neutraliser autant qu'il se peut celles dont les tendances sont nuisibles. Une connaissance des tendances séules, sans nous permettre de prévoir exactement ce résultat combiné, nous le permet dans une certaine mesure. » (Mill, *Log.*, t. II, p. 492.)

Aug. Comte avait déjà dit dans le même sens: « Conduisant avec la précision qu'elle comporte à prévoir les événements qui doivent résulter soit d'une situation donnée, soit d'un ensemble donné d'antécédents, la science politique indique à l'art correspondant les tendances qu'il doit seconder, et les moyens qu'il peut appliquer pour éviter toute inutile consommation des forces.... En politique, comme dans les sciences, la condition de toute grande et durable influence est l'opportunité. » (Voy. le développement de ces idées dans la 48ᵉ leçon du *Cours de phil. positive.* Cf. Spencer, *Introd. à la sc. sociale,* Conclusion.)

Conclusion. — D'où il est aisé de conclure que la Science politique n'est pas destinée à supprimer jamais l'Art politique comme tel, en le transformant, comme il arrive par exemple pour les arts mécaniques, en une pratique tout entière réglée par les théorèmes scientifiques. Jamais les théorèmes politiques ne rendront inutiles les indications du tact politique et les inspirations du génie.

CHAPITRE XVIII

DE L'ERREUR

NATURE, ESPÈCES, CAUSES DE L'ERREUR

Nature de la question. — Déterminer les conditions d'une bonne observation, d'une induction et d'une déduction rigoureuses, c'est dire en même temps en quoi consistent une mauvaise observation, une induction ou une déduction vicieuses; c'est indiquer simultanément les conditions de la vérité et les causes de l'erreur. Pourtant, il n'est pas inutile de consacrer une étude spéciale à l'erreur, à sa nature, à ses causes, à ses remèdes.

Il est vrai qu'une théorie de l'erreur fait plutôt partie de la Psychologie que de la Logique. La Logique, en effet, est une science de l'idéal : elle détermine les *conditions idéales* de la vérité. Mais l'erreur n'est jamais une fin idéale que l'on se propose : on ne peut donc que déterminer les *causes réelles* de l'erreur, ce qui est affaire de Psychologie. Une théorie de l'erreur ne se rattache à la Logique que par l'utilité pratique qu'on en peut retirer, par les règles que suggère cette théorie, non certes pour produire, mais pour éviter l'erreur.

Division de la question. — D'ailleurs, cette question de l'erreur peut être envisagée à deux points de vue dont l'un est, comme il vient d'être dit, proprement psychologique, et dont l'autre est métaphysique.

On peut en effet concevoir deux sortes d'erreurs et deux sortes de causes d'erreur. Il y a d'abord certainement des erreurs **adventices** tenant à des causes accidentelles, erreurs qu'il est possible de *reconnaître* et de *rectifier*, causes qu'il est possible de reconnaître et d'écarter. Mais il pourrait y avoir aussi des erreurs **constitutives**, tenant à des causes essentielles, savoir : la nature même de l'esprit humain, erreurs qu'on pourrait peut-être reconnaître, mais *non rectifier*, causes qu'on pourrait peut-être reconnaître, mais non pas écarter.

1° Erreurs accidentelles : question de Logique. —
Par suite, deux questions à se poser : 1° admettons provisoirement
que l'esprit de l'homme, lorsqu'il connaît les choses aussi bien
qu'il peut les connaître, les connaisse telles qu'elles sont : quelles
sont les causes diverses, accidentelles, qui l'empêchent si fréquemment d'obtenir cette perfection de connaissance dont il est
capable ? C'est la question psychologique et logique de l'erreur.

**2° Erreurs essentielles : question de Métaphysi-
que. —** 2° Cette question résolue, une seconde s'élève touchant
la chose même prise d'abord pour accordée : lorsque nous connaissons les choses aussi bien qu'un esprit humain peut les connaître, les connaissons-nous telles qu'elles sont en réalité ? C'est
la question métaphysique de l'erreur. Nous n'avons à traiter ici que
la première de ces deux questions.

§ I

Nature et siège de l'erreur. — L'erreur est l'opposé de
la vérité. La vérité, c'est l'accord de la pensée avec son objet [1];
l'erreur est donc le *désaccord de la pensée avec son objet*.

Cette simple définition permet de déterminer avec précision le
siège de l'erreur. L'erreur n'est pas *dans l'objet*, cela va de soi :
toute chose est en soi ce qu'elle est, et rien autre chose. L'erreur est-elle *dans la représentation?* Pas davantage, si l'on considère la représentation en soi, à titre de fait, d'objet, de réalité ;
car, comme toute chose au monde, une représentation est toujours
exactement ce qu'elle est et rien autre chose que ce qu'elle est.
En ce sens, il n'y a pas plus d'erreur dans la représentation qu'il
n'y a d'erreur dans un arbre ou une maison. Qu'il s'agisse de la
représentation d'un bœuf ou d'un centaure, peu importe. Si je me
représente un centaure, c'est un fait que je me représente un centaure, et rien apparemment ne m'interdit de le faire.

Il n'y a donc d'erreur possible que si je rapporte une représentation à un certain objet, c'est-à-dire, si au lieu de l'envisager en
soi, comme un fait donné, je l'envisage comme *signe* ou comme

---

1. Cette définition sera discutée en Métaphysique. Ce sera là le lieu de préciser le sens des mots *objet* et *accord*, et de chercher quel est cet objet et quel
peut être cet accord. Nous appelons ici, avec tout le monde, *objet* la chose que
nous visons dans nos jugements et sur laquelle porte la croyance. D'après cela,
si je dis par exemple : Cet homme est coupable ; Dieu existe, etc., il est aisé de
voir en quoi consiste l'erreur ou la vérité de ces jugements.

image ou, d'un mot plus général, comme *expression* d'un objet quelconque différent d'elle-même. Tant qu'on n'assigne à la représentation aucune espèce d'objet, on ne saurait parler d'accord ou de désaccord entre la représentation et un certain objet; l'idée de la vérité ou de l'erreur ne trouve pas à quoi s'appliquer. Par conséquent, l'erreur n'est ni dans l'objet, ni dans la représentation prise à part, mais dans l'interprétation, jugement ou croyance qui voit dans la représentation l'expression d'un certain objet. Celui qui, ne sachant pas un mot de latin, lit un livre écrit en latin sans essayer de le comprendre, est entièrement à l'abri des contresens; les contresens ne peuvent résulter que d'une interprétation. De même, toute erreur est un contresens que nous commettons en interprétant nos représentations, ce langage naturel, mais souvent confus, par où les choses se révèlent à notre conscience.

Ainsi, il n'y a pas à proprement parler d'erreur de représentation, il n'y a d'erreur que de jugement.

Possibilité de l'erreur; difficulté. — Comment l'erreur est-elle possible? — Au premier abord, on est tenté de la déclarer absolument impossible. En effet, d'une part le jugement est, comme il a été établi en Psychologie (ch. xxi), déterminé par la représentation. Il la suit, il y adhère, il en réfléchit les vicissitudes. Que le jugement soit hésitant et suspendu dans le doute, qu'il incline d'un côté et aboutisse à une opinion, qu'il adhère sans réserve à ce qui lui semble une certitude; dans tous les cas, nous l'avons vu, le jugement traduit exactement l'état de la représentation ou de la conscience. Impossible de saisir jamais en fait, impossible même de concevoir un écart, si petit qu'il soit, entre la croyance et les raisons de croire telles qu'elles sont données dans la représentation immédiatement antécédente. Entre la représentation et la croyance, rien ne peut s'interposer pour en rompre l'accord. La passion et la volonté, loin d'avoir par elles-mêmes une influence directe sur la croyance, ne peuvent agir qu'indirectement sur la croyance, en se dissimulant, pour ainsi dire, sous le couvert des idées qu'elles suscitent dans la représentation. Car, comment pourrions-nous croire encore si nous avions conscience de croire par passion et par volonté? Ainsi, le jugement est déterminé exclusivement par la représentation [1].

---

1. Nous avons, en Psychologie, appuyé cette thèse sur l'autorité de Pascal (*Pensées*, Éd. Havet, art. III, 10), qui mieux que personne pourtant a connu l'influence de la volonté et du sentiment sur la créance. Leibniz pense exactement

Mais, d'autre part, on a reconnu tout à l'heure qu'il n'y a pas proprement d'erreur dans la représentation. Comment donc, si la représentation détermine le jugement, et si elle est elle-même exempte d'erreur, l'erreur pénétrera-t-elle en fin de compte dans le jugement?

Solution. Déterminé par la représentation, le jugement la dépasse. — Pour résoudre cette difficulté, des philosophes font appel à la liberté, au non-être, etc., principes de contingence et de discontinuité, d'où peut résulter un désaccord entre la représentation et le jugement. C'est chercher midi à quatorze heures, c'est expliquer *obscurum per obscurius*. La liberté, comme il vient d'être dit, n'a rien à voir dans cette affaire; le non-être est un vain mot. La possibilité de l'erreur résulte de la nature même de la représentation et de la nature du jugement.

La représentation, prise en soi, n'implique ni vérité, ni erreur; et c'est la représensation qui détermine le jugement. Mais, par sa nature même, le jugement ou la croyance ne s'arrête pas à la représentation. Il ne se borne pas à la *constater*, à y croire. Cette croyance à la réalité de la représentation fait partie de la représentation elle-même et ne s'en distingue pas. Tant qu'il ne s'agit que de cela, il n'y a pas lieu de parler de jugement et de croyance. Le jugement ou la croyance dont il s'agit ici consiste à *interpréter* la représentation, à l'envisager comme l'expression d'un objet distinct d'elle-même. Par cette simple remarque, on comprend la possibilité de l'erreur. Oui, la représentation, en soi, est sans erreur; oui, elle détermine le jugement : mais ce jugement la dépasse. Ce jugement consiste à lui attribuer une certaine valeur, une certaine signification par rapport à un objet extérieur à elle : d'où la possibilité de l'erreur.

Il objective une représentation matériellement fausse. — Mais cette explication est encore incomplète. En effet, la représentation, disons-nous, est exempte d'erreur. Or, si le

---

de même : « Nous ne croyons jamais ce que nous voulons, mais bien ce que nous voyons le plus apparent; et néanmoins nous pouvons nous faire croire indirectement ce que nous voulons, en détournant l'attention d'un objet désagréable, pour nous appliquer à un autre qui nous plaît. Ce qui fait qu'en envisageant davantage les raisons d'un parti favori, nous le croyons enfin le plus vraisemblable » (*Erd.*, p. 413, col. 1; cf. p. 255, col. 2). Voyez aussi Stuart Mill, *Log.*, t. II, liv. V, ch. 1, tr. fr., p. 207 sqq : « Les causes morales des opinions, quoique les plus puissantes de toutes chez la plupart des hommes, ne sont que des causes éloignées; elles n'agissent pas directement, mais par l'intermédiaire des causes intellectuelles. » Suit la démonstration, tout à fait décisive.

jugement qui s'y ajoute ne se borne pas à la constater, du moins il
ne fait que l'objectiver, ou, ce qui revient au même, il ne fait que
croire à sa vérité. Or, si une représentation est exempte d'erreur,
l'objectivation de cette représentation, la croyance à sa vérité peut-
elle être erronée? —L'objection résulte d'une confusion. Lorsqu'on
dit que la représentation est, en soi, exempte d'erreur, on veut dire
seulement que tant qu'on la considère en soi, à titre de simple
fait, sans la rapporter à rien, elle n'est ni vraie, ni fausse; mais
on ne veut pas dire le moins du monde qu'elle soit l'exacte expression d'un certain objet. Dès ce moment, au contraire, antérieurement à tout jugement, il peut y avoir, il y a nécessairement entre
elle et un certain objet accord ou désaccord réel; dès ce moment,
par conséquent, il y a dans ce rapport entre la représentation et
cet objet, la matière, l'occasion d'une vérité ou d'une erreur possible. Qu'un jugement se surajoutant à la représentation vienne
ensuite affirmer qu'il y a accord entre la représentation et cet
objet, alors qu'en réalité cet accord n'existe pas, et l'erreur possible et latente deviendra erreur actuelle et déclarée.

Résumé. — Ainsi, 1° une représentation peut être, en soi,
qu'on le sache ou non, qu'on y songe ou non, en désaccord avec
un certain objet; 2° une telle représentation peut, et même doit, en
l'absence de représentation opposée, entraîner la croyance et le
jugement; 3° la croyance et le jugement consistent à affirmer l'accord de la représentation et d'un certain objet : si ce concours de
causes est donné, l'erreur naîtra nécessairement.

On peut appeler, avec Descartes, **erreur formelle** l'erreur de
croyance et de jugement; **erreur matérielle** cette inexactitude de
la représentation par rapport à un certain objet, laquelle antérieurement au jugement peut résider dans la représentation [1]. En ce sens,
on pourra dire que l'erreur formelle ou de jugement est la conséquence de l'erreur matérielle ou de représentation. Toute représentation peut déterminer un jugement qui la déclare vraie. Une
représentation inexacte déterminera donc un jugement faux. Telle
est l'explication positive de l'erreur.

**Cause négative : absence de contradiction répres-
sive.** — Mais à cette cause positive, l'erreur matérielle de la repré-

1. « Encore que j'aie remarqué qu'il n'y a que dans les jugements que puisse
se rencontrer la vraie et formelle fausseté, il se peut néanmoins trouver dans
les idées une certaine fausseté matérielle; par exemple, si le froid n'est qu'une
privation de la chaleur, l'idée qui me le représente comme quelque chose de
réel et de positif ne sera pas mal à propos appelée fausse. » (*Méditations*, III.)

sentation, doit s'ajouter, pour que l'erreur se produise, une autre condition. Les faits le prouvent, car, s'il n'y a jamais d'erreur formelle ou de jugement qui n'implique comme antécédent une erreur matérielle ou de représentation, la réciproque n'est pas vraie, et il ne suffit pas qu'il y ait erreur matérielle dans la représentation pour que l'erreur formelle s'ensuive dans le jugement. Par exemple, une hypothèse scientifique en désaccord avec la réalité encore inconnue est en soi, dès qu'elle est conçue, matériellement fausse ; mais, comme il n'est pas nécessaire de la croire vraie dès qu'on la conçoit, cette erreur matérielle n'est pas suivie nécessairement d'une erreur formelle. Quelle est donc l'autre condition nécessaire pour que l'erreur formelle se produise ?

L'erreur formelle consiste à croire vraie une représentation erronée ; c'est, si l'on veut, l'objectivation d'une représentation erronée. Or nous avons montré (*Psych.*, ch. XXI) que toute représentation, en vertu de la nature même de la pensée, tend à s'objectiver, et s'objective en effet, c'est-à-dire apparaît comme évidente et devient objet de croyance, si une représentation adverse, douée de la même tendance, mais opposée, n'y met empêchement. Donc, l'erreur matérielle étant d'abord supposée dans la représentation, si de plus aucune représentation adverse ne s'y oppose, cette représentation s'objectivera, et l'erreur matérielle deviendra erreur formelle. Si au contraire cette répression se produit opportunément, l'erreur sera enrayée à son premier stade. Pour cette raison, les images du rêve sont reconnues illusoires aux premières perceptions des sens réveillés.

Résumé. Causes prochaines de l'erreur : causes efficiente et déficiente. — Donc, en résumé, deux conditions immédiates de l'erreur formelle : l'une positive, la tendance naturelle à s'objectiver, qui est inhérente à la représentation illusoire, non moins qu'à la représentation véridique ; ou, en d'autres termes, la sollicitation exercée sur la croyance par une représentation illusoire ; — l'autre négative, le défaut de contradiction opportune. Celle-là est la **cause efficiente**, celle-ci, suivant l'expression scolastique, la **cause déficiente** de l'erreur.

§ II

Causes médiates de l'erreur. — Il faut rechercher maintenant les causes de l'une et l'autre de ces causes immédiates de l'erreur, savoir : le désaccord entre la représentation et un certain objet ; le défaut d'une représentation contradictoire capable d'empêcher à propos la représentation inexacte de s'objectiver et d'entraîner le jugement.

Explication de la cause positive. — En premier lieu, comment expliquer le désaccord de la représentation et de l'objet ?

Possibilité d'un désaccord entre la représentation et l'objet : difficulté. — Au premier abord, ce désaccord semble impossible, et l'erreur matérielle paraît aussi difficile à expliquer que l'erreur formelle, et cela pour une raison du même genre. Le jugement est déterminé par la représentation ; donc il y a, semble-t-il, accord nécessaire entre la représentation et le jugement. De même, la représentation est déterminée par l'objet ; donc elle doit, ce semble, s'accorder nécessairement avec cet objet. Le jugement, pourrait-on dire, réfléchit la conscience, la conscience réfléchit le cerveau, le cerveau l'univers. Donc, en fin de compte, l'univers semble devoir se réfléchir tel qu'il est dans le jugement. Le déterminisme qui relie ces quatre termes les uns aux autres rend en apparence impossible toute espèce de divergence, toute espèce d'erreur.

Solution. — Pourtant, de même que, en tenant compte de la nature propre du jugement[1], qui par essence outrepasse la représentation et porte, non sur la représentation même, mais sur son rapport à l'objet, on comprend comment l'erreur formelle résulte de cette détermination même du jugement par la représentation, laquelle semblait d'abord rendre l'erreur impossible, — de même, et sans recourir, non plus que tout à l'heure, au non-être, à la liberté et autres causes occultes, on s'explique la possibilité d'un désaccord entre la représentation et l'objet, par le déterminisme même qui paraît d'abord nécessiter leur parfait accord.

Une comparaison permet aisément de s'en rendre compte. Les personnes qui se font photographier trouvent assez souvent leur

---

1. Il est vrai que le jugement résulte de la représentation, mais il fait plus que l'*exprimer*, car par nature il porte sur le rapport de la représentation à l'objet. Détermination n'est pas nécessairement équation : à l'action du déterminant le déterminé peut ajouter la réaction de sa propre nature.

image médiocrement ressemblante. Vainement le photographe allègue-t-il la neutralité de la lumière et l'impartialité de l'appareil : le fait est que souvent la ressemblance fait défaut. Il est vrai que la photographie est l'expression parfaite, le total exact des causes qui ont contribué à la produire. Mais les traits de la personne photographiée ne sont qu'une de ces causes parmi beaucoup d'autres, telles que la structure de l'appareil, la nature de la plaque photographique, les actions chimiques, etc. L'image photographie pour ainsi dire toutes ces influences ; elle est en réalité une photographie composite. Quoi d'étonnant dès lors qu'elle n'offre pas la pure et simple image des traits de la personne photographiée ?

De même toute représentation est l'expression exacte et complète de toutes les causes dont elle résulte ; et, par rapport à cet ensemble de causes, elle est nécessairement vraie. Mais, comme la personne qui dans la photographie ne cherche que son visage, nous ne cherchons dans nos représentations que l'expression d'un objet en particulier, à savoir l'objet que nous nous proposons de connaître. Par rapport à cet objet il n'est pas étonnant que la représentation ne soit pas rigoureusement exacte.

En deux mots, toute représentation est comme une *photographie composite* : vraie par rapport à l'ensemble des causes qui concourent à la produire, elle est fausse comme expression de l'une d'elles en particulier [1].

De l'erreur de représentation. — La possibilité de l'erreur matérielle ou de représentation étant ainsi expliquée en général, il faut se demander : 1° sur quoi cette erreur peut porter ; 2° en quoi elle consiste ; 3° par quoi elle est produite. En d'autres termes, il y a à chercher la **matière**, la **nature**, les **causes** de l'erreur. De là, simultanément, résultera une triple classification des erreurs, faite à trois points de vue différents.

1° Sa matière : termes, rapports. — L'erreur de représentation a pour **matière** possible tout ce qui est matière de repré-

---

1. Toute représentation est un cas du *mélange des causes* et de la *confusion des effets*. Par suite, on peut dire que l'erreur d'interprétation ou de déchiffrement à laquelle cette représentation donne naissance est un **sophisme de confusion**. Toutes les causes de la représentation (intermédiaires, organes, facultés, habitudes mentales), se trouvant traduites dans une représentation par quelque élément de cette représentation, il est presque impossible de rapporter à chacune de ces causes la part qui lui revient dans l'effet total. Nous rapportons le tout en bloc à la cause que nous visons. De là l'erreur.

Ainsi, au fond, le problème du bien juger est un cas du problème général de la *recherche des causes*. Et la difficulté, ici comme partout, est de procéder aux exclusions nécessaires.

sentation. Or les objets possibles de la représentation sont de deux sortes : des termes, des rapports. L'erreur, au sens qu'il vient d'être dit, peut exister dans les termes ou données de la représentation : tel est le cas lorsqu'on est atteint d'anesthésie, ou d'hyperesthésie ou de paresthésie [1]. L'erreur peut aussi exister dans la représentation des rapports : par exemple, si deux lignes inégales apparaissent égales. — Peu importe d'ailleurs la nature des termes ou des rapports. Qu'il s'agisse d'objets physiques, psychologiques, mathématiques, etc., il peut toujours se produire, au sens indiqué, quelque erreur dans la représentation des termes ou des rapports, eu égard aux termes et rapports réels auxquels ces termes et ces rapports représentés doivent correspondre [2].

2° Sa nature : défaut, excès, substitution. — En quoi maintenant consiste l'erreur? Comment la représentation soit des termes, soit des rapports, peut-elle se trouver en désaccord avec son objet? — De trois manières : la représentation peut pécher par **défaut**, ou par **excès**, ou par les **deux ensemble**. Dans le premier cas, la représentation est inexacte parce qu'elle est *incomplète;* dans le second, parce qu'elle est *redondante;* dans le troisième, parce qu'elle est *autre.* L'erreur consiste ici dans une **substitution** : car la substitution résulte précisément du défaut et de l'excès. Substituer, c'est ôter et remplacer, donc retrancher et ajouter. Voici quelques exemples de ces divers genres d'erreur.

Exemples : 1° Erreurs provenant d'un défaut : *a. dans la représentation des données :* En lisant, on saute une lettre, d'où il résulte qu'on prend un mot pour un autre ; un juge ignore les antécédents d'un accusé, d'où une idée inexacte de sa valeur morale, et peut-être un faux jugement; — *b. dans la représentation des rapports :* Avant Newton nul n'avait remarqué un rapport de ressemblance entre la chute d'une pierre sur la terre et le mouvement des planètes, d'où une distinction en partie inexacte entre la pesanteur et le mouvement des planètes.

2° Erreurs provenant d'un excès : *a. dans la représentation*

---

1. Perte, surexcitation, altération de la sensibilité.
2. Cette classification nous paraît plus nette que celle qui classe les erreurs, suivant les facultés de l'esprit, en erreurs des sens, erreurs de mémoire, etc. Dans les erreurs dites des sens, par exemple, il y a des erreurs de tout genre et de toute provenance. Nous essayons dans les trois classifications que nous proposons successivement de remonter aux principes vraiment premiers et dominateurs de la classification.

des données : Dans un mot imprimé où manque une lettre, l'imagination la supplée ; — *b. dans la représentation des rapports* : On attache souvent à l'idée du hasard, de la fortune, du nombre treize, l'idée d'une influence sur certains événements, influence qu'ils n'ont jamais eue.

3° **Erreurs par substitution** : *a. dans la représentation des données* : Par là pèche ordinairement l'idée trop favorable qu'on se fait de ses amis, ou trop défavorable qu'on se fait de ses ennemis ; — *b. dans la représentation des rapports* : Ainsi, lorsqu'on voit égales deux lignes qui sont inégales, ou réciproquement. — Dans les cas de ce genre, la substitution n'est que partielle. Elle peut être totale : par exemple, lorsqu'une image objectivée par hallucination masque les objets au-devant desquels elle est projetée (ainsi le cercle lumineux que l'œil, après s'être fixé un moment sur la flamme de la lampe, projette sur la page d'un livre, empêche absolument la perception des mots qu'il recouvre).

Il n'est pas, semble-t-il, d'erreur de représentation qui ne doive rentrer dans l'une ou l'autre de ces trois catégories. Une représentation est erronée parce qu'on se représente moins qu'il ne faudrait, ou plus qu'il ne faudrait, ou moins et plus qu'il ne faudrait, c'est-à-dire autre chose que ce qu'il faudrait.

3° Ses causes : les intermédiaires, le sujet. — Reste maintenant à déterminer les causes qui, dans ces deux classes de représentations (données ou rapports), produisent ces trois sortes d'erreurs possibles (par défaut, excès ou substitution).

Les causes déterminantes de la représentation sont au nombre de trois : l'**objet**, les **intermédiaires** entre l'objet et le sujet, le **sujet** lui-même.

A proprement parler, l'erreur ne peut jamais être attribuée à l'objet lui-même. L'objet est ce qu'il est et s'offre tel qu'il est à la connaissance. S'il est pour nous obscur, difficile ou même impossible à connaître, ce n'est pas sa faute à lui, c'est notre faute à nous. Si nous ne percevons pas les rayons ultra-violets, ce n'est pas leur faute, c'est notre faute ; si nous ne savons pas résoudre un problème de géométrie résoluble en soi, ce n'est pas sa faute, c'est notre faute[1]. L'aveugle accusera-t-il le soleil de ne pas luire pour lui ? C'est pourquoi aucune erreur ne peut proprement être

---

1. Une vérité géométrique inconnue peut fort bien être considérée comme un *objet* de connaissance au moins possible ; on peut aussi lui supposer une existence réelle dans une intelligence parfaite.

attribuée à l'objet de la connaissance. — Restent donc deux causes possibles d'erreur : les intermédiaires et le sujet.

Influence perturbatrice des intermédiaires. — La représentation est souvent séparée de l'objet par un ou plusieurs intermédiaires, soit dans le temps, soit dans l'espace. Or, comme des verres interposés entre un objet et notre œil peuvent absorber en partie les rayons qui viennent de l'objet, ou les dévier, ou composer leur propre couleur avec celle de l'objet ; de même, en général, tout ce qui sépare la représentation de l'objet est susceptible d'engendrer l'erreur par défaut, excès ou substitution.

Par défaut : Ainsi l'éloignement dans l'espace, l'agitation de l'air empêchent des sons trop faibles d'arriver jusqu'à notre oreille ; l'éloignement dans le temps empêche de même le souvenir de bien des événements passés de nous parvenir. Et pourquoi perdons-nous une grande partie des souvenirs de notre propre passé ? Parce qu'une multitude de faits intermédiaires s'intercalent comme une sorte de couche isolante entre le passé et le présent. Il y a des corps mauvais conducteurs qui éteignent la chaleur. La physionomie de certaines personnes reflète imparfaitement leurs sentiments. Toutes les traductions sont infidèles. Tout langage trahit la pensée, etc.

Par excès : La loupe, le microscope, le microphone créent d'utiles illusions de ce genre. Le prisme étale en une surface étendue des rayons sans largeur. Les cris des enfants sont souvent hors de proportion avec leur souffrance. Bien des narrateurs usent de l'hyperbole, etc.

Par substitution : La tour carrée vue de loin paraît ronde. L'atmosphère terrestre dévie inégalement les rayons de lumière suivant la distance des astres au zénith, d'où il résulte que les distances zénithales, les rapports des groupes, les orbites apparents sont altérés. Dans la tradition, la légende se substitue sans cesse à la vérité : le vainqueur devient le vaincu, les successions sont interverties, etc.

Influence perturbatrice du sujet. — Mais c'est dans le sujet lui-même que résident les principales causes perturbatrices de la représentation. Nous devons négliger ici les causes d'erreur inhérentes à la constitution générique du sujet, causes qui, si elles existent, créent des illusions nécessaires et incurables[1]. Nous

---

1. Ce sont de telles erreurs qu'il conviendrait d'appeler proprement *idola tribus, erreurs de la race.* Bacon donne ce nom à des erreurs qui tiennent à

avons provisoirement supposé que de telles causes n'existaient pas. C'est à la métaphysique qu'il appartient de rechercher ce qui en est. — Ici, nous n'avons à tenir compte que des erreurs auxquelles chacun se trouve exposé, en raison des particularités de sa nature individuelle. En effet, ce que Kant dit de l'esprit humain en général, « qu'il exprime par ses représentations, sa propre nature, en même temps que la nature des objets[1] », peut se dire, à coup sûr, de l'esprit particulier de chacun. C'est ce que Bacon exprime admirablement. D'après lui, outre les aberrations de la nature humaine prise en général, « chaque homme a une sorte de caverne, d'antre individuel, qui rompt et corrompt la lumière naturelle, en vertu de différentes causes[2] » (*Nov. Org.*, liv. I, XLII).

Subdivisions : influence de l'organisme et des facultés mentales. — Cette cause générale, la nature individuelle du sujet, comprend plusieurs causes particulières. Tout

des causes très générales sans doute parmi les hommes, mais non pas absolument nécessaires et universelles. Mieux vaudrait le réserver pour les illusions fondamentales et incurables qui naissent de la constitution même de l'esprit humain. Telle serait, si l'on admet la théorie de Kant sur l'espace et le temps, l'illusion qui nous fait voir toutes choses dans l'espace et dans le temps. — Nous faisons donc rentrer dans la classe des *idola specus* ou *erreurs individuelles* et accidentelles toutes celles que Bacon énumère comme erreurs de l'espèce. En d'autres termes, nous empruntons à Bacon l'idée lumineuse et féconde qui sert de principe à sa classification ; mais nous en faisons une application plus rigoureuse, et nous entendons par erreurs de la race celles dont aucun membre de la race ne peut en effet s'affranchir. La question de savoir s'il y a de telles erreurs se trouve donc renvoyée à la Métaphysique.

1. Bacon l'avait déjà dit et en se servant des mêmes images : « Toutes les perceptions, soit des sens, soit de l'esprit, ne sont que des relations à l'homme et non des relations à l'univers. L'entendement humain, semblable à un miroir faux, fléchissant les rayons qui jaillissent des objets, et mêlant sa propre nature à celle des autres choses, gâte, tord, pour ainsi dire, et défigure toutes les images qu'il réfléchit. » (*Nov. Org.* liv. I, XLI.)

2. Il y a selon nous, dans cette simple image de Bacon, dans ce titre seul d'*idola specus*, plus de vérité concrète et positive sur la question que dans toute la *Méditation* si alambiquée et finalement si vide de Descartes sur l'erreur. Descartes n'y traite que de l'erreur formelle. De cette erreur, comme de tout jugement, il fait un acte de liberté. C'est pourquoi, quand il a dit cela, il a tout dit. Que pourrait-on ajouter de plus, touchant un acte libre qui n'est déterminé ni par l'entendement ni par la passion ? Cette prétendue solution du problème coupe court à la recherche du déterminisme si curieux et si complexe de l'erreur. C'est plutôt dans le *Traité des Passions* qu'on trouverait les éléments d'une théorie positive de l'erreur.

Bacon, au contraire, voit très bien que l'erreur réside avant tout dans la représentation elle-même, et c'est dans les causes déterminantes de la représentation qu'il cherche les causes de l'erreur. De plus il a le mérite de mettre particulièrement en évidence la plus importante de ces causes, *la nature du sujet lui-même*, sa constitution, ses tendances générales ou individuelles. Avant Kant, il reconnaît que l'esprit n'est pas neutre, passif, spectateur impartial dans la connaissance ; que les choses, comme l'a dit Kant, tournent autour de l'esprit, bien plutôt que l'esprit ne tourne autour des choses. Les détails de l'explication, souvent très heureux, sont bien en harmonie avec cette vue générale.

d'abord il faut distinguer, dans le sujet même, les organes physiques (organes dès sens, cerveau), instruments de la connaissance, et l'esprit, qui n'est peut-être pas une simple résultante des organes, et qui accomplit peut-être sans le secours des organes les plus hautes de ses opérations (*Psych.*, ch. xxi).

Influence de la nature première et des habitudes. — En outre, à un autre point de vue, dans la nature individuelle de chacun, il faut faire deux parts : l'une constituée par la **nature première** et originelle des organes et des facultés ; l'autre, par la **seconde nature**, c'est-à-dire par l'ensemble des dispositions, habitudes, manières d'être plus ou moins stables, par lesquelles la première nature est, durant le cours de la vie, accrue ou modifiée[1]. — L'analyse détaillée de ces influences diverses irait à l'infini. Bornons-nous à quelques exemples.

Exemples. — **Influence des dispositions innées des organes et des facultés.** — Nul homme ne perçoit les rayons ultra-violets ; c'est une erreur de la race (*idola tribus*). Mais en outre il est des hommes qui ne perçoivent pas les rayons rouges (daltonisme) ; d'autres, étant aveugles, ne perçoivent ni les couleurs ni les formes. — Que d'erreurs dues à la faiblesse de la mémoire ! Combien d'autres à la grossièreté ou à la faiblesse de l'intellect ! Il y a des esprits qui naissent avec la cataracte. Plus incurables que l'aveugle de Cheselden, ils voient trouble toute leur vie. D'autres sont incapables de faire correctement l'addition de quelques chiffres ou de suivre le plus simple raisonnement. « Il y a, dit Locke, des gens d'un seul syllogisme, il en est de deux seulement. » Il est des esprits analytiques qui ne peuvent saisir les ensembles, les ressemblances, les analogies ; et des esprits synthétiques qui ne sont pas sensibles aux différences et aux détails. Etc.

Influence des dispositions secondaires des organes ou des facultés. — Originairement les organes et les facultés pèchent surtout par impuissance, faiblesse, incapacité ; et par suite c'est surtout d'un *défaut* dans la représentation que naissent les premières erreurs. Mais c'est bien autre chose lorsque ces organes et ces facultés ont été façonnés par toutes sortes d'influences, et se sont modifiés par les habitudes qui résultent de leur exercice même. C'est alors que, non contents d'intercepter la lumière naturelle, ils « la repoussent, la tordent et la corrompent ». Alors

---

1. Il faudrait tenir compte aussi des dispositions accidentelles et momentanées des organes ou des facultés. Mais nous devons nous borner.

se produisent des *réjections* ou *exclusions*, des *additions*, des *al-térations*, des *substitutions* de tout genre.

Ainsi les habitudes du cerveau et de la mémoire, les associations d'idées, les préjugés, l'esprit de système rendent l'esprit insensible ou inaccessible à certaines vérités. Les idées qui ont pris possession de la conscience semblent en interdire l'entrée à toutes les idées qui les contrarient. La conscience est comme le champ de bataille que les idées se disputent. Si les idées nouvelles ont l'avantage de la nouveauté, les anciennes ont l'avantage de la possession. C'est le cas de dire : *Beati possidentes*[1].

« Les enfants, dit Locke, reçoivent des propositions qui leur sont inculquées par leurs père et mère, nourrice, précepteurs et autres, qui sont autour d'eux, et ces propositions, ayant pris racine, passent pour sacrées, comme si Dieu lui-même les avait mises dans l'âme. On a de la peine à souffrir ce qui choque ces *oracles internes*, pendant qu'on digère les plus grandes absurdités qui s'y accordent. » (*Essais*, liv. IV, ch. xx.)

« L'entendement, dit Bacon, une fois familiarisé avec certaines idées, s'y attache obstinément ; il ramène tout à ces idées de prédilection ; il les fait juges de tout, et les faits qui contredisent ces opinions favorites ont beau se présenter en foule, ils ne peuvent les ébranler en lui ; ou il n'aperçoit point ces faits, ou il les dédaigne, ou il s'en débarrasse à l'aide de quelques frivoles distinctions, ne souffrant jamais qu'on manque de respect à ces premières maximes qu'il s'est faites. Elles sont pour lui sacrées et inviolables. » (*Nov. Org.*, liv. I, L.)

ne idée nouvelle a-t-elle réussi à franchir le seuil si bien défendu de la conscience : alors, se heurtant aux idées antérieures ou se combinant avec elles, elle est diversement réfractée ou dénaturée. De même un envahisseur, s'il n'est pas repoussé de vive force, est souvent transformé, absorbé, annulé par le milieu nouveau qui l'enveloppe. Dans cette catégorie rentrent toutes les erreurs des perceptions acquises : une donnée sensible reçoit d'une association d'idées habituelle qu'elle provoque une fausse signification. C'est ainsi que l'amputé croit ressentir des sensations dans le membre qu'il n a plus.

Dans tous ces cas, la substitution n'est que partielle. Elle est totale dans l'hallucination. Il importe de remarquer que l'hallucination n'est pas limitée aux images sensibles. Il y a des hallucinations de tout genre et de tout ordre. Dans les sciences, dans l'in-

1. Voyez dans la *Revue phil.*, t. VIII, les études très riches de faits de M. Paulhan sur *l'Erreur et la sélection*.

dustrie, en politique, en morale, etc., que de fois l'idéal, la chimère, l'utopie, prennent dans les esprits la place du réel et du vrai!

Prévention intellectuelle. — Cette cause si générale d'erreur, qui consiste dans l'influence exercée sur les idées qui se présentent par les dispositions et habitudes antécédentes de l'esprit et des organes, peut s'appeler d'un mot : la prévention. Il y a donc une prévention naturelle à l'esprit lui-même, comme il y a une prévention qui vient des passions. Et il est faux par conséquent de dire, comme on l'a fait, que si nous agissions comme de purs esprits et ne faisions usage que de nos idées, au lieu de croire avec notre âme tout entière, notre volonté, nos passions, l'erreur serait évitée (Brochard, *Rev. phil.*, juillet 1884, p. 11). C'est oublier *l'influence des idées sur les idées*, leurs affinités ou leurs répulsions mutuelles, en un mot la **prévention purement intellectuelle.** Tout esprit qui n'est plus absolument vide, neuf, qui n'est plus table rase, a cessé d'être un esprit impartial. Sans doute il peut encore se défendre soi-même contre soi-même (voy. le chapitre suivant); mais toutes ses acquisitions passées, qui lui sont un secours indispensable pour des acquisitions nouvelles, lui sont aussi, comme on le voit amplement par l'histoire des perceptions acquises, de perpétuelles occasions d'illusion et d'égarement.

Prévention d'ordre sensible. — Mais, ceci reconnu, reconnaissons aussi immédiatement que la prévention intellectuelle s'aggrave singulièrement du fait de la **prévention émotionnelle et passionnelle.**

La prévention intellectuelle résulte principalement des *associations établies*. La prévention sensible a pour agent principal *l'imagination*. Cette « maîtresse d'erreur et de fausseté » est sous la dépendance des passions. Il n'est pas de service qu'elle ne soit prête à leur rendre au détriment de la vérité. Les rêves et la folie ne sont que les *cas prérogatifs* où son influence, n'étant pas contrariée, manifeste toute sa puissance. Un atome de vérité réelle lui sert alors de base pour des illusions gigantesques. Une impression du genre triste ou gai persistant durant le sommeil crée des rêves lugubres ou exhilarants, dans lesquels les sensations intermittentes qui y pénètrent, reçoivent, dans un sens ou dans l'autre, une interprétation hyperbolique. Un picotement de la peau devient un coup de poignard dans le cœur; une digestion facile fait croire à l'ascension du corps affranchi de la pesanteur, dans les espaces éthérés. Le fou atteint de mégalomanie voit un palais dans l'hôpital où il est enfermé. Le lypémane entend dans le tic tac de sa montre le terri-fiant appel des trompettes du jugement dernier. Inépuisable serait ce sujet des sophismes de l'imagination et du cœur ! Tout sentiment, fort ou faible, égoïste ou désintéressé, mauvais ou bon, devient, le cas échéant, une tendance trompeuse, qui met à son service, pour se satisfaire, l'industrie de l'imagination. Or qui pourrait épuiser les variétés du sentiment et les artifices de l'ima-gination ? (Voy. Malebranche, *Rech. de la vér.*, des Passions ; *Logique* de Port-Royal, des Sophismes d'amour-propre, d'intérêt et de passion ; Brochard, *De l'erreur*, part. II, ch. IX.)

Résumé. — Telles sont les causes de l'erreur matérielle ou de représentation, qui est elle-même la **cause positive** ou **efficiente** de l'erreur formelle ou de jugement.

§ III

Explication de la cause négative de l'erreur. — Mais l'erreur formelle suppose aussi, comme on l'a dit, une **cause né-gative** ou **déficiente**, savoir : le défaut d'une représentation op-posée à la représentation illusoire, et capable d'en neutraliser l'effet sur le jugement.

Ignorance, oubli. — Or comment se fait-il que, une repré-sentation illusoire étant présente à l'esprit, nous n'ayons pas pré-sente en même temps la représentation contradictoire qui, la te-nant en échec et nous donnant le moyen de la repousser ou tout au moins de la mettre en doute, nous permettrait d'enrayer l'erreur avant qu'elle soit accomplie. Deux raisons expliquent ce défaut : l'ignorance ou l'oubli.

Exemples. — On croit à une hypothèse, à une théorie, à un système, parce qu'on ignore un fait qui les contredit. On croyait autrefois que tous les cygnes étaient blancs, parce qu'on ignorait qu'il y en eût de noirs en Australie. Rien de plus facile à duper qu'un ignorant. Qui ne sait rien est prêt à tout croire : de là la naïveté de l'enfant. Un esprit vide serait incapable de se défendre contre au-cune espèce d'illusion.

L'oubli a les mêmes effets. On peut distinguer deux sortes d'oubli : ou bien on a su et on ne sait plus ; ou bien on sait encore, mais on ne se souvient pas à propos. Dans ce dernier cas, c'est le plus souvent le *défaut d'attention* et de *réflexion*, la légèreté, la précipitation qu'il faut accuser.

Influence de la volonté. — C'est ici qu'intervient l'influence de la **volonté**. La volonté est maîtresse de l'attention. Or, d'une part, l'attention permet de voir et de remarquer bien des choses qu'on n'eût pas vues et remarquées sans elle. Elle remédie en partie à la faiblesse de l'intelligence; elle en double les forces. — D'autre part, l'attention suspend le jugement; par là elle donne le temps aux souvenirs utiles d'entrer en scène, aux objections et aux motifs de doute de se produire. Elle nous empêche ainsi d'être dupes des premières apparences. Prudence, méthode, esprit de doute et d'examen, exigence en fait de preuves, etc., tels sont les grands remèdes contre l'erreur. Tous sont au pouvoir de la volonté. On voit donc bien que nous ne nions pas l'influence de la volonté sur l'erreur ou la vérité. Il s'agissait seulement de savoir où et de quelle façon s'exerce cette influence. Théoriquement on peut dire que toute erreur suppose une précipitation du jugement. Or la volonté peut suspendre le jugement. Donc on peut, en ce sens, dire que la cause universelle et l'universel remède de l'erreur, c'est la volonté.

La nécessité plus forte que la volonté. — Mais hâtons-nous d'ajouter qu'on imposerait à la volonté une tâche surhumaine si on lui demandait en tout sujet de suspendre le jugement jusqu'à ce qu'on ait épuisé l'examen des raisons de croire ou de douter[1]. D'abord nul ne peut dire à quel moment cet examen peut être déclaré suffisant (voy. le chapitre suivant). De plus, les nécessités de la vie nous défendent le plus souvent de prolonger l'examen autant que nous le voudrions. Nous nous trouvons perpétuellement dans la situation d'un jury qui doit, séance tenante, déclarer l'accusé innocent ou coupable, tout en ayant conscience que les raisons décisives de se prononcer lui font défaut. Pour prouver que le dîner que nous nous disposons à manger ne nous empoisonnera pas, il faudrait des jours et des mois. Mais l'appétit, différent en cela de l'âne de Buridan, ne veut pas nous laisser mourir en attendant la solution du problème. Ainsi, la meilleure volonté du monde n'y peut rien : vivre, c'est risquer l'erreur à toute minute du jour.

1. M. Ollé-Laprune, dans sa thèse sur la *Certitude morale*, montre bien l'importance et les limites du rôle de la volonté. « Point de scrupules ridicules; point de craintes exagérées de se tromper, qui paralysent l'esprit: il s'agit moins encore d'éviter le faux que de s'attacher au vrai. Ne serait-ce pas folie de ne plus marcher pour ne jamais tomber? Mais quoi de plus sage, et quoi de plus nécessaire que de prévenir les défaillances par un salutaire régime? L'effort n'est pas toujours assuré: l'effort est toujours commandé, toujours louable. » Voy. tout le passage.

§ IV

Résumé général. — En résumé, l'erreur proprement dite
réside dans le jugement. — Le jugement est déterminé par la représentation et ne fait qu'affirmer la valeur objective de la représentation. Il n'y aurait donc pas d'erreur dans le jugement s'il n'y avait
d'abord un désaccord entre la représentation elle-même et l'objet.
— Ce désaccord résulte de ce que la représentation a pour facteurs,
outre l'objet lui-même, certains intermédiaires et le sujet. — De là,
dans la représentation, par rapport à l'objet, de l'excès, du défaut,
des substitutions. — L'action des habitudes mentales, ou prévention
intellectuelle, l'action de la sensibilité par le moyen de l'imagination, ou prévention sensible, sont les principales causes de ces altérations diverses de la représentation.

Une représentation faussée de la sorte étant supposée, elle s'objective et détermine le jugement si aucune représentation contraire
ne s'y oppose. Ces représentations protectrices du jugement et
préservatrices de l'erreur, c'est à l'attention, à la réflexion, à la
volonté, en un mot, qu'il appartient de nous les fournir ou de nous
les remémorer à propos.

APPENDICE — DES SOPHISMES

Des sophismes. Toute erreur est un sophisme. — Il est d'usage, dans
les ouvrages de Logique, de traiter séparément des erreurs et des
sophismes. Cette division semble peu justifiée. On appelle *sophisme* une
erreur de raisonnement. Mais nous avons vu que toute erreur est, au
fond, une erreur de raisonnement. En effet, il n'y a d'erreur possible ni
dans le fait de se représenter telle ou telle chose, ni dans le fait de croire
à cette représentation elle-même. L'erreur consiste à juger d'un objet
par le moyen d'une représentation, à interpréter une représentation
comme signe ou image d'un objet. Or juger d'une chose par une autre,
interpréter une représentation comme signe ou comme image, c'est faire
une inférence. Donc toute erreur est une inférence vicieuse ou un
sophisme.

De plus, on a vu que toute fausse interprétation des données de la
conscience consiste à ne pas démêler dans ces données ce qui est l'apport
ou l'effet de l'objet, de ce qui est l'apport ou l'effet des intermédiaires et
du sujet lui-même. Donc, en ce sens, tout sophisme est un **sophisme de
confusion.** — Tout sophisme est aussi, en un sens, du genre des **sophismes
non causa pro causa,** puisque dans tout sophisme on rapporte à l'objet

certains éléments de la représentation qui résultent des intermédiaires ou du sujet.

Réduction de la classification des sophismes à celle des erreurs. — Ceci posé, considérons les sophismes ordinairement énumérés dans les Logiques, et montrons comment ils peuvent rentrer dans la classification des erreurs proposée plus haut.

Pas de sophisme de simple inspection. — D'après ce qui vient d'être dit, nous excluons les sophismes que Stuart Mill appelle de simple inspection ou préjugés naturels. L'analyse découvre aisément dans les sophismes énumérés sous ce chef des cas d'inférences vicieuses. Ainsi la croyance aux présages, citée par Stuart Mill comme exemple de sophisme de simple inspection ou à priori, est manifestement une induction vicieuse fondée à son origine sur un dénombrement imparfait, et dans la suite sur une critique imparfaite de l'autorité et du témoignage.

Restent les **sophismes d'induction** et les **sophismes de déduction.**

Sophismes d'induction. — Les principaux sophismes d'induction sont :

1° **Le dénombrement imparfait.** Exemple : la croyance que les agriculteurs ignorants continuent d'avoir, en dépit des démentis de l'expérience, dans les prédictions de l'almanach. On remarque les cas où la prédiction se trouve par hasard d'accord avec l'événement, on ne tient pas compte des autres. — C'est un cas d'erreur *par défaut* dans la représentation, défaut provenant lui-même d'abord de l'inattention, ensuite des réjections ou exclusions qui suivent la prévention intellectuelle.

2° **Prendre pour cause ce qui n'est pas cause :** *non causa pro causa; post hoc ergo propter hoc.* Une comète est jugée la cause d'une peste qui suit son apparition. C'est un sophisme de confusion qui vient de l'*habitude* que nous avons d'*associer* l'idée de causalité à la simple idée de succession. — L'antagoniste ou le réducteur des sophismes de ce genre est l'idée des caractères qui sont les vrais indices de la causalité, caractères qui font ici défaut. Mais combien peu savent quels sont ces indices et les conditions requises pour la preuve d'un rapport de causalité!

3° **Le sophisme de l'accident,** *fallacia accidentis,* consiste à juger d'une chose par ce qui ne lui convient qu'accidentellement. Ainsi, de ce qu'un homme religieux est intolérant, conclure que la religion est nécessairement intolérante est un sophisme d'accident. Ce sophisme est visiblement de même nature que le précédent : dans le sophisme *non causa pro causa,* on confond une succession accidentelle avec une *loi* de succession; dans le sophisme de l'accident, on confond une coexistence accidentelle avec une *loi* de coexistence (la religion et l'intolérance se trouvant coexister accidentellement dans un même sujet, on s'imagine qu'elles y coexistent en vertu d'une loi) : c'est donc aussi un sophisme de confusion, né de l'*habitude* d'associer, sans tenir compte des conditions requises, l'idée d'une loi de coexistence à la perception d'une simple coexistence.

Prétendus sophismes de déduction. — Les principaux sophismes signalés ordinairement comme sophismes de déduction sont l'ignorance du sujet, la pétition de principe, le cercle vicieux : aucun de ces sophismes n'est proprement un sophisme de déduction.

1° L'ignorance du sujet consiste soit à prouver autre chose que ce qui est en question, soit à prouver la chose en question, mais d'un autre objet que celui qui est en question : par exemple, pour prouver que la liberté politique est un mal, on s'étendra sur les excès de l'extrême licence. Ce n'est point une faute de déduction, car il se peut qu'on prouve très correctement ce qu'on veut prouver, mais c'est une faute de confusion. Soit qu'on ignore les différences entre l'objet de la question et un autre, soit qu'entraîné par les associations d'idées, ou trompé par les équivoques du langage, on perde de vue ces différences, on se croit dans la question alors qu'on est à côté. L'erreur n'est pas commise dans le cours de la déduction, mais elle est antérieure à la déduction, et permet, sans examen, de l'écarter par une fin de non-recevoir.

2° Même chose à dire de la **pétition de principe**, qui consiste à prendre comme principe de raisonnement une chose qui est en question : c'est un cas particulier et aggravé de l'ignorance du sujet. Lorsque Descartes, après avoir révoqué toutes choses en doute, croit pouvoir affirmer que lui, qui pense, est, parce que, dit-il, « il voit très clairement que pour penser il faut être », son raisonnement est une pétition de principe. En effet, cette majeure, *pour penser il faut être*, est elle-même en question, puisqu'il vient de tout révoquer en doute. Pris à part et en soi, le syllogisme est d'ailleurs parfaitement correct. La faute de Descartes, antérieure au syllogisme, est d'avoir oublié son doute aussitôt après l'avoir conçu [1].

3° Le **cercle vicieux** lui-même, qui consiste à prendre comme prémisse d'une conclusion une proposition qui dépend de cette conclusion elle-même, n'est pas davantage, à proprement parler, une erreur de raisonnement, car une telle faute ne peut être commise dans le cours d'un même raisonnement. Ainsi, lorsque Descartes prouve la validité du criterium de l'évidence par la véracité divine, laquelle a dû être d'abord prouvée elle-même par le moyen de l'évidence, il tourne dans un cercle. Mais les deux raisonnements sont séparés et distincts ; chacun d'eux pris à part est ou peut être irréprochable ; le sophisme n'apparaît que si on les rapproche l'un de l'autre. L'erreur n'est donc ni dans le premier ni dans le second ; elle est seulement dans l'oubli du premier au moment où Descartes pose les prémisses du second.

Ainsi ces prétendus sophismes de déduction ne résident pas proprement dans la déduction, mais dans une illusion touchant l'objet ou les prémisses de la déduction ; et cette illusion elle-même a pour cause l'ignorance, l'oubli, les associations habituelles, toutes choses susceptibles d'engendrer des confusions.

Vrais sophismes de déduction. — Les sophismes de déduction consistent à tirer de prémisses supposées une conclusion qu'elles ne légitiment pas. Les règles de l'*opposition*, de la *conversion* et les huit règles du *syllogisme* indiquent tous les sophismes possibles dans ces trois genres. Par exemple, conclure de la fausseté d'une proposition la vérité

---

1. « Ille dupliciter peccavit, a dit justement Leibniz, nimium dubitando et nimium facile a dubitatione recedendo. » Voyez dans notre édition du *Discours de la Méthode* une étude sur ce sujet.

de la proposition contraire est un *sophisme d'opposition*, car deux contraires peuvent être fausses à la fois ; — convertir une universelle affirmative en universelle affirmative est un *sophisme de conversion*, car l'universelle affirmative ne peut se convertir qu'en particulière affirmative ; donner aux termes d'une conclusion plus d'extension qu'ils n'en ont dans les prémisses est un *sophisme de syllogisme*, car les termes ne doivent pas avoir plus d'extension dans la conclusion que dans les prémisses.

Rôle du langage. — La plupart des sophismes de raisonnement ont pour cause occasionnelle le **langage**.

Le langage est un intermédiaire entre notre esprit et la pensée d'autrui, ou même un intermédiaire entre notre esprit et notre propre pensée. Tous les genres d'illusion naissant des *intermédiaires* naissent aussi du langage. Le langage, qui est fait pour rendre visible la pensée, a souvent pour effet de masquer ou de dénaturer la pensée. — Nous n'avons à signaler ici que les illusions naissant de l'ambiguïté des **termes** et qu'on nomme **équivoques**[1].

Équivoques. — L'équivoque est amenée par l'*association d'idées*. Un mot est associé à deux ou plusieurs idées différentes. Par suite, chaque fois que le même mot revient dans le cours d'un raisonnement, il nous sollicite à dérailler en passant d'une idée à une autre. Que d'équivoques possibles sur les mots *loi, bien, liberté, identité, unité!* Il y a des auteurs qui n'arrivent pas à distinguer, par exemple, l'unité *spécifique* de conscience, telle qu'elle peut se réaliser parmi les abeilles d'une ruche, de l'unité *numérique* de conscience, telle que celle de notre moi : d'où des assimilations dénuées de toute valeur. — La fidélité au sens des mots, telle est la première condition d'une pensée logique.

Parmi les équivoques, il faut signaler celle qui consiste à **passer du sens divisé au sens composé, ou inversement** (*fallacia divisionis et compositionis*). Un malade se dit : ni ce symptôme, ni cet autre, ni ce troisième, etc., ne prouvent que ma maladie soit mortelle ; donc ces divers symptômes ne prouvent pas que ma maladie soit mortelle. Il se trompe peut-être en passant du sens divisé au sens composé : ce que chaque symptôme pris à part ne prouve pas est peut-être prouvé par ces divers symptômes réunis. — Si l'on dit : trois et deux font cinq, donc trois fait

---

1. Ce n'est pas le seul genre d'illusions créées par le langage. La réalisation des abstractions est aussi l'une des plus fréquentes. « Nos termes abstraits, dit Maine de Biran, entrent dans les formes de nos langues de la même manière que les substantifs physiques. Sujets de la proposition, le verbe en affirme (de la vertu, par exemple) les mêmes attributs, les mêmes propriétés absolues, que des objets réels ; de plus, nos expressions presque toujours figurées, leur donnent un corps pour les animer, nous les représentent agissant, se mouvant et sentant comme nous. Comment cette similitude constante dans les formes ne séduirait-elle pas le jugement ? Comment les habitudes de la pensée ne se mouleraient-elles pas enfin sur celles de la parole ? » (*Œuv. phil.*, éd. Cousin, t. I, p. 218.)

Un autre effet du langage, c'est d'arrêter à soi la pensée et de dissimuler ainsi le vide, la confusion des idées ou même l'absence totale d'idée (psittacisme). Combien, suivant le mot de Leibniz, prennent la paille des termes pour le grain des choses! Que de fois, suivant le mot de Spencer, le mot, ce papier-monnaie de la pensée, mène à l'insolvabilité intellectuelle!

cinq et deux fait cinq, le sophisme consiste à prendre le mot *et* d'abord au sens composé, puis au sens divisé.

Notons enfin le genre d'équivoque qui consiste à **passer du sens relatif au sens absolu** (*a dicto secundum quid ad dictum simpliciter*). Lorsqu'on dit que l'eau étanche la soif, il s'agit d'eau fraîche, et l'on n'en peut conclure absolument que l'eau, y compris l'eau bouillante, étanche la soif.

Résumé. — Tous les sophismes proviennent donc, comme en général les erreurs, d'un défaut, d'une superfétation ou d'une substitution dans la représentation, et s'expliquent par les causes générales d'erreur que nous avons déjà signalées.

CHAPITRE XIX

DU CRITERIUM DE LA VÉRITÉ

§ I

Y a-t-il un criterium? — L'erreur est possible : nous venons de le constater. La connaissance humaine n'atteint donc ni d'emblée ni toujours ce point de perfection qui est sa fin et son terme et que nous considérons provisoirement comme la vérité absolue. S'il en est ainsi, nous sommes donc toujours exposés, semble-t-il, à prendre le faux pour le vrai, à moins qu'un signe certain, un criterium infaillible ne nous permette de discerner la connaissance portée à son plus haut point de perfection et, comme telle, définitive et irréformable, de la connaissance imparfaite et, comme telle, sujette à revision et à correction. Un tel criterium existe-t-il ?

Ce problème est aussi ancien que la philosophie. Il a fait en particulier l'objet de longs débats entre les sceptiques de la nouvelle Académie et les dogmatiques des écoles péripatéticienne et stoïcienne.

En fait, l'évidence sert de criterium. — De tout temps, les dogmatiques se sont accordés à reconnaître à la vérité un caractère propre qui la distingue, disent-ils, infailliblement de l'erreur, à savoir : l'évidence. Il est, en effet, incontestable que nous sommes souvent dans cet état d'esprit appelé **certitude**, qui consiste à se croire en possession de la vérité. Or, en fait, il est incontestable aussi que ce qui détermine cet état d'esprit est l'évidence avec laquelle nous apparaît la chose que nous affirmons. C'est parce que nous voyons ou pensons voir que nous croyons et que nous affirmons; c'est sur l'évidence que notre certitude se règle et se mesure.

En droit, ce criterium n'est pas sûr; preuve: certitudes mal fondées. — Mais à ce fait les sceptiques en opposent un autre. Il n'est pas moins incontestable, disent-ils, qu'il y a des certitudes mal fondées, et par conséquent des évidences illusoires.

Il y a des certitudes mal fondées : ce qui le prouve, c'est l'erreur. Car toute erreur fut une certitude ; et même, puisque l'erreur cesse d'être dès qu'elle est reconnue telle, c'est uniquement dans la certitude que gît l'erreur : toute erreur *est* certitude.

Instance des dogmatiques. — Les dogmatiques prétendent, il est vrai, que ces certitudes exposées à être démenties ne sont pas de vraies certitudes, mais seulement des à peu près, des semblants de certitude. « Jamais on ne me fera dire, écrit Spinoza, qu'un homme qui se trompe puisse être certain, si forte que soit son adhésion à l'erreur » (*Éthique,* part. II, prop. 49, Schol.).

Réplique des sceptiques. — Par malheur, cette affirmation intrépide prouve seulement une forte dose de parti pris. Un sceptique répliquera : Qu'appelle-t-on certitude ? Si on définit d'abord la certitude l'adhésion à la vérité, on ne saurait, c'est trop clair, admettre que l'adhésion à l'erreur puisse s'appeler certitude. Mais cette distinction entre la certitude qui mérite et celle qui ne mérite pas son nom, — distinction qu'il est possible de faire si l'on se place au point de vue absolu, c'est-à-dire dans la position d'un être qui connaîtrait la vérité absolue, et qui de ce point de vue extérieur qualifierait en certain cas d'incertaine la croyance du sujet qui se dit certain, — il s'agit de savoir si ce sujet lui-même peut la faire. C'est pour lui que la question se pose ; c'est lui qui aurait intérêt à découvrir quelque différence entre l'adhésion susceptible d'être infirmée et démentie dans l'avenir et celle qui ne peut être ni infirmée ni démentie. Or, en considérant ainsi en elles-mêmes, du point de vue intérieur ou psychologique, chacune de ces certitudes, peut-on, en effet, y découvrir quelque différence ? — Pas la moindre. Spinoza affirme une différence ; mais il s'abstient, et pour cause, d'en indiquer la nature. Le plus fin psychologue n'en sait pas plus long.

Chacun de nous d'ailleurs n'en a-t-il pas fait mainte et mainte fois l'expérience ? Bien souvent nous avons été surpris par la brusque découverte de l'illusion inhérente à des certitudes que jusqu'alors l'ombre même d'un doute n'avait pas effleurées dans notre esprit. Celui qui apprend que les couleurs, telles qu'il les perçoit, n'appartiennent pas aux objets, n'avait-il pas eu jusqu'alors une certitude imperturbable du contraire ?

Une fois, il est vrai, l'illusion découverte, il peut nous sembler, après coup, que cette certitude illusoire n'était pas une entière certitude. C'est que nous faisons remonter, par une sorte d'illusion d'optique, notre doute actuel dans notre certitude antérieure. Nous jugeons de ce qu'elle était par ce qu'elle aurait dû être. Mais c'est avant la découverte de notre erreur qu'il aurait fallu en juger de la sorte. Or à ce moment nous ne le pouvions pas. — Il y a donc, le fait est indéniable, des certitudes absolues et pourtant mal fondées.

Il y a donc des évidences illusoires. — Par conséquent, puisque la certitude est déterminée par l'évidence, il y a aussi des évidences absolues et pourtant illusoires. Ici encore les dogmatiques protestent. Descartes répète au sujet de l'évidence l'assertion de Spinoza au sujet de la certitude.

« Par ce mot, *une clarté dans l'entendement,* on entend une clarté ou perspicuité de connaissance que tous ceux-là n'ont peut-être pas qui pensent l'avoir; mais cela n'empêche pas qu'elle ne diffère beaucoup d'une opinion obstinée qui a été conçue sans une évidente perception » (*Réponse aux objections de Hobbes*). Et dans le *Discours* : « Je jugeais que je pouvais prendre pour règle générale que les choses que nous concevons fort clairement et distinctement sont toutes vraies, *mais qu'il y a seulement quelque difficulté à bien remarquer quelles sont celles que nous concevons distinctement.* »

Aveu naïf, qui compromet singulièrement la recette d'infaillibilité que la règle de l'évidence semblait promettre ! Puisqu'il y a de vraies évidences et des simulacres d'évidence, voici donc qu'il nous faudra maintenant un criterium de ce prétendu criterium : Descartes ne l'a point indiqué. « Pourquoi, demande Hobbes, M. Descartes n'a-t-il pas mis d'enseigne à l'hôtellerie où séjourne l'évidence, afin d'empêcher que chacun ne se crût en droit d'y loger son opinion [1] ? »

L'histoire de la philosophie le prouve. — D'ailleurs c'est l'histoire même de la philosophie, et de leur propre philosophie, qui réfute ces assertions téméraires de Descartes et de Spinoza. Si on leur eût demandé à eux-mêmes de donner des exemples de ces certitudes irréfragables et de ces évidences parfaites, qu'ils tenaient pour marques infaillibles du vrai, chacun d'eux eût plus d'une fois proposé des opinions que l'autre aurait tenues pour d'irrécusables absurdités, et sur plus d'un point leurs opinions contraires ne sont plus, les unes comme les autres, pour la postérité,

1. Cf. Delbœuf, *Essai de logique scientifique,* ch. I, § 2.

que de mémorables erreurs. C'est bien le cas de dire avec le poète :
« O revers, ô leçons ! » Qui donc osera maintenant prétendre qu'il
possède dans l'évidence un moyen infaillible de reconnaître la
vérité ? Ce serait dire : « Les penseurs les plus perspicaces, les plus
attentifs, les plus dévoués à la vérité n'ont pas su se servir de ce
criterium ; mais moi je saurai en user de manière à m'assurer,
quand il me plaira, l'infaillibilité. » Infailliblement évidente serait
la sottise d'une telle prétention.

La nature de l'évidence l'explique. — Non seulement
on constate qu'en fait il y a des évidences parfaites et pourtant illusoires, mais on s'explique, quand on connaît la nature de l'évidence, qu'il en soit ainsi, et l'on reconnaît qu'il n'en peut pas être
autrement. Nous avons ailleurs (*Psych.*, ch. XXI, appendice) défini
l'évidence : c'est le caractère d'objectivité apparente de toute représentation qui réunit ces deux conditions, de n'enfermer aucune
contradiction interne qui la détruise, et de n'être affectée par une
autre représentation d'aucune contradiction externe qui la tienne
en échec. Or supposons donnée une représentation exempte de contradiction interne, mais susceptible d'ailleurs d'être contredite par
quelque vérité expérimentale ou rationnelle ; — supposons de plus
que cette vérité ne soit pas soupçonnée, ou même, plus simplement,
qu'étant déjà connue elle ne soit pas actuellement présente à l'esprit ; — supposons enfin que le sujet en question, ignorant la doctrine
sceptique et ses arguments, n'ait pas sous la main comme les sceptiques, à défaut de raison particulière et topique de douter dans le
cas supposé, cette raison générale, valable pour tous les cas, la
constante faillibilité de l'esprit humain : comment s'y pren-
dra-t-il pour s'empêcher de juger évidente cette représentation, et
d'y adhérer de toute la force de son esprit ? Comment, par exemple,
un ignorant, qui n'a fait ni de psychologie ni de physiologie, pourra-
t-il s'empêcher de croire en toute confiance et sécurité que les couleurs soient sur les objets, ou que la douleur qu'il sent dans son
doigt soit effectivement dans son doigt ? Son doute serait, à la lettre,
un fait sans cause.

Descartes lui-même, comme on le voit en maint endroit,
entend très justement par évidence l'impossibilité de faire aucune
objection valable à une proposition donnée. Mais cette impossibilité
peut certainement provenir de l'ignorance ou de l'oubli des objections possibles. Donc l'évidence peut et doit parfois apparaître
comme le caractère d'une proposition radicalement fausse, dès que

par ignorance ou par oubli nous sommes hors d'état d'y rien objecter.

Si l'on imagine, pour bien s'en rendre compte, une conscience trop étroite pour pouvoir embrasser plus d'une représentation à la fois, cette conscience ne connaîtrait jamais le doute ; tout ce qu'elle penserait lui paraîtrait évident. Un tel état se trouve à peu près réalisé dans la plupart de nos rêves. De là la croyance pleine et entière qui accompagne les rêves, même ceux qui nous paraissent ensuite les plus absurdes, dès que la raison se réveille et reprend ses droits.

Conclusion. — Concluons donc que ce qu'on nomme évidence n'est nullement, comme on l'a tant répété en dépit des démentis de l'expérience, de l'histoire et de l'analyse psychologique, un signe infaillible de la vérité.

§ II

Autres critères proposés. — Quelques philosophes reconnaissant le défaut de ce prétendu criterium en ont proposé d'autres. Reid et ses disciples veulent qu'on s'en réfère au **sens commun** ; Lamennais et d'autres ne voient de garantie assurée que dans le **consentement universel**.

Le sens commun. — Si par *sens commun* on entend l'ensemble des opinions généralement reçues, ce criterium se ramène à celui du consentement universel, dont il sera question tout à l'heure. Mais par *sens commun* on peut entendre aussi le bon sens, la lumière naturelle, la raison commune dans sa pureté et sa rectitude originelles, souvent altérées et corrompues, à ce que l'on suppose, par les recherches scientifiques et philosophiques. N'est-il pas des esprits d'où le raisonnement a banni la raison? — Que penser de cette règle ainsi entendue?

Où le trouver dans sa pureté? — Dire que les recherches et la réflexion peuvent altérer la lumière naturelle, cela veut dire apparemment que le résultat des recherches et de la réflexion c'est de meubler l'esprit d'idées et de propositions générales dont on se sert ensuite comme de règles pour juger du vrai et du faux au même titre que des principes primitifs de la raison, alors pourtant que ces idées et ces propositions n'ont point la même valeur et sont même peut-être en contradiction secrète avec les principes de la raison. — Ce danger est réel. Mais où donc et chez qui trouvera-t-on la lumière naturelle toute pure, la simple et droite raison telle qu'elle est sortie des mains du Créateur?

L'ignorance n'est pas une garantie. — Serait-ce par hasard, comme on a l'air de le sous-entendre, dans la foule des ignorants qui n'ont ni étudié ni réfléchi? Le prétendre serait oublier que les associations d'idées naturelles, les passions, l'imagination sans règle et sans frein ont, pour créer des préjugés de tout genre, une bien autre puissance, une bien autre fécondité que la subtilité des recherches scientifiques et les abus du raisonnement. Le sauvage le plus ignorant est en proie à une sorte de vertige perpétuel[1]. Son esprit est, comme on l'a dit, tatoué d'images monstrueuses. Des fétiches hideux ou ridicules encombrent son imagination. Du plus au moins, tous les prétendus représentants de la pure lumière naturelle en sont là. — Sans doute la réflexion, la science, la philosophie ont leurs excès, leurs dangers et leurs illusions; mais on peut dire cependant que si, dès l'origine, ces vaillantes filles de l'esprit humain ne s'étaient employées à le défendre contre les aveuglements de l'ignorance et les duperies de l'imagination et des passions, la raison humaine aurait fini par sombrer dans l'absurdité.

C'est donc à la fois une grave erreur de psychologie et de logique et une iniquité de déférer les travaux consciencieux des chercheurs au prétendu bon sens du premier venu. Il est indigne de soumettre la raison attentive et patiente des Descartes, des Newton et des Kant au tribunal de la raison vulgaire, inattentive et présomptueuse, qui, sans eux et leurs pareils, irait s'enfonçant de plus en plus dans des sottises sans nom.

Conséquences de l'appel au sens commun. — Le résultat serait aisé à prévoir : des penseurs comme Reid, quoique très estimables, n'ont peut-être pas grand'chose à craindre de cet appel au sens commun : il n'y a pas beaucoup de choses dans leurs ouvrages qui soient faites pour le surprendre. Mais tous les penseurs vraiment originaux et inventifs seraient infailliblement condamnés par le sens commun, car nécessairement ils l'étonnent et le contredisent.

Ils l'étonnent parce qu'ils le dépassent. Le sens commun a la vue claire peut-être, mais courte à coup sûr. Il ne soupçonne ni les difficultés des questions, ni souvent les questions mêmes. En

1. Voyez dans l'*Essai de psych.* de M. Renouvier la théorie du *vertige mental*.

général, il se contente du fait, qui lui semble simple et naturel, et n'en cherche pas les raisons. Toutes les recherches proprement scientifiques sont au delà du sens commun ; par suite, elles lui apparaissent choses oiseuses ou même blâmables. Il confond aisément le savant et le sophiste (voy. dans les *Nuées* d'Aristophane l'o,inion du sens commun sur les recherches de Socrate).

D'autre part, le sens commun, s'en tenant aux premières apparences et y mêlant en outre ses imaginations, admet souvent comme vraies des choses fausses : c'est pourquoi, lorsque la vérité est un jour découverte, elle contredit et choque presque inévitablement le sens commun. Il n'est pas une seule grande vérité scientifique que le sens commun n'ait d'abord méconnue et repoussée. Christophe Colomb, Galilée, Harvey ont paru en leur temps dénués de tout sens commun. — Dans l'ordre même des vérités morales, le sens commun suspecte tout ce qui sort de l'ordinaire et du commun : la vertu socratique l'inquiète ; la vertu stoïcienne l'effarouche ; la vertu chrétienne elle-même a été appelée la folie de la croix. Le bon sens de l'excellent Pline n'y peut rien comprendre. Quand les apôtres, animés de l'esprit nouveau, parlent à la foule, la foule les juge « pleins de vin doux » ; et l'enthousiasme de saint Paul s'attire de Festus cette étrange semonce : « Paul, tu n'as pas le sens commun. *Insanis, Paule !* »

Résumé. — En résumé donc, l'appel au sens commun érigé en criterium général de la vérité, c'est en fait l'appel à l'ignorance et au préjugé, et par suite c'est la condamnation de toute science et de toute philosophie[1].

Consentement universel. — Critique. — Quant au consentement universel, nous admettons qu'on puisse le considérer

---

1. Bacon (*Nov. Org.*, I, LXXVII), Descartes (*Discours*, passim), Kant et bien d'autres s'expriment avec une juste sévérité contre cet appel au sens commun en matière philosophique et scientifique. Citons seulement l'arrêt si bien motivé de Kant :

« Les adversaires du grand homme, dit-il en parlant de Hume, imaginèrent un moyen facile de le réfuter, ce fut d'en appeler au *sens commun*. C'est sans doute un grand bienfait du ciel que de posséder un entendement sain. Mais il faut le prouver par des faits, en montrant de la réflexion et de la raison dans ce qu'on pense et ce qu'on dit, et non point en y faisant appel comme à un oracle, quand on ne sait rien dire de propre à justifier ses assertions. Quand l'intelligence et la science sont en défaut, alors et pas plus tôt on fait appel au sens commun ; c'est une des subtiles inventions de notre temps, à l'aide de laquelle le parleur le plus futile peut entreprendre l'esprit le plus solide et lui résister. Mais tant qu'il reste quelque peu d'idées, on se garde bien de recourir à cette ressource.

« A voir la chose de plus près, cet appel n'est qu'un recours au jugement de la multitude ; approbation dont le philosophe rougit, mais dont se prévaut et s'enor-

comme une preuve de la vérité, puisque, s'il est réellement universel, il faut qu'il résulte ou de la nature même de l'esprit humain (ex. : la croyance aux axiomes) ou d'une expérience universelle (ex. : la croyance à l'existence de nos semblables).— 1° Malheureusement, bien restreint est le nombre de vérités que l'on peut ainsi recueillir du consentement universel! Que ce soient les plus précieuses, nous l'accordons. Mais elles ne peuvent suffire à la curiosité scientifique et philosophique, ni même aux besoins pratiques qui exigent une connaissance de plus en plus approfondie des secrets de la nature. Le consentement universel nous renseignera-t-il sur les propriétés des gaz et la nature de l'électricité?

2° Il y a plus : si l'on considère les vérités mêmes qui sont universellement consenties, par exemple, le devoir, Dieu, la liberté, etc., et si l'on en retranche, comme il le faudra, toutes les différences dans la manière d'entendre ces vérités, suivant les temps et les lieux, qu'en restera-t-il? Des formes vides, privées de toute substance, de tout contenu positif, presque des noms, *verba*, *flatus vocis*. C'est trop peu pour qu'elles aient encore quelque utilité et gardent quelque prix.

3° Enfin, le consentement universel étant érigé en règle de la vérité, il s'ensuit immédiatement qu'il n'est pas, comme on le prétend, la seule règle ; car, s'il est une chose qui soit de consentement universel, c'est à coup sûr celle-ci : que chacun peut et doit s'en rapporter à ses facultés personnelles pour juger du vrai et du faux. Qui donc a jamais cru à sa propre existence sur un autre témoignage que celui de sa conscience? Ceux qui récusent tout autre juge que le consentement universel sont donc condamnés par le tribunal même qu'ils déclarent infaillible.

§ III

Ces critères se ramènent à celui de l'évidence. —
Nous voici donc ramenés au criterium de l'évidence. Au fond,

gueillit le parleur populaire. Je crois pourtant que Hume eût pu prétendre avec autant de droit que Béattie au sens commun.... Un ciseau et un maillet peuvent très bien servir à travailler un morceau de bois; mais, s'il s'agit de graver sur cuivre, il faut un poinçon. Ainsi le sens commun et le sens spéculatif sont tous les deux utiles, mais chacun dans son espèce : celui-là, s'il s'agit de jugements qui trouvent leur application immédiate dans l'expérience, celui-ci quand il faut juger en général, par simples notions, par exemple en métaphysique, où ce qui s'appelle le bon sens, mais souvent par antiphrase, ne pense absolument rien. »(*Prolégom.*, préface, trad. fr., p. 15.)

d'ailleurs, qu'on le remarque, c'est l'évidence même qui, avec des restrictions et des réserves, se trouve invoquée sous les noms de sens commun et de consentement universel. Car qu'est-ce que le sens commun et le consentement universel admettent comme vrai, sinon ce qui leur paraît évident, et parce que cela leur semble évident ? Dire que le sens commun est le criterium, c'est dire simplement que l'évidence *telle qu'elle apparaît à un entendement simple et sain* est le criterium; et dire que le consentement universel est le criterium, c'est dire que l'évidence *également manifeste à tout le monde* est le criterium.

Juste estimation de l'évidence. — Or, nous l'avons dit, l'évidence n'est pas la preuve certaine de la vérité. Est-ce donc qu'on doive accorder gain de cause au scepticisme ? — Il s'en faut bien ! En arithmétique, il est reconnu qu'aucune preuve de l'addition ou de la multiplication n'est une preuve absolument sûre. Pourtant cela n'empêche point les mathématiciens de proposer diverses sortes de preuves, dont l'usage judicieux peut procurer une certitude pratiquement équivalente à la certitude absolue et même à peu près indiscernable rationnellement d'une certitude absolue. Il en sera de même pour l'ordre entier de nos connaissances.

Nous appelons ici *vérité* une connaissance telle que désormais rien ne puisse prévaloir contre elle et qui soit assurée, dans l'ordre intellectuel, d'une imperturbabilité ou d'une *ataraxie* analogue à celle où les épicuriens et les stoïciens reconnaissaient, dans l'ordre moral, l'indice de la parfaite sagesse. Y a-t-il un signe particulier qui nous avertisse du jour et du moment où une connaissance, sortant du domaine changeant des opinions, entre pour jamais dans le domaine immuable de la vérité? Nous l'avons reconnu, ce signe n'existe pas. Mais ce n'est point à dire que toutes les opinions doivent être mises sur le même plan et tenues pour également suspectes ; car, bien qu'aucune évidence ne puisse être dite infaillible, il y a pourtant évidence et évidence, et la Logique tout entière n'a pas d'autre objet que de nous apprendre à discerner ces diverses espèces d'évidence et les conditions d'une évidence à laquelle on puisse se fier.

La Logique, science des conditions de l'évidence probante. — Nous avons défini la Logique la science des conditions de la vérité, ou science de la preuve; on peut dire encore avec plus de précision : *la Logique est la science des conditions de l'évi-*

dence digne de faire preuve de la vérité. Voici ce qu'il faut entendre par là.

Naturellement l'évidence se fait trop tôt et trop facilement dans nos esprits. Pourquoi? Parce que nous ignorons naturellement les difficultés et les conditions de la preuve. Ainsi, pour l'étudiant en géométrie, quantité de propositions sont de prime abord évidentes, qui ne le sont qu'après une longue démonstration pour le géomètre scrupuleux. La Logique nous enseigne les défauts et les dangers de ces évidences de premier aspect ou de simple inspection; et, en nous indiquant les conditions de la preuve, elle nous met à même de nous procurer une évidence de bon aloi [1]. En deux mots, il y a deux sortes d'évidence, **l'évidence avant la preuve et l'évidence après la preuve.** La première est souvent aussi entière que la seconde; mais celle-ci seule fait foi.

Nature de la preuve : accord des jugements. — Or en quoi consiste au fond toute espèce de preuve? — Toute preuve est une *confrontation* d'un jugement mis en question avec d'autres jugements. La preuve résulte de l'*accord* de ces jugements entre eux; de leur désaccord résulte au contraire l'invalidation nécessaire soit du jugement en question, soit de ceux qu'on tenait auparavant pour des vérités acquises. Rappelons quelques-unes de ces preuves :

1° Accord des résultats fournis par une même opération plusieurs fois répétée : recommencer une expérience, refaire une observation, un raisonnement, une opération d'arithmétique.

2° Accord des résultats donnés par une même opération faite dans des conditions diverses : refaire une addition en sens inverse, recommencer une expérience dans des milieux différents.

3° Accord des résultats donnés par des opérations de genre différent :

a. Accord des différents sens : le toucher confirme ou contredit les données de la vue;

b. Accord des données des sens avec les souvenirs soit particuliers, soit généraux, tels que la connaissance des lois de la nature;

c. Accord des souvenirs particuliers ou généraux entre eux : le rêve dont on se souvient est reconnu illusoire par sa confrontation avec le souvenir des lois de la nature;

1. Si toute évidence était, comme on le prétend, un signe certain de la vérité, à quoi servirait donc la Logique? Au lieu de s'imposer tant de règles gênantes, il n'y aurait, pour arriver au vrai, qu'à s'abandonner à l'hallucination, au rêve, à la folie, où tout paraît évident. L'évidence, érigée par certains logiciens en signe infaillible du vrai, annule, au fond, toute leur Logique.

d. Accord d'une **représentation** quelconque avec les principes de la raison ;

e. Accord des hommes entre eux : si le consentement universel pouvait être obtenu pour une vérité d'abord contestée, ce consentement final serait un indice tout aussi sûr qu'un consentement primitif ; — dans les sciences, accord des gens compétents entre eux [1].

Résumé. — On peut dire que la Logique considère tout jugement comme une hypothèse qu'il faut soumettre à des *épreuves* de toute sorte. Et de même qu'une hypothèse dont on ne peut fournir la preuve décisive est d'autant plus probable qu'elle est d'accord avec un plus grand nombre de faits ou de lois déjà connues, de même plus un jugement a subi de ces confrontations, qui sont autant d'*épreuves*, et qui deviennent par suite autant de *preuves* lorsqu'elles ont été heureusement supportées, plus l'évidence qui lui est alors acquise est digne d'être considérée comme un criterium de sa vérité.

En résumé donc il en est des évidences comme des vertus : on ne peut compter que sur celles qui ont été longtemps et diversement éprouvées.

§ IV

Dynamique de la conscience : conflit, équilibre des idées. — De ce qu'on a dit sur la nature de l'évidence et les conditions de l'évidence probante, et plus haut sur l'erreur, il résulte que toutes nos idées, tous nos jugements sont comme des forces qui tantôt s'associent, tantôt luttent entre elles pour s'emparer de la conscience et déterminer la croyance à leur profit. Il y a comme une dynamique intérieure de l'intelligence par laquelle se rétablit perpétuellement un équilibre perpétuellement ébranlé. Le conflit des idées qui résulte de leur contradiction, c'est le doute. L'équilibre des idées qui résulte de l'accord des idées nouvelles avec les anciennes, ou de l'élimination des unes par les autres, c'est l'évidence et la certitude. Les scolastiques définissaient avec raison la certitude, le repos et la paix de l'esprit.

---

1. Sur ces différents points, voy., en *Psychologie*, le chapitre sur *la Croyance.* — Il serait aisé de faire rentrer dans cette classification la preuve par syllogisme, la preuve des lois de causalité, la preuve des lois de cooxistence, des hypothèses, des analogies, etc.

En quoi consiste la force des idées. — De là naît une question : dans ces conflits de nos idées entre elles, qu'est-ce qui fait leur force ou leur faiblesse? Remarquons que toute représentation contredite par d'autres les contredit à son tour. Toute contradiction est réciproque. De deux idées qui se contredisent, laquelle donc l'emportera?

1° L'intensité de la représentation. — Hume et les empiristes ne reconnaissent à la représentation d'autre genre de force que la *vivacité*, l'*intensité* qui lui appartient. C'est une affaire de *quantité :* la représentation la plus vive doit triompher d'une représentation plus faible qui lui est opposée.

2° Sa valeur probante; elle lui est attribuée par l'intelligence. — Qu'il en soit ainsi dans le rêve, la chose est exacte peut-être. Mais il n'en est pas ainsi dans la veille intelligente. L'intelligence n'est point comme une balance inerte, qui penche nécessairement du côté du poids le plus lourd. Le problème n'est pas, à vrai dire, un problème de mécanique qui se résout en elle, sans elle; c'est une question d'appréciation qui se pose devant elle et qu'elle seule résout.

Il faut, en effet, distinguer deux choses : l'intensité ou *quantité* d'une représentation, et sa *qualité;* en d'autres termes, la *force de représentation* et la *valeur probante* ou *force de persuasion et d'exclusion*. Ces deux forces ne sont point nécessairement proportionnelles. Un fait que constate un savant aura beau avoir la vivacité d'une perception actuelle, il ne prévaudra point d'emblée sur le souvenir d'une loi. De même, la perception actuelle du bâton plongé dans l'eau, qui paraît courbé, ne prévaut pas sur le souvenir de la perception tactile qui nous rappelle qu'il est droit. Ce qui est faible et effacé comme représentation peut donc être très fort comme preuve, et inversement.

Comment la chose est-elle possible? — C'est que l'intelligence intervenant procède pour ainsi dire à une critique des témoignages. Ensuite de cette critique, qui peut être très courte ou très longue, chaque représentation est pour ainsi dire affectée par l'intelligence d'un *coefficient* qui exprime sa valeur probante, et par rapport auquel l'intensité de la représentation devient pour ainsi dire une quantité négligeable[1]. C'est pourquoi un simple regard jeté sur les axiomes de la raison peut suffire à dissiper les prestiges de l'imagination la

---

1. Des deux forces que nous avons distinguées, l'une est donc inhérente à la représentation, l'autre lui est attribuée par l'intelligence.

plus vive, comme le souvenir effacé du bien suffit parfois à rompre le charme des tentations et à ramener les âmes à la vertu. Nous avons donné en Psychologie un exemple « éclatant » de cette juridiction éminente de l'intelligence sur les représentations opposées lorsque nous avons montré comment elle fait triompher l'hypothèse de la causalité universelle, fondée d'abord sur un petit nombre de faits, en annulant, pour ainsi dire, *jure suo*, tous les cas bien plus nombreux qui semblent témoigner du désordre de la nature (*Psych.*, ch. xxx; cf. *Log.*, ch. ix).

Résumé. — Il y a donc comme une hiérarchie établie par l'intelligence entre nos diverses représentations, suivant leur nature, leur origine, leurs rapports avec d'autres représentations. Ce que nous avons appelé une *dynamique de forces* est en réalité une *dialectique de raisons*. C'est l'intelligence qui en est l'agent et le juge. On peut donc dire de tout l'ordre intellectuel ce que Bossuet dit des vérités sensibles : « Je vois toutes les vérités dans une lumière intérieure, c'est-à-dire dans ma raison, par laquelle je juge et des sens et de leurs organes et de leurs objets ».

En définitive, comme un illustre savant (Cl. Bernard) l'a reconnu, le criterium de tout criterium, c'est la raison.

§ V

Conclusion. — Il n'y a pas pour l'homme de criterium *absolu* du vrai. S'il y en avait un, si une sorte d'appareil avertisseur nous signalait la vérité quand nous la touchons, comme le drapeau qui se lève ou le coup de clairon qui retentit lorsque le soldat qui tire à la cible a mis dans le blanc, l'erreur serait impossible sans doute, mais aussi la vérité aurait moins de prix. Notre croyance, déterminée par quelque chose d'étranger, ne serait pas notre œuvre. Nous n'en aurions ni la responsabilité ni le mérite. C'est l'intelligence qui doit à ses risques et périls se faire ses opinions, ses évidences, ses certitudes. La tâche est rude, et c'est vraiment, comme dit Descartes, donner des batailles; mais, après la lutte pour la vertu, rien n'est plus beau sous le soleil. — D'autre part, malgré tant de tâtonnements et d'incertitudes, la vérité se dégage et la science se fait. On ne saurait, il est vrai, fixer d'avance le moment où il sera permis de déclarer l'examen d'une question suffisant et la solution définitivement acquise. Mais en fait ce moment arrive. Qui dira où commence le chaud ou le froid? Vient un moment pourtant où l'on se brûle, et où l'on ne doute plus de la chaleur. De même un temps vient où la vérité ne peut plus de bonne foi se contester. Qui doute aujourd'hui qu'il y ait eu en Grèce un philosophe qui s'appelait Socrate, que le soleil soit plus gros que la terre, et que les angles d'un triangle soient égaux à deux angles droits? Ainsi la somme des vérités définitivement acquises va grossissant à travers les siècles.

Si donc les difficultés de la science et la constante menace de l'erreur sont bien faites pour nous engager à la modestie, d'autre part l'enfantement progressif de la science et la patiente conquête de la vérité suffisent pour encourager nos efforts et nous sauver du scepticisme. C'est tout ce qu'il nous fallait.

TABLE DES MATIÈRES

Coulommiers. — Imp. PAUL BRODARD. — 358-91.

www.ingramcontent.com/pod-product-compliance
Lightning Source LLC
LaVergne TN
LVHW020137030726
842520LV00001B/186